Thor Alexander

DAS GROSSE HOMEPAGEBUCH

Unwissenheit schützt vor Strafe nicht

17.11.04

für Guido z.
26. Geburtstag

Gerlind

**Der Ratgeber
für Internetrecht,
Webseitenoptimierung
und Marketing
im deutschsprachigen Raum**

RHOMBOS-VERLAG

Bibliografische Information Der Deutschen Bibliothek

Die Deutsche Bibliothek verzeichnet diese Publikation in der Deutschen Nationalbibliografie; detaillierte bibliografische Daten sind im Internet über http://dnb.ddb.de abrufbar

Forschung Politik
RHOMBOS
VERLAG

Umschlag: RHOMBOS-VERLAG, Berlin

VK-Nr. 65 859
www.rhombos.de
verlag@rhombos.de

RHOMBOS-VERLAG, Kurfürstenstr. 17, 10785 Berlin

Druck: dbusiness GmbH, Berlin, Eberswalde

ISBN 3-937231-30-7

Vorwort

Halb im Internet, halb im Knast – so kann die derzeitige Situation überspitzt charakterisiert werden!

Das Internet ist kein rechtsfreier Raum. Ob beim Domänrecht, bei der Internetpräsentation oder bei der Abwicklung von Geschäftsvorgängen: Immer ist eine Vielzahl von juristischen Vorgaben und Sicherheitsaspekten zu beachten.

Seit nunmehr zehn Jahren gibt es die Topleveldomäne *.de* und damit die DENIC (**DE N**etwork **I**nformation **C**enter). Mit rund acht Millionen registrierten *.de*-Adressen ist sie die führende Länderdomäne weltweit (12 % aller Länderadressen). Nur die Endung *.com* bringt es auf mehr Registrierungen. Die Einführung von Umlauten im Domännamen machte den März 2004 mit 300.000 Anmeldungen zum erfolgreichsten Monat. In normalen Monaten werden immerhin noch 100.000 neue Domänen angemeldet. Insgesamt waren im Januar 2004 weltweit knapp 250 Mio. Domänen registriert (im Vergleich zu 10/1984: 1.024).

Zunehmend widmen sich deshalb die nationalen Gesetzgeber und die Gerichte dem Thema Homepages, ob privat oder kommerziell. Daraus entstand eine unüberschaubare Anzahl von Anforderungen, sowohl national als auch international, sowohl für den reinen Webauftritt als auch für daran anknüpfende geschäftliche Beziehungen. Verstöße führen daher schnell zu ungeplanten finanziellen Engagements, die sich nicht jeder leisten kann. Private Homepagebetreiber schon gar nicht. Aber auch Unkenntnis führt nicht selten zum Aufgeben der eigenen Ansprüche, was mit ein bißchen Know-how nicht hätte sein müssen.

Auch gilt für ausländische Homepages unter Umständen deutsches Recht, sofern sie deutsche Kunden ansprechen. Private Internetpräsenzen werden schneller als Sie denken mögen zu gewerblichen Webauftritten.

Damit das hier dargestellte Thema nicht zu trocken wird, gibt es jede Menge Links und Tips zum Optimieren und Verbessern der eigenen Homepage, zum Bekanntmachen und zu Suchmaschinenanmeldungen, zum Geld verdienen und zu Bezahlsystemen, zum Webhosting und zum Verhalten bei Abmahnungen. Sie werden viele kostenlose Angebote vorfinden.

Passend zum zuletzt verfaßten Kapitel über die Behindertengleichstellung (Barrierefreies Internet) brach der Autor sich zwei Finger der rechten Hand und er mußte fortan als Schreibbehinderter agieren...

Aber wenn Sie hier das x-te HTML-Buch erwarten, dann liegen Sie falsch. Vielmehr richtet sich dieses Buch an Halbwissende, die alles wissen wollen. Sicher erreichen Sie das mit diesem Buch auch nicht gänzlich, aber zu einem großen Teil sollten Sie geholfen werden.

Danksagung

Der Autor dankt speziell folgenden Personen für das unkomplizierte uneigennützige Bereitstellen von Informationen, das Lesen einiger Abschnitte oder Kapitel des Manuskriptes verbunden mit hilfreichen Anmerkungen oder darüber hinausgehende Engagements. In umgekehrt alphabetischer Sortierung:

Yvette Reif (Gesellschaft für Datenschutz und Datensicherung e.V. ⇨ *www.gdd.de*)

Tobias Henze (IT-Systemkaufmann, megalomanix webdevelopment; Betreiber von ⇨ *123barrierefrei.de*)

Renate Wallner (Lektorin und Bankangestellte)

Ralph Raule (Gebärdenwerk, ⇨ *www.gebaerdenwerk.de*)

Ralf Schulz (Lektor und Techniker)

Ortrun Klaihs (Lektorin und Managementassistentin)

Marie P. Moya Gonzalez (Schweizer Bundeskanzlei, Section information et communication ⇨ *www.admin.ch*)

Joachim Zweig (Referatsleiter für Information, Publikation, Redaktion im deutschen Bundesministerium für Gesundheit und Soziale Sicherung ⇨ *bmgs.bund.de*)

Frank Dietel (Lektor und Jurist, ⇨ *www.dietel.com*)

Dr.iur. Peter Alborn (Schweizer Bundeskriminalpolizei)

Dr. Gerhard Laga (Leiter des E-Centers der Wirtschaftskammer Österreich ⇨ *wko.at*; Betreiber von ⇨ *rechtsprobleme.at*)

Dr. Armin Windel (Leiter der Gruppe 2.5 "Ergonomie" in der Bundesanstalt für Arbeitschutz und Arbeitsmedizin ⇨ *www.baua.de*)

DDr. Meinhard Ciresa (Jurist und Autor des Buchs „Urheberwissen leicht gemacht" ✎ *Literaturtipp [9] bzw.* ⇨ *www.urheberrecht.info*)

Daniel Dingeldey (Rechtsanwalt und Content-Manager beim Online-Ratgeber ⇨ *domain-recht.de*; Mitautor des 🕮 *Handbuch Domain-Namen* ✎ *Literaturtipp [5] bzw .*⇨ *www.domainbuch.de*)

Christian Richter (Technischer Aufsichtsbeamter bei der Verwaltungs-Berufsgenossenschaft ⇨ *www.vbg.de*)

Thor Alexander im August/September 2004

Kapitelübersicht

Inhaltsverzeichnis

§ Haftungsausschluß §

Dieses Buch stellt keine Rechtsberatung dar!

Der Autor besitzt keine juristische Ausbildung, wohl aber gesunden Menschenverstand und eine logisch-pragmatische Herangehensweise ☺.

Obwohl nach besten Wissen und Gewissen recherchiert, können sich Fehler und Fehlinterpretationen einschleichen. Namen und Anschriften in den Beispielen sind frei erfunden. Jedwede Ähnlichkeit mit lebenden oder verstorbenen Personen ist rein zufällig.

Es wird jede Haftung abgelehnt, soweit sie über das gesetzlich notwendige Maß hinausgeht.

Hinweis

Die Anordnung der Kapitel entspricht einer möglichen Reihenfolge bei der Erstellung einer Homepage, welche aber in der Praxis meist verschieden sein wird.

1 Grundbegriffe

Unterschied zwischen Homepage und Webseite ➷ *1.2.4*

Zur Erläuterung allgemeiner Begriffe wie

- Software, Hardware, Firmware, BIOS
- Plugin
- Internet, Server, IP-Adresse, HTML, Hypertext
- Browser
- Http, https, SSL
- eMail, An, Cc, Bcc, Lesebestätigung, Prioritäten
- WWW, FTP, Newsgroups
- Firewall, Proxyserver

wird auf 🕮 *eMail mit Freemail ⇨ Literaturtipps[1]* verwiesen. Diese Begriffe werden hier als bekannt vorausgesetzt. In den folgenden zwei Abschnitten werden nur einige für die Homepageerstellung wichtige Begriffe kurz wiederholt. Internetneulingen wird empfohlen im o.g. Buch nachzulesen (siehe auch im Anhang).

1.1 Software

Spyware und Adware

Spyware ist Spionagesoftware, mit der persönliche Daten auf Ihrem PC oder während Ihrer Arbeit ausgespäht werden können.

Wird sie mit kostenlosen Programmen mitgeliefert und vor der Installation darauf hingewiesen, spricht man von **Adware**.

Spionagesoftware horcht Sie praktisch aus. Das beginnt relativ harmlos mit unbemerktem und unkontrolliertem Weitergeben Ihres Surfverhaltens. Im schlimmsten Fall reicht dies bis zur Weitergabe von Paßwörtern oder Keylogging. (🕮 *Feind hört mit ⇨ D.2 Formen von Spyware*)

Freeware

Freeware ist Software, die Sie kostenlos benutzen und ebenso kostenlos beliebig oft weitergeben können bzw. eigentlich auch sollen.

Shareware

Shareware bezeichnet Software, die Sie zunächst auch kostenlos nutzen dürfen. Bei Gefallen erwartet der Autor eine kleine Vergütung, die Sie ihm freiwillig zu kommen lassen können. Eine weitere Nutzung des Programms ist unabhängig von dieser Spende!

Häufig weist der Sharewareautor beim Start in einem Fensterchens oder an anderer Stelle auf eine gewünschte Registrierung hin.

Testversion, Trialversion

Fälschlicherweise werden auch Demo- und **Testversionen** als Shareware angeboten bzw. bezeichnet. Testversionen oder auch **Trialversionen** genannt bieten über einen befristeten Zeitraum (meist 30 Tage) einen Großteil der Funktionalität. Anschließend ist im Gegensatz zu Shareware eine Benutzung meist nicht mehr möglich, wenn Sie das Produkt nicht kaufen.

Bei Demoversionen ist meist jede Datenspeicherung unterbunden. Trialversionen verhalten sich befristet fast wie Vollversionen.

Public Domain, Open Source

Früher als **Public Domain**, heute als **Open Source** bezeichnet wird Software, die der Allgemeinheit gehört und an der jeder Änderungen vornehmen kann, da der Quelltext allgemein verfügbar ist. Bedingung ist, daß für das Verbreiten der Software lediglich Gebühren für Datenträger oder Vervielfältigung erhoben werden.

Open Source ist also unverkäuflich und zugleich kostenlos. Der Quellcode darf weiterentwickelt werden. Die Weitergabe von veränderten Versionen ist auch nur als Open Source zulässig. Kommerzielle Anbieter von Open-Source-Lösungen verdienen dann häufig an Beratung, Implementierung bzw. Support.

Not für Retail (NFR)

Einige Hersteller bieten kostenlose oder kostengünstige Versionen für Schulen, Weiterbildungen oder Vorführungen/Präsentationen an. Diese Versionen unterliegen gewissen Lizenzbedingungen und dürfen nicht zweckentfremdet genutzt oder gar veräußert werden.

Diskette

Im Sinne dieses Buches werden aufgrund ihres diskusförmigen Aussehens unter dem Hardwarebegriff **Diskette** folgende Datenträger zusammengefaßt:

Floppy-Disketten
CDs
DVDs
und weitere diskusförmige Datenspeicher

1.2 Domänbegriffe

1.2.1 TCP/IP

Für die Funktionsweise eines Netzes ist es notwendig, daß jeder Rechner eine eindeutige Adresse inne hat und über diese nach einem bestimmten Reglement angesprochen werden kann. Im Internet wird das **T**ransmission **C**ontrol Protocol**/I**nternet **P**rotocol verwendet, wobei das TCP die zu transportierenden Daten in Datenpakete zerlegt und wieder zusammensetzt sowie das Internetprotokoll für den Transport der Pakete zuständig ist.

Das TCP/IP ist betriebssystemunabhängig und wird von nahezu jedem Rechner verstanden. Damit jeder Webrechner angesprochen werden kann, gibt es weltweit eindeutige IP-Adressen, die derzeit aus vier Zahlengruppen bestehen, z.B. 168.194.10.3. Aufgrund der Begrenztheit der Adressen sind temporäre Internetadressen, die nur während der Einwahl von Internetnutzern eindeutig sind, eingeführt worden. Wegen der wachsenden Bedeutung des Internets auch für andere technische Geräte, wie Toaster, Kühlschränke und Waschmaschinen wurde eine Erweiterung des Namensraumes notwendig.

1.2.2 URL

URL

URL ist die Abkürzung für **U**niform **R**esource **L**ocator. Es handelt sich um die Adresse eines Dokumentes im Internet, bestehend aus Dienst, Domäne (Rechnername, Verzeichnis) und Dateinamen.

Optional können nach dem Dokumentennamen durch ein Fragezeichen eingeleitet Parameter folgen. Jeder weitere Parameter wird durch ein &-Zeichen vom vorhergehenden getrennt. Leerzeichen und Sonderzeichen sind nicht erlaubt und müssen durch deren Zeichencode (Hashcode) ersetzt werden.

Z.B.: *http://www.Thor-Alexander.de/Freemailbuch/allg.htm*

http = Dienst
www.Thor-Alexander.de = Domäne
Freemailbuch = Verzeichnis
allg.htm = Dokument (vom Typ HTML)

Normalerweise ist im Internet die Groß- und Kleinschrift beliebig. Aber da viele Server mit Linux arbeiten, sind die Verzeichnisnamen und Dateinamen doch meist abhängig von deren Schreibweise. Obige Homepage erreichen Sie auch über ⇨ *www.thor-alexander.de*.

Tipp

Verwenden Sie für Ihre Dateien und Verzeichnisse am besten nur die Kleinschrift.

1.2.3 Domäne

Domäne

Als **Domäne** wird die Internetadresse eines Computers bezeichnet. Jeder Webrechner ist über seine aus Zahlen bestehende Webadresse erreichbar und zusätzlich meist noch über einen Domännamen bzw. eine Domänadresse.

Der Aufbau einer Domänadresse gliedert sich wie folgt:

ThirdLevelDomäne . SecondLevelDomäne . TopLevelDomäne

Es gibt Topleveldomänen (TLD) wie *.de* (für Deutschland), *.at* (für Österreich), *.eu* für die Europäische Union, *.com* (für allgemeine kommerzielle Adressen) und viele andere mehr. Die Thirdleveldomäne (3LD) wird auch meist als Subleveldomäne bezeichnet, da in der Regel die Secondleveldomäne (2LD) durch Personen und Firmen frei wählbar und registrierbar ist. Alle darunter liegenden Adressen können über den eigenen Webserver angelegt und verwaltet werden, ohne übergeordnete Stellen einbeziehen zu müssen.

Nur in einigen Ländern müssen/können sich Firmen als 3LD unter *co.TLD, z.B. co.at* registrieren. Eigene Subdomänadressen sind dann nur als 4LD möglich.

Internationale Topleveldomänen

Über ⇨ *www.iol.ie/~taeger/tab9.htm* erhalten Sie Auskunft über die Bedeutung von **TLD**s.

Deutsche Domänen unterhalb der Topleveldomain *.de* werden durch das DeNIC eG registriert (**DE**utsches **N**etwork **I**nformation **C**enter). Im Gegensatz zu *.com*-Verwalter VeriSign oder *.info*-Registrar Afilias ist das DeNIC als Genossenschaft mit mehr als 200 Mitgliedern (häufig Internetprovider) nicht profitorientiert.

Deutsche Secondleveldomänen (2LD)

Über ⇨ *www.denic.de* können Sie den Inhaber einer deutschen Domäne aus der WHOIS-Datenbank ermitteln.

Sinn der Domänen ist eine bessere Merkbarkeit von Adressen für uns Menschen. Für Internetrechner bedeutet dies jedoch mehr Aufwand, da der Domänname erst aufgelöst werden muß, d.h. die für einen Namen zugehörige IP-Adresse muß zuvor ermittelt werden. Dabei kennt jeder Rechner nur die Rechner über und unter ihm. Bei Eingabe einer URL wird der für die TLD zuständige Rechner befragt, welcher Rechner für die 2LD zuständig ist. Beim dort zuständigen Rechner wird weitergefragt, sofern eine 3LD in der URL vermerkt ist. Erst danach wird die Anfrage an den Zielrechner zwecks Anforderung von Dokumenten aus bestimmten Verzeichnissen gestellt. Enthält die URL auch eine 4LD, so wird das Prozedere zur Ermittlung der IP-Adresse auch auf die vierte Ebene ausgedehnt.

IP-Adressen

Statt der URL *das-sicherheitsbuch.de/index.htm* können Sie also auch *80.190.243.77/index.htm* eingeben. Da IP-Adressen sich ändern können und dürfen, z.B. wenn Rechner ersetzt oder Homepages auf mehrere Rechner verteilt werden, ist es ratsam, immer nur die Domänadresse als Lesezeichen zu speichern.

Um die IP-Adresse einer Internetdomäne zu erhalten, gibt es unter Windows folgende Möglichkeit:

① ⇨ Windows-*Start*-Taste (unten links) ⇨ *Ausführen*

② Geben Sie beispielsweise ein: *ping das-sicherheitsbuch.de*

③ Drücken Sie die *Bestätigen*-Taste.

Nach „Reply from" sehen Sie die IP-Adresse von *www.das-sicherheitsbuch.de*. Dabei muß selbstverständlich eine Internetverbindung bestehen.

Statistik

Rund 80 % der deutschen Domänadressen sind übrigens in privater Hand. Rund 20 % haben Firmen inne. Unter den Städten mit den meisten Domänadressen führt München vor Bonn und Düsseldorf. Von knapp sieben Millionen *.de*-Domänen in 2003 fielen immerhin 47.000 auf Eintragungen aus dem Ausland, zwei Drittel davon auf die Nachbarländer Österreich (11.800), die Niederlande (9.500) und die Schweiz (8.600).

Die erste *.de*-Adresse soll übrigens *uni-dortmund.de* gewesen sein.

1.2.4 Homepage

Im Rahmen dieses Buches gilt folgende Unterscheidung:

Homepage ⇔ Webseite

Als **Homepage** wird die Internetpräsenz einer juristischen Person bezeichnet, die aus einer oder mehrerer **Webseiten** besteht.

Als **Webseite** werden die gemeinsam im Browser dargestellten Seiten bezeichnet (meist HTML). Bei der Rahmentechnik (Frametechnik) ist es nämlich üblich, daß eine Webseite aus mehreren HTML-Seiten besteht.

Es wird meist zwischen privaten und kommerziellen Webseiten unterschieden. Eine weitere Kategorie können behördliche, staatliche Homepages oder solche von gemeinnützigen Vereinen darstellen.

Jede Webseite muß auch nicht zwangsläufig im HTML-Format vorliegen, sondern kann auch in anderen Formaten, z.B. im Textformat oder PDF erstellt worden sein. Es ist auch möglich, nur eine Grafik oder eine Textdatei als Webseite anzuzeigen. Für die Navigation stehen dann aber meist nur die *Zurück*-Taste des Browsers bzw. das Schließen des Browserfensters zur Verfügung.

1.2.5 Rahmentechnik

Rahmentechnik

Bei der **Rahmentechnik** (Frametechnik) wird die Webseite in verschiedene rechteckige Bereiche unterteilt. In jeden Bereich wird eine eigene Seite geladen (meist HTML).

Natürlich kann auch dieselbe Seite in mehrere/verschiedene Bereiche (Rahmen) gleichzeitig geladen werden. Ein solcher Anwendungsfall trifft beispielsweise für Leerseiten zu, um den vorherigen Rahmeninhalt zu löschen.

Die Rahmentechnik wird in einer HTML-Seite definiert, die die Erstinhalte für die Rahmen definiert und automatisch lädt. Jeder Rahmen kann in weitere Rahmen unterteilt werden. Sinnvollerweise erhalten die einzelnen Rahmen einen Fensternamen, über den sie in Links adressierbar sind (`<a target= "… ">`).

Beispiel: Im linken Rahmen haben Sie Ihr Hauptmenü plaziert. Durch Klick auf einen Link wird im rechten Rahmen die entsprechende Seite geladen.

Ein großer Nachteil der Rahmentechnik liegt beim Ausdrucken im Browser. Diese Internetanzeigeprogramme drucken nämlich für jeden Rahmen meist eine eigene Seite – wenn Sie Glück haben. Beim Opera-Browser und beim MS IE wird standardmäßig aber nur die Seite gedruckt, die Sie gerade im Focus haben. In der Regel wird dies das Hauptmenü/Navigation sein und nicht die gewünschte Seite. Der rechte Seitenbereich wird zudem abgeschnitten.

Um die gewünschte Seite zu drucken, sollten Sie diese zuvor anklicken. Möchten Sie die Webseite so drucken, wie Sie diese sehen, ist beim MS IE ein anderer Weg nötig: statt dem *Druck*-Symbol in der Symbolleiste rufen Sie über das Menü ⇨ *Datei* ⇨ *Druckvorschau* auf. Aber befriedigend ist das noch nicht, da der rechte Rand meist abgeschnitten wird und breite Texte so nicht mehr lesbar sind.

Die besten Resultate erreichen Sie, wenn Sie bei Ihrem Drucker bzw. den Druckeinstellungen *Querformat* festlegen. Gewöhnlich ist bei Ihnen und den Besuchern Ihrer Homepage nämlich *Hochformat* eingestellt.

Daher ist es in jedem Fall besser, für den Druck speziell aufbereitete Seiten anzubieten! PDF-Dokumente haben sich hier bewährt.

1.3 Suchmaschinenbegriffe

1.3.1 Suchmaschinen

Um Ordnung und eine thematische Struktur in das Chaos der Rechner und unzähligen Seiten des Internets zu bringen, wurden die Suchmaschinen und Kataloge erfunden.

Suchmaschine, Trefferliste

Suchmaschinen, englisch **Search Engines** und spanisch **Buscardores** sind Internetrechner, denen Sie Suchanfragen stellen können. Das Suchergebnis wird als **Trefferliste** bezeichnet. Sie enthält im Erfolgsfall Kurzbeschreibungen und Links.

Die Suchmaschinen lassen sich grob klassifizieren in

- Volltextsuchmaschinen
- Indexsuchmaschinen
- Katalogsuchmaschinen
- Metasuchmaschinen

Volltext- und Indexsuchmaschine

Volltext- und Indexsuchmaschinen verwenden sogenannte Robots, Spider oder Webcrawler zum Durchsuchen und Katalogisieren der Seiteninhalte.

Spider, Crawler oder Robots sind also Programme zum Sammeln von Informationen über Internetseiten. Sie durchforsten automatisch das Internet und benutzen die Links auf den Webseiten, um weitere Seiten zu inspizieren. Sie merken sich die URLs sowie Schlüsselworte, Kurzbeschreibungen, die unsichtbar den jeweiligen Seiten beigefügt wurden. Insgesamt ist die Arbeitsweise dieser Indexierer sehr unterschiedlich, was sich auch in unterschiedlichen Trefferlisten ausdrückt.

Ein Unterschied besteht auch darin, wie tief/weit sie Links folgen, um Unterseiten automatisch mit in den Index aufzunehmen. (Ein Link ist eine Verbindung einer Internetseite zu einer anderen.)

Volltextsuchmaschinen untersuchen beispielsweise die gesamte sichtbare Seite, während andere meist nur den Anfang oder nur die versteckten Seiteninformationen betrachten. Die Grenzen zwischen Indexierern und Volltexterfassern sind jedoch fließend.

Altavista & Webcrawler

Ein gutes Beispiel für eine Volltextsuchmaschine finden Sie unter ⇨ *www.altavista.de*. Zur Suchverfeinerung finden Sie rechts weitere Suchbegriffe, die Sie einfach per Klick verwenden können.

Bei ⇨ *www.webcrawler.de* finden Sie eine solche Liste links.

Die bekannteste Indexsuchmaschine finden Sie unter ⇨ *www.google.de* (☞ *11.9 Wie funktioniert Google*). Allerdings haben alle Suchmaschinenbetreiber gemein, daß Sie nicht genau verraten, wie die Reihenfolge in den Trefferlisten zu Stande kommt und die Parameter von Zeit zu Zeit auch ändern. Bei Google treffen Sie auf den ersten Plätzen häufig bezahlte (gekaufte) Links, sogenannte „Sponsored Links", die mittlerweile als solche gekennzeichnet sind.

Die Suchmaschine ⇨ *www.overture.de* bietet nur gesponserte Links an und vermarktet die Einträge an andere Buscardores. Sie treffen auf deren Links in den Trefferlisten vieler anderer Suchdienste (*14.6.2 Overture Services*).

Katalogsuchmaschine

Katalogsuchmaschinen werden manuell betreut und besitzen eine Verzeichnisstruktur.

Hier sitzen Menschen, die die angemeldeten Links prüfen und diese in Kategorien sortieren. Zusätzlich findet eine Verschlagwortung statt. Die Gewichtung der Seiteninformation obliegt dieser Redaktion.

Auf den Startseiten von Katalogsuchmaschinen finden Sie Kategorien, die wiederum Unterkategorien haben. Sie können sich so zu themengleichen Anbietern hinklicken, die bei dieser Suchmaschine gemeldet sind. Eine solche Aufstellung ist selten vollständig.

Obacht

Bedenken Sie, daß in Trefferlisten einer Suchmaschine nicht immer alle Angebote enthalten sind, da ein Seitenanbieter nur begrenzt oft in verschiedene Kategorien aufgenommen wird.

Manche Homepages wurden gar nicht aufgenommen, da sie sich entweder nicht angemeldet haben oder die Redaktion diese nicht für interessant genug befand. Grundsätzlich ist die Anmeldung und Mitgliedschaft kostenlos. Bezahlte Links sind jedoch eine der Finanzierungsgrundlagen vieler Suchdienste.

Yahoo!

Ein bekanntes Beispiel für Internetkataloge ist ⇨ *www.yahoo.de*.

Den Volltext-, Index- und Katalogsuchmaschinen gemein ist, daß es sich dabei um riesige Datenbanken handelt, die ständig aktualisiert werden. Normalerweise müssen Sie neue Domänen oder Internetseiten diesen Suchmaschinen bekannt geben. Dazu gibt es auf der jeweiligen Suchmaschinenseite einen Link der Form ⇨ *Add URL*, ⇨ *Submit URL* oder ⇨ *URL anmelden*.

Metasuchmaschine

Metasuchmaschinen sind Suchmaschinen über Suchmaschinen. Sie lassen andere Suchdienste für sich arbeiten und stellen deren Treffer aufbereitet dar.

MetaGer

Eine gute deutschsprachige Metasuchmaschine wird von der Uni Hannover betrieben: ⇨ *metger.de*.

Abb. 01: MetaGer-Logo

Über Suchdienste können Sie suchen nach:

- Wörtern, Textphrasen
- Nachrichten, Zeitungsartikeln und Berichten
- eMailadressen
- Bildern und Grafiken
- Sounddateien (z.B. MP3)
- anderen Dokumentarten

1.3.2 Weitere Begriffe

Relevanz

Suchmaschinen bewerten die **Relevanz** einer Webseite zur eingegebenen Suchphrase unterschiedlich. Häufig werden aber die gleichen Kriterien, jedoch mit unterschiedlicher Gewichtung herangezogen, wie die Anzahl der Wiederholungen eines Begriffs oder sein Auftreten in Titel, Überschriften und Beschreibungen.

Dazu wurden mathematische Methoden wie Relevanzalgorithmen entwickelt, die die mit der Anfrage ähnlichen Wörter auf einer Webseite auswerten, um zu bestimmen, wie eng der Inhalt der Seite mit der Anfrage übereinstimmt. Einfacher ausgedrückt: Die Relevanzalgorithmen entscheiden, ob eine Webseite zum gesuchten Begriff paßt.

Linkpopularität

Die **Linkpopularität** ist ein Maß für die Anzahl der Verlinkung von anderen Webseiten zu Ihrer Homepage. Fast immer spielt auch die Qualität der verlinkenden Homepage eine Rolle bzw. färbt ab. Die Linkpopularität ist daher ein entscheidender Baustein in der Relevanzbeurteilung.

Also je mehr Links und je höherwertiger desto besser. Die Suchmaschine Google (➻ *11.9*) rechnet beispielsweise die Linktexte der jeweiligen Homepage zu, auf die sie verweisen. Im Zusammenhang mit den Qualitätsalgorithmen spielt der eingestellte **Dämpfungsfaktor** eine Rolle, der angibt, zu wie viel Prozent die Linkpopularität auf die verlinkte Webseite vererbt wird.

1.4 Kaufmännische Begriffe

eCommerce

eCommerce bezeichnet Geschäftsabwicklungen unter Einsatz elektronischer Übertragungswege, nicht nur über das Internet. Oder anders ausgedrückt: digitalisierten Geschäftsabläufe über ein Datennetz.

Das kann der Handel via Internet, aber auch das Abwickeln von Finanzdienstleistungen (Online-Banking), das Erbringen von Serviceleistungen, virtuelle Auktionen und vieles mehr sein.

B2C

B2C heißt **B**usiness-**to**-**C**ostumer, also Geschäft-zu-Kunde. Diese Abkürzung steht für Geschäftsabwicklungen zwischen Unternehmen und Endkunden (Verbrauchern) durch Nutzung elektronischer Interaktionen.

B2C kann auch formale Beziehungen beinhalten und über das Internet in Echtzeit geschlossene Beziehungen, um einem Neukunden Kauf- bzw. Verkaufsangelegenheiten oder Zugang zu Informationen zu ermöglichen.

B2B

B2B heißt **B**usiness-**to**-**B**usiness, also Geschäft-zu-Geschäft. Der Begriff steht für elektronische Geschäftsabwicklungen zwischen Unternehmen untereinander, i.d.R. als Ergebnis formaler, vertraglicher Vereinbarungen.

B2B stellt einen der größten Transaktionssektoren im Internet dar.

1.5 Weitere Begriffe

Weitere und speziellere Begriffe finden Sie in folgenden Abschnitten:

Domänen ➘ *4.4 Domännamen & -typen*
Webhosting ➘ *10.1 Begriffe*
Statistik und Auswertung ➘ *22.1 Begriffe*

Weitere Begriffserklärungen

Mehr Begriffe finden Sie auch auf folgenden Homepages erklärt:

- ⇨ *www.www-kurs.de*
- ⇨ *www.ilexikon.net*
- ⇨ *www.1suchmachine.de*
- ⇨ *de.wikipedia.org*

1.6 Checkliste

Wichtige Begriffe

- ☐ Freeware ⇔ Shareware
- ☐ Domäne ⇔ URL
- ☐ Homepage ⇔ Webseite ⇔ HTML-Seite
- ☐ Indexsuchmaschine ⇔ Katalogsuchmaschine
- ☐ Metasuchmaschine

Check. 01: Wichtige Begriffe

2 Vorbereitung

Nachfolgend lesen Sie eine kurze Anleitung der möglichen Handgriffe zum Planen und Realisieren einer Homepage. In anschließenden Kapiteln erhalten Sie detaillierte Informationen dazu. Allerdings war es schwierig, komplexe Themen, Probleme und Überschneidungen in eine systematische Ordnung zu bringen, ohne häufige Wiederholungen oder Verweise zu umgehen.

Leser, die einzelne Kapitel direkt aufschlagen, werden auf ähnlich gelagerte Abschnitte anderer Kapitel per ➴ oder ✍ hingewiesen. Vor Weblinks und Abschnitten eines Kapitels erscheint ⇨.

2.1 Zweck und Anliegen

Vorausgesetzt wird, daß Sie sich über den Zweck Ihrer Homepage bereits im Klaren sind:

- Information
- Selbstdarstellung
- Präsentation
- Verkauf
- Vertriebsunterstützung
- Kommunikation

Eine Homepage kann nur eine Visitenkarte, eine Selbstdarstellung, ein Aufsatz, eine Aufsatzsammlung, eine Angebots- bzw. Produktbeschreibung, eine Linksammlung oder alles zusammen sein.

Planungssoftware

Für größere Projekte empfiehlt sich das Brainstorming-Tool *Mindmanager*. Nähere Informationen und eine 21tägige Testversion erhalten Sie unter ⇨ *www.mindjet.de*.

Es gelten folgende Grundsätze:

① Beschreiben Sie Ihr Angebot so klar und deutlich wie möglich.

In der Kürze liegt die Würze! Klare Aussagen!

② Stellen Sie dabei das Einmalige in den Vordergrund, also Ihr **Alleinstellungsmerkmal**. Sie verdeutlichen so den Besuchern den Unterschied zu Ihren Mitbewerbern.

2.2 Planung, Analyse, Grobdesign

Unabhängig vom Feststehen der konkreten Inhalte sollten Sie sich einen groben Entwurf der Seitenstruktur auf dem Papier machen. Das bezieht sich auf die allgemeine Seitenaufteilung, d.h. wo befinden sich das Hauptmenü und ggf. die Untermenüs sowie allgemeine Angaben, die immer erscheinen sollen.

Dabei sollten Sie schauen, was Ihre Mitbewerber tun und wie sie es tun. Lassen Sie sich inspirieren und überlegen Sie, wodurch Sie sich von ihnen abheben können (Alleinstellungsmerkmal).

Der erste Eindruck ist für einen Besucher Ihrer Homepage sehr entscheidend. Ist er nicht gut, sehen Sie den Besucher meist nicht wieder und verlieren ihn an die Konkurrenz. Klarheit und Übersichtlichkeit sind daher unabdingbar.

Es gibt zwei vorherrschende Prinzipien zur Darstellung von Informationen:

- Einerseits gibt es die Aufteilung langer Texte auf mehrere Seiten, um ohne Scrollen und per *Weiter*-Taste zur nächsten Seite zu kommen. Dieses häppchenweise Anbieten lieben Einige und hassen Andere.
- Andererseits können Sie auch alles auf einer Seite anbieten, die dann gescrollt werden muß. Blättern und eine weitere Seitenanforderung ist dann nur selten notwendig. Die Seite kann offline und in Ruhe betrachtet werden. Eine solche Seite sollten Sie auch für den Ausdruck optimieren, d.h. rechts Platz lassen, da im Hochformat der rechte Teil meist abgeschnitten wird.

Welche Variante Sie wählen, ist sicherlich Geschmackssache. Garantiert richtig liegen Sie, wenn Sie beide Varianten anbieten. ‚Alles auf einer Seite' hat den Vorteil, daß der Besucher Ihre Seite ausdrucken kann, um Sie später zu kontaktieren oder um die Blätter weiterzureichen. In diesem Fall sollten auch Ihre Kontaktdaten auf jeder Seite vermerkt sein.

Eine Alternative besteht darin, daß Sie Ihre komplette Homepage zum Download bzw. nur das Wichtigste in einer oder mehreren PDF-Dateien anbieten.

2.3 Browser

Sicher ist der Microsoft Internet Explorer (MS IE) der derzeit weit verbreiteste Browser, gerade weil auf neuen Computern Microsoft Windows als Betriebsystem bereits installiert wird. Die vielen Lücken machen den MS IE aufgrund seiner hohen Verbreitung zu einem beliebten Angriffsziel für Viren, Würmer, Trojaner, Hacker und Spammer. Sicher trägt das manchmal sehr späte Löcherstopfen durch den Hersteller seinen Teil dazu bei. (Mit dem Löscherstopfen ist das Schließen von Sicherheitslücken und Einfallstoren für Viren, Würmer und Trojaner gemeint.)

Aber längst nicht alle Nutzer verwenden Windows oder diesen Browser, sondern weichen auf andere Browser wie Opera (⇨ *www.opera.com*) oder Mozilla

(⇨ *www.mozilla.org*) und Mozilla Firefox (⇨ *www.firefox.com*) aus. Diese Homepages sind zwar in englisch, aber die Browser gibt es meist auch mit deutscher Oberfläche.

Firefox setzt auf Mozilla auf, hat bereits einen Popupblocker integriert und kann auch die Lesezeichen des MS IE importieren. Ferner wird beim Klick auf Links in eMails jedes Mal eine neue Browserinstanz geöffnet, während andere Browser die Links immer im gleichen Fenster darstellen und so ‚alte Inhalte überschreiben'. Mozilla bietet einen Schnellstart an, indem bei Windowshochfahren der Browser im Hintergrund bereits geladen wird.

Bei einigen deutschen Behörden und einigen Großfirmen ist es zudem untersagt, den MS Internet Explorer (MS IE) zu verwenden. Dies sollten Sie bei der Webseitenerstellung auch berücksichtigen. Erstellte Seiten sollten Sie daher mit den ersten drei folgenden Browsern auf korrekte Darstellung und Funktion bzw. Navigation testen:

Browser	Onestat Jan. 2004	Heise Online Jan. 2004	Heise Online Sept. 2004
MS IE	94,8 %	54,5 %	44,0 %
Mozilla/Netscape	1,8 %	31,0 %	36,2 %
Opera	Vers. 7: 0,8 %	8,4 %	9,2 %
Apple Safari	0,48 %		2,0 %
KDE Konqueror		2,6 %	2,3 %
Andere		2,6 %	7,5 %

Tab. 01: Browserverwendung in 2004

Unter Umständen laufen die Browser auch unter Linux auf den Rechnern Ihrer Besucher. Die meisten Webstatistiken besagen, daß am häufigsten der MS IE eingesetzt wird. Sein Marktanteil sinkt derzeit jedoch. Meist läuft der MS IE unter Windows (XP/2000 bzw. 98).

Bedenken Sie auch, daß sich andere Browser (z.B. Opera) auch als MS IE ausgeben können, um Zugang zu bestimmten Homepages zu erhalten. Zusätzlich kann es ganz andere Zahlen geben, wenn Sie sich in speziellen Themenbereichen mit Ihrer Homepage bewegen.

Um eine Statistik der Browserverwendung für Ihre Homepage zu erhalten, können Sie Besucherzähler verwenden (☞ *22.3*).

Zusätzlich verdichten sich Gerüchte, daß Google auch mit einem eigenen Browser mitmischen will. Die Domänen *gbrowser.com*, *gbrowser.net* und *gbrowser.org* sind bereits auf die Google Inc., Mountain View, USA registriert. Ferner wurden einige namhafte ehemalige Browserentwickler von Microsoft und Sun ins Boot geholt. Google lud die Entwickler des Open-Source-Browsers Mozilla zu einem Entwicklertag auf das Firmengelände ein. Die Google Inc. meldete außerdem einige Patente für Werbung an Client-Software an.

Bei einem Kompatibilitäts- und Performancetest durch ZDNet war der Internet Explorer (MS IE) der schnellste Browser und „The fastest Browser on Earth" namens Opera der langsamste. Zudem hatte Opera die meisten Darstellungsprobleme, z.B. beim DOM-Modell, bei PDFs. Dazwischen lagen Mozilla und Co.:
⇨ *www.zdnet.de/enterprise/os/0,39023494,39126653,00.htm*

E	Addon/Zusatz für den MS IE
M	Basiert auf dem Open-Source-Browser Mozilla
S	Suchmaschinen-Erweiterung für den MS IE

??	Browser	Homepage
	MS IE	*www.microsoft.com/germany/ms/internet/ie6/index.htm*
E	Avant Browser	*www.avantbrowser.com*
E	Crazy Browser	*www.crazybrowser.com*
E	Maxthon Browser (MyIE)	*www.maxthon.com*
M	Mozilla	*www.mozilla.org*
M	Firefox	*www.firefox.com*
M	AOL/Netscape Navigator	*home.netscape.com*
	Opera	*www.opera.com*
S	Copernic Agent; ~ Meta	*www.copernic.com*

Tab. 02: Die Browser-Homepages

Statt *Copernic Agent* empfiehlt sich die Toolbar (*Copernic Meta*) zu installieren, die sich um zusätzliche Suchseiten/-dienste einfach erweitern läßt.

2.4 Checkliste

Vorbereitung Ihrer Internetpräsenz

- ☐ Wie macht es die Konkurrenz?
- ☐ Klare Angebotsbeschreibungen, eindeutige Aussagen
- ☐ In der Kürze liegt die Würze (mehr erst auf Anforderung/Klick des Nutzers)
- ☐ Übersichtliche Grobstruktur und Navigation
- ☐ Alleinstellungsmerkmal (Warum soll ich zu Ihnen kommen?)

Check. 02: Vorbereitende Tätigkeiten

3 Gestaltung, Werkzeuge & Grundwissen

3.1 HTML-Infos

3.1.1 Für Neulinge

Auf folgenden empfehlenswerten Seiten finden Sie HTML-Einführungen:

- **www.www-kurs.de/html.htm**
  von Bernd Zimmermann, Online-Internet-Kurs zum Einsteigen, aber nicht nur für Einsteiger
- **www.hiasl.com/Html/webq1.htm**
  von Matthias Riedl
- **www.boku.ac.at/htmleinf**
  von Hubert Partl; inkl. XML, Java, JavaScript, PHP u.a.

3.1.2 Für Fortgeschrittene und Profis

HTML-Kompendium

Das Standardwerk zum Thema **HTML/XHTML, CSS (Style-Sheets), XML/DTDs, JavaScript/DOM, Dynamisches HTML, CGI/Perl, PHP** im Internet ist sicherlich SELFHTML von Stefan Münz. Damit sollte sich jeder befassen, der mehr über HTML-Tags und CSS erfahren möchten. Es gibt wohl kein besseres Nachschlagewerk für HTML, JavaScript, CSS und PHP im deutschen Web:

⇨ *selfhtml.teamone.de* bzw. ⇨ *www.selfhtml.org*

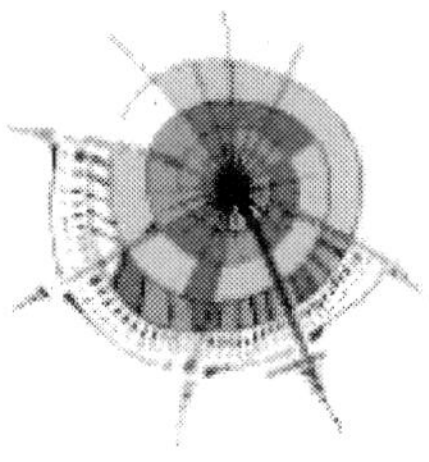

Abb. 02: Self-HTML-Logo

Hier finden Sie alles, was zum Programmieren und Optimieren notwendig ist. Das Werk ist komplett in deutsch und wird auch von vielen Webprogrammierern verwendet. Es enthält neben einer Suchfunktion und auch eine installierbare Quickbar und Kurzreferenzlisten zu HTML und CSS. Es offeriert neun Weblayoutvorschläge inkl. freiverwend- und individuell anpaßbaren Rohmaterials. Sie können so einfach und schnell auf bewährte Layouts zurückgreifen, um Ihre Webseiten zu erstellen.

Self-HTML gibt es nicht nur als Onlineangebot sondern auch zum Downloaden und Offlinebenutzen. Die 1.900 Seiten gibt es ebenfalls als Buch aus dem Franzis-Verlag (*Buchtipps [3]*).

Buchtipp

Ein empfehlenswertes Buch zur Erstellung von eigenen Webseiten erschien im Verlag Markt&Technik: *Das ABC der eigenen Webseite* von Peter Kent (*Literaturtipps [2]*).

Profis finden Ihre Infos auch direkt beim World Wide Web Consortium (W3C) ⇨ *www.w3.org/TR/REC-html40*.

3.2 Softwarewerkzeuge

Nachfolgend werden einige Programme ganz kurz genannt. Die Bemerkungen sind keineswegs umfassend und sollen nur einen ersten Eindruck vermitteln. Das perfekte Programm gibt es nicht. Jeder muß für sich das Beste empirisch ermitteln und hat die Qual der Wahl.

3.2.1 MS Frontpage 4

Gleich vornweg: Frontpage unterstützt barrierefreies Internet nicht in der Version 4. Außerdem ist es nicht kostenlos.

Auf die Schnelle ist es Ihnen aber möglich, optisch recht ansprechende Ergebnisse zu erzielen. Direkte Programmierkenntnisse sind nicht erforderlich. Allerdings sollten Sie dieses Buch gelesen haben und um die Möglich- und Notwendigkeiten einiger Tags zu kennen.

Allerdings ist der erzeugte Quellcode hochgradig optimierungsbedürftig. Daraus resultieren erhebliche Ladezeiten, die so nicht sein müßten.

3.2.2 Netobjects Fusion

Netobjects Fusion ist für kleinere Projekte besser, da es leichter als Fontpage zu bedienen ist. Der HTML-Code ist nicht viel besser.

3.2.3 Macromedia

Macromedia Dreamweaver ist die Wahl der Profis. *Macromedia Flash* ist bei Webanimationen der Marktführer. Hunderte von kostenlosen sowie viele sehr gute kostenpflichtige Erweiterungen perfektionieren Dreamweaver.

Für Puristen wird auch der Editor *Homesite* mitgeliefert.

3.2.4 HTML-Editor

Uli Meybohm's HTML-Editor Phase 5 wird nun vom Co-Autor über eine neue Domänadresse betreut. Dieser Freeware-Editor war/ist sehr beliebt, u.a. bietet er fast alle erdenklichen Einstellungsmöglichkeiten und Hilfen an, z.B. hebt er auch die Tags im Quelltext farblich hervor.

Im Gegensatz zu Frontpage unterstützt dieser Editor leider fernöstliche Zeichensätze nicht. Deutsche Umlaute können direkt eingegeben werden und werden beim Speichern automatisch in HTML-Notation umgewandelt. Allerdings führt das bei anderen Zeichensätzen (UTF-8) zu Problemen, weswegen er sich für Webseiten mit nicht-lateinischen Schriften nicht eignet.

Download unter ⇨ *www.qhaut.de* sowie eine Reihe weiterer nützlicher Programme.

3.2.5 Contribute

Eine gute Erweiterung für eine professionell erstellte Homepage ist *Contribute*. Damit können auch relativ unerfahrene Anwender die Inhalte einer Internetpräsenz ändern (sofern zur Änderung freigegeben), so daß Sie nicht jedes Mal die Dienstleistung teuer einkaufen müssen.

3.2.6 Adobe Golive

Auch der vom PDF her bekannte Softwareanbieter Adobe hat ein Programm zur Erstellung Ihrer Webpräsenz parat. Auch hier werden programminterne Parameter (z.B. Gitterkoordinaten) in die Tags eingefügt und vergrößern so den Quellcode.

3.3 Blindhomepage

⇨ *blindhomepage.de.vu* (BHP Version 4)
⇨ *www.bhp.x-sub.de*
⇨ *nullwissen.de* (BHP Version 3)

BlindHomepage (kurz BHP) ist ein Content-Management-System (CMS). Mit diesem Tool können Sie Ihre komplette Homepage erstellen und administrieren. Wichtig dabei ist, daß Ihr Webhoster PHP auch in der aktuellen Version unterstützen muß. Sie sollten sich auch einigermaßen in PHP auskennen oder zumindest einarbeiten wollen.

BHP benötigt keine teuere Datenbank im Hintergrund, sondern bringt seine eigene ASCII-Datenbank mit. Oben genannte Homepages wurden komplett mit BHP programmiert.

Das Hauptprogramm beinhaltet schon eine Newsverwaltung, ein Gästebuch sowie ein Forum. Diese werden gemeinsam mit dem Rest Ihrer Homepage über ein Administrationsmenü verwaltet. Auch die Nutzerverwaltung ist bereits Bestandteil. Weiterhin steht mit dem Addon-WYSIWYG-Editor ein leistungsfähiger HTML-Editor zur Verfügung, der aber aus lizenzrechtlichen Gründen ausgelagert wurde.

BlindHomepage ist Shareware, wobei sich Privatpersonen auch mittels Linkschaltung zur Autorhomepage freikaufen können. Von Firmen oder bei kommerzieller Nutzung werden seitens des Autors für die Shareware 50 € erwartet.

Fast alles zu BHP3, also zur alten Version erfahren Sie unter ⇨ *nullwissen.de* ⇨ (Menüpunkte im rechten Seitenteil). Dort sind auch eine Vielzahl von Modulen und Erweiterungen downloadbar.

3.4 Alternativen

① Alternativ bietet sich die Beauftragung einer Werbeagentur an (☞ *3.5 Externe Agentur*).

② Im privaten Bereich ist dies selten finanziell sinnvoll. Auch hier gibt es Möglichkeiten. So bietet der Freemailer WEB.DE mit *MyPage* die Möglichkeit, eine Webseite in fünf Minuten unter einer freiwählbaren Adresse mit der TLD *.ms* ins Internet zu stellen. Die Adresse kann jederzeit gewechselt und geändert werden.

Bei *MyPage* handelt sich nicht um handelsübliches Webhosting, sondern um einen Baukasten, mittels welchem Sie eine Webseite durch Auswahl eines Hintergrunddesigns und Eingabe Ihrer Inhalte über ein Formular gestalten können.

③ Sie können aber auch bei einem Freemailer, der Webspeicherplatz zur Verfügung stellt, eine eigene Homepage hochladen (🕮 *Großes Freemailbuch*). Da die geboten Adressen meist kryptisch sind, können Sie sich eine (kostenlose) Domäne reservieren, die auf diese Homepage umgeleitet wird (☞ *4.8 Kostenlose Domänadressen*).

3.5 Externe Agentur

Nutzungsrechte

Wenn Sie Ihre Homepage durch einen externen Dienstleister erstellen lassen, sollten Sie in jedem Fall schriftlich die Abtretung sämtlicher urheberrechtlichen Nutzungsrechte an dem erstellten Werk verlangen (☞ *8.9 Urheberrecht*).

Zwar bleibt nach deutschem Recht der Ersteller von Grafik & Design sowie von Bildern alleiniger Urheber, aber durch die Einräumung eines **uneingeschränkten Nutzungsrechts** werden Sie als Auftraggeber über die angefertigten Werke allein verfügungsberechtigt. Sie dürfen sie nach eigenem Willen nutzen. Durch diese Regelung verhindern Sie außerdem eine weitere Nutzung des Werkes durch die Agentur, etwa für andere Kunden.

Sie sollten unbedingt auch als Auftraggeber darauf achten, daß Sie immer als Eigentümer einer durch Dritte registrierten Domäne eingetragen werden. Dies schützt Sie vor langwierigen Auseinandersetzungen, z.B. bei Beendigung der Zusammenarbeit.

Im Internet finden Sie eine Reihe von Agenturen. Alternativ können Sie auch im Bekannten- oder Kunden-/Lieferantenkreis Erkundigungen einholen. In Abhängigkeit der Größe Ihres Auftrages sollten Sie auch Referenzen und Entwürfe vor der eigentlichen Auftragserteilung in Erwägung ziehen. Klären Sie in jedem Fall, ob die Entwürfe kostenpflichtig sind.

8.9 Urheberrecht ⇨ 8.9.3 Agenturauftrag

Sie sind eine solche Agentur?

Sofern Sie selbst als Agentur auftreten und Prototypen/Entwürfe erstellen, sollten Sie Ihre Urheberrechte schützen. Dies bewahrt Sie zwar nicht davor, wenn Ihr potentieller Kunde abspringt, daß er nicht doch auf Ihre Ideen aufsetzt. Allerdings haben Sie dadurch wesentlich bessere Chancen Ihre Ansprüche durchzusetzen.

Dies erreichen Sie zum einen dadurch, indem Sie Ihre Entwürfe durch ein entsprechendes Copyright kenntlich machen, auch auf Präsentationsfolien. In jedem Fall sind aber vertragliche Regelungen, zumindest jedoch im Angebot oder bei der Auftragsbestätigung vorzuziehen. An dieser Stelle sei ausdrücklich auf die Einholung von anwaltlichem Rat hingewiesen.

3.6 Struktur und Layout

Neben dem Inhalt beeinflußt auch die Struktur Ihrer Homepage Ihre Position in Suchmaschinen. Rahmen (Frames), Tabellen und Grafiken können ebenfalls auf die Position Einfluß nehmen.

Einige Suchmaschinen können nämlich Webseiten, die aus Rahmen bestehen, nicht ordnungsgemäß durchsuchen. Meistens wird dabei nur die Rahmendefinitionsseite (FrameSet) ausgewertet. Die fehlenden Unterseiten führen dann zu einer schlechteren Positionierung.

3.6.1 Rahmen

Falls Sie Rahmen einsetzen, können Sie den Suchmaschinen alternative Einstiegsseiten anbieten, die keine Rahmen enthalten. Grundsätzlich sollte Ihre Startseite *(index.htm* bzw. *index.html*) rahmenlos sein.

Nützlich ist, wenn die Informationen aus den Metatags *Keywords* und *Description* auch noch einmal in etwas abgewandelter Form auf der Seite erscheinen. Sie können diese in der kleinsten Schrift darstellen. Allerdings sollte die Schriftfarbe nicht gleich der Hintergrundfarbe und so unsichtbar für Ihre Besucher sein, da dies Suchmaschinen übel nehmen.

Für Besucher, die per Suchdiensttrefferlisten mit Direktlink auf Ihre Rahmenunterseiten gelangen, ist es notwendig, daß übergeordnete Rahmen Ihrer Homepage automatisch nachgeladen werden (Nachladeskripte, Framebrecher).

3.6.2 Tabellen

Tabellen bieten eine einfache Methode, Informationen auf einer Webseite nahezu beliebig anzuordnen. Solche Tabellen werden daher Layouttabellen genannt. Sie werden zeilenweise im Quelltext abgelegt. Begonnen wird mit der ersten Spalte der ersten Zeile (also links oben).

Soll Ihre Homepage links ein Navigationsmenü besitzen und rechts davon Texte, so steht die eigentliche Information meist im letzten Teil Ihres Seitenquelltextes. Einige Suchmaschinen haben die Angewohnheit nur den ersten Teil einer Seite zu untersuchen (z.B. 1 oder 4 KB). Dadurch kann es passieren, daß u.U. wichtige Informationen nicht indexiert werden.

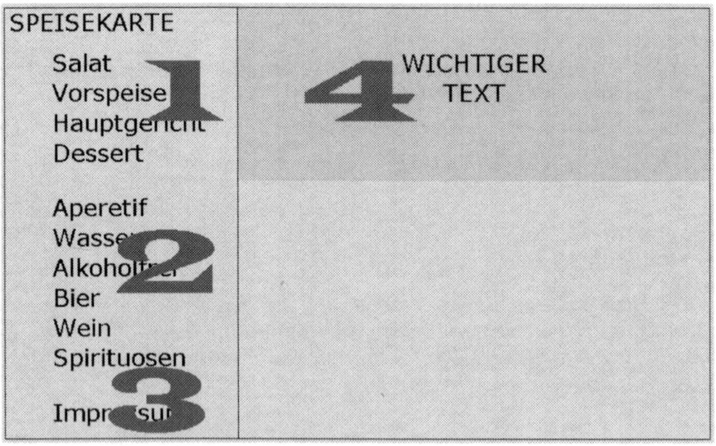

Abb. 03: Zweispaltige Tabelle mit Navigation

Gliedern Sie Ihre Tabelle in mehrere Zeilen und positionieren Sie wichtige Informationen möglichst weit oben. Vorteilhafter ist es sicherlich, wenn Sie über Ihrer Tabelle das Wichtigste dieser Seite zusammenfassen.

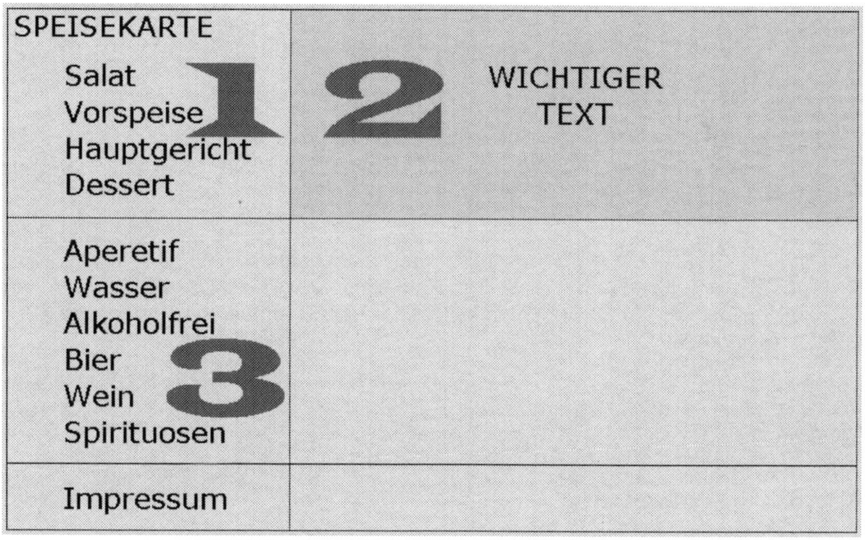

Abb. 04: Gleiche Tabelle mit mehreren Zeilen

Allerdings widerspricht eine solche Umgestaltung von Layouttabellen den Kriterien zur Barrierefreiheit im Internet (↘ *9.5.10*).

3.6.3 Navigation

Bezüglich der Anordnung der Navigation wird eine der folgenden Möglichkeiten empfohlen, da sich diese Varianten durchgesetzt haben sowie von den Nutzern angenehm empfunden werden und intuitiv benutzbar sind:

- **Navigation, links**
  Alle Hauptmenüpunkte sind vertikal am linken Fensterrand angeordnet. Untermenüs erscheinen eingerückt unter dem jeweiligen Menüpunkt.
- **Navigation, oben**
  Die Navigationselemente werden in einer Zeile angeordnet. Ein Untermenü erscheint darunter in einer weiteren Zeile.
- **Hauptnavigation oben, Untermenüs links**
  Diese Gestaltung eignet sich, wenn sehr unterschiedliche Rubriken auf einer Homepage zusammengefaßt werden sollen. Durch Anklicken eines Menüpunktes erscheint am linken Rand ein Untermenü. Nachteil: Nicht immer ist jedem klar, ob das Hauptmenü nun oben oder links steht.

Über den Bildschirm verstreute Funktionen sollten Sie möglichst vermeiden. Meist aber nicht immer ist es möglich, diese Funktionen in Menüpunkten an zentraler Stelle unterzubringen. Durch die zentrale Anordnung wird entscheidend die Übersichtlichkeit und intuitive Bedienbarkeit Ihrer Webseite beeinflußt.

3.6.4 Animationen

Viele Webseiten haben zu viele bewegte Grafiken oder Animationen, so daß die Geduld der Besucher arg strapaziert wird. Zudem steigt die Ladezeit. Viele Besucher quittieren dies mit dem Abbruch des Webseitenaufbaus und dem Verlassen der Homepage.

Setzen Sie daher Grafiken und Animationen sehr sparsam ein. Die größte Grafik einer Seite sollte nicht größer als 30 oder 35 KB sein. Besser ist es, wenn Sie eine reduzierte Voransicht und ein bedarfsabhängiges Nachladen per Klick auf das Bild anbieten.

Zur Reduzierung der Dateigröße können Sie beispielsweise das Farbformat in Schwarz-Weiß-Grafik ändern oder die Farbanzahl reduzieren (➩ *13.4 Grafikoptimierung*).

3.6.5 Lärmseiten

Regelrecht nervig können Webseiten wirken, wenn automatisch Töne, Musiken oder Webradios abgespielt werden. Unterstellen Sie den Besuchern bitte nicht, daß diese nur mit einem Browserfenster arbeiten!

Die Standardeinstellung sollte immer „Ton aus" sein. Lassen Sie Ihre Besucher selbst entscheiden, ob Sie noch Geräusche brauchen oder nicht. Umso mehr gilt dies für große Dateien oder permanente Tonausgaben, z.B. Audio- bzw. Video-Streams.

3.7 Inhalt und Formatierung

3.7.1 CSS (Cascading Style Sheets)

HTML kann Inhalt und Formatierung gemeinsam aufnehmen. Für kleinere oder einzelne Seiten ist dies auch sicherlich praktisch, wenn alles in einer Datei ist. Bei komplexen Homepages können aber durch Auslagerung der Formatierung in eine für alle Seiten gemeinsame Formatdatei (CSS = **C**ascading **S**tyle **S**heet) folgende Vorteile ausgespielt werden:

- Gleiche Elemente auf verschiedenen Seiten besitzen gleiches Aussehen, da die Formatierungsbefehle aus derselben Datei stammen.

- Änderungen in der Formatdatei (CSS) wirken sich automatisch auf alle Seiten Ihrer Homepage aus, ohne daß alle Seiten überarbeitet werden müssen.
- Ihr Webauftritt läßt sich einfacher managen und wird plattformunabhängig. Durch Austausch oder Anpassung der CSS-Datei(en) können neue Oberflächen kreiert oder diese an neue Bedürfnisse angepaßt werden (z.B. an PDAs).
- Kürzere Entwicklungszeiten sind möglich.
- Die Formatdatei wird vom Browser im Zusammenhang mit der Anzeige der ersten Seite geladen und steht fortan ohne erneutes Laden für alle anderen Seiten, die dieselbe Datei benutzen, im Cache des Browsers zur Verfügung. Dadurch verringert sich die zu ladende Datenmenge sowie die Ladezeit, da nur die Inhalte nachgeladen werden.

CSS hat aber auch einige Nachteile, speziell in der Entwicklungsphase einer Homepage:

- Änderung in der Formatdatei wirken sich nicht sofort aus, da die alte Formatdatei noch im Speicher des Browsers zur Verfügung steht. Ein erneutes Laden einer Seite erzwingt nicht automatisch das Laden der neuen Formatdatei. Am einfachsten ist es, den Cache zu löschen, den Browser zu schließen und wieder zu öffnen.
- Die CSS-Datei hat eine andere Syntax (Aufbau, Struktur) als HTML. Die Formatanweisungen sind nach einem speziellen Schema zu vermerken.
- Eine Datei mehr.

Im Prinzip sind die Nachteile gegenüber den Vorteilen vernachlässigbar. Haben Sie einmal eine CSS-Datei erstellt, so können Sie diese als Vorlage für weitere Projekte verwenden und anpassen.

Der aktuelle Trend und auch die Empfehlung des W3C besagen aber, Inhalt und Formatierung zu trennen.

Einige Homepages bieten eine Onlineerzeugung einfacher CSS-Dateien an:

- www.xmldir.de/quickcss
- *www.css-maker.de* (downloadbare Programme)
- *www.styleassistant.de* (downloadbare Freeware)

Eine Dokumentation und Sprachreferenzen erhalten Sie unter

⇨ *de.selfhtml.org*

3.7.2 Fußzeilen

Auf jeder Ihrer Seiten, aber zumindest auf Ihrer Startseite sollten folgende Informationen bzw. Links vorhanden sein – müssen aber nicht:

- Datum der letzten Aktualisierung
- Link zur Startseite (bei Rahmenseiten)

- Link zum Webmaster zwecks Meldung von Fehlern etc.
- Link zum Impressum
- Eventuell auch Links zu Datenschutzbestimmungen und AGBs

AGBs

Sofern Sie auf Ihrer Homepage Nutzungsbedingungen haben, so gilt für die Linksetzung das Gleiche wie für das Impressum. Sinnvoll ist es auch Impressum und kurze AGBs auf einer Seite zusammenzufassen (↪ *7 AGBs*).

eMailadresse

Nützlich ist es auf jeder Seite eine allgemeine Adresse mitzuteilen, z.B. *webmaster@*, an die Probleme mit einer Webseite oder ähnliche Mitteilungen gesendet werden können. Die Adresse sollte aber auch abgefragt werden.

Letzte Änderung

Da die Zeit im Internet recht schnell vergeht, ist es notwendig das Alter einer Information zu kennen. Daher sollte am besten jede Webseite, aber zumindest die Startseite ein sichtbares Aktualisierungsdatum aufweisen. Dazu gibt es kostenlose JavaScripte, die das Speicherdatum einer Seite anzeigen. MS Frontpage integriert dieses Datum auf Wunsch auch automatisch auf jeder geänderten Seite. ↪ *6.5 Medizinische Daten und HONcode*

Link zur Startseite

Arbeiten Sie mit Rahmentechnik, so sollte auch ein Link zur Startseite und somit zur Initialisierung Ihrer Rahmen nicht fehlen. Besucher, die von Suchmaschinen zu Ihnen kommen, landen meist auf den Unterseiten. Falls das Rahmennachladen per Skript nicht klappt, sind sie hilflos und können u.U. nicht auf Ihrer Homepage navigieren. Als Folge verlassen solche Besucher Ihr Angebot. Auch bei verschachtelten Menüs ist ein einfacher Sprung zur Startseite sinnvoll.

Ferner sollten Sie überlegen, ob Sie auf Ihrer Homepage auch ein Linkbrecherskript einbinden. Aufgabe eines solchen Skriptes ist es, sofern Ihre Homepage in einem Rahmen einer anderen Webseite geladen wird, diesen zu deaktivieren, indem Ihre Homepage ohne fremde Rahmen neu geladen wird. Es findet also bei Erkennung fremder Rahmen ein sog. Reload statt.

Plazierungsort

Ob Sie all diese Informationen in der Fuß- oder in der Kopfzeile oder im Hauptmenü plazieren, ist Ihnen überlassen. Empfehlenswert, nützlich und wichtig sind sie alle mal.

3.7.3 Selbes oder weiteres Fenster

Ein bekanntes Problem besteht darin, ob ein Link ein neues Fenster öffnet oder die neue Seite im selben Fenster lädt. In der Statuszeile eines Browser ist zwar erkennbar, welche Seite geladen werden soll. Mehr aber nicht.

Link im selben oder im 🗗 neuen Fenster?

Zu besseren Unterscheidung sollten Links, die ein neues Fenster öffnen durch 🗗 gekennzeichnet. Sinnvoll ist es, das 🗗-Symbol innerhalb des Links dem Linktext voranzustellen, wodurch der Link optisch aufgewertet wird. Sie finden dieses Symbol im Windowszeichensatz *Webdings*, Zeichencode 50 bzw. 0x032. Sie können aber auch die Link-Grafiken der Buchhomepage frei verwenden: ⇨ *www.das-homepagebuch.de/fenster.htm*.

Möchten Sie beide Möglichkeiten anbieten, also eine Seite ins selbe und eine in ein weiteres Fenster zu laden, so kann das 🗗-Symbol auch nachgestellt werden. Beispiel:

🗗 Details zum Symbol   Druckvorschau 🗗

Wird das 🗗-Symbol nachgestellt, so ist es sinnvoll den Link etwas breiter darzustellen, d.h. ein festes Leerzeichen ( ) dem Symbol vor- und nachzustellen. Damit erleichtern Sie ungeübten Maus- und Trackballnutzern eine einfache Navigation auf Ihrer Seite.

Trackballs werden beispielsweise bei öffentlichen Rechnern eingesetzt, z.B. beim Arbeitsamt. Die Darstellung in einem anderen Fenster (oder Frame) erreichen Sie, in dem Sie im A-Element (Link~) die Target-Option mit einem Fensternamen belegen (➷ *12.5.2 A-Tag*).

Zur Kennzeichnung von Links, die kein neues Fenster öffnen, aber Ihre eigene Homepagesphäre verlassen, kann das dritte Symbol eingesetzt werden:

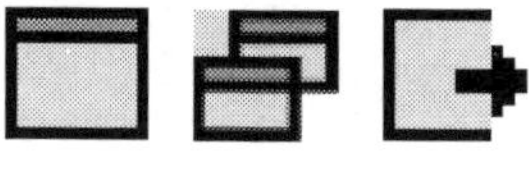

Diese Symbole finden Sie auch zur Fast-Gratis-Verwendung auf der Buchhomepage ⇨ *das-homepagebuch.de*.

Abb. 05: Linkziel-Symbole (Fenster: 1=gleich, 2=neu, 3=fremd)

3.8 Schriften (Größe, Farbe, Arten)

Siehe auch ➷ *9.6.6 Farbe* und ➷ *9.6.7 Schrift*, da dort weitere Bemerkungen aufgrund der Barrierefreiheit gemacht werden.

3.8.1 Schriftarten

Die Frage der Schriften ist ein heikles Thema. Prinzipiell sollten Sie nur mit wenigen Schriftarten arbeiten. Empfehlenswert ist eine Schriftart ohne Serifen für Überschriften und eine mit Serifen für Ihren Text. Serifen sind die Fußchen an den Buchstaben. In diesem Buch ist eine Schriftart ohne Serifen verwendet worden.

Hier kommt mal ein Text mit Serifen.

Sie können aber auch komplett Schriften ohne Serifen oder nur Schriften mit Serifen einsetzen. Dies obliegt Ihrem Geschmack. Schließlich ist Ihre Webseite Ihr Aushängeschild im Internet. Und wenn Sie nicht gerade in einer Hausgemeinschaft leben, können Sie Ihr Klingelschild auch selbst festlegen.

Sofern Sie ungewöhnliche oder exotische Schriftarten verwenden, sollten Sie bedenken, daß diese Zeichensätze u.U. bei Besuchern Ihrer Homepage nicht vorhanden sind und deshalb andere Schriften angezeigt werden. Alternative Schriftarten können Sie auch im FONT-Tag durch Komma getrennt angeben. Dann versucht der Browser Ihrer Besucher die Schriften lokal zu finden.

Speziell bei Menüs, die meist ungewöhnliche Schriften enthalten, ist es deshalb auch üblich, diese als Grafik auszuführen.

Grafikmenüs

Eine einfache Möglichkeit zur Erstellung von Grafikmenüs besteht darin, die Texte in einem Textprogramm zu erfassen. Die angezeigte Textseite kopieren Sie per *Druck*-Taste in die Zwischenablage. Anschließend fügen Sie diese als Grafik in einem Grafikprogramm wieder ein. Nun können Sie die Menüpunkte entsprechend bearbeiten, d.h. die Menüpunkte ausschneiden.

3.8.2 Schriftgröße

HTML-Schriftgröße <FONT SIZE=...	Schriftgröße in Punkten
1	8 pt
2	10 pt
3	**12 pt**
4	14 pt
5	18 pt
6	24 pt
7	36 pt

Tab. 03: HTML-Schriftgrößen

Empfohlen wird die Schriftart Nr. 2 nur für die Fußtexte einer Seite zu verwenden, z.B. Letzte Änderung, AGBs, Impressum usw. Die kleinste Größe sollte gar nicht eingesetzt werden.

Die Texte Ihrer Webseiten sollten in der Größe 3 angezeigt werden. Hintergrund ist der, daß es Besucher geben wird:

- die einen kleinen Bildschirm haben
- schlecht sehen können
- aufgrund von Sonneneinstrahlung einen verminderten Kontrast haben
- ungeübt mit PC- und Maus-Bedienung sind

3.8.3 Fett oder Kursiv

Gängige Schriftattribute sind Fett- und Kursivschrift. Manche Schriftarten haben dazu eigens eigene Zeichensätze.

Überschriften werden meist fett dargestellt. Im Fließtext sollten Sie kaum andere Schriftgrößen und kaum Fettschrift verwenden. Um bestimmte Begriffe abzugrenzen bzw. hervorzuheben, bietet sich die gesperrte Schreibweise (ein Leerzeichen zwischen jedem Buchstaben und drei Leerzeichen zwischen Worten) oder etwas Farbe an. Aber auch mit der Farbe sollten Sie sparsam umgehen. Je mehr verschiedene Schriftattribute Sie nacheinander verwenden, desto schwieriger läßt sich Ihr Text lesen. Aus Design- bzw. Estetikgründen ist ein häufiger Schriftattributwechsel auch abzulehnen. Beispiel (ohne Farbe):

Bitte ***verwenden*** Sie **sparsam** die *Schriftattribute* im Fließtext.

Die Unterstreichung ist in Webseiten allgemein für Links reserviert. Sicher können Sie die einfache Unterstreichung einsetzen, aber jeder Leser wird versuchen, den vermeintlichen Link anzuklicken.

3.9 Grafikwahl

3.9.1 Kostenlose Grafiken

Bei dieser Variante investieren Sie Zeit in die Suche und Auswahl und erhalten als Belohnung die Früchte der Kreativität und Optimierung Anderer:

- www.url-anmelden-2000.de/gifs_aladin.html
- www.fivemile.org/cs
- www.gif-speicher.de
- home.t-online.de/home/kneller

3.9.2 Wahl des Grafikformats

Die einfachste Variante ist, die jeweilige Grafik in einem der folgenden Bildformate zu speichern. Sie benötigen keine Vorkenntnisse, lediglich ein Grafikprogramm, das dies kann. Gängige Formate zur Anzeige im Internet sind:

- GIF
- PNG
- JPG, JPEG
- JPEG2000

Das BMP-Format ist unkomprimiert und daher wenig geeignet. (PDF ist kein Grafikformat.) Für Fotos eignet sich das JPG-Format, für andere Grafiken GIF oder PNG. TIFF ist unüblich im Internet.

Ein genereller Effekt besteht darin, das Bild auf ein Viertel der ursprünglichen Dimensionen zu reduzieren, d.h. halbe Breite und halbe Höhe. Im HTML-Tag `IMG` tragen Sie in den Argumenten `HEIGHT` und `WIDTH` die ursprüngliche Größe wieder ein, da Ihr HTML-Editor meist standardmäßig die aktuellen Bilddimensionen eingesetzt hat.

Daraufhin zoomt der Browser dieses Bild. Ob diese Variante bei Ihnen geeignet ist, müssen Sie ausprobieren. Nachteilig ist, daß das angezeigte Bild etwas pixelig erscheint. Dies wird jedoch von den meisten Nutzern in Kauf genommen und nicht als nachteilig erachtet. Alternativ können Sie das Original per Klick auf die komprimierte Kopie zum Nachladen anbieten.

3.9.3 JPG-Optimierung

Joint **P**hotographic **E**xperts **G**roup (sprich: "tschey-päck") ist ein Rasterbildformat. Im Internet wird es für photorealistische Bilder verwendet. Das JPEG-Format komprimiert Bilddateien bis zu einer Farbtiefe von 16 Mio. Farben. Es eignet sich besonders zum Speichern von fotorealistischen Bildern mit vielen Farbnuancen, da dabei visuell nicht wahrnehmbare Datenverluste bewußt in Kauf genommen werden, um hohe Kompressionsraten zu erzielen. Gescannte Fotos oder Digitalfotos werden häufig im JPEG-Format gespeichert.

① Kleinere Dateien erhalten Sie einerseits durch eine höhere Kompressionrate und andererseits durch Verringerung der Farbanzahl, z.B. auf 256. Sichern Sie sich zuvor das Original unter einem anderen Namen.

② Alternativ können Sie die Grafik in ein Graustufenbild (schwarz/weiß) umwandeln bzw. auf 256 Farbstufen reduzieren. Erfahrungsgemäß müssen Sie beide Varianten probieren, da nicht pauschal gesagt werden kann, welche besser ist.

Optimierung lokaler Grafiken (JPG, GIF, PNG)

⇨ *www.topsubmit.de/dienste/webseiten-optimierung/bilder-komprimieren*

Optimierung von Online-Grafiken (JPG, GIF)

Auf der Webmasterplan-Homepage können auch Sie GIFs und JPGs online komprimieren lassen. Voraussetzung ist, daß die Grafiken bereits online sind (mehrere Varianten bei der Anzeige der Ergebnisse):

⇨ *www.webmasterplan.com/de*
⇨ *Image-Komprimierung*

3.9.4 GIF-Optimierung

Das **G**raphics **I**nterchange **F**ormat ist ein Rasterbildformat, was eine transparente Farbe und Animationen zuläßt. Es wurde von CompuServe entwickelt und ist das ehemalige Webstandard-Grafikformat. Aufgrund von unangemessenen Lizenzansprüchen der Firma Unisys für den Kompressionsalgorithmus schwand dessen Bedeutung zeitweise. Aber Totgesagte leben länger. Auch lief im Jahre 2003 das Unisys-Patent in den USA und am 19.06.2004 in Europa aus. (Das gleiche Spiel ist momentan beim JPG im Gange. Dieses Mal ist aber nicht Unisys dran Schuld...)

GIF komprimiert Bilddateien mit einer maximalen Farbtiefe von 256 Farben (8 Bit pro Pixel). Es bietet auch die Möglichkeit kleiner Animationen und Transparenz, bei der die Farbe des Hintergrundes dynamisch während der Anzeige in die Grafik übernommen wird. In Bezug auf Transparenz wird nun das PNG-Format eingesetzt. Es bietet 16 Mio. Farben und verlustfreie Kompression.

Trotzdem bzw. immer noch gibt es aber noch eine Reihe von Programmen, die GIFs erzeugen können. Es gibt mehrere Möglichkeiten, kleinere Dateien zu erzeugen. Zuvor sollten Sie sich jedoch eine Kopie der Ursprungsdatei anlegen.

① Non-Interlaced

Geringfügige Einsparungen erreichen Sie, wenn Sie Ihre GIFs non-interlaced speichern.

② Reduzierung der Farbtiefe

Indem Sie die Bildfarben von 256 auf 128, 64, 32, 16, 8, 4 oder 2 Farben reduzieren erzielen Sie je Farbreduktion schon beträchtliche Verkleinerungsraten, da statt ehemals acht bit pro Bildpunkt (Pixel) nun sieben (bei 128 Farben) bis zu zwei bit (bei zwei Farben) verwendet werden.

③ Entfernung von Kommentaren

Nur minimale Reduzierungen erreichen Sie durch die Entfernung oder Verkürzung von enthaltenen Kommentaren.

④ Optimierung von Animationen 1

Bei der Optimierung von Animationen gibt es mehrere Möglichkeiten:

Sie können selbst die Anzahl der Animationen verringern und durch Schleifenbildung Effekte erzielen. GIF bietet auch die Möglichkeit, Grafiken endlos bzw. in definierbarer Anzahl zu wiederholen. Mehrere Bilderwechsel unter drei Zehntel Sekunden sind wenig sinnvoll und selten werden die verschiedenen Bilder wahrgenommen.

⑤ Optimierung von Animationen 2

Ein Animations-GIF besteht aus mehreren rechteckigen Bildern. Es gibt Optimierungsprogramme, die nur die Differenzen zwischen zwei aufeinanderfolgenden Bildern im GIF belassen und den Rest außen herum sozusagen abschneiden. Da jedes Bild sich innerhalb des ursprünglichen Rahmens positionieren läßt, werden nur die neuen Inhalte über das alte Bild gelegt. Diese neuen Bilder sind aber immer noch rechteckig. Ihre äußeren Ränder werden durch die zu ändernden Bereiche bestimmt.

Dabei lassen sich bei Animationen beträchtliche Einsparungen erreichen. Auch geschieht später der Bildaufbau im Browser meist schneller, da nun weniger Daten zur Darstellung umgerechnet werden müssen.

1. 2.

Abb. 06: Ausgangs-GIF mit zwei Bildern

Abb. 07: **Gleiches GIF optimiert (1. Stufe)**

⑥ Optimierung von Animationen 3

Wenn Sie die Optimierungsart von ⑤ zu Grunde legen, besteht eine weitere Einsparungsmöglichkeit nun darin, die neuen Bilder nur auf die rein zu ändernden Bereiche zu reduzieren. Dadurch werden aber mehrere Bilder entstehen. Temporär entsteht nun eine größere GIF-Datei. Aber nach der Optimierung ist diese kleiner als in ⑤.

Abb. 08: **Optimiertes GIF-Datei (2. Stufe)**

Das Ganze ließe sich sicher noch etwas mehr optimieren, wenn für DAS und GROSSE jeweils ein eigenes Bild verwendet werden würde, um den Zwischenraum zwischen beiden Worten einzusparen.

3.9.5 PNG-Optimerung

Portable **N**etwork **G**raphics. PNG sollte der Nachfolger des GIFs werden. Es unterstützt 16 Mio. Farben, Transparenz, verlustfreie Kompression, inkrementelle Anzeige der Grafik (erst Grobstruktur) und das Erkennen beschädigter Dateien. Das PNG-Format kann lizenzfrei verwendet werden. Allerdings kamen vor kurzem hier auch Lizenzstreitigkeiten auf, während beim GIF nun die Patentgeltung abgelaufen ist.

Im Gegensatz zu GIF sind mit PNGs keine Animationen möglich. Über folgende Homepage sind Optimierungen von PNGs möglich, die sich zum Großteil auf die Reduzierung der Farbanzahl beschränken:

⇨ *www.webmasterplan.com/de* ⇨ *Image-Komprimierung*

Allerdings weniger als acht Farben lassen sich leider nicht einstellen.

3.9.6 Hintergrundbilder

Sie können sowohl HTML-Seiten als auch Tabellen Bilder unterlegen. Nicht nur auf ⇨ *www.fivemile.org/cs* finden Sie eine große Auswahl und auch nicht nur an Hintergrundbildern, sondern jede Menge anderen grafischen Materials.

Es ist zu beachten, daß ausreichend Kontrast zum Lesen des Vordergrundes vorhanden ist bzw. übrig bleibt. Hintergrundbilder sollten daher mit niedrigem Kontrast ähnlich Wasserzeichen verwendet werden. (Unter MS Word werden z.B. Hintergründe gegenüber Wasserzeichen nicht gedruckt werden ➘ *8.9.6*).

3.10 Software

Hier eine kleine Auswahl von Grafikprogrammen. Auf den Anbieterseiten müssen Sie teilweise noch Formulare ausfüllen, um sich eine Version herunterladen zu können. Bitte beachten Sie, daß es sich bei diesen Versionen meist nur um Shareware handelt, die nach Ablauf einer festgelegten Frist registriert werden müssen. Siehe auch

⇨ *www.styleassistant.de/freeware.htm*

3.10.1 Texteditoren

- **1st Page 2000 (Freeware)**
  ⇨ *www.evrsoft.com/products.shtml*
- **Code Genie**
  ⇨ *www.code-genie.com*

- **Phase 5 - Second Edition (Freeware)**
  ⇨ *www.meybohm.de/htmledit.html* bzw. ⇨ *www.qhaut.de*
- **Scribe (Freeware)**
  ⇨ *www.scribe.de/deutsch/download.html*
- **Coffee Cup HTML Editor**
  ⇨ *www.coffeecup.com/editor*
- **FKey 3.0 (Freeware)**
  ⇨ *www.pc-more.net/download_pcwebedit.html*

3.10.2 WYSIWYG-Editoren

Für Einsteiger und schneller zum Ziel führend sind grafische Editoren, die während der Erstellung die jeweils aktuelle Webseite darstellen.

Nachteilig ist jedoch, daß dadurch meist ein großer Overhead (Balast, zu viel Quellcode) erzeugt wird und Sie in bestimmte HTML-Elemente (Tags) nur mit manuellem Aufwand eingreifen können. Für Prototypen sind diese Werkzeuge aber geeignet, um mal in einigen Minuten eine Webseite zu zimmern oder mit bestimmten Farb- bzw. Layouteinstellungen herumzuspielen.

- **Hot Dog Junior**
  ⇨ *www.sausage.com/products/index.html*

Es wird aber empfohlen einen normalen Editor zu verwenden, da Sie damit wissen, was Sie tun und auch die Richtlinien der Barrierefreiheit besser umsetzen können.

3.10.3 Grafikprogramme

- **IrfanView**
  ⇨ *www.irfanview.de*
- **Paint Shop Pro**
  ⇨ *www.jasc.com/download_4.asp*
- **ACDSee**
  ⇨ *www.acdsystems.com/Deutsch/products/downloads/index.htm*
- **Thumbs Plus**
  ⇨ *www.thumbsplus.de*
- **XNView**
  ⇨ *perso.wanadoo.fr/pierre.g/xnview/de_home.html*
- **Tastengenerator (Freeware)**
  ⇨ *www.pc-more.net/download_buttongenerator.html*

3.11 HTML-Code-Optimierer

Das Freewareprogramm *ByteReducer* verhilft Ihnen zu optimiertem Quellcode sowie zu reduzierten Dateigrößen verbunden mit kürzeren Ladezeiten:

⇨ *www.wt-rate.com/freeware2.htm#bytereducer*

3.12 Geänderte Seitenadressen

Ändern von URLs

Wenn Sie bestehende Webseitennamen oder Verzeichnisstrukturen ändern, bedenken Sie, daß Andere diese Adressen als Linkziel implementiert haben können. Bringen Sie ein Hinweis auf den alten Webseiten an, daß sich die Adresse geändert hat bzw. lassen Sie die Seiten noch online.

Informieren Sie ggf. die auf Sie verlinkenden Homepages und bitten Sie um eine Überprüfung der Linkziele (➷ *11.9.6 Googles Befehle*).

Gute Homepages unterscheiden sich von schlechten darin, daß veränderte Seitenadressen einige Monate noch unter alter Adresse erreichbar sind.

Einige Webhoster bieten auch eigene Fehlerseiten an, von denen Sie entweder nach einer Fehlermeldung auf Ihr Inhaltsverzeichnis verlinken können und zum neuen Verzeichnis der verschobenen Webseiten.

3.13 Checkliste

Gestaltung

- ☐ Anliegen Ihrer Homepage
- ☐ Inhalte
- ☐ Navigation und Grobstruktur
- ☐ Scrollen oder Blättern?
- ☐ Grafiken
- ☐ Barrierefreiheit
- ☐ Suchfunktion
- ☐ Glossar

Check. 03: Gestaltung

4 Domänadresse

4.1 Allgemeines und Kurioses

Die Mutter aller Domänen *symbolics.com* wurde am 15. März 1985 registriert. Für die nächsten 100 Domänen brauchte man damals noch eineinviertel Jahre.

Im Frühjahr 2000 - zu Zeiten des Domänbooms - hatte eine amerikanische Firma die Namensänderung von *Halfway* (Oregon) in *half.com* arrangiert. Das Arrangement sah einen kostenlosen Internetzugang aller ortsansässigen Bürger vor.

In Israel änderte Tomer Krissi seinen Namen in *Tomer .com*. Er ist somit der erste Mensch, dessen eingetragener Name im Paß auch mit seiner Webadresse identisch ist.

Die wertvollste Domänadresse *sex.com* wurde während des Domänbooms gerichtlich auf 250 Mio. US$ taxiert. *business.com* wechselte zu dieser Zeit für 7,5 Mio. US$ den Inhaber.

In Afghanistan (*.af*) darf jedermann Entwicklungshilfe betreiben, für 5.000 US$/Jahr und Domäne sind Sie dabei.

Andreas Pflügler aus Kitzbühl sicherte sich die Adresse: *www.-.kg*. Obwohl der Domänname aus Kirgistan nur aus einem Bindestrich besteht, ist er voll funktionstüchtig. Sie können das WWW auch weglassen oder eine eMail an *contact@-.kg* schreiben.

Die TLD *.nt* bedeutet neutrale Zone. Allerdings kann sich hier noch niemand registrieren. Einem ähnlichen Problem unterliegen die Palau-Inseln *.pw* und Guyana *.gy*. Dort hat sich noch niemand gefunden, der eine Registration übernimmt. Nicht viel anders liegt der Fall bei der Antarktis (*.aq*).

Der Inselstaat Tuvalu verkaufte die Rechte an seiner Ländertopleveldomäne an die Kalifornische Firma *dotTV Corp.* für 50 Mio. US$ und konnte sich daraufhin den UNO-Beitritt leisten. Die Kalifornier vermarkten *.tv* als Domäne für Fernsehsender und Unternehmen im TV-Bereich.

4.2 Rechtliche Grundsätze

4.2.1 Internationale Domänverwaltung

Die Koordination der Vergabe von Top-Level-Domänen (TLDs) wurde zunächst aufgrund eines Exklusivvertrages mit der US-Regierung von der IANA (**I**nternet **A**ssigned **N**umbers **A**uthority, einer US-Regierungsbehörde) und der NSI (**N**etwork **S**olutions **I**nc.) durchgeführt. Zur NSI gehört auch die InterNIC. Erst 1999 wurde die Verwaltung an die jeweiligen Länder-NICs (**N**etwork **I**nformation **C**enters) delegiert.

Anschließend wurde von der US-Regierung die nicht kommerzielle ICANN (**I**nternet **C**orporation of **A**ssigned **N**umbers ⇨ *www.icann.org*) mit der Vergabe von IP-Adressen, Protokoll-Regelungen und DNS-Management beauftragt. Sie bestellt auch Unternehmen für die Domänvergabe.

Bis Mai 2000 hatte die ICANN vier Online-Schiedsgerichte für Domän-Streitigkeiten eingerichtet. Dazu wurde bereits die *Uniform Dispute Resolution Policy (UDRP)* festgelegt und von den *.com-*, *.org-* and *.net*-Registraren umgesetzt.

Es soll eine schnelle und billige Alternative zu einer gerichtlichen Auseinandersetzung ermöglichen (kurze Frist von zehn Tagen), ohne aber einen anschließenden Gang zu Gericht zu versperren. Nach den bisherigen Erfahrungen werden die Gerichte aber kaum angerufen, nicht nur aus dem Problem einer Klage im Ausland.

Nach der UDRP müssen die Streitfälle folgende Kriterien erfüllen, damit sie zum Erfolg führen:

- Domännamenbestandteile sind identisch oder ähneln zum Verwechseln einem Namen von Markenrechtinhabern
- der Domäninhaber hat kein legitimes Recht oder Interesse an der Domäne
- die Domäne wurde bösgläubig registriert und benutzt.

Grundsätzlich dürfen aber alle Domänstreitigkeiten dem Schiedsgericht vorgelegt werden.

Die bisher eingerichteten Schlichtungsstellen sind:

☒ **WIPO (World Intellectual Property Organization)**
Die WIPO hat eine eigene Schiedsstelle eingerichtet, um Streitfragen und Domänmißbrauch zu klären. Bis Ende 2001 wurden rund 6.000 Fälle mit Parteien aus 95 Ländern entschieden (rund 60 % ohne Streiteinlassung des Gegners).
Die WIPO verhandelt Streitigkeiten der gTLD's *.com*, *.org*, *.net*, .biz, *.info*, *.name* und *.edu*. Außerdem sind Schiedsverfahren für einige Länder-TLDs möglich (z.B. *.ag*, *.cc*, *.tv* und *.ws*). Es bedarf dazu nur einer Vereinbarung mit der jeweiligen Registrierungsbehörde. Die WIPO entschied rund 80 % aller Fälle zu Gunsten der Kläger.
⇨ *www.wipo.org*
Entscheidungen der WIPO ⇨ *arbiter.wipo.int/domains*

☒ **National Arbitration Forum**
Das Nationale Schiedsrichter-Forum besteht bereits seit 1986.
⇨ *www.arbforum.com/domains*

☒ **Disputes.org / eResolution**
Online-Schiedsgericht und Online-Mediation, Konsortium
⇨ *www.disputes.org*
⇨ *www.eresolution.ca/services/dnd/dnd.htm*

☒ **CPR Institute for Dispute Resolution**
Alternativen Streitbeilegungsmethoden durch eigene Kommissionen im Wirtschaftsbereich (ADR = **A**lternative **D**ispute **R**esolution).
⇨ *www.cpradr.org/speclpan_domainname.htm*

Gegenüber Gerichtsverfahren zeichnen sich die UDRP-Verfahren durch kurze Verfahrensdauer (etwa 50 Tage) sowie niedrige Gebühren aus, die bei 1.500 US$ beginnen und sich nach Zahl der strittigen Domänen und Anzahl der Richter richten.

Klagen können Sie direkt über die Homepage einreichen. Namens- und Markenrechtsverletzungen können so weltweit verfolgt werden, wodurch sich keine komplizierten Zuständigkeitsfragen und Fragen des anzuwendenden Rechts ergeben. Unabhängig vom Wohnsitz des beklagten Domäninhabers sind so auch Entscheidungen möglich, wenn der Domäninhaber lt. WHOIS nur eine Briefkastenfirma ist und auf eine Klage nicht reagiert.

Die Schiedssprüche sind beschränkt auf Entscheidungen zum Domänlöschen oder zum Domänübertrag. Die Entscheidungen werden vom Provider zehn Tage nach dem Schiedsspruch automatisch umgesetzt. Einzige Ausnahme ist, wenn eine der Parteien innerhalb dieser Frist eine gerichtliche Klage bei einem zuständigen Gericht einreicht und den Provider darüber unterrichtet. Als großer Vorteil gegenüber Gerichtsverfahren wird nicht nur im Verhältnis zwischen den Parteien Recht gesprochen, sondern auch die Registrierungsstelle mit einbezogen. Bis Ende 2001 gab es insgesamt bei 41 Fällen anschließende Gerichtsverfahren.

Mehr zur Struktur der ICANN und deren Reformbestrebungen finden Sie unter ⇨ *www.icann-channel.de*.

4.2.2 In Deutschland

Entgegen der angelsächsischen Rechtsprechung geht man in Deutschland, Österreich und der Schweiz davon aus, daß Domännamen kein Eigentum sondern nur ein Namensrecht und ein Benutzungsrecht begründen. Deshalb spricht man hier auch nicht vom Eigentümer, sondern von einem Inhaber eines Namensrechts. Dies ist für die (Nicht-)Anwendbarkeit einiger Paragraphen des deutschen BGBs und anderer Gesetze von Bedeutung.

☹ Marken- & Namensrecht ☹

Ob Sie eine Domänadresse behalten dürfen bzw. diese Ihnen zusteht, begründen maßgeblich bisher geschützte Marken und eingetragene Namen, beispielsweise auch Städtenamen. Es kommt häufig auf den Einzelfall an, z.B. ob in Deutschland einer Gemeinde oder einer Person oder einem Unternehmen eine Domäne zusteht.

(D) LG Frankfurt/M., 26 O 438/98 vom 26.08.1998

Hier entschieden die hessischen Richter, daß auch Domännamen markenrechtliche Qualitäten besitzen, besonders, wenn über eine derartige Homepage Produkte veräußert werden, der Name also im Geschäftsverkehr genutzt wird. Sie zogen die einstweilige Verfügung eines Markeninhabers gegen einen Homepageinhaber zurück, da die Marke erst später und zwar nach Etablierung der gleichlautenden Homepage registriert worden war.

Rechtsmeinung

Es kann festgestellt werden, daß die deutschen Richter das Verbraucherinteresse und den allgemeinen Kenntnisstand über Domännamen bei Rechtsstreitigkeiten ansetzen, sofern es sich nicht um Marken- bzw. Namensrechtsstreitigkeiten handelt.

4.2.3 Streitschlichtungen in Österreich

Anders als in Deutschland steht in Österreich eine außergerichtliche Streitschlichtungsstelle (⇨ *www.streitschlichtung.at*) zur Verfügung. Sie wurde von der IPA (**I**nternet **P**rivatstiftung **A**ustria ⇨ *www.nic.at/german/ipa.html*) eingerichtet. Bei freiwilliger Unterwerfung kann dort rasch und kostengünstig eine Entscheidung herbeigeführt werden. Ein anschließender Gang zu Gericht bleibt offen.

4.2.4 In der Schweiz

Nach der *Änderung der Verordnung über die Adressierungselemente im Fernmeldeverkehr* vom 19.12.2001 mußte die Schweizer Registerbetreiberin einen Streitbeilegungsdienst und entsprechende Regeln schaffen. Interessant ist hier vor allem der gesamte § 14.

Nach § 14g ist für die Inhaber von Marken- und anderen Kennzeichenrechten nach der Streitschlichtung auch eine anschließende Klage bei einem Zivilrichter möglich.

Domännamen können selbstverständlich auch als Marken hinterlegt werden. Wie jedes andere Zeichen kann ein Domänname nur dann als Marke geschützt werden, wenn das Gesamtbild im Zusammenhang mit den beanspruchten Waren und Dienstleistungen die nötige Kennzeichnungskraft aufweist. TLDs á la *.com, .net, .org, .ch* werden als **nicht unterscheidungskräftig** und somit als nicht schutzfähig betrachtet. Ebenfalls nicht schutzfähig sei die Kombination aus einem Begriff des Gemeinguts und einem TLD-Namen.

4.3 Vergabeanforderungen

4.3.1 Allgemein

☺ **Grundsatz** ☺

Der wichtigste Grundsatz in der Domänregistratur lautet:

Wer zuerst kommt, mahlt zuerst!

Nur ob Sie Ihr gemahlenes Korn auch behalten können, darüber streiten mit Ihnen Besitzer von Marken- und Namensrechten oder sogar Mitbewerber, wenn Sie nach deren Ansicht Ihr Korn unlauter erworben haben sollen.

Sowohl die rechtlichen Gegebenheiten zur Anmeldung als auch die Jahrespreise können in verschiedenen Ländern recht unterschiedlich ausfallen.

IPv6

Die geplante und auch notwendige Erweiterung der Internetadressen von vier Byte auf sechs Byte, also von IPv4 auf IPv6 wird aus gegenwärtiger Sicht kaum Auswirkungen auf die Domännamen haben und daher für Homepageinhaber, soweit sie nicht selbst ihre Webserver betreiben, kaum Anlaß zu Änderungen abverlangen. Das DeNIC stellte bereits im Juli 2004 einen IPv6-Nameserver bereit (IP-Adresse: 2001:608:6:5).

4.3.2 Zahlen und Regeln

Im Domänbereich werden zwei Zahlenangaben unterschieden:

- registrierte Domännamen und die
- Anzahl der Webserver.

Letztgenannte ist geringer, da mehrere Domänadressen auf den gleichen Webserver (auch Webhost bzw. Host genannt) verweisen können.

LD	Länderdomäne
IDN	Anzahl zulässiger Sonderzeichen (IDNs)
Sub's	Registrierte Sub- bzw. Secondleveldomänen (Mitte April 2004)
*	Daten vom 15.01.04

TLD	Bedeutung	NIC-Adresse	IDN	Sub's ca. Mio.
.at	LD: Österreich	*www.nic.at*	30	0,34
.be	LD: Belgien	*www.dns.be*	0	0,33
.ch	LD: Schweiz	*www.switch.ch/de*	30	0,62
.de	LD: Deutschland	*www.denic.de*	92	7,55
.li	LD: Lichtenstein	*www.switch.ch/de*	30	0,02
.lu	LD: Letzeburg	*www.dns.lu*	0	0,18
.nl	LD: Niederlande	*www.nich.nl*	0	1,10
.it	LD: Italien	*www.nic.it*	0	0,90
.pl	LD: Polen	www.dns.pl/english/	Mögl.	0,22
.cz	LD: Tschechien	www.nic.cz/en/	0	0,17
.ag	Aktiengesellschaften	www.nic.ag		
.biz	Business	www.neulevel.biz	3	0,9*
.cc	Content&Commerz	www.nic.cc	☑	
.com	Commercials	www.verisign.com	☑	26,2*
.coop	Genossenschaften	www.nic.coop		
.edu	Education	www.networksolution.com		7,3*
.eu	Ab November 2004			-
.gov	Verwaltung	www.nic.gov		
.info	Information	www.afilias.info	3	1,1*
.int	Internationale Org.	www.iana.org/int-dom/int.htm		
.net	Internet, Netzwerke	www.verisign.com	☑	4,3*
.org	Organisationen	www.internic.net		2,8*
.pro	Professionals	www.nic.pro		
.tv	TV-Gesellschaften	www.tv		

Tab. 04: Für den deutschsprachigen Raum interessante TLDs

Unter⇨ *www.zooknic.com* erhalten Sie mehr Daten und Fakten, u.a. über die Anzahl registrierter Domänen. Grundsätzlich darf ein Domännamen bis zu 63 Zeichen lang sein. Lt. *Zooknic.com* ist die **durchschnittliche Länge** von *.net-* und *.org*-Domänen zwischen 7 und 11 Zeichen, während die begehrteste Topleveldomäne *.com* auf 8 bis 13 Zeichen durchschnittlich kommt.

④ Unter ⇨ *www.iso.org/iso/en/prods-services/iso3166ma/02iso-3166-code-lists/list-en1.html* finden Sie die aktuelle TLD-Liste (ISO 3166).

Dort finden Sie in der IANA-Datenbank zahlreiche Exoten mit eigener Domäne, die aufgrund fehlender technischer Infrastruktur nicht bis kaum genutzt werden. Ein solches Beispiel ist die Antarktis (*.aq*). Obwohl es einige *.aq*-Domänen (*www.studies.aq, global.aq*) gibt, ist eine Registrierung derzeit nicht möglich, weil es keine offizielle Registrierungsstelle gibt. Das Gleiche gilt auch für *.eh* (West-Sahara), *.km* (Komoren) oder *.tj* (Tadschikistan).

Und selbst wenn Sie beispielsweise die Domäne *suzu.ki* in Ihrem Besitz wähnen, so kann es über Nacht passieren, daß ohne Ankündigung die Vergabestelle wechselt und Ihre Adresse dekonnektiert (vom Internet getrennt) wird. Haben Sie Geld in Ihre Werbung Visitenkarten und Briefpapier gesteckt, kann das umsonst gewesen sein.

Obacht

Informieren Sie vor der Registrierung einer exotischen Domäne unbedingt genauer. Als Faustregel gilt:

Je mehr Registrare eine Topleveldomäne (TLD) unterstützen, umso zuverlässiger und dauerhafter ist Ihre Anmeldung.

Hier erhalten Sie die offizielle Liste der Länderdomänen:

⇨ *www.iana.org/cctld/cctld-whois.htm*

4.3.3 Verwendbare Zeichen und IDNs

Allgemein:

Gemäß Spezifikation (RFC) dürfen Subdomännamen max. 63 Zeichen und mindestens aber zwei Zeichen umfassen. Das Minimum von zwei Zeichen geht auf einen längst behobenen Protokollfehler zurück, so daß auch 2LDs mit einem Zeichen möglich wären. Nur einige TLDs erlauben Domännamen, die aus nur einem Zeichen bestehen.

Neben den lateinischen Buchstaben sind auch die Ziffern sowie das Minuszeichen erlaubt. Im Gegensatz zu eMailnamen ist der Unterstrich standardmäßig unzulässig.

Domännamen müssen normalerweise mit einem Buchstaben beginnen. Das Minuszeichen muß von zwei Buchstaben und/oder Ziffern eingeschlossen sein. Ausnahmen bestätigen die Regel.

Die Groß- und Kleinschrift ist bei Domännamen egal. Erst bei den Webserververzeichnissen kommt es abhängig der eingesetzten Betriebsysteme zur Beachtung der Groß-/Kleinschrift. Windows ist es meist egal, während Unix-/ Linuxserver die korrekte Schreibweise erfordern. Auf der sicheren Seite sind Sie, wenn Sie als Administrator alle Datenamen und Verzeichnisse klein schreiben.

IDNs

Mit dem neuen IDN (**I**nternationalized **D**omain **N**ame) ist es nun möglich, nationale Sonderzeichen und Sprachen wie Arabisch, Russisch, Chinesisch oder Japanisch in Domännamen einfließen zu lassen.

Bei den Sonderzeichen gibt es nun Unterschiede. Bei deutschen Domänen sind 92 verschiedene Sonderzeichen und Umlaute möglich, während die österreichischen und Schweizer Registrare nur 30 zulassen. In Letzeburg, Belgien und den Niederlanden sind *Internationalized Domain Names* (kurz IDN) noch nicht zulässig. Eine Nachfrage in Letzeburg ergab, daß man erst noch einmal abwarten möchte.

Verisign, Registrar für die *.com*-Domäne führte für seine Adressen ein zusätzliches Feld ein, welches festgelegt, ob die Netzadresse z.B. englischen (ENG), deutschen (GER), chinesischen (CHI) oder griechischen (GRE) Sprachregeln entspricht. Damit will man ausschließen, daß findige Nutzer bereits registrierte Domänen kopieren, indem sie Zeichensätze mischen. Wäre etwa *papa.com* in ASCII vergeben, hätte *papa.com* mit ‚P' in griechisch oder kyrillisch (П) dennoch registriert werden können. Denkbar ist auch das kyrillische R zu verwenden, daß dem lateinischen P entspricht...

Anmerkung:

Die Buchstaben, die Sie auf russischen Kfz.-Kennzeichen finden, sind allesamt Zeichen, die im kyrillischen **und** lateinischen Alphabet vorkommen, aber unterschiedliche Bedeutungen haben. Nach einer Richtlinie müssen Kfz.-Kennzeichen bei internationalen Reisen in lateinischen Buchstaben und Ziffern lesbar sein. Fahrzeuge aus dem Nahen Osten auf dem Weg durch Europa haben deshalb meist ein zweites Kfz.-Kennzeichen, ein übersetztes quasi.

☹ Negativ ☹

Da für eMail- und Domännamen unterschiedliche Zeichen zulässig sind, halten sich einige Registrare mit dem Erlauben von Sonderzeichen zurück.

4.3.4 Deutsche Anforderungen

Deutsche Domännamen müssen mit einem Buchstaben oder Ziffern beginnen und enden. Bindestriche sind nur dazwischen erlaubt. Insgesamt sind aber bis 92 verschiedene Sonderzeichen zulässig.

Wichtig, ein Domänname unter *.de* muß seit 1997 mindestens drei Zeichen umfassen und mindestens einen Buchstaben enthalten. Kürzere Namen sind nicht erlaubt, obwohl es noch drei solcher Domänadressen gibt:

- ix.de
- hq.de
- www.db.de

Alle Namen anderer TLDs sind unzulässig (z.B. *www.at.de* oder *www.ch.de*), ebenso unzulässig sind deutsche Kfz.-Kennzeichen.

Anmerkung:
Eine eMailadresse besteht aus *eMailname@Domänname,* wobei sich der Domänname mindestens aus Second- und Topleveladresse zusammensetzt.

Falsch	Grund	Richtig
Müller@Müller.de	Umlaut im eMailnamen	*Mueller@Müller.de*
Ulf_Roth@Ulf_Roth.de	Unterstrich im Domännamen	*Ulf_Roth@Ulf-Roth.de* besser: *Ulf.Roth@Ulf-Roth.de*
info@0123.de	unzulässige deutsche Zahlendomäne	*info@null123.de*
kontakt@-die-firma-.de	Minuszeichen muß eingeschlossen sein	*kontakt@die-firma.de*

Tab. 05: Unzulässige eMailadressen

Apropos eMailadresse: Im Geschäftsverkehr ist es sehr sinnvoll, wenn der bei Ihrer eMailadresse hinterlegte Name folgender Form entspricht:

Firmenname | Vorname Nachname

Vorteil: In Adreßverzeichnissen stehen alle Mitarbeiter einer Firma untereinander und sind leichter auffindbar. ⇨ Keine Sortierung nach Vorname mehr

4.3.5 In Österreich

Jeder Inhaber darf beliebig viele Domänen registrieren.

Ein *.at*-Domänname darf aus Buchstaben, Ziffern und Bindestrichen sowie den in der Liste unter ⇨ *www.nic.at/idn/zeichen* angeführten Zeichen bestehen:

ä ü ö ë à á â è é ê ì í î ï ò ó ô ù ú û ý ÿ ã å æ ç ð ñ õ ø œ š þ ž

An dritter und vierter Stelle des Domännamens sind zwei Bindestriche nacheinander nicht erlaubt. Jeder Name muß mindestens einen Buchstaben enthalten und darf weder mit einem Bindestrich beginnen noch enden.

Domännamen unter *.co.at* und *.or.at* müssen mindestens einen Buchstaben, Namen unter *.at* mindestens drei Zeichen enthalten. Maximale Länge sind 63 Zeichen.

Also Firmen und Organisationen können sich auch einen Domännamen, der aus nur einem Buchstaben besteht unter *co.at* bzw. *.or.at* zulegen.

Inhaber bei ⇨ *nic.at* registrierter Domänen können ein Domain-Zertifikat erhalten. Das früher per Post zugesandte Zertifikat ist nun nur über die Homepage abruf- und downloadbar.

2LD	Bedeutung
co.at	Firmen
gv.at	Behörden (governmental)
ac.at	Akademischen Berufen und schulisches Umfeld
or.at	Organisationen

Tab. 06: Österreichische 2LDs

Die ⇨ *nic.at* sperrt oder löscht Domänen entweder auf Kundenwunsch (bei Kündigung durch den Inhaber), bei wiederholten technischen Problemen mit einer Domäne trotz erfolgter Ermahnung des Inhabers, bei Nichtbezahlen des Entgelts, bei mangelhaften Angaben zum Domäninhaber (siehe AGB Punkt 1.3.) oder aufgrund einer rechtswirksamen gerichtlichen Entscheidung oder Anweisung einer zuständigen Behörde.

4.3.6 Domain Name Policy für .ch und .li

Vergaberegeln für das Fürstentum Liechtenstein und die Schweiz:

⇨ *www.switch.ch/de/id/terms/policy.html*

4.3.7 Andere EU-TLDs

In Österreich können sich Unternehmen und Organisationen unterhalb der 2LD *co.at* und *or.at* registrieren. Einige andere Länder bieten auch spezifische Subdomänen für Firmen und Organisationen, z.B. Großbritannien (*.uk*).

In Polen und Tschechien kann sich jeder unabhängig von einem Wohnsitz Domännamen registrieren. In Polen gibt es einige funktionale Subdomänen, z.B. *.media.pl*, *.shop.pl* oder *.travel.pl.* In beiden Ländern kann in Streitfällen die Vergabestelle bzw. ein Schiedsgericht bemüht werden.

In den Registrierungsregeln der italienischen NIC (⇨ *www.nic.it*) ist nachzulesen, daß italienische Städte, Regionen sowie deren Abkürzungen nicht als 2LD registrierbar sind, unabhängig in welcher Sprache diese Namen verwendet werden sollen. Die derzeitigen TLD-Namen dürfen erst in 3LD (Thirdleveldomännamen) benutzt werden.

Im Großherzogtum Letzeburg (Lëtzebuerg, Hauptstadt: Luxemburg, TLD: *.lu*) gelten wie in der Schweiz, Deutschland und Österreich ähnliche Voraussetzungen, d.h. eine Anmeldung ist für alle Personen, Unternehmen und Organisationen unabhängig vom Wohnsitz oder einer Niederlassung möglich. Nur ein administrativer Ansprechpartner muß sich in Letzeburg befinden (z.B. Webhoster über Treuhändervertrag, z.B. ⇨ *www.united-domains.de*).

Im Gegensatz zu Deutschland sind seit 2003 im Großherzogtum Letzeburg auch reine Zahlendomänen zulässig, z.B. *0123.lu*. Auch in Deutschland dürfen Domännamen mit einer Ziffer beginnen, z.B. *123schutz.de*. Das gilt auch für einige andere TLDs.

In Finnland (*.fi*) ist eine Domänregistrierung nicht von Privatpersonen, sondern nur von Unternehmen möglich, die in finnischen Handelsregistern eingetragen sind oder über finnische Markenrechte verfügen. Normalerweise kann aber in jedem europäischen Land jeder eine Domäne beantragen.

4.3.8 EU-Domäne

Die *.eu*-TLD wird unter den Landesdomänen eingeordnet (➘ *4.4.1 Domäntypen*).

Mit der EU-Verordnung 733/2002 wurde festgelegt, daß *.eu*-Domänen beantragt werden können von:

- natürlichen Personen mit Wohnsitz innerhalb der EU
- Unternehmen mit satzungsgemäßem Sitz, Hauptverwaltung oder Hauptniederlassung innerhalb der EU
- Organisationen mit Niederlassung innerhalb der EU.

Die Domänen werden direkt als 2LD unterhalb von *.eu* gemäß "First come, first serve"-Prinzip vergeben. Für geographische und geopolitische Begriffe können die Mitgliedsstaaten eigene 2LD (Secondleveldomänen) einrichten. Umlautadressen sind vorerst noch nicht geplant. Stellt ein Gericht fest, daß eine Adresse verleumderisch bzw. rassistisch ist oder gegen die öffentliche Ordnung verstößt, kann sie gesperrt werden. Bei Streitigkeiten kann ein eigenes Schiedsgericht angerufen werden. Sicher wird dies eine preisgünstige Alternative für alle sein, auch im Hinblick unterschiedlicher nationaler Regelungen und noch einiger unklarer Vorgaben.

Mehr unter ⇨ *www.doteu.info*

4.3.9 Andere TLDs

Bei *.com*-Domänen auch zweibuchstabige Namen möglich. Es gibt dort sogar noch einige Exoten mit nur einem Buchstaben:

- q.com
- z.com
- x.com
- x.org

Topleveldomänen mit nur einem Buchstaben gibt es aber dennoch:

- *.fm* (Mikronesien)
- *.kg* (Kirgisien)
- *.dk* (Dänemark)
- *.ag* (Antigua)

4.3.10 Domänverlängerung

Deutsche Domänadressen verlängern sich automatisch, solange Sie die entsprechenden Gebühren entrichten. Internationale Domänen müssen meist aktiv jährlich verlängert werden, was jedoch häufig Ihr Webhoster für Sie übernimmt. Allerdings sollten Sie dies prüfen bzw. explizit Ihren Hoster auf die Erfüllung seiner Pflicht hinweisen, um sich vor Domänverlust und dem Aufwand zum Wiedererlangen Ihrer rechtmäßig erworbenen Adresse zu schützen.

4.4 Domännamen & -typen

4.4.1 Domäntypen

Registricted oder unregistricted

Alle Domänen lassen sich in zwei Gruppen gliedern. Die **Unregistricted Domains** sind Domänen, die von jedermann, unabhängig von Wohn- oder Geschäftssitz angemeldet werden können, z.B. *.com, .ws, .info*.

Die überwiegende Zahl der rund 250 TLDs sind aber **registricted** und somit an diverse Bedingungen geknüpft, z.B. *.biz, .coop*.

Diese Voraussetzungen können ein nationaler Ansprechpartner (*.de*), ein Wohnsitz im Land (*.es, .hu*) oder bestimmte (berufliche) Qualifikationen (*.pro, .aero, .museum*) sein. In Griechenland (*.gr*) durften bis Juli 2004 Privatpersonen nur bis zu zwei Domänadressen und Firmen nur bis zu 10 inne haben.

Weiters erfolgt die Unterscheidung nach Länder- und generischen Domänen.

ccTLD, gTLD & Piraten-TLDs

ccTLD steht für **c**ountry **c**ode **t**op **l**evel **d**omain und klassifiziert Länderdomänadressen, wie *.de, .ch* oder *.at*.

Das Pendant sind generische Domänen wie **gTLD**. Hierbei charakterisiert die Abkürzung eine Gattung von Adressen, z.B. *.museum* für Museen oder *.coop* für Genossenschaften. Klassische Beispiele sind *.com, .net, .org*.

Piraten-TLDs sind Topleveldomänen, die nicht offizielle Endungen aufweisen, z.B. *.gmbh*. Da inoffiziell ist mit keiner 100%igen Erreichbarkeit aus allen Subnetzen des Internets zu rechnen.

Die Vergaberichtlinien der Länderdomänen (ccTLDs) unterliegen den jeweiligen nationalen NICs, so daß hier alles möglich ist – zumindest was Einschränkungen betrifft.

gTLD	Bedeutung
.aero	Für Luftfahrtunternehmen und Flughäfen, Luftfahrtvereine
.biz	Business, Unternehmen vorbehalten
.com	Commercials, kommerzielle Angebote
.coop	Genossenschaften, Kooperativen
.edu	Education, Bildungseinrichtungen
.eu	Ab November 2004
.gov	Government, Administrationen und Verwaltungen
.info	Informationen
.int	Internationale Organisationen
.mil	US-Militär
.museum	Museen, Ausstellungen,
.name	Domänen in Form: *Vorname.Nachname.name*
.net	Internet
.org	Organisationen
.pro	Professionals; für bestimmte Berufsgruppen (Anwälte, Ärzte u.a.)
.ag	ccTLD Antigua; Vermarktung für Aktiengesellschaften
.am	ccTLD Armenien; Vermarktung für Mittelwellenradiostationen
.by	ccTLD Weißrußland; Vermarktung für Bayern
.cc	ccTLD Kokos-Inseln; Vermarktung als Content&Commerz
.fm	ccTLD Mikronesien; Vermarktung für UKW-Radiostationen
.mu	ccTLD Mauritius; Vermarktung für Musik
.ph	ccTLD Philippinen; Vermarktung für Phone/Telefon
.tm	ccTLD Turkmenistan; Vermarktung für Trademarks
.tv	ccTLD Tuvalu, Vermarktung für TV-Gesellschaften
.ws	ccTLD West Samoa; Vermarktung als Website

Tab. 07: Alle generischen TLDs

Neben generischen und Länderdomänen gibt es noch eine Reihe alter TLDs, die nicht nur in Usenets noch genutzt werden. Die TLD *.su* hat die russische *Foundation for Internet Development (FID)* inne, welche die Einnahmen Internet-Forschungsprojekten zugute kommen läßt. Für 100 US$/Jahr darf jeder sowjetische Domänadressen betreiben – sicher auch eine interessante Alternative für anderweitig häufig schon besetzte Gattungs- und Branchenbegriffe.

xccTLD	Land	Status
.su	Sowjetunion	aktiv
.yu	Jugoslawien	aktiv
.hk	Hong Kong	aktiv
.cs	Tschechoslowakei, jetzt Serbien & Montenegro	unklar

Tab. 08: Ex-Länder-TLDs

4.4.2 Gattungs-/Branchendomänen

Gattungsdomäne

Eine **Gattungsdomäne** ist eine Internetadresse, die als beschreibenden Namensbestandteil einen allgemeinen Begriff enthält, der eine Gruppe bzw. Gattung von Gegenständen bezeichnet.

Bekanntestes deutsches Streitobjekt war *mitwohnzentrale.de*. In der Rechtssprechung waren Gattungsdomänen anfangs umstritten, da der Inhaber sich dadurch gegenüber den Wettbewerbern eine gewisse marktbeherrschende Rolle verschaffte, in dem er Besucherströme kanalisierte. Der deutsche BGH stellte jedoch fest, daß Gattungsdomänen **grundsätzlich nicht rechtswidrig** seien. International wird die gleiche Meinung vertreten.

Branchendomänen

Als Untergruppe der Gattungsdomänen werden die Branchendomänen geführt. Hierbei wird unterstellt, daß ein Mitglied dieser Branche die Domäne inne hat. Anbei zwei Beispiele, die die Problematik etwas verdeutlichen sollen.

(D) OLG Hamburg, 3 U 303/01 vom 02.05.2002 (rechtsanwalt.com)

Die Nutzung der Domäne *rechtsanwalt.com* durch einen Anwaltssuchdienst ist aufgrund § 3 UWG wettbewerbswidrig. Offen bleibt, ob Rufausbeutung oder unlauterer Wettbewerb (§ 1 UWG) oder Vorsprung durch Rechtsbruch (§ 1 UWG, § 132 StGB) vorliegen.

(D) OLG Nürnberg, 3 U 2393/01 vom 06.11.01 (steuererklaerung.de)

Die Mittelfranken stellten fest, daß *steuererklaerung.de* durch einen Lohnsteuerhilfeverein irreführend verwendet wurde und gemäß § 3 UWG zu verbieten sei. **Die sich aus dem Domännamen ergebende Unternehmenskennzeichnung muß auf den Inhaber zutreffen.** Ein Lohnsteuerhilfeverein hat aber gemäß § 4 Nr. 11 StBerG eine nur eingeschränkte Beratungsbefugnis. Der normale Verbraucher nimmt jedoch an, daß der Inhaber Steuererklärungen umfassend erstellen kann.

4.4.3 Finden weiterer Domännamen

Zunächst werden Sie sich fragen, wozu weitere Domännamen, wenn dort sowieso nur das gleiche Angebot offeriert wird. Wenn aber Mitbewerber ungeahnte Ansprüche gegen einen Ihrer angemeldeten Domännamen anmelden, sollten Sie auf andere Domännamen schnell zurückgreifen bzw. ausweichen können. Diese sollten im Vorfeld bereits angemeldet und eingerichtet sein, auch bei Suchdiensten.

Sie sollten bei großer Abhängigkeit von Ihrem Internetvertrieb in Erwägung ziehen, ob Sie nicht einige Domänadressen bei einem anderen Webhoster unterbringen. So sind Sie vor Störungen des Zugangs zum Hoster und bei Problemen mit dem Hoster selbst auf der sicheren Seite. Denn es ist nicht nur einmal vorgekommen, daß bei Bauarbeiten Telekommunikationskabel gekappt wurden oder Webhoster Domänumzüge verzögerten.

Wenn Sie sich also einen weiteren oder mehrere Domännamen zulegen, sollten Sie an andere Schreibweisen denken:

① Tippfehler

Als nicht zu vernachlässigend sind Tippfehlerdomänen. Wie Sie im Abschnitt ➩ *4.6 Handel, Verkauf...* noch lesen werden, kann dies sehr einträglich sein.

② Bindestrichdomänen und Schmuckdomänen

Berücksichtigen Sie verschiedene Schreibweisen, mit und ohne Bindestriche, Zahlen ausgeschrieben oder als Ziffern, z.B. für *nullahnung.de* auch *null-ahnung.de, 0-ahnung.de, 0ahnung.de*

Schmuckdomänen

Als **Schmuckdomäne** bezeichnet man Domännamen, bei denen jedes Zeichen per Bindestrich getrennt ist, z.B. www.s-e-x.com.

③ Wortkombinationen

Bedenken Sie auch Kombinationen von Gattungsbegriffen und Ihrem Namen (mit und ohne Bindestrich, Gebräuchliche fett):

Zusatz + IhrName . TLD	IhrName + Zusatz . TLD
Super-, Turbo-	**-online, -shop,** -page, -seite
Der-, Die-, Das-	-web, -net, -eu
The-, 1~, 1a~	-live
Uni- (Standard für Unis)	-home, -homepage, -land
Ihr-, Dein-, Our-, Your-	**~24**
Mein-, Unser-	-club, -plus
Branchenbegriff + Name (z.B. *auto-maier.de, tischler-huber.de*)	-center, -zentrum, -zone, -central, -welt
Info-, Team-	**-info**, -hilfe
123~ (z.B. *123schutz.de*)	**-gmbh, -ag**, -gbr, -ohg, -kg, -inc
Gratis-, 0800~	~4u, ~2u

Tab. 09: Zusätze zu Ihrem Domännamen

④ Verschiedene TLDs

Auch das Verwenden einer weiteren Topleveldomäne mit dem gleichen Namen sollten Sie in Betracht ziehen. Für Genossenschaften bietet sich die *.coop*- und für Freiberufler die *.pro*-Domäne (Professionals) oder auch *.biz* an. Bekannte Personen können sich mit *Vorname.Nachname* unter der Namensdomäne (*.name*) registrieren, die nur als 3LD (Thirdleveldomäne) vergeben wird. Die TLD *.info* paßt eigentlich faßt immer.

Zur Überprüfung können Sie Multidomänchecker verwenden (➴ *4.5.3 Multidomänprüfung*).

⑤ Punktdomänen

Punktdomänen

Als **Punktdomäne** bezeichnet man Domännamen, bei denen im Zusammenhang mit der TLD erst eine sinnvolle Bezeichnung entsteht, z.B. *www.pfer.de, www.glasda.ch* oder *notari.at.*

Bei *bau.ch* dürfte es nicht um eine Punktdomäne handeln, nicht nur weil zwischen Bau und Bauch Welten sein sind. Diese Domäne dürfte daher eher der Baubranche zugeordnet werden, da sie dort zugehörig eher vermutet wird. Entscheidend ist jedoch der Inhalt der Internetpräsenz.

⑥ Klammeraffendomänen

Diese Methode macht sich den Umstand zu Nutze, daß eMailadressen als ganzes Wort gelesen werden, wobei der Klammeraffe (@) als A interpretiert wird. Z.B.: *m@rketing.at, br@twurst.de*

⑦ Branchen- und Gattungsdomänen

Type-In-Traffic

Als **Type-In-Traffic** bezeichnet man den durch geeignete Namenswahl erzeugten Besucherstrom. Denn einige Nutzer geben einfach einen Begriff als Internetadresse ein und kommen so direkt auf Ihre Homepage.

Durch geeignete und/oder einprägsame Begriffswahl landet so ein steter Besucherstrom bei Ihnen – und das auch ohne Suchmaschinenanmeldung. Aber auch auf Ihre Position in den Trefferlisten der Suchdienste wirkt sich eine Internetadresse, die den gesuchten Begriff enthält, sehr positiv aus. Kein Wunder also, daß *sex.com* auf 250 Mio. US$ taxiert wurde - die teuerste virtuelle Heimat/Immobilie.

⑧ Kurze Begriffe, Kurze Namen, Kurze Wörter

Das A&O sind kurze Begriffe.

Db.de ist einfach kürzer und einprägsamer als *www.Deutsche-Bahn.de*. Bedenken Sie auch, welche Tippfehler bei ‚Deutsche Bahn' entstehen können. Unter Umständen sollten Sie überlegen, ob nicht eine Abkürzung oder ein Phantasiebegriff hilfreich wären.

Aber Obacht: Deutsche Domännamen müssen mindestens drei Zeichen umfassen! Phantasiebegriffe können Markenschutz unterliegen.

Schlechtes Beispiel für eine neue Namenswahl ist die aufgekaufte VIAG Interkom ⇨ O_2: *www.o2.de* geht nicht, da zu kurz, *www.o-2.de* gibt es nicht, *www.0-2.de* (Null minus zwei) wollte man nicht. Besser, aber noch längst nicht optimal, hat es da schon E.on gelöst. www.eon.de ⇨ aber ohne Punkt zwischen E und ON. Sinnvoller wäre sicherlich E-On als neuer Firmenname gewesen.

⑧ Wie erklären Sie anderen Ihren Domännamen am Telefon?

K.O.-Kriterium für die nun sicherlich nicht immer ganz überschaubare Zahl von möglichen Domännamen und auch um den Geldbeutel etwas zu schonen, sollten Sie sich fragen, wie unmißverständlich können Sie Dritten Ihre Internetadresse mitteilen?

Offenbar fragte sich das auch der Mobilfunker O_2 und registrierte deshalb nicht die Bindestrichdomänen (z.B. *www.o-2.de*). Denn O und 0 lassen sich leicht verwechseln und statt Bindestrich ist das negativ vorbesetzte Minuszeichen am Telefon schneller gesagt.

4.5 Whois & Domänchecker

4.5.1 Admin-C & Co.

Admin-C

Als **Admin-C** ist die Abkürzung von *administrative contact*. Damit wird also der Ansprechpartner des Domäninhabers bezeichnet.

Viele Länder verlangen einen Bevollmächtigten im eigenen Land. Über Treuhandverträge, z.B. ⇨ *www.united-domains.de* können Sie Inhaber wohnsitzfremder Domänadressen werden, ohne ansässig zu sein.

In Deutschland ist der Admin-C der Zustellungsbevollmächtigte gemäß § 174f ZPO. Es ist daher eine ladungsfähige Anschrift anzugeben, da die Kontaktperson als Bevollmächtigter des Domäninhabers teilweise haftet.

Anders verhält es sich bei abhängigen Personen in anderen Unternehmen. (Mehr zur Haftung des Admin-C via *OLG Stuttgart, 2 W 27/03 vom 1.9.2003* und zur Verantwortlichkeit des Admin-C via *LG Kassel, 7 O 343/02 vom 15.11.2002*.)

Tech-C und Zone-C

Als **Tech-C** wird der technische Verwalter eingetragen. Dies ist beispielsweise Ihr Webhoster. Unter **Zone-C** wird, wenn Sie optional eigene Namensserver betreiben, der jeweilige Ansprechpartner eingetragen. Meist finden Sie aber unter beiden Einträgen die gleichen Daten.

4.5.2 Whois & Domänprüfung

Whois

Jeder Registrar/Verwalter von Topleveldomänen (TLDs) erlaubt die Abfrage, welche Subdomänen vergeben sind und meist auch an wen. Diese Abfrage nennt man **Whois**.

Beim Verwalter der *.nl*-Domäne (Niederlande) sind beispielsweise pro Tag nur 15 Abfragen pro Absender-IP-Adresse möglich. Bei dem deutschen Verwalter, dem DeNIC müssen Sie zuvor nur den Nutzungsregeln zustimmen.

Bei den generischen TLDs *.biz, .info, .com* und *.us* ist zudem das Registrationsdatum einsehbar.

4.5.3 Multidomänprüfung

Einfache Domänprüfungen führt jeder Webhoster durch. Multidomänchecker prüfen parallel, ob Ihr eingegebener Domänname unter mehreren Topleveldomänen noch frei ist:

- *www.cctlds.de*
- *www.lackas.net/cgi-bin/whois.cgi ⇨ Check Status*
- *united-domains.de ⇨ Domain-Suche starten*

Einen kostenlosen Multidomänchecker (*.de*/*.com*/*.net*/*.org*) zur Einbindung auf Ihrer eigenen Homepage erhalten Sie unter:

- *edv-internet.de/kostenloses/domaincheck*

4.5.4 Zentrale Domänregistration

Da es sehr viele unterschiedliche Reglements gibt, für jede TLDs andere, ist es schwierig, daß ein Anbieter alle Domänen anbieten kann. Dennoch gibt es Anbieter, die viele TLDs im Programm haben:

> ⇨ *1globalplace.de* (auch unter ⇨ *1globalplace.com* englischsprachig, alternativ und in deutsch:
> ⇨ *www.aboutit.de/view.php?ziel=/autor/any/1globalplace,profil.html*)
> ⇨ *speednames.com* (englischsprachig)
> ⇨ *united-domains.de* (deutschsprachig)

Weitere Informationen finden Sie auch unter:

- **www.norid.no/domenenavnbaser/domreg.html**
  TLD-Übersicht mit Links zu jeweiligen NICs
- **www.iana.org/cctld/cctld-whois.htm**
  Root-Zone-Whois-Information (offizielle ccTLD-Infos der IANA)
- **www.iso.org/iso/en/prods-services/iso3166ma/02iso-3166-code-lists/list-en1.html**

4.6 Handel, Verkauf, Sharing

4.6.1 Übertragung & Nutzungsüberlassung

Für den Ver- oder Ankauf, für eine Übertragung oder Verpachtung oder auch für Domänsharing (gemeinsame Nutzung) sollten Sie auf jeden Fall einen Vertrag abschließen. Analog einem Immobilienkauf sollten Sie sich nicht auf mündliche Abmachungen verlassen.

Unter ⇨ *domain-recht.de* finden Sie eine Sammlung von Musterverträgen, die in Zusammenarbeit mit spezialisierten Anwälten erstellt wurden.

Über ⇨ *www.domain-spiegel.de* erfahren Sie, was bisher für Domänen bezahlt wurde.

Verpachten oder Vermieten

OLG Köln, 19 U 211/01 vom 13.05.2002

Ein Vertrag zur Einrichtung und Verwaltung einer Domäne und die Einräumung der Nutzungsmöglichkeiten ist als Miet- bzw. Pachtvertrag einzuordnen, wenn es um das Bereitstellen der Speicherkapazitäten für die Domäne geht.

In Österreich kann aufgrund des weiteren Sachbegriffes des ABGB auch ein Recht direkt vermietet oder verpachtet werden.

Verkaufstatistiken

Spitzenreiter bei *.de*-Adressen war ein Domänpaket mit *reifen.de, reifen.info, reifen.org, breitreifen.at* für 200.000 € in 2003, nachdem *reifen.de* in 2002 schon einmal den Inhaber gewechselt hatte. Damals zahlte der Käufer aber nur 5.000 €. Die teuerste deutsche Domäne in 2004 war *sexkontakte.de* mit 110.000 €.

Die teuerste *.com*-Domäne *business.com* wechselte 1999 für 7,5 Mio. US$ den Inhaber.

Chris Chena ist bekannt für seine Tippfehlerdomänen und kaufte im April 2004 drei Stück (je für US$ 25.667,-), weil sie 200.000 Besucher/Monat aufwiesen (*downlaod.com, donwload.com* und *dawnload.com*). Chena möchte damit den Vertrieb der in der eigenen Firma programmierten Software ankurbeln.

4.6.2 Domänhandel

Marktplatz zum Handel von Domänen sind entsprechende Handelsbörsen im Internet. Domänhandelsbörsen sind beispielsweise:

- *www.afternic.com*
- *www.domain-handel.de*
- *www.sedo.de*
- *www.markenplatz.de*

Network Solutions Inc. (NSI, Verwalter von *.com-* und *.net*-Domänen) hat den Certified Office Service eingerichtet, mit dem Sie für 19 US$ dem Domäninhaber nach einer Domänsuchanfrage ein anonymes Kaufangebot unterbreiten können. Dieses Angebot kann sich bisher auf die TLDs *.com, .net, .org, .info, .biz* und *.us* beziehen. Bei erfolgreichem Verkauf kassiert NSI dann allerdings noch einmal.

Fragen an Handelsbörsen für Domänadressen

- ☐ Wie bekannt ist die Börse? (je bekannter, um so mehr Besucher)
- ☐ Ist der Eintrag kostenlos?
- ☐ Fallen Vermittlungsgebühren an?
- ☐ Gibt es Mindestprovisionen?
- ☐ Wie lange steht das Angebot online?
- ☐ Welche Angebote oder Bedingungen gibt es noch?

Check. 04: Domänhandelsbörsen

Musterverträge finden Sie entweder im 🕮 *Handbuch Domain-Namen* oder online unter ⇨ *www.domain-recht.de/vertraege*.

Bezahltes Domänparken

Das **bezahlte Domänparken** bietet die Handelsbörse *Sedo* an. Dabei blendet Sedo auf der Domänadresse passende Werbung ein und läßt Sie an den Werbeeinnahmen partizipieren.

Die Teilnahme ist kostenlos. Da viele Besucher Namen auf Gut-Glück eingeben, können so bis zu mehreren hundert Euro pro Jahr zusammenkommen. Bei zweitklassigen Domänen holen Sie zumindest die Registrierungskosten wieder herein.

Kunden von ⇨ *united-domains.de* können dies im Konfigurationsmenü wählen sowie Ihre Domänen analog Aktien in einem Portfolio verwalten.

Auch der Suchdienst Google bietet neben der Suchtaste die Taste ⇨ *Auf gut Glück* an, mit der Sie zum erst besten Angebot gelangen und das ist das, welches meist die Suchbegriffe im Domännamen enthält - also auch Tippfehlerdomänen.

4.6.3 Domänstrategien

Ein Jahr nach Einstieg in den Domänhandel hielt der Amerikaner Jackson 475 Domänen. Er finanzierte damals diese Adressen aus dem Gewinn von 142 zuvor verkauften Domännamen. Dies war im Mai 2003.

Bis Mai 2004 stieg sein Portfolio auf über 3.400 Domänadressen an. Binnen eines Jahres verkaufte er 970 Domänen erfolgreich. Auf sein Erfolgsgeheimnis angesprochen, gab Jackson seine zweigleisige Strategie preis:

Ein Standbein seines Geschäftes besteht darin, Adressen für lediglich 50 bis 150 US$ an Wiederverkäufer abzugeben, um so seine monatlichen Kosten zu decken.

Für drei- bis vierstellige Beträge macht er gezielt kleineren Firmen ein vernünftiges Angebot zum Erwerb von passenden Domänadressen. Im Gegensatz zu großen Unternehmen findet er so viel leichter Abnehmer, als auf den großen Deal mit einer Adresse zu warten.

Aber auch das bedeutet harte Arbeit, denn für die Suche nach guten Adressen benötigt man ein tiefgreifendes Verständnis für Sprache und Gewohnheiten der Internetnutzer. Jackson meint, daß es für einen Einstieg nie zu spät sei und die Blütezeit des Domänhandels noch bevorstehe. Mit der geplanten Einführung des umstrittenen Waiting List Service (WLS) werden die Karten ohnehin völlig neu gemischt.

4.6.4 Pfändung

Deutschland

Sind Domänen pfändbar?

Das LG Essen (11 C 370/99 vom 22.09.1999), AG Gladbeck (11 T 370/99 vom 22.09.1999), LG Düsseldorf (25 T 59/01 vom 16.03.2001) sagen ja.

LG München I (20 T 19368/00 vom 12.02.2001) und LG Mönchengladbach (5 T 445/04 vom 22.09.04) sagen nur zu Familiendomänen (§ 12 BGB) bzw. dringend für den Job benötigten Domänen (§ 811 Nr.5 ZPO) nein. Die Urteile berufen sich auf pfändbare Vermögenswerte im Sinne von § 857 ZPO.

Grundsätzlich dürfte eine Domäne **pfändbar** sein. Die Beurteilung kommt also immer auf den Einzelfall, die Argumente und den Wert einer Domäne an. Die gepfändeten Domänen dürfen auch über ⇨ *sedo.de* versteigert werden.

Österreich

Auch in Österreich ist jede Sache gerichtlich pfändbar, die im Verkehr steht (§ 448 ABGB), also Rechte ebenso wie Forderungen. Da Domänen auch übertragen, verkauft, vermietet und verpachtet werden dürfen, liegt die Pfändbarkeit auf der Hand. Die Rechte eines säumigen Domäninhabers aus dem Registrierungsvertrag sind nach §§ 313 ff. EO pfändbar.

USA

Ein US-Gericht sah keine Möglichkeit zur Pfändung einer Domäne.

4.7 Der Wert einer Domäne

(D) LG Frankfurt, 312 O 116/02 vom 02.07.2002

Der Wert einer Domäne setzt sich nach Ansicht der Richter aus der Anziehungskraft für potentielle Besucher zusammen. Dabei kommen dem Bekanntheitsgrad der Domänadresse und den Nutzungsgewohnheiten des angesprochenen Klientels große Bedeutung zu. Für die Werthaltigkeit einer Domänadresse ist es von Bedeutung, in wie weit der Umsatzes durch die Domäne gefördert wird bzw. werden kann. Fehlt es an jeglichem Vortrag und Angaben hierzu, ist im Wege der Schätzung nach § 287 ZPO ein Betrag von nicht mehr als 50 Euro je Monat der Domainnutzung anzusetzen.

Wurden zwischen Januar und Mai 2003 noch durchschnittlich 1.650 € bei Sedo pro Domäne gezahlt, so waren es im gleichen Zeitraum in 2004 bereits 1.950 € Die Preise für Erotik-Domänen haben sich mehr als vervierfacht (auf durchschnittlich 8.319 €). Die Mediendomänen stiegen auf 4.170 €, die Wirtschaftsdomänen auf 4.148 €. Domänen für Reise/Wellness lagen bei 3.041 €, Computer- und Technikadressen bei 1.265 €.

Um den Wert einer Domäne zu bestimmen sind also einerseits Bekanntheitsgrad und –dauer sowie andererseits auch die Länge des Domännamens von Bedeutung. Sicher auch von Belang ist, wieviel Umsatz über dieses Internetangebot jährlich erzielt wird. Negativ geht in das Bewertungsgutachten noch die Tippfehlerwahrscheinlichkeit ein, die logischerweise mit zunehmender Namenslänge steigt.

Domänbewertung

Auf ⇨ *www.domain-recht.de/bewertung* finden Sie einen Domänpreisspiegel, nähere Informationen zu den drei gängigen Bewertungsmethoden, zu Wertgutachen (Appraisals) sowie Links zu öffentlich bestellten und vereidigten Sachverständigen.

Und diese Bewertungsmethoden sind:

- RICK-Methode ⇨ *www.rick-formel.de*
- Horatius-Formel ⇨ *www.adresso.de/index.php?action=show &content=horatius-formel* (alles in einer Zeile)
- SCHARF-Formel ⇨ *www.bewertungsformel.de* (auch gratis)

4.7.1 RICK-Methode

Die RICK-Methode bewertet folgende vier Bausteine, um den Wert einer Domänadresse zu ermitteln:

- **R = Risiko von Rechtsauseinandersetzungen**
  Verletzt der Domänname Rechte Dritter, sei es auch nur per Tippfehler, so ist die Domäne faktisch wertlos.
- **I = Image der Topleveldomäne**
  Auch das Ansehen der TLD spielt eine Rolle. Die höchste Bewertung hält die *.com*-Domäne inne. Eine *.de*-Domäne ist allemal noch wertvoller als eine *.cc*-Adresse, da bei *.de* davon ausgegangen wird, daß das Unternehmen seinen Sitz in Deutschland hat und nicht etwa nur ‚in einem Briefkasten wohnt'.
- **C = Commerzielle Nutzbarkeit**
  Ein wie großer Markt kann mit der Domänadresse angesprochen werden? *Reifen.de* ist sicher wertvoller als *schlauchboot.de*. Liegt noch dazu ein schlüssiges Nutzungskonzept vor, dann dürfte der (zukünftige) Inhaber schnell damit Geld verdienen können und auch mehr ausgeben wollen.

Wird hingegen nur ein Nischenmarkt angesprochen, so ist der kommerzielle Wert geringer anzusetzen.

- **K = Kürze & Kürze & Kürze**
  Nicht nur in der Kürze liegt die Würze, sondern auch eine geringere Wahrscheinlichkeit, daß sich zukünftige Besucher vertippen. Auch läßt sich *reifen.de* sicher besser merken als *traktor-reifen.de*, oder? Und *sex.de* dürfte wertvoller sein als *sex-shop.de* oder *sexschop.de*.
  Aber Hauptgrund ist der, daß viele Internetnutzer einfach einen Begriff eingeben, ohne über eine Suchmaschine zu gehen. So erhalten Sie als Domäninhaber zahlreiche Besucher ohne einen Cent für Marketing und eine Minute für eine Suchmaschinenanmeldung ausgegeben zu haben. Und haben Ihre Homepage einige Suchmaschinen trotzdem indiziert, so befinden Sie sich in den Trefferlisten aufgrund der Übereinstimmung Ihres Domännamens mit dem Suchbegriff meist ganz oben (↪ *11 Suchmaschinenanmeldung*).

4.7.2 SCHARF-Methode

Die SCHARF-Methode gliedert den Bewertungsbogen in folgende Rubriken:

- **Kürze**
- **Vermarktungsfähigkeit**
  Der Name sollte als Wort aussprechbar, wohlklingend und im Duden vorhanden sein. Gattungs-, Branchen-, Berufsbegriffe erhalten ebenso wie problembeschreibende Bezeichnungen hohe Punktzahlen. Substantive oder Eigennamen werden begrüßt. Die Suchmaschinenhäufigkeit und Type-Ins werden zur Bewertung herangezogen: je häufiger, um so besser.
- **Mißverständlichkeiten**
  Bindestrichdomänen erhalten Punktabzüge, ebenso Ziffern, Umlaute und Klammeraffen. Wichtig ist, daß der Domänname ohne Nachfragen und unmißverständlich Dritten am Telefon mitgeteilt werden kann.
- **Ausweichmöglichkeiten**
  Negativ werden andere Schreibweisen angerechnet, sofern Sie nicht auch Inhaber dieser Domänen sind.
- **Namensrechtliche Probleme**
- **Finanzkraft von Interessenten**
  Größe und Bedeutung der Branche, Unternehmensgröße, Preiskategorien der Produkte

Die SCHARF- wie auch andere Methoden beurteilen lediglich den hypothetischen Wert einer leeren Domäne. Dieser hängt aber auch vom Florieren des Domänhandels, vom Verhandlungsgeschick des Verkaufenden und vom Kaufinteresse der anderen Partei ab.

Befinden sich unter der Adresse bereits eingeführte Angebote, so ist in jedem Fall der höherliegende **Projektwert** zu berücksichtigen, der sich ergibt aus

- Besucherzahlen
- Newsletterabonnenten
- Verkaufsumsätzen/-erlösen
- Werbeeinnahmen u.a.

4.8 Kostenlose Domänadressen

Es gibt einige Anbieter, die unter verschiedenen TLDs kostenlose Domänen als 3LD vergeben. Eine der ersten und auch bekanntesten Adressen lautet: *de.vu* (Vanuatu). Mittlerweile sind viele weitere TLDs dazu gekommen, z.B. *eu.tt, at.tf, biz.md, ch.gg, info.ms, net.ms, ...*

Kostenlose Domänadressen für alle

① Unter ⇨ *www.u99.org/index.html* erhalten Sie eine kostenlose Subdomäne unter u99.org.

② Sie erreichen einen bekannten Anbieter kostenloser Domänadressen unter folgenden Adressen:

.vu ⇨ *nic.de.vu, nic.at.vu, nic.ch.vu*

.tc ⇨ *www.smartdots.com/banner/?LANG=DE*

③ Ein weiterer Anbieter bietet Gratis-Domänen der Form *www.IhreFirma.htu.biz* bzw. *www.IhreFirma.gnx.at*:

⇨ *htu.biz/scripts/start.php*

④ Unter ⇨ *www.meinesubdomain.de* erhalten Sie 3LDs unter der TLD *.de*.

⑤ Unter ⇨ *de.to* erhalten Sie kostenlose Subdomänen in der Form *Ihrname.de.to*. Es gibt zahlreiche weitere Adressen, wie z.B. *ccx.de, zickt.de, x2.nu, cs.nu, cc.nu, wls.net, lo.to*. Insgesamt sind bereits mehr als 40.000 Subdomänen registriert, die werbefinanziert durch PopDown-Werbung betrieben werden. Alle Subdomänen können gegen Gebühr werbefrei geschaltet werden.

⑥ Ein weiterer Anbieter, bei dem Sie zu einer kostenlosen Adresse unterhalb *q27.de* auch noch Speicherplatz, Gästebuch, Kontaktformular, Besucherzähler und Subdomänen bekommen, lautet:

⇨ *www.nixfree.com/features.php*

Anbieter von nic.de.vu, nic.at.vu, nic.ch.vu:

Die Weboberflächen sind in deutsch. Der Anbieter verspricht eine für immer kostenlose Domäne und Weiterleitung an jede URL. Sie können entscheiden, welche URL in der Adreßzeile des Browser angezeigt werden soll, ihre Ziel-URL oder die kostenlose Domänadresse. So ist möglich, daß Sie sich mehrere Domänadressen reservieren und auf verschiedene Webseiten verlinken. Z.B.:

mailbuch.de.vu	⇨ *thor-alexander.de/buch01.htm*
freemailbuch.de.vu	⇨ *thor-alexander.de/buch02.htm*
sicherheitsbuch.de.vu	⇨ *thor-alexander.de/buch03.htm*
homepagebuch.de.vu	⇨ *das-homepagebuch.de*

Zusätzlich bietet der erste Anbieter noch einige weitere Funktionen. Für die Abrufstatistik müssen Sie eine Zeile Skriptcode einbinden, wodurch an entsprechender Stelle ein Bildchen erscheint, das auf kostenlose Domänadressen hinweist.

Ob Sie andere Werbung des Dienstes zulassen (Popup, Frame), ist Ihnen freigestellt. Es besteht keine Verpflichtung dazu.

Die Nutzung und Administration dieser Domänen ist einfach. Wenn Sie mehrere Domänadressen registrieren, erscheinen diese in einem Account, so daß Sie nur einmal Ihre persönlichen Daten eintragen müssen.

Eigene Subdomänen

Da, wie Sie später noch erfahren werden (➾ *11*), werten Suchmaschinen Webseiten höher, wenn der Suchbegriff darin enthalten ist. Deshalb machen Subdomänen unter der eigenen Domänadresse Sinn. Überlegen Sie sich daher geeignete Schlagwörter und gliedern Sie entweder Angebotsteile auf verschiedene Subdomänen aus oder plazieren Sie dort Brückenseiten (➾ *11.14*). Alternativ bieten sich auch eigene Unterverzeichnisse für Angebotskategorien an, die ein oder mehrere Suchwörter in Ihrer URL enthalten.

4.9 Fazit und Checklisten

Beachtung unzulässiger Domännamen

- ☐ Keine Markennamen
- ☐ Keine Werktitel (Filme, Zeitschriften, Software)
- ☐ Keine Namen von Unternehmen
- ☐ Auch keine Städte- oder Stadtteilnamen
- ☐ Keine Namen prominenter Personen
- ☐ Keine fremden Spitznamen oder Pseudonyme, da diese Namensqualitäten nach § 12 BGB haben
- ☐ Keine behördenähnliche oder staatliche Begriffe
- ☐ Keine Tippfehler- und Bindestrichdomänen obiger Begriffe
- ☐ Keine etablierte *.de*-Domännamen unter anderen TLDs
- ☐ Die bloße Registratur einer unrechtmäßigen Domäne löst bereits Unterlassungsansprüche aus

Check. 05: Beachtung unzulässiger Domännamen

Handbuch Domain-Namen

Für umfassendere und detaillierte Informationen auch zur Markenrechtsproblematik sowie eine umfangreiche Aufstellung von bisherigen Urteilen sei auf obige Lektüre verwiesen:

Literaturtipps [5] oder ⇨ *www.domainbuch.de.*

Zu betrachtende Domänadressen

- ☐ Firmennamen unter den gängigsten Länder- und generischen Domänen, also: *.de/.at/.ch/.com/.net/.info./.biz/.us/.eu* (*.ag*?)
- ☐ Registration in allen Ländern mit einer Präsenz durch Niederlassung oder Händler, Z.B. *.nl, .ru, .jp, .pl*
- ☐ Registration der Markennamen
- ☐ Registration aller Tochterunternehmen
- ☐ Verschiedene Schreibweisen
- ☐ Bindestrichversionen, ggf. Schmuckdomäne
- ☐ Gängige Tippfehlervarianten (je längerer Name, um so mehr Tippfehlermöglichkeiten)
- ☐ Branchenspezifische Begriffe im Domännamen, auch Punktdomänen
- ☐ Ausweichdomänen, eventuell bei anderem Webhoster

Check. 06: Mögliche Domännamen

Für gute Domännamen gilt das KEKS-Prinzip:

K = Kurz &

E = Einprägsam

K = Kurz &

S = Seriös

Das Wichtigste für gute Domännamen ist Kürze, Kürze und nochmals Kürze!

5 Domänen & Marken

5.1 Marken

5.1.1 Was ist eine Marke?

Marke

Marken sind Zeichen, die Waren bzw. Dienstleistungen eines Unternehmens von anderen unterscheiden. Zeichen können ein Wort, ein Ton oder ein Symbol sein. Das Zeichen muß Unterscheidungskraft inne haben und darf keinem Freihaltebedürfnis widersprechen.

Die territoriale Geltung von Marken steht meist im Widerspruch zur Globalität des Internets und der Domännamen.

Aus wettbewerbsrechtlicher Sicht ((D) §§ 4, 5 MarkenG) lassen sich folgende Arten von Marken unterscheiden:

- **Eingetragene Marken**
  Registermarken/Eintragungsmarken durch Eintragung in ein Markenregister. Es gibt neben nationalen Marken die Europamarke und die IR-Marke.
- **Benutzung von Marken**
  Benutzung eines Zeichens im Geschäftsverkehr erzeugt automatisch sogenannte Benutzungsmarken/Verkehrsgeltungsmarken.
- **Notorische Marken**
  Die Notoritätsmarke geht einher mit dem Erlangen notorischer Bekanntheit, die sich auf das Zeichen überträgt.
- **Überragende Verkehrsgeltung**
  Dieser Markenschutz begründet sich aus dem BGB und die Marke muß dabei ein höchstmögliches Maß an Kennzeichnungskraft und Verkehrsgeltung besitzen. Z.B. DaimlerChrysler.
- **Unternehmenskennzeichen und Werktitel**
  Beide Namen genießen Schutz gemäß § 5 MarkenG als geschäftliche Bezeichnungen.

Unternehmenskennzeichen

Unternehmenskennzeichen sind Zeichen, die im geschäftlichen Verkehr als Name, als Firma oder als besondere Bezeichnung eines Geschäftsbetriebs bzw. Unternehmens benutzt werden.

Typische Beispiele sind „Hirsch-Apotheke" oder „Mariott Hotel".

Werktitel

Werktitel sind Namen oder besondere Bezeichnungen von Druckerzeugnissen, Film-/Tonwerken, Bühnenwerken oder sonstigen vergleichbaren Werken.

Unternehmenskennzeichen und Werktitel müssen nicht in einem Markenregister eingetragen sein. **Die bloße Verwendung und die damit verbundene Unterscheidungskraft setzen sie einer Marke gleich.**

Registermarken werden in ein Klassensystem eingetragen, welches derzeit 45 verschiedene Waren- und Dienstleistungsklassen kennt, beispielsweise „Chemische Erzeugnisse“ oder „Erziehung, Ausbildung; Unterhaltung“.

Die Ähnlichkeit, also eine ähnliche Schreibweise sowie die ähnliche Aussprache trotz unterschiedlicher Schreibweise, begründen auch Markenrechtsverletzungen, z.B. *yaho.de* oder *jahu.de*.

Die sich aus dem Marenrecht ergebenden Ansprüche sind Unterlassung und Schadenersatz. Dabei reicht die bloße Verwendung der Marke im Geschäftsverkehr zu einem beliebigen eigenen oder fremden Zweck aus. Gewinnabsicht oder Entgeltlichkeit sind nicht erforderlich (§§ 14, 15 MarkenG). Auslöser sind häufig eine mögliche Verwechselungsgefahr, ohne daß sie jemals tatsächlich eintreten muß.

Für eine zu bejahende Verwechselungsgefahr genügt bereits eines der folgenden Kriterien:

- Zeichenähnlichkeit
- Kennzeichnungskraft
- Branchennähe

Glücklicherweise gibt es aber eine Verjährung, die zum Verwirken einer markenrechtlichen Schutzklage führt:

① Lt. deutschem § 21 MarkenG wird ein Unterlassungsanspruch verwirkt, fällt also weg, wenn der Markeninhaber **über fünf Jahre** lang von der Nutzung einer identischen oder ähnlichen Marke weiß und diese duldet.

② § 23 MarkenG gestattet den Einwand der Nichtnutzung, wenn der Anspruchsteller die Marke innerhalb der letzten fünf Jahre weder für Waren noch für Dienstleistungen nutzte.

5.1.2 Wettbewerbsrecht

Weitere Abmahngründe entspringen dem Wettbewerbsrecht, welches Verbote zur Herbeiführung von Verwechselungen ausspricht. § 1 des deutschen UWGs definiert **wettbewerbswidrige Behinderungen** und § 3 UWG die Irreführung per **Herkunftstäuschung**. Vorsatz ist nicht notwendig.

Die streitenden Parteien müssen ein **Wettbewerbsverhältnis** aufweisen, aber nicht unbedingt der gleichen Branche angehören. Häufig wird hierbei um Gattungsdomänen gestritten. Die BGH-Richter definierten die Mißbräuchlichkeit bei Gattungsdomänen damit, wenn mehrere Schreibweisen oder verschiedene TLDs mit derselben Bezeichnung ‚blockiert' werden. Allerdings ist diese Sichtweise umstritten.

Das österreichische Wettbewerbsrecht ist nahezu identisch mit dem deutschen UWG. Beim Fehlen eigener Urteile ist es legitim, sich an der deutschen Rechtsprechung zu orientieren, so daß eine separate Betrachtung hier nicht notwendig ist.

5.1.3 Namensrecht

Ansprüche aus dem Marken- und Wettbewerbsrecht setzen jeweils eine Nutzung im geschäftlichen Verkehr voraus. Wird aber die Domäne nicht genutzt, so lassen sich Verstöße nur schwer nachweisen. In einigen deutschen Urteilen wurde jeweils Beweislastumkehr vorgenommen, d.h. die Inhaber mußten nachweisen, daß sie die Adressen nicht unlauter nutzen. Allerdings ist diese Verfahrensweise unüblich und wird allgemein abgelehnt.

Eine geschäftliche Nutzung liegt aber bereits vor, wenn der Inhaber mehrere Domänen registriert hat und diese normalerweise veräußert.

Im Gegensatz zum Markenrecht bietet sich der Umweg über das Namensrecht (§ 12 BGB) an. Dies gilt bereits wenn eine ungenutzte Domäne einer Geschäftsbezeichnung gleicht. Eine **Nutzung im Geschäftsverkehr ist nicht notwendig**.

Bei Gleichrangigkeit (z.B. Herr Daimler ./. DaimlerChrysler) entscheidet meist die größere Bekanntheit, die Unternehmen Privatpersonen gegenüber immer aufweisen. D.h. auch wenn Herr Daimler ein begründetes Recht auf die betreffende Domäne aufgrund seines Namens hat, ist das Recht von DaimlerChrysler von allgemeinem Interesse und wiegt somit schwerer. Die Mehrzahl der Bevölkerung würde unter *daimler.de* die Internetpräsenz der Firma vermuten.

5.1.4 Werktitel

(D) OLG Stuttgart, 2004 (snowscoot.de)

Auch Werktitel begründen schutzwürdige Rechte. In einer mündlichen Verhandlung vor dem Oberlandesgericht Stuttgart einigten sich die Parteien, da das OLG die Frage nach dem Werktitelcharakter von Domänen, die einfach auf ein Portal weiterleiten, neu bewertete.

Die Richter bejahten einen markenrechtlichen Anspruch und die Unterscheidungskraft des Begriffs *Snowscoot* sowie deren Verwechselungsgefahr. Zweifel äußerte das OLG allerdings daran, ob aufgrund dessen die Domänadresse freigegeben werden müsse.

Die Gerichtsmeinung lief darauf hinaus, daß Domänadressen, die kein selbständiges Portal darstellen, welches Werktitelcharakter erlangen könnte, durch eine Weiterleitung auf ein anderes Portal nicht geschützt sind.

Daraufhin einigten sich die Parteien per Vergleich. Gegen ein Entgelt wechselte die Domäne den Inhaber.

5.2 Weitere Urteile

5.2.1 Allgemeine Markenurteile

(D) LG Essen, 11 O 96/02 vom 23. Mai 2002

Im Kampf um Domänadressen ist **der Markenschutz maßgeblicher als die Meinungsfreiheit** (LG Essen).

(D) LG Berlin, 16 O 33/01 vom 06. März 2001 (oil-of-elf.de)
(D) KG Berlin, 5 U 101/01 vom 23. Oktober 2001 (oil-of-elf.de)

Es sind ferner auch wettbewerbsrechtliche Verstöße vorstellbar (z.B.: ein Konkurrent von *wallstreet-online.de* registriert sich ohne Bindestrich unter *wallstreetonline.de*). In einem Urteil vom LG Berlin wurde es Greenpeace zunächst untersagt, die Domäne *www.oil-of-elf.de* zu betreiben. Begründung: Die Verwendung eines prägenden Wortes einer Firmenbezeichnung als Internetadresse verletzt Namensrechte.

Das Berufungsgericht hob die Entscheidung jedoch auf, da keine firmenrechtlichen Ansprüche gemäß § 16 MarkenG erkennbar und eine Verletzung des Namensrechts nach § 12 BGB nicht gegeben waren. „Als Namensgebrauch im Sinne des § 12 BGB ist nicht jede Form der Verwendung eines fremden Namens anzusehen, sondern nur solche Namensanmaßungen, die geeignet sind, eine namensmäßige Identitäts- oder Zuordnungsverwirrung hervorzurufen".

Eine mögliche Verwechslungsgefahr wurde zwar erkannt, aber im konkreten Fall aufgrund der fehlenden hinreichenden Interessenverletzung als gering eingestuft. Mehr erfahren Sie über ⇨ *www.netlaw.de/urteile/kgb_01.htm*

Österreich

(A) OGH,4 Ob 47/03w vom 20.05.2003 (adnet.at)

In Österreich werden Internetdomänen vom markenrechtlichen Schutz nach § 10 MSchG nur erfaßt, wenn angebotene Waren oder Dienstleistungen gleichwertig oder identisch sind. Es ist also immer auch der Name im Zusammenhang mit dem Inhalt einer Homepage zu betrachten. Werden Produkte angeboten, die mit der betroffenen Marke in keinem Zusammenhang stehen, hilft das Markenrecht nicht weiter. Ebenso bewirkt eine ungenutzte Adresse keine automatische Verwechselungsgefahr. Dies gilt auch für nach § 9 UWG geschützte Kennzeichen sowie nach strittiger OGH-Meinung ebenso für den Schutzumfang nach § 80 UrhG. Diese im Gegensatz zum deutschen BGH aufweichende Ansicht eines Markenrechts kennt diverse Kritiker.

Häufig kann jedoch mindestens eine Namensanmaßung nach § 43 ABGB festgestellt werden und zwar, wenn jemand einen fremden Namen zur Bezeichnung der eigenen Person gebraucht.

5.2.2 Urteile mit Gattungsbegriffen

(D) LG Köln, 84 O 66/00 vom 18. Januar 2001 (freelotto.de)

Die Richter urteilten, daß auch die Reservierung eines **Teils einer Marke als Internetadresse** dann **unzulässig** sei, wenn die Mehrheit der Bevölkerung diesen Teil mit einem anderen Unternehmen in Verbindung bringt. Die Homepage *www.freelotto.de* verstößt also gegen das Markenrecht des Deutschen Lotto- und Totoblocks.

(D) OLG München, 29 W 1389/99 vom 22. April 1999 (.de ./. .com)

Beinhalten **zwei Domänadressen einen identischen Begriff**, unterscheiden sich aber durch die Topleveldomäne, so scheidet eine Benutzungsuntersagung der Adresse dann aus, wenn die andere Domäne nur eine Weiterleitung zu einer völlig anders lautenden Adresse darstellt (*buecher.de ./. buecher.com*). Da *www.buecher.com* direkt zu *www.amazon.de* umleitet, ist ein Anspruch gemäß § 15 MarkenG aufgrund fehlenden Inhaltes unbegründet. Es besteht auch keine Verwechslungsgefahr nach § 1 UWG, da die Umleitung unmittelbar erkennbar ist.

(D) LG Hamburg, 315 O 792/97 vom 25.03.1998 (eltern.de)

Die Richter stellten fest, daß die Nutzung einer Domänadresse eine kennzeichenmäßige Verwendung darstellt und nicht nur die technische Zuordnungsfunktion zu einem Rechner sondern auch des dahinter stehenden Anbieters darstellt.

Im vorliegenden Fall war es das Pech des Domäninhabers, daß es einen Zeitschriftentitel gibt, der aufgrund seiner Auflage von 500.000 einen relativ hohen Bekanntheitsgrad und somit Kennzeichnungskraft einer Marke erlangte (✍ *5.1.1 Was ist eine Marke ⇨ 5.1.4 Werktitel*).

(D) BGH, I ZR 216/99 vom 17. Mai 2001 (mitwohnzentrale.de)

Zwar entschied der deutsche Bundesgerichtshof (BGH) im Fall *mitwohnzentrale.de*, daß auch **beschreibende Domänen zulässig** sind. Die Reservierung eines Gattungsbegriffes als Domänadresse ohne unterscheidungskräftigen Zusatz ist grundsätzlich nicht wettbewerbswidrig. Gewerbetreibende können sich deshalb unter einprägsamen Begriffen wie etwa *mitwohnzentrale.de* präsentieren.

Die Reservierung wird aber dann wettbewerbswidrig, wenn durch die Gestaltung beim durchschnittlichen Nutzer der Eindruck erzeugt wird, daß es sich um den einzigen Internetanbieter dieser Branche handelt. In einem solchen Fall ist der Inhaber der Gattungsdomäne zur Anbringung eines Hinweises auf seiner Homepage verpflichtet, der darauf hinweist, daß es noch andere Branchenmitglieder im Web gibt.

☺ Wettbewerbswidrige Kanalisierung ☺

Eine unterstellte **wettbewerbswidrige Kanalisierung** von Kundenströmen liegt bei Gattungsdomänen nicht automatisch vor. Dazu müsse sich der Inhaber zwischen Mitbewerber und Kunden stellen, um letzteren eine andere Kaufentscheidung aufzudrängen.

Gattungsbegriffe seien weder freihaltebedürftig (begründet mit dem Markenrecht) noch ausschließlich oder gar unsachlich beeinflussend. Jeder der keine Suchmaschine nutze und die Domänadresse direkt eingibt, wisse um die Zufälligkeit des Ergebnisses.

Unklar ist, ob die österreichische Rechtsprechung sich dem anschließt.

(D) LG München I, 4 HKO 200/01 vom 08. März 2001 (saeugling.de)
(D) LG Deggendorf, 1 O 480/00 vom 14.12.2000 (winzer.de)

Eine Gattungsdomäne darf auch dann benutzt werden, wenn dadurch das Namensrecht eines anderen betroffen ist (*saeugling.de*). Zuvor hatten die Deggendorfer Richter im Fall *winzer.de* entschieden, daß die Gemeinde Markt Winzer gegenüber einem Weinbauer zurücktreten muß. Eine lokale Identitätsverwirrung muß der gesamtdeutschen Bedeutung nachstehen.

Fazit

Sind Ihre gewünschten Gattungsbegriffe bereits belegt und Sie weichen auf andere TLDs aus, so sollten Sie entweder Ihren Mitbewerb fragen, ob er etwas gegen Ihr Angebot hat, oder anderenfalls von dieser Gattungsdomäne auf eine unverfängliche Domänadresse direkt umleiten.

5.2.3 Urteile mit Städtenamen

Deutschland

(D) OLG Hamm, 4 U 14/03 vom 18.03.03 (tauchschule-dortmund.de)

Leider drang nicht zu allen Oberlandesgerichten (OLG) durch, daß Gattungsdomänen mit beschreibenden Zusätzen zulässig sind, so daß die OLGs weiter mit zweifelhaften Urteilen die Allgemeinheit verwirren. So wurde beispielsweise einem Anbieter vom OLG Hamm die Nutzung der Domäne *tauchschule-dortmund.de* verboten, da hierin eine wettbewerbsrechtliche Irreführung der Verbraucher zu sehen sei. Hintergrund im konkreten Fall ist, daß es in Dortmund gleich drei Tauchschulen gibt und die größeren sich dadurch benachteiligt sahen. Es werde nämlich der unrichtige Eindruck erweckt, daß es sich um die beste und größte Tauchschule in Dortmund handle, was aber nicht der Fall ist. Daher noch einmal der Rat, sich Ausweichdomänen in Petto zu halten.

(D) LG Flensburg, 2 O 351/01 vom 08. Januar 2002 (sandwig.de)

Wie also der Fall mit der Dortmunder Tauchschule zeigte, ist Vorsicht angesagt, wenn Sie Städtenamen in Ihrer Domänadresse verwenden möchten. Städte haben lt. Urteil des LG Flensburg **keinen Anspruch** gemäß Namensrecht auf Domänen, die den Namen ihrer zugehörigen **Ortsteile** tragen (*www.sandwig.de*).

(D) LG Hannover, 7 O 349/01 vom 12. September 2001

Die Hannoveraner entschieden, daß **Privatpersonen keine Behördenbezeichnungen** als Domäne reservieren dürfen.

(D) LG Duisburg, 8 O 219/99 vom 02.12.1999 (stadt.xyz.de)
(D) LG Mannheim, 7 O 75/99 vom 10.09.99 (nautilus.buchhandel.de)

Wird in der 3LD ein Städtenamen verwendet, so begründet dies eine Irreführung und stellt eine Namensanmaßung dar (§ 12 BGB). Die Verwechselungsgefahr besteht trotz Bestehens eines Webauftrittes der Stadt. Die Mannheimer Richter urteilten bereits zwei Monate zuvor, daß auch das **MarkenG auf Subdomänen (3LD) Anwendung findet.**

(D) AG Ludwigsburg, 9 C 612/00 vom 24.05.2000 (muenchingen.de)

Bekannte Ortsteile/Stadtteile genießen auch Markenschutz nach § 12 BGB. Bei Gleichnamigkeit ‚fängt der frühe Vogel die Wurmadresse'.

(D) LG Duisburg, 38 O 12/01 vom 01.06.2001 (info-duisburg.de)

Städte- und Ortsbezeichnungen sind stets auch **geografische Angaben** (§ 12 S. 2 BGB) und dienen zur Unterscheidung von Regionen und Gebieten. Es handelt sich im Zusammenhang mit der Abkürzung *Info* für Information also um eine beschreibende Angabe, ohne daß damit die Stadt als öffentlich-rechtliches Subjekt gemeint ist.

Städtenamenverwendung

Unproblematisch dürfte die adjektive Verwendung von Städtenamen sein, z.B. *dortmunder-tauchschule.de oder duisburger-info.de.*

Schweiz

(CH) BGer, 126 III 239 vom 02.05.2000 (geografische Domänen)

Internetdomänen haben gegenüber absolut geschützten Kennzeichen Dritter den gebotenen Abstand einzuhalten und unterstehen dem Lauterkeitsgebot des Wettbewerbsrechts.

Die Registrierung der Domäne *berneroberland.ch* war im beurteilten Fall unlauter.

(CH) BGer, 128 III 353 aus 2002 (montana.ch)
(CH) BGer, 128 III 401 aus 2002 (luzern.ch)

Im ersten Fall wurde der Gemeindename als Domäne durch ein Institut registriert, welcher gegen das absolutes Schutzrecht der Gemeinde aufgrund des Namensrechts verstieß (Art. 29 Abs. 2 ZGB). Konkret war der Gemeindename auch Bestandteil einer Firma. Bei der Analyse des Streitfalls wurde der Inhalt der Homepage als nicht ausschlaggebend zur Beurteilung der Verwechselungsgefahr angesehen.

Der zweite Fall handelte um *luzern.ch*. Dieser Städtename wurde von einer GmbH bereits einige Jahre zuvor registriert. Der GmbH wurde Namensanmaßung vorgeworfen (Art. 29 Abs. 2 ZGB) und die Firma verlor die ersten beiden Instanzen. Die oberste Instanz, das Schweizer Bundesgericht wies die eidgenössische Berufung zurück.

Fazit

Während in der deutschen Rechtssprechung Abstellung auf den Einzelfall bzgl. der rechtlichen Behandlung von Gemeindenamen praktiziert wird, ist in der Schweiz klar, daß Domännamen mit Gemeindenamen nur Gemeinden zugestanden werden. Allen Rechtssprechungen gemein ist jedoch, daß Städtenamen alleinig den Städten zugestanden werden.

5.2.4 Urteile wegen Verwechselungsgefahr

(D) LG Hamburg, 416 O 75/02 vom 18.12. 2002 (PubliKom ./. public-com.de)

Markeninhaber *PubliKom* verklagte den Inhaber von *public-com.de* aufgrund von Verwechselungsgefahr. Die Richter urteilten aber, daß die am Internetkommunikationsverkehr Beteiligten sehr genau zwischen den Schreibweisen der einzelnen Adressaten differenzieren können. Dies schließt auch ein, ob es sich um eine Schreibweise mit K oder C, also in deutscher oder angelsächsischer Manier handelt oder ob Punkte oder Bindestriche zu setzen sind oder die Bezeichnung in einem Wort geschrieben wird.

(D) BGH, I ZR 317/99 vom 11. April 2002 (vossius.de)

Wenn zwei namensgleiche Personen/Gesellschaften um die gleiche Webadresse streiten, kann die Verwechslungsgefahr dadurch abgewehrt werden, indem auf der Startseite hingewiesen wird, daß der Namensgleiche ebenfalls im Internet mit einer Homepage vertreten ist.

(D) LG Köln, 33 O 216/00 vom 25.05.2000 (wdr.org)

Die Kölner Richter stellten eine Ähnlichkeit im Sinne des § 14 Abs. 2 Nr. 2 MarkenG fest und unterstellten der TLD *.org* eine ungeeignete Unterscheidungskraft, so daß Ähnlichkeiten mit dem WDR nicht ausgeschlossen werden können.

(D) OLG Stuttgart, 2 W 77/97 vom 03.02.1998 (steiff.com)
(D) LG Braunschweig, 9 O 328/98 vom 24.02.99 (stadt-info.de/.com)

Bereits zwei Jahre zuvor erkannten die Schwaben eine Zuordnungsverwirrung durch den Gebrauch eines fremden unterscheidungskräftigen Firmenbestandteils unter der *.com*-Domäne. Die Braunschweiger stellten parallel fest, daß *.de* und *.com* für die Prüfung der Verwechselungsgefahr außer Acht bleiben müssen und Wort-/Bildkennzeichen grundsätzlich von Ihrem Wortbestandteil geprägt werden (Ingerl/ Rohnke MarkenG § 14 Rdnr. 365).

Österreich

(A) OGH, vom 17.08.2000 (gewinn.at)

Zur Beurteilung der Verwechselungsgefahr beurteilte der OGH neben dem Domännamen auch das Angebot als entscheidend.

(A) OGH, vom 16.10.2001 (onlaw.at ./. onlaw.co.at)

Die Gefahr der Verwechselung geht über die Zeichenidentität hinaus, da der Ähnlichkeitsbereich dort beginnen kann, wo sich nur ein Zeichen oder ein Bindestrich unterscheidet. Allerdings kann der Grad der Ähnlichkeit nicht pauschaliert, sondern nur im Einzelfall beurteilt werden. Im vorliegenden Fall reichte der Zusatz *.co* nicht aus, um eine Zeichenähnlichkeit auszuschließen. Als nächstes sei auch noch der Zeitvorrang, also welche Domäne zuerst registriert wurde, maßgeblich.

5.2.5 Schadensersatz

(D) LG Hamburg, 312 O 116/02 vom 02. Juli 2002

Die Richter vom LG Hamburg legten fest, daß eine unberechtigte Nutzung einer durch das Markenrecht geschützten Internetadresse zu berechtigten Schadensersatzforderungen führen kann.

(D) LG Frankfurt, 2-8 S 83/03 vom 30.04.200 (muehlhausen.com)

Der ehemalige Inhaber von *muehlhausen.com* mußte gegen seinen Provider vorgehen, da dieser es versäumt hatte, die zur Verlängerung der Domäne erforderlichen Registrierungsgebühren an die Vergabestelle abzuführen und die Adresse dadurch frei wurde.

Im Dezember 1998 hatte der Kläger diese Domäne für 220 US$ über einen australischen Provider erworben und im März 2000 einen Vertrag mit dem beklagten Webhoster geschlossen. Am 23. Dezember 2002 stellte der Klagende fest, daß seine Domänadresse nicht mehr erreichbar war. Einen Monat später bot der neue Inhaber ihm die Adresse für 2.888 US$ zum Kauf an. Diesen Schaden wollte der Kläger nun gerichtlich einfordern.

Das zuständige Amtsgericht Bad Vilbel (3 C 139/03 vom 11.10.2003) meinte, zum Rückkaufpreis der verlorenen Domäne müßten auch die Kosten für die Registrierung einer neuen Domäne und die Einträge in Domändatenbanken und Suchmaschinen hinzugerechnet werden. Der Kläger erweiterte die Klage um weitere Positionen und ging in Berufung vor das Landgericht Frankfurt.

Das LG Frankfurt bestätigte den Erstattungsanspruch auf den Rückkaufpreis von 2.888 US$. Der Schadensersatz ergibt sich aus §§ 249 Abs. 1, 250 BGB, wonach der Zustand wieder hergestellt werden muß, der bestehen würde, wenn der zum Ersatz verpflichtende Umstand nicht eingetreten wäre. Hier mußte also der Klagende wieder Domäninhaber werden, nachdem er aufgrund fremden Verschuldens seine Domäne verloren hatte. Der Kläger konnte nur durch Zahlung des geforderten Rückkaufpreises den alten Zustand herstellen. Somit muß die Beklagte diesen Betrag an den Kläger zahlen.

5.2.6 Internationale Urteile

(INT) WIPO Arbitration and Mediation Center, Case No. D2004-0102
⇨ arbiter.wipo.int/domains/decisions/html/2004/d2004-0102.html

Ähnlich erging es 2004 der Deutschen Telekom, die die von der koreanischen Firma *foxQ* beanspruchte Domäne *d-online.com* erstreiten wollte. Begründet wurde dies mit der Verwechselungsgefahr zu *T-Online* sowie daß das D üblicherweise für Deutschland stehe.

Das Schiedsgericht blieb davon unbeeindruckt und argumentierte, daß eine Verwechslungsmöglichkeit zwischen der T-Online-Marke und der strittigen Domäne nicht bestehe. Der dominante Bestandteil beinhalte das Wort ‚online' und stehe allgemein für Webdienstleistungen. Der kennzeichnungskräftige Teil der DTAG-Marke sei hingegen auf das ‚T' beschränkt. ‚D' und ‚T' sind zwar phonetisch ähnlich, aber visuell unterschiedlich. Bereits nach Zugang der Abmahnung zeigte *foxQ* Kompromißbereitschaft und bot die Domäne damals für 4.750 US$ zum Verkauf an.

5.2.7 Sonstige Auseinandersetzungen

(D) OLG Düsseldorf, 20 W 71/01 vom 22.11.2001 (www.selk.de)
(D) OLG Hamm, 4 U 32/01 vom 19.06.01 (veltins.de)

Die Düsseldorfer bestätigten, daß der Inhaber einer Domäne nicht nur der Namensträger selbst sondern auch ein Beauftragter (Treuhänder) sein kann. Der Treuhänder besitzt lt. OLG Hamm die gleiche Rechtsposition wie der Treugeber, also auch Abwehransprüche in Bezug auf das Treugut.

(D) LG Hamburg, 312 O 271/03 vom 02. September 2003 (GmbH.ag)

Die Hamburger Richter entschieden, daß eine GmbH sich nicht hinter der Topleveldomäne *.ag* verbergen darf, die zwar für Antigua & Barbuda stehe, aber gemeinhin mit einer Aktiengesellschaft (AG) assoziiert werde. Der damit verbundene größere Vertrauensvorschuß stelle eine Irreführung im Sinne des Wettbewerbsrechtes dar. In der Begründung führte das Landgericht an, daß beispielsweise die TLD *.tv* für Anbieter aus dem TV-Bereich stehe.

Urteile

Viele weitere Urteile finden sie unter folgender Domänadresse und deren Rechtskräftigkeit erfahren Sie auch dort:

⇨ *www.digi-info.de*

⇨ *www.netlaw.de*

oder im 🕮 *Handbuch Domain-Namen.*

5.2.8 Fazit

Konkrete Prüfung durch Juristen

Da sich selbst die Gerichte nicht immer einig sind, kann sich ein Laie im Paragraphendschungel schon gleich gar nicht zurechtfinden. Viele Urteile sind an weitere Bedingungen geknüpft, so daß Verallgemeinerung nicht immer so ohne weiteres möglich sind und neue Ausnahmen zur Regel werden.

Auch eine verkürzte Widergabe (wie hier) kann leicht zu anderen Interpretationen führen.

Registrieren Sie Domänen und Subdomänen ohne Verletzung der Rechte Dritter!

Häufig werden bei der Registrierung von Domänen Namens-, Marken- oder sonstige Kennzeichnungsrechte Dritter verletzt. Auch Werktitel, wie Zeitschriften, Filme oder Software zählen zu Markenrechten.

Ein Betroffener reagiert auf eine vermeintliche Verletzung seiner Rechte meist mit einer Abmahnung oder einstweiligen Verfügung, so daß bei einer anwaltlichen Abmahnung ihrerseits bereits Kosten von mehreren tausend Euro entstehen können. Schadenersatzansprüche können noch hinzu kommen.

Allerdings sollten Sie sich durch eine Abmahnung auch nicht einschüchtern lassen und prüfen, inwieweit die Ansprüche begründet und berechtigt sind sowie welche Gegenargumente Sie anführen können.

Unternehmen mit eigener Rechtsabteilung sind nicht zwangsläufig berechtigt, externe Anwaltskanzleien zu beauftragen, wenn deren Rechtsanwälte auch zum Abmahnen in der Lage gewesen wären ⇨ Stichwort: **Kostenminderungsgrundsatz**.

24 Abmahnungen

Das Homepagebuch
wider der
Unwissenheit

5.3 Domängrabbing?

5.3.1 Domängrabschen

Domaingrabbing

Das **Domaingrabbing (Domängrabschen)** bezeichnet das (bewußte) Registrieren von Domänen, welche Kennzeichnungsrechte Dritter verletzen, verbunden mit dem Ziel, dem Rechteinhaber diese Domäne(n) anschließend zum Kauf anzubieten oder ihn auf dem Markt zu behindern.

Domaingrabbing bezeichnet **nicht** das massenweise Registrieren von juristisch unbedenklichen Domännamen.

Der österreichische Oberste Gerichtshof (OGH) definierte Grabbing als den „gezielten Erwerb eines Domännamens durch einen Gewerbetreibenden in der Absicht, die bereits mit erheblichen Aufwand betriebenen Bemühungen eines Konkurrenten zu sabotieren, die betreffende Bezeichnung als geschäftliche Kennzeichnung für die eigene Tätigkeit im Verkehr durchzusetzen oder die solcherart erlangte Position auf Kosten des Anderen zu vermarkten". Das Domängrabschen gilt nach § 1 UWG (A) als selbständige sittenwidrige Handlung aufgrund einer Registrierung mit Behinderungs- oder Vermarktungsabsicht.

Das Domängrabschen tritt entweder als Domänblockade oder als Domänvermarktung auf. Entscheidend ist, daß die jeweilige Absicht zum Registrierungszeitpunkt bereits vorlag. Die Anforderungen sind aber relativ gering und daher meist schnell erfüllt.

Als fiktives Beispiel für ein solches Domängrabschen wäre die Registration von *siemens-shop.de* und dem anschließenden Aufkaufangebot an die Siemens AG gewesen. (In diesem Fall war Siemens bereits schneller und hat die Domäne schon...)

5.3.2 Rufausbeutung & Irreführung

(A) Unlauteres Wettbewerbsgesetz (UWG)

Dem Domängrabschen ähnlich sind die Ausbeutung fremder bekannter Marken bzw. Namen (§ 1 UWG) und die damit hervorgerufene Irreführung mit dem Ziel, das eigene Angebot besser zu vermarkten. Hierbei bedarf es nicht zwangsläufig einer Branchennähe, eine bestehende Verwechselungsgefahr reicht bereits aus (§ 9 UWG). Beispielsweise fällt die Registrierung eines bereits bestehenden Namens unter einer anderen TLD unter Rufausbeutung. Wird es unterlassen über die andere Identität aufzuklären, so liegt auch noch Irreführung vor (§ 2 UWG).

5.3.3 Domänhortung

Rng	Firma	Juli 2001	Januar 2001	Juli 2000
# 1	Namezero Los Gatos, CA 95030	1.462.575	1.307.300	531.400
# 2	COVENTRY INVESTMENT LTD. CAMBRIDGE CAPITAL INVESTMENT LTD. HIGHLAND INTERNATIONAL INVESTMENT LTD. DomainCollection.com Miami, FL 33146	615.750	614.550	200.425
# 3	NAMEDEMO.COM New York, NY 10018	227.100	220.000	k. A.

Tab. 10: Spitzenreiter beim Domänhorten in 2000/2001

5.3.4 Domänentführung

Domänentführung, Domain-Hijacking

Beim **Domain-Hijacking** wird eine Domänadresse entführt, also eine fremde Domäne unter Vorlage falscher, gefälschter oder ungültiger Papiere umgeschrieben.

Prominentestes Beispiel ist *sex.com*. Es liegt auch bereits eine Domänentführung vor, wenn bei Vergessen der Domänverlängerung die Adresse durch einen Dritten übernommen wird und dieser die Domäne dem ursprünglichen Inhaber anbietet.

Dem Autor widerfuhren auch einige Domänentführungen im Rahmen einiger Domänumzüge. Hosteurope, ehemaliges Ziel der Umzüge, wurde mehrfach mitgeteilt, daß der Auftrag widerrufen ist. Trotzdem wurden die Domänen rechtswidrig okkupiert und erst nach einigen Tagen und umfangreicher Kommunikation freigegeben.

Obwohl Stornierung mitgeteilt und gemäß Fernabsatzgesetz ist das Widerrufsrecht nicht einfach ausschließbar, wurde der Widerspruch nicht akzeptiert. Da aber eine Stornierung wie eine Kündigung oder Widerruf auch immer einseitige Willensbekundungen darstellen, die keiner Zustimmung bedürfen, wurde so versucht, den vermeintlichen Auftrag aufrecht zu erhalten. Weiterhin wurde falsch argumentiert, daß die besagten Domänen Maßanfertigung seien. Dies trifft sicherlich bei einer Neuregistration zu, aber sicher nicht bei einem Domänumzug. Die Domänen wurden so für fünf Tage okkupiert, also entführt und das Angebot war nicht erreichbar.

Revers-Domain-Hijacking

Bei der **umgekehrten Domänentführung** wird der Inhaber des Domän-Grabbings bezichtigt, weil dieser die Domänadresse widerrechtlich nutze und gegen eingetragene Markenrechte verstoße.

Zu Grunde liegender Fall ist *Deutsche Welle ./. dw.com* (./. bedeutet gegen). *Diamond Ware Limited* wickelte als Inhaber seine Geschäfte über *dw.com* ab. Die Deutsche Welle mußte gemäß WIPO-Entscheidung vom Januar 2001 eine Schlappe einstecken, da der Domäninhaber schon seine Domäne nutzte, lange bevor die Deutsche Welle international Ihre Marke registrierte. D.h. hier wurde nicht das Markenrecht als das mit der höchsten Priorität eingestuft, sondern die früheste Verwendung und geschäftliche Nutzung.

WIPO

WIPO ist die Abkürzung von **World Intellectual Property Organisation** ⇨ *www.wipo.org*.

5.4 Prüfung der Marken- & Namensrechte

Wenn Sie sich eine umfassende Prüfung, die Sie logischerweise Spezialisten übergeben müssen, z.B. Patentanwälten, nicht leisten können, bieten sich jedoch eigene Überprüfungen/Recherchen der gewählten Domännamen an. Bedenken Sie auch ähnliche Schreibweisen. Im 🕮 *Handbuch Domain-Namen* wurde ein gutes (fiktives) Beispiel genannt: *xelopa.de* ⇨ Prüfung auch von *xeloppa, xelloba, xelopas, xelo-pa* und sicher auch *xehloba*, *kselopa*...

Zum Start Ihrer Rechercheanstrengungen bietet das Deutsche Patent- und Markenamt (DPMA) ein Suchformular an:

⇨ *www.dpma.de/suche/suche.html*

Gewiß ist dieser Test nicht ausreichend, aber einige grobe Verfehlungen sollten Ihnen zumindest so auffallen. Dazu müssen Sie sich zuerst registrieren und erhalten die Zugangsdaten per eMail – es wird also ein wenig zeitaufwendig.

In der Zwischenzeit können Sie im Telefonbuch, den gelben Seiten und in Suchmaschinen recherchieren. Bedenken Sie, daß keine Ähnlichkeiten geprüft werden. Der Suchdienst ⇨ *www.witch.de* bietet zwar eine phonetische Suche an. Nur muß die Phonetik weder alle Varianten umfassen noch muß *Witch* alle relevanten Homepages indexiert bzw. gefunden haben.

Marken- & Namensrechtsverletzungen

Sie sollten sich dennoch im Klaren sein, daß wenn Sie mit Ihrem Domännamen Markenrechte verletztten und so Schadenersatz- und Unterlassungsansprüche begründen, es unerheblich ist, ob Sie dies fahrlässig oder vorsätzlich tun.

5.4.1 Kostenlose Recherche

Kostenlose Recherchen können Sie auf folgenden Homepages durchführen:

Recherche	Adresse
Deutsche Marken	⇨ *https://dpinfo.dpma.de*
Europäische Marken	⇨ *oami.eu.int/de/default.htm*
IR-Marken	⇨ *www.wipo.int/madrid/en/index.html*
US-Marken	⇨ *www.uspto.gov/web/menu/search.html*
Werktitel	⇨ *www.titelschutzanzeiger.de/archiv_index.htm*
Alle Buchtitel mit ISBN	⇨ *www.buchhandel.de*
Schweizer Marken	⇨ *www.ige.ch/D/rechprod/r1.htm*
Österreichische Marken	⇨ *www.patent.bmwa.gv.at*
Ehemalige Metasuchmaschine für Marken	⇨ *tools.schwimmerlegal.com*
Phonetische Suche	⇨ *www.witch.de*
Hintergrund-Infos	⇨ *www.domainratte.de.ki*

Tab. 11: Kostenlose Rechercheseiten

Außerdem ist eine Prüfung in Register- und Wirtschaftsdatenbanken notwendig, wenn Sie Ihr Prozeßrisiko minimieren möchten. Letztendlich ist es aber immer abhängig von Dritten, die sich an Ihrer Domäne stören könnten.

Auch ein Kontaktieren potentieller Kandidaten kann so einige Zweifel beseitigen. Sie könnten diesen beispielsweise vorschlagen, auf Ihrer Startseite einen entsprechenden Hinweis samt Link zu integrieren oder sogar Linktausch vereinbaren.

5.4.2 Kostenpflichtige Recherche

Preisgünstige Markenrecherchen, die gerade bei Phantasiebegriffen erforderlich sind, finden Sie unter folgenden Adressen:

- *www.domainguard.de* (ab 19 € für Marken)
- *www.alleco.de*
- *www.markenplatz.de* (Marktplatz für Marken u.a.)
- *www.ip-search.ch/D/marken/m07.htm* (ab CHF 50 für TLDs ch/li und gängige generische Domänen)

Allerdings gibt es trotz aufwendigster Recherche nie 100%ige Sicherheit. Eine kostenintensivere Recherche bietet das Patent- und Informations-Centrum Bielefeld e.V. an:

- *www.pic-bielefeld.de/htm/frame.htm*

5.4.3 Wenig sinnvolle Recherche?

Da eine Markenrecherche nie volle Sicherheit bringt, ist fraglich, ob Sie dafür Zeit und Aufwand investieren sollten. Angebracht ist dies auf jedem Fall bei Phantasiebegriffen, also Bezeichnungen, die keinen begrifflichen Zusammenhang zu Ihrem Angebot oder Produkt aufweisen, so daß Sie über kein herleitbares Recht verfügen, diesen Begriff zu verwenden (außer daß Sie der Erste waren, der ihn registriert hat).

Bieten Sie unter *apple.de* Äpfel an, so gilt dies als einfache Begriffsdomäne. Verkaufen Sie hingegen Computer, so ist Apple ein Phantasiebegriff und Sie kollidieren mit einem markenrechtlich geschützten Begriff aufgrund einer Branchennähe zur Computerfirma Apple.

5.4.4 Markenanmeldung & Patentämter

Einen umfassenden Schutz gibt es also nicht! Einen hohen Schutzgrad erreichen Sie, indem Sie Ihre Domäne als Marke anmelden. Dazu ist aber eine der folgender Voraussetzungen zu erfüllen:

- **Unterscheidungskraft** des Domännamens und **Nutzung im geschäftlichen Verkehr**.
- Bei nicht ausreichender Unterscheidungskraft ist **Verkehrsgeltung** erforderlich, d.h. Ihr Domänname wird von einer überwiegenden Anzahl Nutzer mit Ihrem Angebot in Verbindung gebracht.

- Um Titelschutz zu erlangen, muß Ihr Domänname **Kennzeichnungskraft** besitzen und auf Ihrer Homepage müssen überwiegend geistige Inhalte vermittelt werden.

DPMA

Derzeit sind ca. 750.000 Marken beim DPMA registriert. In Deutschland genießen über 1,25 Mio. Marken Schutz (inkl. EU- & IR-Marken).

Der Antrag auf Eintragung einer Marke kostet unabhängig des Erfolgs 300 € bzw. 290 € bei elektronischer Anmeldung beim Deutschen Patent- und Markenamt (DPMA). Dazu können Sie drei Waren-/Dienstleistungsklassen wählen, jede weitere kostet 100 €.

In Anbetracht der üblichen Abmahnkosten kann diese Investition sinnvoller sein, da sie nur den Kosten eines Abmahnvereins entspricht. Anwälte verlangen meist mehr, von dem Ärger und Ihrem Zeitaufwand zum Abwehren oder Mildern ganz zu schweigen. Die Prüfung der Eintragungsfähigkeit eines Zeichens als Marke durch einen Fachmann dürfte ebensoviel kosten und auch keine 100%ige Sicherheit liefern. Beim DPMA liegt die letzte Entscheidung beim jeweiligen Beamten und ist nicht immer nachvollziehbar.

Bedenken Sie aber auch, daß Geschäftsbezeichnungen (wie „Altenburger Spielkarten") und Namensunternehmen („Neumann OHG") automatisch Markenschutz genießen, da sie im Geschäftsverkehr bereits benutzt werden.

Merkblätter und Formulare finden Sie unter

⇨ *www.dpma.de/formulare/marke.html* und *allgemein.html*

Klassenverzeichnis:
⇨ *www.domainguard24.com/recherche/klassen.php*

Deutsches Patent- und Markenamt
Zweibrückenstr. 12
D-80331 München

Auskünfte vor der Anmeldung: (+49) 89 / 21 95-34 02
Fax: (+49) 89 / 21 95-22 21

Das DPMA prüft leider nur die absoluten Schutzhindernisse. Die Existenz von identischen oder ähnlichen Marken wird beim Eintragungsverfahren nicht geprüft. Daher wird vor Anmeldung eine Markenrecherche und nach der Anmeldung eine quartalsweise Markenüberwachung empfohlen, da die Widerspruchsfrist für neu angemeldete Marken ebenfalls drei Monate beträgt.

Österreichisches Patentamt

⇨ *www.patent.bmwa.gv.at*

Schweizer Patentamt

- ⇨ *www.ige.ch*
- ⇨ *www.swissreg.ch* (Schutzrechtsregister des Eidgenössischen Instituts für geistiges Eigentum)
- ⇨ *espacenet.ch* (Technologie- und Patentinformation)

Europäische Gemeinschaftsmarke

Europäische Gemeinschaftsmarken können beim Harmonisierungsamt für den Binnenmarkt (HABM) in Alicante/Spanien angemeldet werden. Gebühren werden für Anmeldung und für Eintragung erhoben. Die Gesamtkosten betragen für drei Klassen 2.075 €.

IR-Marke

Die Gebühren für die Internationale Registrierung richten sich nach der Wahl der beanspruchten Staaten und Klassen. Sie betragen aber mindestens 726 Schweizer Franken (⇨ *wipo.org*).

Vor teueren Markenanmeldungen sollte unbedingt eine professionelle Ähnlichkeitsrecherche durchgeführt werden. Zur Analyse des Rechercheberichts und für das Anmeldeprozedere wird die Einschaltung einer auf das Markenrecht spezialisierten Anwaltskanzlei empfohlen.

Ab sofort sind komfortablere, beidseitige Markenanmeldungen für Internationale und Gemeinschaftsmarken bei WIPO und HABM möglich.

Wertvolle Marken

Platz	Deutsche Marke
1	Deutsche Telekom
2	Allianz
3	Daimler-Chrysler

Tab. 12: TOP 3 der deutschen Marken von 2004

5.5 Checkliste gegen Markenkonflikte

Vermeidung von Markenkonflikten

- ☐ Durchführung von Markenrecherchen vor Firmengründung, Firmenumbenennung oder Domänregistrierung; besonders bei Phantasienamen oder zusammengesetzten Begriffen.
- ☐ Erweiterung der Recherche auf Ähnlichkeiten, Firmen- und Prominentennamen sowie geschützte Titel (z.B. Werktitel)
- ☐ Suche nicht nur in deutschen sondern auch in internationalen Datenbanken (z.B. nach Europäischen Gemeinschaftsmarken, IR-Marken), da sich deren Schutz auf nationalen Ebenen erstreckt
- ☐ Markenanmeldung, z.B. beim Deutschen Patent- und Markenamt; auch für Logos und Grafiken
- ☐ Möglichst keine Städtenamen in Domänen, maximal in der adjektiven Form, z.B. *Berliner-Begriff.de*
- ☐ Sofern Ihr Firmenname bzw. Domänen bereits länger verwenden: Prüfen Sie regelmäßig, ob Ihre Rechte verletzt werden! Frühzeitiges Eingreifen erhöht Ihre Chancen bei juristischen Auseinandersetzungen und kann Ihren Namensschaden reduzieren.

Check. 07: Vermeidung von Markenkonflikten

6 Der Weg zum Impressum

Wiederholung:

Die Inhalte und Struktur jeder Webseite sollten in der Entwurfsphase möglichst genau festgelegt werden.

① Kurz und prägnant und erst bei Bedarf ausführlicher

Denken Sie daran, daß Ihre angebotenen Informationen ausreichen müssen, Ihre Anliegen verständlich zu beschreiben und nicht zu umfangreich sein sollten. Es empfiehlt sich jeweils eine kurze Seite mit wichtigen Punkten und weiterführende Informationen auf weiteren (Unter-)Seiten oder darunter unterzubringen.

Bedenken Sie auch: Ein Bild sagt mehr als tausend Worte!
Und: Diagramme sind auch Bilder

② Bedenken Sie gesetzliche Vorgaben, aber auch Marken- und Patentrechte

Entsprechende Recherchemöglichkeiten finden Sie unter *5.4* .

6.1 Allgemeine gesetzliche Vorschriften & Regeln

Zu beachten sind die im Kapitel *5* ausgiebig beschriebenen marken- und namensrechtlichen Belange sowie neben dem Gesetz über den unlauteren Wettbewerb (UWG) auch weitere Regelungen, wie das Bürgerliche Gesetzbuch (BGB), das Urheberrecht (*8.9*) sowie den Datenschutz (*8*). Gerade beim Urheberrecht können Sie das Gesetz auch für sich arbeiten lassen und bestimmte Urheberfragen individuell regeln, beispielsweise bestimmte Inhalte freigeben oder einschränken:

Deutschland	Österreich	Schweiz
Bürgerliches Gesetzbuch (BGB), Strafprozeßordnung (StPO)	Allgemeines Bürgerliches Gesetzbuch (ABGB)	Zivilgesetzbuch (ZGB mit Personenrecht, Familienrecht, Erbrecht, Sachenrecht, OR = Obligationenrecht)
Teledienstgesetz (TDG), Mediendienstestaatsvertrag (MDStV)	e-Commerce-Gesetz (ECG), Mediengesetz	Verordnung über die Adressierungselemente im Fernmeldebereich (AEFV)

Deutschland (D)	Österreich (A)	Schweiz (CH)
Handelsgesetzbuch (HGB)		Schweizer Obligationenrecht (OR), Handelsregisterverordnung (HRegV)
Markengesetz (MarkenG)	Markenschutzgesetz (MSchG)	Markenschutzgesetz (MSchG), Wappenschutzgesetz (WSG)
Gesetz gegen den unlauteren Wettbewerb (UWG)	Gesetz gegen den unlauteren Wettbewerb (UWG)	Gesetz gegen den unlauteren Wettbewerb (UWG)
Bundesdatenschutzgesetz (BDSG), Landesdatenschutzgesetz (z.B. BayDSG)	Datenschutzgesetz (DSG 2000)	Datenschutzgesetz (DSG), Datenschutzverordnung (DSV)
Urheberrechtsgesetz (UrhG)	Urheberrechtsgesetz (UrhG)	Urheberrechtsgesetz (URG)
Unterlassungsklagengesetz (UKlaG)		
Umsatzsteuergesetz (UStG)		
Preisangaben- und Preisklauselgesetz, Preisangabenverordnung (PAngV)	Kosumentenschutzgesetz (KSchG)	Preisbekanntgabeverordnung (PBV), Kennzeichnung von Textilien (SARTEX), Verordnung über Gebrauchsgegenstände (GerV)
Telekommunikationsgesetz (TKG)		Fernmeldegesetz (FMG), Bundesgesetz betreff. Überwachung des Post- und Fernmeldeverkehrs (Büpf), zugehörige Verordnung (Vüpf).

Tab. 13: Einige zu beachtende Gesetze in den DACH-Staaten

6.2 Gesetze

Obacht

Die hier genannten Vorschriften erheben keinen Anspruch auf Vollständigkeit und Aktualität. Obwohl trotz größter Sorgfalt zusammengetragen, können in der Zwischenzeit Änderungen erfolgt sein. Informieren Sie sich bitte an kompetenter Stelle, z.B. durch Recherchen im Internet und bei auf das Internet spezialisierten Juristen.

6.2.1 Deutschland

Folgende Paragraphen deutscher Gesetze, Verordnungen und Regelungen sollten beachtet werden:

- **Teledienstgesetz (TDG)**
  § 2 Geltungsbereich; Zitat:
  „… für alle elektronischen Informations- und Kommunikationsdienste, die für eine individuelle Nutzung von kombinierbaren Daten, Zeichen, Bilder oder Töne bestimmt sind und denen eine Übermittlung mittels Telekommunikation zugrunde liegt (Teledienste). "

  § 3 Begriffsbestimmungen
  § 6 Allgemeine Informationspflichten
  § 7 Besondere Informationspflichten bei kommerzieller Kommunikation
  § 12 Bußgeldvorschriften

- **Mediendienstestaatsvertrag (MDStV)**
  § 2 Geltungsbereich; Zitat:
  „… für das Angebot und die Nutzung von an die Allgemeinheit gerichteten Informations- und Kommunikationsdiensten (Mediendienste) in Text, Ton oder Bild, die unter Benutzung elektromagnetischer Schwingungen ohne Verbindungsleitung oder längs oder mittels eines Leiters verbreitet werden…"

  § 3 Begriffsbestimmungen
  § 10 Informationspflichten
  § 22 Aufsicht
  § 24 Ordnungswidrigkeiten

- **Umsatzsteuergesetz (UStG)**
  § 27a Umsatzsteuer-Identifikationsnummer
  (sagt im wesentlichen aus, daß jeder Unternehmer eine solche beantragen kann, wenn er sie braucht)

- **Gesetz gegen den unlauteren Wettbewerb (UWG)**
  § 1 Generalklausel
  "Wer im geschäftlichen Verkehre zu Zwecken des Wettbewerbes Handlungen vornimmt, die gegen die guten Sitten verstoßen, kann auf Unterlassung und Schadensersatz in Anspruch genommen werden."

  § 3 Falschangaben

  §§ 7 und 10
  Hier gab es in 2004 eine Neufassung nach Umsetzung der EU-Datenschutzrichtlinie für elektronische Kommunikation, die noch nicht eingearbeitet werden konnte. Es konnte lediglich der Gesetzesentwurf berücksichtigt werden.

  § 13 Unterlassungs- und Schadensersatzansprüche; Klagebefugnis
  „… (5) Der Anspruch auf Unterlassung kann nicht geltend gemacht werden, wenn die Geltendmachung unter Berücksichtigung der gesamten Umstände mißbräuchlich ist, insbesondere wenn sie vorwiegend dazu dient, gegen den Zuwiderhandelnden einen Anspruch auf Ersatz von Aufwendungen oder Kosten der Rechtsverfolgung entstehen zu lassen. …"

- **Unterlassungsklagengesetz (UKlaG)**
  § 2 Unterlassungsanspruch bei verbraucherschutzgesetzwidrigen Praktiken
  § 3 Anspruchberechtigte Stellen

- **Bürgerliches Gesetzbuch (BGB)**
  § 13 Verbraucher
  § 14 Unternehmer
  § 312b Fernabsatzverträge
  § 312c Unterrichtung des Verbrauchers bei Fernabsatzverträgen
  § 312d Widerrufs- und Rückgaberecht bei Fernabsatzverträgen
  § 312e Pflichten im elektronischen Geschäftsverkehr
  § 312f Abweichende Vereinbarungen
  § 346 Wirkungen des Rücktritts
  § 355 Widerrufsrecht bei Verbraucherverträgen
  § 356 Rückgaberecht bei Verbraucherverträgen
  § 357 Rechtsfolgen des Widerrufs und der Rückgabe

- **Verordnung über die Informationspflichten nach Bürgerlichem Recht (BGB-InfoV)**
  § 1 Informationspflichten bei Fernabsatzverträgen
  § 3 Kundeninformationspflichten des Unternehmers bei Verträgen im elektronischen Geschäftsverkehr

- **Markengesetz (MarkenG)**
- **Datenschutzgesetze (BDSG und der Länder)**
- **Urheberrechtsgesetz (UrhG)**

Webtipp

Die aktuellen Fassungen sowie die kompletten Gesetzestexte erhalten Sie u.a. auch über

⇨ *bundesrecht.juris.de/bundesrecht/BMJ_index.html*

6.2.2 Österreich

Das österreichische Recht ähnelt sehr dem deutschen, z.B. § 17 ECG ist dem § 5 des deutschen TDG ähnlich. Das österreichische UWG ist dem deutschen UWG sehr ähnlich, so daß bei Rechtsauseinandersetzungen auch deutsche Gerichtsentscheidungen herangezogen werden dürfen.

Für die Inhalte des Impressums auf *.at*-Homepages gelten im wesentlich auch die nachfolgenden, deutschen Anforderungen.

6.3 Impressum

6.3.1 Kundeninteresse

Für den deutschen Gesetzgeber war es u.a. aus Verbraucherschutzgründen notwendig, eine gewisse Informationspflicht den Homepageinhabern aufzuerlegen. Auch im Interesse von Vertrauen und Seriosität sind Angaben über den Vertragspartner bei eCommerce-Geschäften unablässig. Sitzt der Verkäufer im Ausland können Zölle, weitere Steuern, Lieferverzögerungen und schwierigere Geltendmachung von Ansprüchen dazukommen. Dies möchte man als Kunde gern vorher wissen. Daher gilt auch für ausländische Homepages, sofern sie deutsche Kunden ansprechen, deutsches Recht.

6.3.2 Teledienst oder Mediendienst?

In den Gesetzblättern (TDG, MDStV) wird zwischen Telediensten und Mediendiensten unterschieden. Allerdings sind die Anforderungen an beide im wesentlichen die gleichen.

Teledienst

Unter **Teledienst** fallen alle individuell nutzbaren elektronischen Informations- und Kommunikationsdienste, deren Daten mittels Telekommunikation übertragen werden, sofern nicht die redaktionelle Gestaltung zur Meinungsbildung im Vordergrund steht.

Teledienste	Mediendienste
Homepages, wenn sie als Ziel eine Interaktion (z.B. eMailkontakt) haben	Verteildienste (Inhalte von einer Stelle an eine unbestimmte Empfängerzahl zu einem einseitig festgelegtem Zeitpunkt), z.B. Teleshopping, Videotext
Telemedizin, z.B. Übermittlung von Röntgenbildern und Krankendaten an den Hausarzt	Abrufdienste (Abruf von Inhalten aus elektronischen Speichern auf Anforderung, sofern kein primärer individueller Leistungsaustausch oder keine reine Datenübermittlung vorliegt), z.B. Video-on-Demand, elektronische Presse, Homepage, wenn deren Ziel in der öffentlichen Meinungsbildung liegt
Datendienste (Börsen~, Wetter~, Verkehrs~, Umweltdaten)	
Telebanking	
Telearbeit und Telelernen	
Meinungsforen	
Informationen über Waren- und Dienstleistungsangebote	
Angebote zur Netznutzung, z.B. Suchdienste, Navigationshilfen	
Dienste zur Nutzung von Tele- und Mediendiensten (inkl. Internetzugang ⇨ Internetaccessprovider)	
Angebote zur Nutzung von Telespielen	
Elektronische Buchungs-/Bestellkataloge bzw. Beratungsdienste mit unmittelbarer und interaktiver Bestellmöglichkeit (ohne Medienbruch)	

Tab. 14: Beispiele für Tele- und Mediendienste

Obacht

Jeder Unternehmer im Internet unterliegt grundsätzlich der Impressumspflicht, egal ob nach Teledienst- oder Mediengesetz.

Aufgrund der nahezu gleichen Gesetze für Tele- und Mediendienste, die beispielsweise beide zur Anwendung kommen, wenn auf einigen Webseiten Produkte und auf anderen elektronische Presse angeboten werden, ist es für den Homepagebetreiber nun einfacher seinen gesetzlichen Verpflichtungen nachzukommen. Nach herrschender Rechtsmeinung wird aber trotzdem jede Webseite einzeln betrachtet, ob sie als Mediendienst oder als Teledienst einzuordnen ist.

Anbieter von Telediensten sind aber nur dann zur Anbieterkennzeichnung verpflichtet, wenn sie ein geschäftsmäßiges Webangebot unterhalten. Dabei gilt für geschäftsmäßige Angebote, daß sie eine nachhaltige Tätigkeit offerieren. Gewinnerzielungsabsicht ist nicht notwendig. Die Teilnahme an Partnerprogrammen (➾ *20 Geld verdienen*) kann da schon ausreichen, um eine Impressumspflicht zu begründen.

Man kann also sagen, daß Anbieter von Mediendiensten und Unternehmen eigentlich immer ein Impressum vorweisen müssen. Schon bei nichtgeschäftsmäßigen Medienangeboten ist bei juristischen Personen (z.B. GmbHs, Genossenschaften, AGs) auch Name und Anschrift des Vertretungsberechtigten anzugeben.

Sie liegen auf der sicheren Seite, wenn Sie dies immer befolgen.

6.3.3 Inhalt gemäß deutscher Rechtsprechung

Das Impressum muß gemäß § 6 TDG folgende Angaben enthalten. Zitat Teledienstegesetz § 6 in der Fassung vom 14.12.2001:

> „Diensteanbieter haben für geschäftsmäßige Teledienste mindestens folgende Informationen leicht erkennbar, unmittelbar erreichbar und ständig verfügbar zu halten:
>
> 1. den Namen und die Anschrift, unter der sie niedergelassen sind, bei juristischen Personen zusätzlich den Vertretungsberechtigten,
> 2. Angaben, die eine schnelle elektronische Kontaktaufnahme und unmittelbare Kommunikation mit ihnen ermöglichen, einschließlich der Adresse der elektronischen Post,
> 3. soweit der Teledienst im Rahmen einer Tätigkeit angeboten oder erbracht wird, die der behördlichen Zulassung bedarf, Angaben zur zuständigen Aufsichtsbehörde,
> 4. das Handelsregister, Vereinsregister, Partnerschaftsregister oder Genossenschaftsregister, in das sie eingetragen sind, und die entsprechende Registernummer,
> 5. soweit der Teledienst in Ausübung eines Berufs im Sinne von Artikel 1 Buchstabe d der Richtlinie 89/48/EWG des Rates vom 21. Dezember 1988 über eine allgemeine Regelung zur Anerkennung der Hochschuldiplome, die eine mindestens 3-jährige Berufsausbildung abschließen (ABl. EG Nr. L 19 S. 16), oder im Sinne von Artikel 1 Buchstabe f der Richtlinie 92/51/EWG des Rates vom 18. Juni 1992 über eine zweite allgemeine Regelung zur Anerkennung beruflicher Befähigungsnachweise in Ergänzung zur Richtlinie

89/48/EWG (ABl. EG Nr. L 209 S. 25), die zuletzt durch die Richtlinie 97/38/EG der Kommission vom 20. Juni 1997 (ABl. EG Nr. L 184 S. 31) geändert worden ist, angeboten oder erbracht wird, Angaben über

a) die Kammer, welcher die Diensteanbieter angehören,

b) die gesetzliche Berufsbezeichnung und den Staat, in dem die Berufsbezeichnung verliehen worden ist,

c) die Bezeichnung der berufsrechtlichen Regelungen und dazu, wie diese zugänglich sind,

6. in Fällen, in denen sie eine Umsatzsteueridentifikationsnummer nach § 27a des Umsatzsteuergesetzes besitzen, die Angabe dieser Nummer.

Weitergehende Informationspflichten insbesondere nach dem Fernabsatzgesetz, dem Fernunterrichtsschutzgesetz, dem Teilzeit-Wohnrechtegesetz oder dem Preisangaben- und Preisklauselgesetz und der Preisangabenverordnung, dem Versicherungsaufsichtsgesetz sowie nach handelsrechtlichen Bestimmungen bleiben unberührt."

Gemäß § 10 MDStV müssen Diensteanbieter mit journalistisch-redaktionellen Angeboten, in denen vollständig oder teilweise Inhalte von periodischen Druckerzeugnissen (also von Zeitungen, Zeitschriften) erscheinen, neben obigen Angaben noch zusätzlich folgendes mitteilen:

- Verantwortliche der Mediendienste mit Angabe des Verantwortungsbereichs inkl. Name und Anschrift
- muß Aufenthalt in Deutschland haben
- muß richterlich uneingeschränkte Fähigkeit zur Bekleidung öffentlicher Ämter besitzen
- muß voll geschäftsfähig und unbeschränkt strafrechtlich verfolgbar sein

Das nicht klar genug verfaßte Teledienstgesetzes wird auch zukünftig die Gerichte beschäftigen. So ist fraglich, ab wann eine gewerbliche Tätigkeit vorliegt und somit die Pflichtangaben fällig sind. So könnten auch private Homepages einer Impressumspflicht unterliegen, wenn sie zur teilweisen Finanzierung Werbebanner auf ihren Seiten haben.

Medizinische Dienste sollten ihre zuständige Ärztekammer und Kassenärztliche Vereinigung anführen: Trotz möglicher Geldbußen bis zu 50.000 € kamen bei einer Untersuchung in 2003 nur weniger als die Hälfte der deutschen Dienste diesen Pflichten nach. Ein Aktualisierungsdatum fand sich gar nur auf jeder vierten Seite. Dieses ist zwar nicht gesetzlich vorgeschrieben, findet sich aber in den Kriterien der *Health on Net Foundation*, die sich für die Qualität medizinischer Informationen im Internet einsetzt (➘ *6.5*).

Folgende Angaben sollte Ihr Impressum aufweisen (☑ = notwendig):

- ☑ Name, Anschrift
- ☑ eMailadresse
- ☑ Telefon- und Faxnummer
- ☑ Vertretungsberechtigte inkl. Anschrift
  bei juristischen Personen oder Personengesellschaften mit der Fähigkeit, Rechte zu erweben und Verbindlichkeiten einzugehen, auch den
- ☑ Name des Registers sowie die Reg.-Nummer
  bei Eintragung in ein Register (Handels~, Vereins~, Partnerschafts~, Genossenschafts~)
- ☑ Reglementierte Berufsbezeichnung, Kammer, zutreffende Regelung
- ☑ Nennung der zuständigen Behörde,
  sofern die Tätigkeit einer staatlichen Zulassung unterliegt (z.B. bei Rundfunksendern die zuständige Medienanstalt)
- ☑ EU-Umsatzsteueridentifikationsnummer
  (§ 27a UStG, EU-Richtlinie 2001/115/EG)
- Für den Inhalt Verantwortlicher (bei Mediendiensten)

Name des Anbieters

Die Namensangaben bei natürlichen Personen erfordern den Familiennamen und mindestens einen ausgeschriebenen Vornamen. Pseudonyme reichen nur aus, wenn der Name der Öffentlichkeit bekannt ist (z.B. Heino). Voraussetzung ist aber, daß sowohl Identifizierbarkeit als auch Individualisierbarkeit nicht erschwert werden.

Personengesellschaften im Sinne § 3 Satz 2 TDG und juristische Personen müssen Ihren vollständigen Namen nennen. Firmenbezeichnungen im handelsrechtlichen Sinn sind gleichfalls vollständig anzuführen (§§ 18 ff. HGB).

Als vertretungsberechtigt gilt, wer rechtlich verbindlich für die Vereinigung bzw. Gesellschaft auftreten darf, z.B.

Verein und AG ⇨ Vorstand;
GmbH und GbR ⇨ Geschäftsführer.

Bei mehreren Geschäftsführern mit gemeinschaftlicher Vertretungsbefugnis müssen alle Personen genannt werden.

Allerdings geht die herrschende Meinung bei mehreren Geschäftsführern mit Alleinvertretungsberechtigung auch davon aus, daß diese komplett anzugeben sind. Hintergrund einer Nennung ist, daß ein Kunde mögliche Ansprüche direkt gegen die Vertreter nur verfolgen kann, wenn er deren Namen und Anschriften kennt. Bei Mediendiensten läßt diese Kennzeichnung auch darauf schließen, wer tatsächliche Einflußmöglichkeiten im Unternehmen und damit auf die öffentliche Meinungsbildung hat.

Anschrift des Anbieters

Die Anschrift umfaßt die vollständige Adresse (Postleitzahl, Ort, Straße, Hausnummer) des Niederlassungsortes, an dem der Anbieter mittels einer festen Einrichtung seiner wirtschaftlichen Tätigkeit tatsächlich nachgeht. Normalerweise ist dies der Ort mit den Geschäftsräumen oder Produktionsstätten. Die Angabe eines Postfaches reicht nicht aus (da keine ladungsfähige Anschrift gemäß §§ 253 Abs. 1, 130 ZPO)!

Als Niederlassung zählt auch eine zeitlich befristete Unternehmensgründung.

Elektronische Kontaktdaten

Die **eMailadresse** muß vollständig angegeben werden.

Die Telefon- bzw. Faxnummer müssen Sie nun auch angegeben, obwohl sie im Gegensatz zur eMailadresse im Gesetz nicht explizit erwähnt werden. Im § 3 TDG ist nur von „Angaben, die eine schnelle elektronische Kontaktaufnahme und unmittelbare Kommunikation ermöglichen" die Rede.

Das OLG Köln (6 U 109/03 vom 13.02.2004) legte fest, daß trotz online eingeräumter Möglichkeit eines Rückrufs ein Anbieter gemäß § 6 TDG auch **Telefon- und Faxnummer** angeben muß, um im Sinne des Teledienstgesetzes eine unmittelbare Kommunikation zu ermöglichen.

Das umstrittene, aber nicht rechtskräftige Urteil vom OLG Hamm (20 U 222/03 vom 17. März 2004) liegt nun in Karlsruhe zur Entscheidung. Nach dieser Entscheidung war ein Kontaktformular statt der Angabe einer eMailadresse möglich, wenn eine zeitnahe Beantwortung sichergestellt wurde.

Ein nicht besetztes Telefon ermöglicht hingegen keine unmittelbare Kontaktaufnahme. Hier gibt es also noch etwas Klärungsbedarf durch die Rechtssprechung. Unterstellt werden kann sicherlich eine Besetzung zu den üblichen Öffnungs- bzw. Bürozeiten. Aber was ist bei Kleinfirmen und Urlaub? Muß man da seine Homepage abschalten, wenn man nicht erreichbar ist?

Fehler in der Schreibweise der Kontaktdaten werden als nicht gemachte Angaben gewertet, da ein Kontakt nicht zu Stande kommen kann. Demgegenüber steht die Antispamempfehlung die eMailadressen nicht im Klartext oder eventuell mit Leerzeichen vor/nach dem Klammeraffen anzugeben. Besser ist es in einem solchen Fall die eMailadressen als Grafik auf Ihrer Homepage zu integrieren. Spamroboter ignorieren diese gewöhnlich. (Den Mailto-Link sollten Sie in einem solchen Fall unterlassen.) Am nutzerfreundlichsten ist hingegen die Verschlüsselung der Adresse. Siehe ➾ *6.3.9 Spamschutz Ihrer eMailadresse*

Nach einem angefochtenen Urteil des LG Saarbrücken müssen bei **nicht normalen Telefonnummern die Tarife** angegeben werden. In diesem Fall war es eine 0700er Rufnummer, die einer tageszeitabhängigen Tarifierung unterliegt. Hier wird bis zur Klärung empfohlen, den Maximaltarif anzugeben. Analog ist auch mit 0190er und wer will mit 0180er Rufnummern zu verfahren.

Als Schreibweise für Telefonnummern legte der Duden früher zwei Varianten fest:

(Vorwahl) Rufnummer
Vorwahl / Rufnummer

Dabei ist die Rufnummer in Blöcken zu je zwei Ziffern zu schreiben. Bei ungeraden Zifferzahlen ist die einzelne Ziffer links zu schreiben. Beispiel:

0 71 23 / 1 33 30 31 61

In der Schweiz durfte es auch einen Dreierblock links geben: 071 23 / 133 30... Nicht in der alten Norm, aber eingebürgert hat, sich die internen Apparatenummern durch Bindestrich zu trennen:

0 71 23 / 13 33 03-161

Aufgrund der Internationalisierung setzt sich immer mehr das Format durch, in dem Handys Rufnummern speichern. Allerdings der besseren Lesbarkeit sollten Leer- und andere Trennzeichen eingefügt werden. Es wird daher folgendes Format empfohlen:

(+Ländervorwahl) Ortsnetzkennzahl / Rufnummer – Apparat

bzw.

(+Ländervorwahl) Vorwahl / Rufnummer.

Beispiel gemäß Empfehlung:

(+49) 71 23 / 13 33 03-161

Rufnummern ohne Leer- oder Trennzeichen sind sehr schwer lesbar. Punkte statt Leerzeichen sind im deutschen Sprachraum unüblich, ebenso mehrere Bindestriche. Sie erschweren die Lesbarkeit.

Aufsichtsbehörde, Register

Soweit Sie für Ihren Dienst eine behördliche Zulassung benötigen, sollten Sie diese auch haben und angeben. Für die behördliche Adresse gilt Ausführlichkeit, zumindest die Postadresse sollte angegeben werden.

Hintergrund ist, daß Nutzer sich über den Anbieter erkundigen und beschweren können sollen.

Unter anzugebende behördliche Zulassungen gelten z.B. die Erlaubnisse gemäß Paragraphen der Gewerbeordnung (§ 34b für Makler, § 34c für Bauträger und Baubetreuer, etc.) aber auch öffentliche Bestellung und Vereidigungen als Sachverständiger (Behörde: bestellende IHK). Weitere Beispiele sind gastronomische Betriebe, Spielhallenbetreiber und Unternehmen des Bewachungsgewerbes (Wach- und Schließgesellschaften) sowie Unternehmen, die E-Learning anbieten

Im Zweifelsfall fragen Sie bei Ihrer Behörde (z.B. Gewerbeamt) mal nach. Unter Umständen können nämlich noch bundeslandspezifische Regelungen hinzukommen.

Reglementierter Beruf

Diensteanbieter eines reglementierten Berufsstandes besitzen besondere Informationspflichten. Reglementierte Berufe umfassen Tätigkeiten, deren Aufnahme und Ausübung an ein Diplom oder einen anderen Befähigungsnachweis knüpfen. Dazu gehören auch berufliche Titel. In Deutschland zählen darunter:

- Ärzte, Zahn- und Tierärzte
- Apotheker
- Psychotherapeuthen
- Ergotherapeuthen
- Logopäden
- Rechtsanwälte
- Steuerberater
- Wirtschaftsprüfer
- Architekten
- Ingenieure

Folgende Informationen müssen Sie in einem solchen Fall angeben:

- ☒ **Gesetzliche Berufsbezeichnung und den Staat, in dem sie verliehen wurde**
- ☒ **Kammer, in der Sie Pflichtmitglied sind**
- ☒ **Bezeichnung der berufsrechtlichen Regelungen und Angaben, wo diese zugänglich sind**

Als berufsrechtliche Regelungen werden alle rechtlich verbindlichen Normen, insbesondere Gesetze/Satzungen bezeichnet, die die Voraussetzungen für die Ausführung oder das Tragen eines Titels inkl. der Pflichten festlegen. Im Verweis sind

- die Gesetzes-/ Satzungsüberschrift
- die Fundstelle anzugeben (z.B. Bundesgesetzblatt)

anzugeben. Ausreichend ist auch ein Link auf die entsprechende Internetsammlungen der Kammern.

Für Rechtsanwälte ist z.B. die Angabe der zuständigen Anwaltskammer ebenso notwendig wie ggf. die Umsatzsteueridentifikationsnummer und Verweise auf berufsregelnde Vorschriften wie Bundesrechtsanwaltsgesetz und Gebührenordnung.

Ob öffentlich bestellte und vereidigte Sachverständige einer reklementierten Berufsgruppe anzugehören, ist noch fraglich, da die öffentliche Bestellung keine Berufsbezeichnung ist. Übt aber ein Sachverständiger gleichzeitig einen reglementierten Beruf aus (z.B. Architekt oder Ingenieur), so muß er für diesen Beruf die notwendigen Angaben zur Verfügung stellen.

Allgemein gilt, soweit der Teledienst

- im Sinne einer Berufsausübung nach Art. 1d der Richtlinie 89/48/EWG des Rates vom 21.12.88 über eine allgemeine Regelung zur Anerkennung von Hochschuldiplomen, die eine mindestens dreijährige Berufsausbildung abschließen (ABI. EG Nr. L 19 S. 16) oder
- im Sinne von Art. 1f der Richtlinie 92/51/EWG des Rates vom 18.06.92 über eine zweite allgemeine Regelung zur Anerkennung beruflicher Befähigungsnachweise in Ergänzung zur Richtlinie 89/48/EWG (ABI. EG Nr. L 209 S. 25), die zuletzt durch die Richtlinie 97/38/EG der Kommission vom 20.06.97 (ABI. EG Nr. L 184 S. 31) geändert worden ist

angeboten oder erbracht wird, sind obige Angaben zu machen. Alles verstanden? Wenn nein, geben Sie lieber zu viel als zu wenig an. Auch wenn nicht immer alles notwendig ist, schafft es doch zumindest Vertrauen beim Besucher Ihrer Homepage.

Über folgende Homepage gelangen Sie vielleicht schneller zu Ihren gewünschten Verordnungen als Berater, Ingenieur oder Angehöriger eines Heilberufs:

www.berufsordnung.de.

Für den Inhalt Verantwortlicher

Gemäß § 10 Abs. 3 MDStG müssen Anbieter von journalistisch-redaktionell gestalteten Angeboten, bei denen

- vollständig oder teilweise Inhalte periodischer Druckerzeugnisse in Text und Bild wiedergeben oder
- in periodischer Folge Texte verbreitet werden (z.B. Newsletter)

einen für den Inhalt Verantwortlichen angeben. Im Impressum braucht meist nur folgender Text aufgenommen zu werden:

„Für den Inhalt verantwortlich: … “

Sind Anbieter und Inhaltsverantwortlicher identisch, so reicht aus:

„Anbieter und inhaltlich verantwortlich: … “

Auch solche Druckerzeugnisse gelten als periodisch, die unregelmäßig und in loser Folge erscheinen, sofern zwischen den Erscheinungsterminen nicht mehr als ein halbes Jahr liegt.

Ein journalistisch-redaktionelles Angebot dient der öffentlichen Meinungsbildung. Dazu entstand die Publikation durch Sammlung, Sichtung, Ordnung und Bearbeitung. Aus diesem Grund fallen **Newsletter auch unter Medienangebote** und das Impressum ist entsprechend anzupassen.

Bei mehreren inhaltlich Verantwortlichen, muß deutlich gemacht werden, wer für welchen Bereich zuständig ist. Pro Bereich darf es nur einen Verantwortlichen geben.

Bezüglich der Anforderungen an den Vertreter beachten Sie bitte oben gemachte Ausführungen. Vorausgesetzt wird demnach die volle Geschäftsfähigkeit des Verantwortlichen. Im Bereich der Jugendpresse gestattet das MDStV im Gegensatz zu landesrechtlichen Pressegesetzen keine Ausnahme. Bis zu einer gerichtlichen Klärung sollte ein volljähriger Verantwortlicher benannt werden.

Steuernummer

Hier muß lediglich die EU-Steuernummer – sofern vorhanden, nicht aber eine nationale Steuernummer angegeben werden. Da die deutsche Steuernummer zur Identifizierung gegenüber dem Finanzamt bei Telefonanrufen verwendet wird, kann eine Angabe dieser auf einer Webseite ungeahnte Folgen haben.

6.3.4 Auffind- und Lesbarkeit

Lt. § 6 TDG muß das Impressum

- leicht erkennbar
- unmittelbar erreichbar
- ständig verfügbar

sein. Das Öffnen eines Impressumsfensters per JavaScript funktioniert speziell auf Rechnern ohne aktiviertes JavaScript und bei aktivem Spamschutz nicht. Dies stellt daher bereits einen Verstoß gegen § 6 TDG dar!

Das Impressum sollte auch deutlich lesbar und verständlich sein. Dazu gehört neben der Verwendung von lateinischen Buchstaben auch die Schriftgröße und -farbe. Alle notwendigen Angaben müssen an einer Stelle plaziert werden. Namen und Adressen dürfen daher nicht verstreut über mehrere Seiten verteilt werden. Die Impressumseite sollte sich problemlos ausdrucken lassen.

Fehlerhafte Webimpressen sorgten des öfteren für juristische Auseinandersetzungen. Das Landgericht Hamburg setzte sich in einem bekannten Urteil mit der Frage der korrekten Bezeichnung für den Hinweis auf die Pflichtangaben auseinander. Die Richter urteilten, daß der Begriff "backstage" unzulässig sei, weil kein Webnutzer die Angaben darunter vermute. Gegen "Impressum" oder "Kontakt" hatten die Hamburger jedoch nichts einzuwenden.

Allerdings ihre Kollegen vom OLG Karlsruhe störten sich in einem umstrittenen Urteil an Impressumsangaben unter „Kontakt“ (6 U 200/01 vom 27.03.2002).

Impressum und Kontakt

Der Autor empfiehlt **Impressum** für die Pflichtangaben und eventuelle Nutzungsbedingungen zu verwenden, sofern für AGBs kein eigener Menüpunkt gewählt wird. **Kontakt** oder **Kontakte** werden bisher für direkte Kontaktdaten, Ansprechpartnerlisten bzw. Kontaktformulare eingesetzt.

Auch muß das Impressum von allen Webseiten der Homepage gleichermaßen erreichbar sein. Empfohlen wird hierzu ein Link auf jeder Seite.

Mit der richtigen Plazierung des Impressums beschäftigte sich das Oberlandesgericht München im September 2003. Demnach reicht es aus, wenn Sie von der Startseite aus durch zwei Mausklicks zum Impressum gelangen. Auf der sicheren Seite sind Sie, wenn Sie es entweder im Hauptmenü (z.B. als letzten Punkt) oder im Fußbereich jeder Seite angeben.

Allerdings wußte das gleiche OLG (29 U 4564/03 vom 12. Februar 2004) später nichts mehr davon und legte fest, daß ein am Seitenende befindlicher Link zum Impressum, der erst nach Scrollen über mehrere Seiten erkennbar ist, nicht den Erfordernissen des TDGs entspricht. Das Vorhandensein und die Benutzbarkeit der ENDE-Taste (gibt es auf jeder Tastatur) scheint neben der Widersprüchlichkeit des Urteils den Richtern offenbar nicht bekannt zu sein!

Weitere widersprüchliche Urteile kommen von OLG Karlsruhe, wonach die Informationspflicht nicht erfüllt wird, wenn die Anbieterkennzeichnung nur über einen Link "Kontakt" zu erreichen und dort unter der Überschrift "Impressum" zu finden sei.

Mit dem Scrollen hatten auch die Richter des OLG Hamburgs so Ihre Probleme und stuften dies Ende 2002 als unzumutbar ein. Unter diesem Gesichtspunkt ist es besonders bemerkenswert, daß das OLG München der Angelegenheit keine grundsätzliche Bedeutung zuschreibt und die Revision ausdrücklich ausschließt, die zu einer höchstrichterlichen Klärung der Problematik hätte führen können.

6.3.5 Impressumspflicht für Ausländer

(D) LG Frankfurt am Main, Urteil aus 2003 (www.karriere24.de)

Zielt ein Angebot auf deutsche Internetnutzer ab, so müssen auch auswärtige Firmen mit Geschäftsführung in Deutschland ein korrektes Impressum vorweisen, auch wenn sie nicht in ein deutsches Handelsregister eingetragen sind.

Gemäß Richteransicht gilt die Pflicht zur Anbieterkennzeichnung des § 6 Teledienstgesetz auch für solche Firmen. Begründet wurde dies, daß die Pflichtangaben dem Verbraucherschutz dienen. Soweit ein ausländisches Unternehmen um inländische Kunden wirbt, bestehe ein berechtigtes Interesse der Kunden zu wissen, in welchem Land der Anbieter eingetragen sei.

Ein Mitbewerber von *www.karriere24.de* hatte per anwaltlicher Abmahnung die fehlende Angabe des deutschen Handelsregisters moniert. Das Unternehmen agiert zwar aus Deutschland, ist aber als britische Limited (GmbH) im Register von Cardiff eingetragen. Nach Richtermeinung müsse das dortige Registergericht einschließlich der Registernummer im Impressum gelistet werden.

6.3.6 Impressum gemäß österreichischem Recht

Hier gilt zunächst, halten Sie sich an die deutschen Vorgaben, da sich das eCommerce-Gesetz (ECG) weitestgehend am deutschen Standard orientiert. Hier nur einige Konkretisierungen nationaler Vorschriften:

- Lt. österreichischer GewO und speziell § 63 sind die im Firmenbuch eingetragenen Namen gleichlautend ins Impressum zu übernehmen. Bei den Vornamen ist mindestens einer auszuschreiben, was auch in Deutschland so gilt.
- Firmenbuchgericht und Firmenbuchnummer sind analog dem deutschen Handelsregisterdaten anzugeben.
- Eine ladungsfähige Anschrift inkl. Kontaktdaten (eMail; aufgrund eines OGH-Urteils auch Fax und Telefon) sind anzugeben.
- Über die zuständige Aufsichtsbehörde herrscht noch etwas Unklarheit. Auf jeden Fall wird die Behörde als zuständig angesehen, die die Berufsbezeichnung entziehen kann und über die Einhaltung von Regelungen wacht, z.B. Gewerbeamt oder Versicherungsaufsicht.
- Link zu weiteren anwendbaren Rechtsvorschriften (neben der GewO): ⇨ *www.ris.bka.gv.at*.
  Es soll lt. WKO ausreichen, wenn obiger allgemeiner Link zum kostenlosen Auffinden der benannten Rechtsvorschriften angebracht wird. Deutsche Gerichte werden sich vermutlich mit allgemein gehaltenen Links nicht begnügen, so daß empfohlen wird, auf die betreffende Rechtsvorschrift direkt zu verlinken. Genannt werden muß diese ohnehin explizit.
- Verwenden Sie AGBs sowie Preise auf Ihrer Homepage, so kommen weitere Gesetze, Verbraucherrechte und Aufklärungspflichten zur Anwendung, z.B. Preisauszeichnungsgesetz. Aufgrund der EU-Harmonisierung können Sie die deutschen Anforderungen 1:1 übernehmen.

Alternativ erhalten Sie eine Infobroschüre bei Ihrer Wirtschaftskammerorganisation (⇨ *wko.at*), Titel: *Informationspflichten nach dem E-Commerce-Gesetz (ECG) – Detailinformation*.

Örtliche Zuständigkeit österreichischer Gerichte

Art. I § 40 des zukünftigen MedienG (Örtliche Zuständigkeit)

Bei falschen Angaben zu Mediendiensten kann auch das Gericht angerufen werden, welches nach Maßgabe des Impressumsinhaltes zuständig wär (Abs. 1). Absatz 2 erweitert die örtliche Zuständigkeit auf jeden Ort des Abrufs, sofern der Medieninhaber im Ausland wohnt oder nicht ermittelt werden kann.

6.3.7 Impressum gemäß Schweizer Recht

Wenn Sie wie in Österreich auch die deutschen Vorgaben einhalten, liegen Sie auf der sicheren Seite. Zum Teil sind die Anforderungen, speziell im Medienbereich identisch. Allerdings gibt es derzeit nicht so klare Regelungen wie in den beiden Nachbarländern, was alles im Impressum enthalten sein soll. Es ist aber davon auszugehen, daß sich bei zukünftigen Gesetzen an den Verbraucherrechten orientiert wird, so daß weitestgehend die deutschen Anforderungen erfüllt werden müssen.

Zusätzlich sind in der Schweiz namhaften Beteiligungen an anderen Medienunternehmen im Impressum anzugeben (StGB Art. 322 Abs. 2).

Schweizer StGB ⇨ *www.admin.ch/ch/d/sr/3/311.0.de.pdf*

6.3.8 Musterimpressen und Strafen

Nachfolgend einige Beispiele. Namen und Anschriften sind frei erfunden.

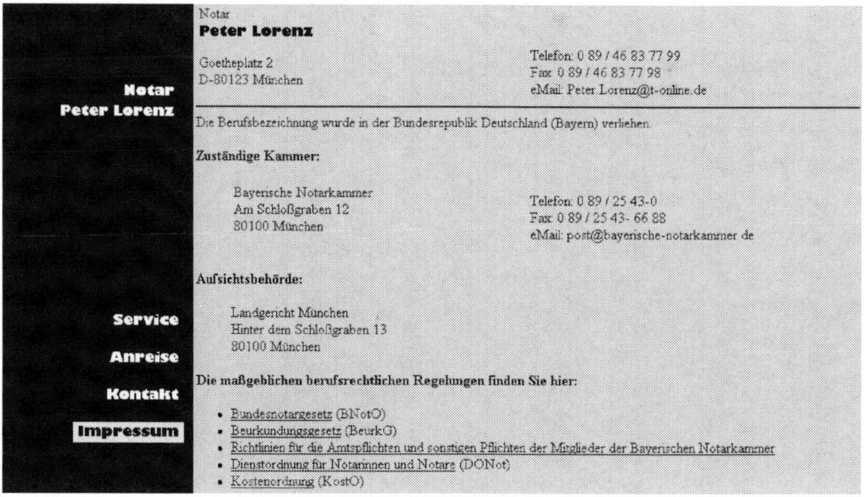

Notar
Peter Lorenz

Goetheplatz 2
D-80123 München

Telefon: 0 89 / 46 83 77 99
Fax 0 89 / 46 83 77 98
eMail: Peter.Lorenz@t-online.de

Notar
Peter Lorenz

Die Berufsbezeichnung wurde in der Bundesrepublik Deutschland (Bayern) verliehen.

Zuständige Kammer:

Bayerische Notarkammer
Am Schloßgraben 12
80100 München

Telefon: 0 89 / 25 43-0
Fax 0 89 / 25 43- 66 88
eMail: post@bayerische-notarkammer.de

Aufsichtsbehörde:

Landgericht München
Hinter dem Schloßgraben 13
80100 München

Service
Anreise
Kontakt
Impressum

Die maßgeblichen berufsrechtlichen Regelungen finden Sie hier:

- Bundesnotargesetz (BNotO)
- Beurkundungsgesetz (BeurkG)
- Richtlinien für die Amtspflichten und sonstigen Pflichten der Mitglieder der Bayerischen Notarkammer
- Dienstordnung für Notarinnen und Notare (DONot)
- Kostenordnung (KostO)

Abb. 09: Beispiel nach § 6 TDG bei reglementiertem Beruf

In diesem Impressum können die berufsrechtlichen Regelungen per Link aufgerufen werden. Obige Auflistung erhebt keinen Anspruch auf Richtigkeit oder Vollständigkeit.

Marktreif GmbH

vertreten durch den Geschäftsführer
Hans-Dieter Schmählich

Hauptstraße 4b
10123 Berlin

Tel.: (+49) 30 / 12 34 56 78

Fax: (+49) 30 / 12 34 56 99

E-Mail: info@marktreif.de

Handeslregister: AG Charlottenburg
HRB Nr. 98765

Abb. 10: Fiktives Impressum gemäß § 6 TDG

Bei Verstößen gegen die Anbieterkennzeichnung und Impressumspflicht kann es in Deutschland sowohl behördliche Sanktionen als auch zivilrechtliche Auseinandersetzungen mit Konkurrenten oder bestimmten Organisationen geben (Schadensersatz, Unterlassung; §§ 1, 13 UWG; §§ 2, 3 Unterlaßungsklagengesetz).

Dabei können deutsche Behörden im schlimmsten Fall Bußgelder bis zu 50.000 €, ansonsten aber Beanstandungen, Sperrungen oder Untersagungen des Angebotes aussprechen. Bei fahrlässigen Verstößen gegen § 12 TDG bzw. § 24 MDStV reduziert sich die Buße auf 25.000 € (§ 17 Abs. 2 OWiG).

Können die Behörden den Inhalteanbieter (Contentprovider) nicht erreichen, sind Sanktionen gegen den Serviceprovider (z.B. Webhoster) und in letzter Instanz gegen den Accessprovider möglich.

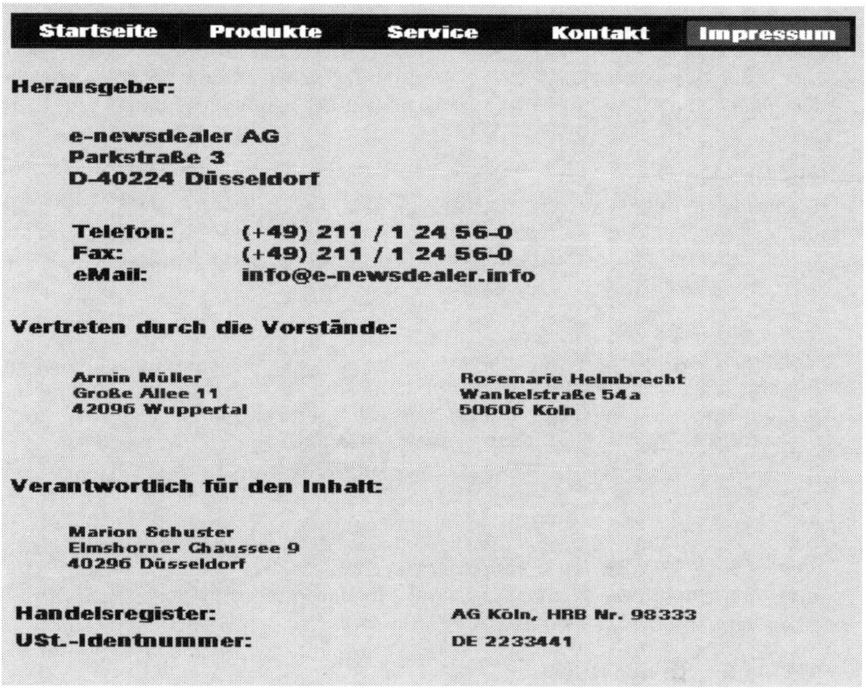

Startseite | Produkte | Service | Kontakt | Impressum

Herausgeber:

e-newsdealer AG
Parkstraße 3
D-40224 Düsseldorf

Telefon:	(+49) 211 / 1 24 56-0
Fax:	(+49) 211 / 1 24 56-0
eMail:	info@e-newsdealer.info

Vertreten durch die Vorstände:

Armin Müller
Große Allee 11
42096 Wuppertal

Rosemarie Helmbrecht
Wankelstraße 54a
50606 Köln

Verantwortlich für den Inhalt:

Marion Schuster
Elmshorner Chaussee 9
40296 Düsseldorf

Handelsregister:	AG Köln, HRB Nr. 98333
USt.-Identnummer:	DE 2233441

Abb. 11: Musterimpressum nach § 10 Abs. 3 MDStV

6.3.9 Schutz Ihrer eMailadresse vor Spam

Spamroboter wühlen sich wie Trüffelschweine oder Raupen durch das Internet, immer auf der Suche nach neuem Futter – nach eMailadressen. Einmal von einer solchen Mailraupe erwischt, können Sie sich fortan über *Keine Post* nicht mehr beschweren. (Obacht, doppelte Verneinung!)

Um diesen Spamroboter die Arbeit zu erschweren, gibt es mehrere Möglichkeiten, dem rechtlichen Anspruch, eine eMailadresse angeben zu müssen, aber nicht Opfer von Spam zu werden. Grundlage ist, daß die Trüffelschweine nach ‚mailto:' oder dem Klammeraffen (@) suchen ⇨ Spamschutzmaßnahmen:

- **Kein Mailto-Link**

Sie verwenden keine Mailto-Link im HTML-Quelltext. Ein potentieller Kommunikationspartner muß dabei Ihre eMailadresse kopieren oder abschreiben. Nachteil, Sie fallen noch der Suche nach Strings mit dem @-Zeichen zum Opfer.

- **Adresse als Grafik**
  Ein probates Mittel ist eine kleine Grafik mit Ihrer eMailadresse und selbstverständlich keinen Mailto-Link. Damit sind Sie am besten geschützt, denn die Mailraupen suchen nicht in Grafiken, da die Inhaltserkennung von Grafiken deren Intelligenz übersteigt.

- **Zeichencode**
  Diese Methode sei nur der Vollständigkeit erwähnt und beruht darauf, daß die Zeichen nicht in Klartext sondern im Zeichencode hinterlegt wird. Im Quelltext sind sie so nicht auf Anhieb erkennbar. Jeder Browser stellt sie aber wie gewohnt dar.

- **Verschlüsseln**
  Über ⇨ *www.antispam.de* ⇨ *Link Encoder* können Sie nach dem ähnlichen Prinzip Links und eMailadressen verschlüsseln. Da Sie hier mit JavaScript verschlüsseln können, ist der Aufwand für Spamroboter noch größer, Ihre korrekte eMailadresse zu entschlüsseln. Alternativ:
  ⇨ *www.hon.ch/HONcode/email_encrypt.html*

- **Schreiben mit Leerzeichen**
  Eine weitere Möglichkeit besteht im Schreiben Ihrer eMailadresse mit Leerzeichen, z.B. *info @ das-homepagebuch . de*
  Und das Weglassen des Mailto-Links. Ein potentieller Mailschreiber dürfte so schlau sein und die Leerzeichen entfernen.

- **eMailadresse mit NOSPAM**
  Fügen Sie einfach in ihre eMailadresse, also in die angezeigte Adresse und in die im Mailto-Link, folgenden Text ein und informieren Sie die Nutzer, daß dieser Text zuvor zu entfernen sei:
  KEINSPAM, OHNESPAM, SPAM_NÖ, SPAM_STOP, KOAN_SPAMM, NIX_MIT_SPAM, BRRRRH_SPAM, PFUI_DU_SPAMMER;
  Beispielsweise:

  Info_WEG_MIT_SPAM@thor-alexander.de,
  _ANTISPAM_info@thor-alexander.de
  LÖSCH_SP_AM.info@thor-alexander.de

Beim letzten Punkt, der übrigens empfohlen wird, können Sie etwas kreativ sein. Wenden diese Methode viele Homepagebetreiber an, so werden die Mailraupen entsprechend neu programmiert werden müssen. Dieser Aufwand sollte aber aufgrund vieler Varianten groß sein. Ein Schlüsselwort dürfte SPAM dabei spielen, welches Sie ruhig ein wenig entfremden oder falsch schreiben dürfen, z.B. SchPAMM, SP.AM oder SP_AM.

Bedenken Sie aber auch, daß Sie diese Adresse sperren bzw. in ein Postfach laufen sollten, welches Sie nicht abfragen. Eine eventuelle Catch-All-Funktion ist entsprechend anzupassen.

6.4 Verlinkung

(D) OLG Düsseldorf, Urteil vom 29.06.1999 (baumarkt.de)

„Wer Webseiten ins Internet stellt, muß mit Verweisen (Links) rechnen und ist grundsätzlich hiermit einverstanden."

6.4.1 Arten von Links

- **Inline-Link**
  Hierbei werden eigene und fremde Inhalte direkt in die eigene Homepage eingebunden, ohne daß es zu einem Domänwechsel in der Adreßzeile des Browsers kommt. Es entsteht der Eindruck, daß der gesamte Inhalt vom Homepageinhaber kommt.

- **Rahmeneinbindung**
  Dabei ist die Webseite in Rahmen gegliedert. Aufgrund dessen ist es möglich, daß mehrere Seiten unter einer URL gleichzeitig angezeigt werden. Auch hierbei ist nicht erkennbar, von wo die einzelnen Rahmenseiten geladen werden.

- **Surface-Link**
  Hierbei wird nur auf die Startseite bzw. Hauptmenüseite einer anderen Homepage verwiesen. Um zu interessierenden Seiten zu gelangen, müssen Sie der Seitennavigation folgen, vergleichbar wenn Sie die fremde URL direkt eingeben würden.

- **Deep-Link**
  Hierbei wird auf tiefer liegende Webseiten einer anderen Homepage direkt verlinkt. Die Startseite wird dabei „übersprungen".

Bei Surface- und Deep-Links wird die fremde URL in der Adreßzeile des Browsers erkennbar angezeigt, so daß hierbei keine Irreführung vorliegt - sofern keine Verschleierungsmaßnahmen erfolgen.

6.4.2 Schweizer Haftung für Links

(CH) BG Zürich, Urteil vom 10.9.2002

In der Schweiz besteht lt. einem Urteil vom Bezirksgericht Zürich keine Verpflichtung, weiterführende Links zu überprüfen. Dabei kommt es bei der Frage des Zu-eigen-Machens auf den konkreten Kontext eines Links, seinen thematischen Bezug und die Art der Verlinkung an.

6.4.3 Österreichische Haftung für Links

Gemäß § 17 des ECG ist der Linksetzer für die verlinkten Inhalte nur verantwortlich, sofern er von rechtswidrigen Inhalten bzw. Tätigkeiten auf der verlinkten Homepage tatsächliche Kenntnis hat. Der Linksetzer darf sich auch keiner Tatsachen oder Umstände bewußt sein, aus denen rechtswidrige Informationen oder Tätigkeiten offensichtlich werden.

Der Linksetzer haftet in Österreich also nur bei Kenntnis einer Rechtswidrigkeit von Inhalten. Grundsätzlich können folgende Streitfälle im Zusammenhang mit der Linksetzung provoziert werden:

- Sittenwidrige Behinderung (§ 1 UWG)
- Ausbeutung, Übernahme fremder Leistung (§ 1 UWG)
- Ausbeutung fremden Rufs (§ 1 UWG)
- Irreführung (§ 2 UWG)

(A) OGH, 4 Ob 219/03i vom 18.11.2003 (pornotreff.at – Zugangslink-Haftung)
⇨ ECG §§ 1, 5 sowie UWG § 1

Der österreichische Oberste Gerichtshof (OGH) bestätigte, daß ein normalerweise gegen Entgelt elektronisch im Fernabsatz auf individuellen Abruf des Empfängers bereitgestellter Dienst (der Informationsgesellschaft im Sinn des § 1 Z 3 ECG) vorliegt, wenn die Datenübertragung aufgrund einer bidirektionalen Punkt-zu-Punkt-Verbindung erfolgt, wodurch ein Nutzer die Inanspruchnahme des Dienstes interaktiv nach seinen individuellen Bedürfnissen steuern kann. Diese Voraussetzung trifft auch auf Dienste zu, die den Abruf von Live-Cam-Darbietungen ermöglichen.

Wer eine Domänadresse ausschließlich dazu nutzt, Interessenten den Zugang zu Webangeboten Dritter zu eröffnen und auf diesem Portal ohne eigenes inhaltliches Angebot Dritten Hilfestellung bei der Gewinnung von Kunden für deren mittels Links abrufbaren Leistungen gewährt, haftet für auf den verwiesenen Webseiten begangene Wettbewerbsverstöße. Insoweit liegt ein typischerweise auf die Förderung fremden Wettbewerbs gerichtetes Verhalten der Beklagten vor.

Im Impressum ist auch neben der eMailadresse ein weiteres Kommunikationsmittel anzugeben.

(A) OGH, 4 Ob 248/02b vom 17.12.2002 (meteodata.com)
⇨ UrhG §§ 1, 3, 42, Info-RL Art. 5, UWG § 1, ECG § 17

Ein Homepageinhaber hatte auf METEOdata-Seiten mit Wetterdaten verlinkt.

Selbst wenn der Link eine Beihilfe zu einer flüchtigen Vervielfältigung wäre, so die Obersten Richter, handelte es sich nur um eine zulässige Nutzung zum eigenen Gebrauch. Bei richtlinienkonformer Auslegung handelt es sich aber bei dieser Vervielfältigung um eine freie Werknutzung. Die graphische Gestaltung der einzelnen Webseiten von METEO-data hat keinen Werkcharakter, der Link nur auf den Hauptframe ist daher keine unzulässige Werkbearbeitung.

Sittenwidrigkeit nach UWG besteht nicht, da durch die Verlinkung nur ein vereinfachter Homepagezugriff bereitgestellt wird und so keine einfache Übernahme einer fremden Leistung erfolgt. Es liegt auch keine Herkunftstäuschung vor, die zu einer Verwechslungsgefahr führen könnte, weil der Copyright-Vermerk unter der Wetterkarte eindeutig auf die Herkunft verweist. Schließlich liegt auch sittenwidrige Ausbeutung fremder Erzeugnisse nicht vor, weil METEO-data durch die Ausgestaltung des ©-Vermerkes als Link auf ihre eigene Homepage auch Vorteile ziehe. Daß der Klägerin durch die tiefe Verlinkung (Deep-Link) möglicherweise Werbeeinnahmen entgingen, sei nur ein unbeabsichtigter Nebeneffekt des eigentlichen Linkzieles, der für sich alleine weder eine Wettbewerbswidrigkeit begründet noch eine Behinderungsabsicht indiziert. Mangels besonderer Unlauterkeitsmerkmale ist auch das beanstandete Framing der Seiten der Klägerin wettbewerbsrechtlich nicht zu beanstanden.

(A) OGH, 4 Ob 252/01i vom 27.11.2001 (Schutz der Gelben Seiten)

Ein Link von *www.internetpartner.at* auf *www.baukompass.at* verletzt das Urheberrecht der Klägerin, weil sie als Inhaberin auch der zweiten Homepage ohne Zweifel Kenntnis vom Inhalt dieser Homepage hat und daher bewußt Datenbankinhalte verbreitet, an denen der Klägerin das ausschließliche Schutzrecht nach § 76c,d UrhG zusteht.

(A) OGH , 4 Ob 274/00y und 4 Ob 225/00t vom 19.12.2000
(jobmonitor.com ./. austropersonal.com)

Rechtsverstöße bei der Linksetzung entstehen durch das wissentliche Einbinden fremder Inhalte unter Inkaufnahme von Wettbewerbsverstößen und zwar wenn diese als eigene ausgegeben werden. Im konkreten Fall hatte *austropersonal.com* unter *jobmonitor.com* angebotene freie Stellen als „`Freie Stellen bei austropersonal`" angepriesen.

6.4.4 Deutsche Haftung für Links

(D) LG Hamburg, 12. Mail 1998, 312 O 85/98

Das Landgericht Hamburg hatte bereits 1998 entschieden, daß Sie durch die Anbringung eines Links, die Inhalte der gelinkten Seite ggf. mit zu verantworten haben. Deshalb sollten Sie sich ausdrücklich von allen Inhalten der verlinkten Seiten distanzieren.

Trotzdem besteht immer noch eine kleine Unsicherheit in der rechtlichen Beurteilung von Links. Grundsätzlich kann eine Haftung für Verknüpfungen auf fremde Inhalte nur dann in Betracht kommen, wenn der Verlinkende vom rechtswidrigen Inhalt Kenntnis hat und ihm die Sperrung dieser Angebote technisch möglich und zumutbar ist.

Sie als Betreiber einer Homepage sollten sich daher vor dem Setzen des Links vergewissern, ob sich auf der verlinkten Webseite keine rechtswidrigen Inhalte befinden. Da Sie für nachträglich veränderte Inhalte auf der fremden Seite nicht haften können, empfiehlt es sich, das Datum des letzten Besuchs der jeweiligen Homepage anzugeben, z.B. in Klammern nach dem Link. Wollen Sie auf der sicheren Seite liegen, so kann das Ausdrucken der Zielwebseite als PDF-Datei auch sinnvoll sein.

Der Haftungsausschluß greift nicht, wenn Sie sich erkennbar die Aussagen des Zieldokumentes zu eigen machen.

Mittlerweile hat der deutsche BGH auch das Interesse der Meinungs- und Pressefreiheit höher gestuft, so daß an die Prüfung der Seiteninhalte keine zu strengen Maßstäbe angelegt werden dürften. Online-Zeitungen haften demnach nur dann, wenn sich die Strafbarkeit der Inhalte auf den ersten Blick aufdränge. Eine eingehende rechtliche Prüfung sei nicht erforderlich.

Hintergrund war, daß der Axel-Springer-Verlag einen Link auf ein österreichisches Wettbüro anbot. In Deutschland sind Wetten jedoch nur mit behördlicher Genehmigung erlaubt. Dies sei ohne eingehende rechtliche Prüfung jedoch nicht erkennbar gewesen, so daß die Unterlassungsklage eines deutschen Wettbüros abgewiesen wurde.

Zutreffende Haftung

Nach der aktuellen Rechtssprechung wird eine Haftung nach § 5 Abs. 1 TDG angenommen, wenn der Verweisende sich die fremden Inhalte zu eigen macht. Dies kann unterstellt werden, wenn

- die unter dem Link auffindbaren Aussagen für zutreffend erklärt werden
- die fremden Inhalte in einem Rahmen eingebunden sind (Rahmeneinbindung, Framing)
- für den Besucher nicht erkennbar ist, daß die Verknüpfung zu einem anderen Anbieter führt (Inline-Link)
- die aufgerufene Webseite sich unter der gleichen Domäne befindet, wie die vorhergehende Seite
- der Anbieter sich nicht ausreichend vom verlinkten Inhalt distanziert

Keine Haftung nach § 5 Abs. 3 TDG

Die Rechtsprechung geht von keiner Haftung aus, wenn

- bei Weiterverweisungen zum leichten Auffinden weiterer Inhalte, ähnlich Fußnoten in einem wissenschaftlichen Text
- bei Linksammlungen, die nur die Funktion von Türöffnern haben

6.4.5 Haftungsausschlüsse

☺ Linkhaftung ☹

Bei Fragen zur Linkhaftung kommt es darauf an, ob aus der Art des Verlinkens für den Durchschnittsnutzer ersichtlich ist, daß er mit dem Link auf eine fremde Seite gelangt und dadurch der Eindruck ausgeschlossen wird, daß sich der Linkende die fremde Leistung zu eigen macht.

Entgegen eines weit verbreiteten Fehlglaubens bewirken pauschale Disclaimer keinerlei Haftungseinschränkungen bei der Linksetzung. Im Gegenteil, sie haben meist eine negative Wirkung. Denn die Verwendung eines Disclaimers auf einer Homepage zeigt, daß dem Betreiber offenbar die Möglichkeit von Rechtsverletzungen durch Links auf strafrechtlich relevante Inhalte bekannt war.

Daher haben pauschale Haftungsausschlüsse auf professionellen Homepages nichts zu suchen. Es ist durchaus sinnvoll, wenn Sie im Impressum auf eigene Urheberrechte verweisen sowie sonst das Datum des letzten Besuchs zu den verlinkten Homepages angeben.

Auch schützt Sie das Disclaimer nicht davor, wenn Sie auf Ihrer Homepage gegen geltendes Recht verstoßen.

Auf den Webseiten mit externen Links könnte folgender Text stehen:

```
Bei den verlinkten Seiten handelt es sich ausschließlich um fremde Inhalte.
Wir übernehmen keine Verantwortung für deren Inhalt.
```

6.4.6 Deep-Linking

Deep-Linking

Als **Deep-Linking** wird das Verweisen auf dynamische Webseiten (Datenbankresultate) oder auf Internetseiten, die normalerweise nur über mehrere vorgelagerte Seiten erreichbar sind, bezeichnet. Meist sehen Sie dazu auch Abfrageparameter in der URL.

Hintergrund:

Das *Deep-Linking* war bereits mehrfach Streitpunkt zwischen Homepagebetreibern. Dabei wurden Links auf bestimmte Webseiten eines fremden Onlineangebotes offeriert, sofern keine Registrierung oder Bezahlung im Wege stand. Diese Form der Vernetzung durch Hyperlinks ist dem Internet ureigen und macht dessen einzigartige informative Kapazität erst richtig nutzbar. Ohne Hyperlinks gäbe es keine Suchmaschinen und Bieter und Suchende könnten nicht auf dem riesigen Marktplatz zueinanderfinden.

Durch die zunehmende Kommerzialisierung des Internets sahen sich einige werbefinanzierte Webanbieter um ihre Einnahmequellen gebracht und versuchten gerichtlich diese Verlinkung zu unterbinden.

Das WWW würde durch ein Verbot des Deep-Linkings aber in Freiflächen und Wehrdörfer geteilt werden. Die Wehrdörfer verteidigen Ihr Inneres gegen Fremde (Besucher) und bieten nur kontrollierten Zugang. Dies würde somit auf die Zerstörung des Internets hinauslaufen und einen Zustand aufbauen, vergleichbar der Kleinstaaterei in Deutschland vor einigen Jahrhunderten. Das ein Unterlassen des Deep-Linkings kontraproduktiv ist, kommt den Gegner nicht so recht in den Sinn. Schließlich ist die Startseite als das am meisten frequentierte Portal dazu degradiert, Werbung einer breiten Masse, also jedem Besucher ‚auf die Nase drücken oder genauer gesagt ins Auge zu brennen'. Erst danach verteilen sich die Besucherströme über das Menü und die Unterseiten. Ungerichtete Werbung hat aber leider nicht immer den gewünschten Nutzen für die Werbetreibenden.

Die Gegner der tiefen Verlinkung werfen Schmarotzertum und Geschäftsschädigung vor. Sicherlich sind diese Argumente auch nicht immer von der Hand zu weisen, gerade wenn fremde Inhalte nicht als solche gekennzeichnet sind. Dies ist beispielsweise der Fall, wenn innerhalb eines Rahmens fremde Seiten integriert werden und die fremde URL auch nicht sichtbar ist.

Charles Conn, CEO von CitySearch bei Ticketmaster hat nicht nur aufgrund eigener Erfahrungen bereits 1999 eine Art Manifest über Verlinkung verfaßt (*www.citysearch.com*).

Conn betont darin die Offenheit als die wesentliche Eigenschaft des Internets, wozu natürlich auch das Verlinken gehört. Erst dadurch sei das Web zu einem mächtigen Medium für die Kommunikation, die Wirtschaft und die Entdeckung geworden. Doch wenn das Verlinken über die eigenen Webseiten hinausgehe, sollte dies am besten in Absprache geschehen.

Conn glaubt, daß die seriösesten Homepages Verlinkung aus Höflichkeit und gutem Geschäftsverhalten erlauben. Das Problem sei die systematische Verlinkung durch direkte Konkurrenten aufgrund wirtschaftlicher Interessen. Unternehmen haben viel Zeit, Geld und Mühe in den Aufbau Ihrer Homepage investiert, um mit Zulieferern und Partnern Beziehungen zu knüpfen, Kunden anzuziehen und für Ihre Waren/Dienstleistungen zu werben. Wenn Sie die Inhalte eines anderen Anbieters per Deep-Links verwenden, sei dies schlicht weg unfair, weil Sie Ihr Geschäft ‚auf dem Rücken eines anderen aufbauen'.

Der Grad der Verlinkung einer Homepage mit anderen spiegelt aber auch die Prominenz wider. Dies machte sich auch die Suchmaschine Google zu eigen und begründete damit ihren steilen Aufstieg unter den Suchdiensten.

Je häufiger auf eine Homepage verlinkt wird, desto mehr Besucher werden auch dorthin gelockt. Links sind (kostenlose) Werbung. Die Gegner des Deep-Linkings entgegnen, daß Besucher nur auf spezielle Seiten gelenkt werden und nicht den ‚ganzen Laden vom Eingang bis zur Kasse' durchlaufen.

Für Conn ist das Internet lediglich eine eCommerce-Plattform, also ein Marktplatz für Firmen und Kunden, auf dem die Firmeninteressen vorrangig sind. Eine eingeschränkte Verlinkung bringt für keinen Internetnutzer einen Nutzen. Es würde das Web in Bereiche trennen, in denen ‚nur das Betreten von Gebäuden über zentrale Türen' möglich ist. Gebäudeöffnungen (Hyperlinks), wie tief sie auch immer gehen mögen, machen aber gerade die Attraktivität und Schnelligkeit des Internets aus. Ursprünglich sind die Links auch nicht für den eCommerce erfunden worden, sondern um wissenschaftliche Arbeiten mit Querverweisen versehen zu können sowie um Zusammenhänge besser zu verdeutlichen.

6.4.7 Urteile zur Verlinkung

(DK), Urteil aus 2002 (www.newsbooster.com)

Ein dänisches Gericht verbot 2002 das Deep-Linking. Der dänische Internet-Recherchedienst Newsbooster (⇨ *www.newsbooster.com*) durfte laut einer einstweiligen Verfügung Meldungen auf Homepages dänischer Zeitungen nicht direkt verlinken. Der dänische Zeitungsverlegerverband warf den Betreibern vor, daß die umstrittenen Links das Copyright verletzen würden. Newsbooster machte mit der Urheberrechtsverletzung auch noch Geld und bot sie in einem kostenpflichtigen Service an. Newsbooster entfernte die Links zu 28 dänischen Tageszeitungen.

Prinzipiell beträfen solche Urteile auch Suchmaschinen. Der dänische Zeitungsverlegerverband stellte aber ausdrücklich klar, daß sie die Suchmaschinen nicht meinen. Nur entgeltpflichtige Verlinkung a la Newsbooster sollen unterbunden werden.

(A) Urteil vom August 1999 (ticketmaster.com ./. tickets.com)

Vorausgegangen waren bereits viele andere Streitigkeiten. Schon in 1999 hatte Ticketmaster (*www.ticketmaster.com*) gegen den Konkurrenten Tickets (*www.tickets.com*) eine Klage eingereicht, weil dieser unautorisierte Links auf bestimmte Seiten gelegt und auf illegale Weise Inhalte auf der eigenen Homepage veröffentlicht habe.

(D) Oktober 1999 (ebay.com ./. auctionwatch.com)

Anfang Oktober 1999 forderte eBay (*www.ebay.com*) die Firma AuctionWatch (*www.auctionwatch.com*) auf, nicht mehr per Deep-Linking auf geistiges Eigentum von eBay zu verweisen. AuctionWatch entgegnete, daß Suchdienste auch auf diese Seiten verlinken.

(D) OLG Hamburg, Januar 2000

Im Januar 2000 hatte das Oberlandesgericht Hamburg entschieden, ein Unternehmen müsse es nicht dulden, daß eine andere, im direkten Wettbewerb stehende Firma Internetnutzer per Link zu seinen Seiten führe. Den Hamburger Richtern zufolge kann sich das Unternehmen gegen diese unerwünschte Aufmerksamkeit ebenso wehren wie gegen andere unerwünschte Werbung für seine Produkte.

(D) BGH, I ZR 259/00 vom 17. Juli 2003 (Deep-Links)

Der I. Zivilsenat des deutschen Bundesgerichtshofs (BGH) hat ein Grundsatzurteil bzgl. der Wettbewerbswidrigkeit von Deep-Links (Verlinkung mit tiefer liegenden Webseiten) verkündet:

Die obersten deutschen Richter stellen das Allgemeininteresse an der Hyperlink-Technologie über wirtschaftliche Interessen Einzelner.

Wer die Vorteile des Internets nutzt, müsse auch die vermeintlichen Beschränkungen in Kauf nehmen, die sich aus dem Allgemeininteresse an der Funktionsfähigkeit des Internet ergäben. Dabei müßten auch Einbußen bei Werbeeinnahmen hingenommen werden, wenn Suchmaschinen die Besucher mittels Tiefverlinkung an der Startseite eines Anbieters vorbei, direkt zum gesuchten Artikel lenken. Ohne die Inanspruchnahme von Suchdiensten und den Einsatz von Deep-Links sei eine "sinnvolle Nutzung der unübersehbaren Informationsfülle im WWW praktisch ausgeschlossen", stellte das BGH im Urteil fest.

Im konkreten Fall hatte die Verlagsgruppe Handelsblatt gegen den Suchdienst Paperboy geklagt. Die Handelsblatt-Verleger sahen eine Verletzung ihrer Urheberrechte und eine wettbewerbswidrige Ausnutzung ihrer Datenbanken, wenn Paperboy die Webangebote diverser Zeitungen und Zeitschriften auswertet und in den Suchergebnissen direkt auf die entsprechenden Artikel verlinkt.

Der deutsche BGH wies die Revision der Handelsblatt-Gruppe ab. Internetnutzer könnten auch ohne tiefe Links direkt auf untergeordnete Webseiten zugreifen, sofern sie deren URL kennen. Die Technik der tiefen Verlinkung ersetze nur die manuelle URL-Eingabe und sei daher nur eine technische Erleichterung. Offen gelassen hat der BGH die Frage, ob das Umgehen eventueller technischer Maßnahmen eines Webseitenbetreibers rechtswidrig wäre, wenn diese das Deep-Linking verhindern sollen.

6.4.8 Empfehlung für Links

① Links zu fremden Angeboten als solche kennzeichnen!

② Nicht im gleichen Rahmen, sondern in einem separaten Fenster den Link öffnen lassen (🗗 davor oder danach, um ein Verlassen der eigenen Homepage anzudeuten)!

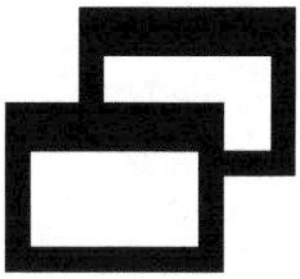

③ Fremde Anbieter kontaktieren, ob sie mit den gesetzten Links einverstanden sind. Dazu können die Links schon online sein. Die eMail sollte so verfaßt sein, daß sofern der andere Anbieter sich nicht meldet, Sie sein Einverständnis unterstellen. Eine Frist von ein paar Tagen reicht. Die Kontaktadresse sollten Sie im fremden Impressum finden!

6.5 Medizinische Daten und HONcode

Medizinische Dienste müssen ihre zuständige Ärztekammer und Kassenärztliche Vereinigung kraft deutscher und österreichischer Gesetze im Impressum aufführen.

Abb. 12: HONcode-Logo

Wirklich lebensgefährlich können veraltete Gesundheitsinformationen sein. Ein Aktualisierungsdatum findet sich aber nur auf jeder vierten medizinischen Seite. Es ist zwar nicht gesetzlich vorgeschrieben, findet sich aber in den Kriterien des HONcodes der *Health on the Net Foundation* (⇨ *www.healthonnet.org* bzw. auch kürzer ⇨ *www.hon.ch*), die sich für die Qualität medizinischer Informationen im Internet einsetzt.

6.5.1 Prinzipien des HONcodes

⇨ *www.hon.ch/HONcode/Guidelines/guidelines.html*
⇨ *www.hon.ch/HONcode/German*

① Befugnis

Alle medizinischen Informationen sollen mit den Namen des Autors und dessen medizinischer Qualifikation bzw. Status versehen sein. Mögliche Status (Mehrzahl von Status lt. Dudennewsletter vom 16.05.2003):

- Patient
- Webmaster
- Medizinisches Personal, z.B. Dr. med. Sowieso (Facharzt für Allgemeinmedizin)

Bei medizinischem Personal sollte zudem der Umfang der Qualifikation gelistet werden. Die Ausbildung und alle Akronyme werden am besten im Webimpressum untergebracht. Am Ende jeder Webseite braucht dann nur der Name und ein Link zum Impressum untergebracht werden.

② Anliegen Ihrer Homepage und deren Zielgruppe

Sinn Ihrer Homepage sollte nicht das Ersetzen der Arzt-Patienten-Beziehung sein, sondern deren Verbesserung. Dazu soll neben dem Homepagebetreiber auch eine eventuell dahinterstehende Organisation deutlich genannt und das Anliegen Ihrer Homepage klar beschrieben werden. Ferner sollten Sie die Zielgruppe definieren und beschreiben.

③ Datenschutz

Sie sollten beschreiben, wie Sie mit persönlichen Informationen umgehen. Dies schließt natürlich auch den Umgang mit eMailadressen und eMailinhalten ein. Sie sollten also informieren:

- ob und wo Daten gespeichert werden
- welche Daten gespeichert werden
- wer Zugriff auf Datenbasen hat (jeder, nur Sie, keiner)
- ob die Daten nur für eigene Statistiken verwendet werden (anonymisiert oder nicht)
- ob die Daten auch durch Dritte genutzt werden (können)

Der beste Platz dafür ist entweder im zweiten Teil des Impressums oder auf einer weiteren Webseite, aufrufbar aus dem Impressum und am besten von jeder Webseite aus.

④ Aktualisierungsdatum und Informationsgüte

Sofern möglich sollten die Quellen umfassend angegeben werden, möglichst auch per Hyperlink. Jede Webseite sollte das Datum der letzten Aktualisierung des Inhaltes anzeigen.

Zusätzlich zum Aktualisierungsdatum soll bei klinischen Informationen auch das Erstellungsdatum angegeben werden.

Ziel ist dabei, daß der Leser sich sowohl über die Quellen als auch über die Aktualität der Informationen ein genaues Bild machen kann. Vorzugsweise bringen Sie diese Daten am Fuß jeder Webseite unter.

⑤ Ausgewogenheit

Alle Angaben bezüglich des Nutzens und der Wirksamkeit einer bestimmten Therapie, eines kommerziellen Produkts oder eines Dienstes sollen durch geeignete und ausgewogene wissenschaftliche Beweise belegt werden und sollten einfach nachprüfbar sein. Alternativen sind explizit anzuzeigen, z.B. andere Therapien, Konkurrenzprodukte.

Trägt eine kommerzielle Homepage oder nur eine Webseite den Titel „Dies ist die Homepage über Produkt XYZ", so dürfen Hinweise auf Konkurrenzprodukte entfallen.

⑥ Kontaktmöglichkeit

Der für den Inhalt Verantwortliche gibt so klare Informationen wie möglich und bietet Kontaktmöglichkeiten per eMail oder Formular an, zur Anforderung weiterer Informationen oder, um Interessenten Fragen zu beantworten. Schnelle Antworten erhöhen natürlich die Qualität Ihrer Homepage.

Die Kontaktmöglichkeiten müssen von jedem Teil der Homepage aus einfach erreichbar sein, z.B. eMailadresse am Seitenfuß.

Zum Spamschutz kann Ihre eMailadresse verschlüsselt werden:

> ➪ *www.hon.ch/HONcode/email_encrypt.html.*

⑦ Transparenz der Finanzierung

Sponsoren und Unterstützer Ihrer Homepage sollen klar genannt werden, einschließlich kommerzieller und nicht-kommerzieller Organisationen, die finanzielle Mittel, Dienstleistungen oder Material bereitgestellt haben bzw. dies noch immer tun.

Sind Sie eine Bildungseinrichtung und erhalten öffentliche Mittel, so ist dies aufzuführen. Betreiben Sie eine private Homepage ohne externe Unterstützung, so sollen Sie Ihre Besucher auch darüber informieren. Ist Ihre Homepage die eines kommerziellen Unternehmens, so wird auch darüber Aufklärung erwartet.

⑧ Klare Trennung von Werbung und Inhalten

Sofern Sie sich (auch) über Werbung finanzieren, so soll auf diese Tatsache klar hingewiesen werden. Eine kurze Darstellung Ihrer Werberichtlinien soll auf Ihrer Homepage auffindbar sein.

Werbung und anderes verkaufsförderndes Material wird Besuchern so dargeboten, daß eine klare Trennung zwischen Werbung und Inhaltsinformationen gewährleistet wird.

Zertifikat

Erfüllen Sie obige Regeln, so können Sie sich zertifizieren lassen:

> ➪ *mailto:HONcode@healthonnet.org.*

6.5.2 Weitere Projekte der HON

- **MedHunt**
  Intelligente und spezialisierte Suchmaschine, um Internetinformationen zu medizinischen und Gesundheitsthemen auffindbar zu machen.

- **HONselect**
  Erste Suchoberfläche, welche heterogene Datenbanken integriert, um Nutzern umfassende Gesundheitsinformationen anzubieten.

6.6 Impressum-Generatoren

Auf folgenden Webseiten finden Sie Generatoren, die die notwendigen Angaben abfragen:

- *www.digi-info.de/de/netlaw/webimpressum/assistent.php*
- *abmahnwelle.de/certiorina*

6.7 Checklisten

Allgemeines

- ☐ Übersichtliche Navigation
- ☐ Inhaltliche Verständlichkeit und klare Struktur
- ☐ Einfach erreichbares und vollständiges Impressum
- ☐ Keine Unterbindung der Anzeige der wahren URL in der Adreßzeile
- ☐ Hyperlinks nicht als Inline- oder Rahmenlinks
- ☐ Prüfung der verlinkten Seiten auf Rechtmäßigkeit und Kenntlichmachung fremder Inhalte/Links
- ☐ Sofortige Löschung von Links auf rechtswidrige Inhalte
- ☐ Aktualisierungsdatum und Kontaktmöglichkeiten auf jeder Seite
- ☐ Barrierefreiheit
- ☐ Verschlüsselte eMailadressen (Spamschutz)

Check. 08: Allgemeines auf Homepages

Inhalt, Form und Zugänglichkeit des Impressums

- ☐ Name
- ☐ Anschrift
- ☐ Telefonnummer (mit Maximaltarif, wenn z.B. 0700)
- ☐ eMailadresse inkl. Spamschutz
- ☐ ggf. Name und ladungsfähige Anschrift des Vertretungsberechtigten, die auch noch weitere Anforderungen erfüllen muß
- ☐ ggf. Name und Adresse der Aufsichtsbehörde
- ☐ ggf. Name und Nummer des zugehörigen Registers
- ☐ ggf. Umsatzsteueridentifikationsnummer
- ☐ ggf. gesetzliche Berufsbezeichnung, Verleihungsstaat
- ☐ ggf. Kammer und anwendbare berufsrechtliche Regelungen mit Link zur Quelle
- ☐ ggf. Datenschutz- und Urheberrechtshinweise
- ☐ in deutscher Sprache
- ☐ alle Angaben übersichtlich auf einer Webseite
- ☐ leicht auffindbar
- ☐ von jeder Webseite leicht erreichbar, Aufruf mit einem Klick per HTML-Link
- ☐ gut lesbar (Schriftgröße, -farbe, Hintergrund)
- ☐ ausdruckbar

Check. 09: Impressum

Nicht nur Homepages mit Gesundheitsinformationen

- ☐ Impressum mit Angabe der medizinischen Qualifikationen
- ☐ Angabe des Ziels der Homepage und der Zielgruppe
- ☐ Aufklärung über den Datenschutz
- ☐ Aktualisierungsdatum und Quellenangaben
- ☐ Bekanntgabe von Alternativen
- ☐ Kontaktmöglichkeiten und Support
- ☐ Finanzierungsgrundlage
- ☐ Klare Trennung von Inhalt und Werbung
- ☐ Verständliche Ausdrucksweisen
- ☐ Erklärung von Fachbegriffen (z.B. auch externe Links)
- ☐ Zertifizierung

Check. 10: Medizinische und Gesundheitshomepages

Ziel Ihrer Homepage?

7 AGBs

7.1 Providerhaftung

Contentprovider/Inhalteanbieter

Anbieter, die eigene Inhalte im Internet zur Nutzung bereit halten, werden als Contentprovider (Inhalteanbieter) bezeichnet und **haften grundsätzlich** nach § 5 Abs. 1 TDG dafür.

Eigene Inhalte sind entweder vom Anbieter selbst erstellte oder fremde Inhalte, die sich zu eigen gemacht werden, z.B. eingekaufte und unter dem eigenen Logo angebotene Informationen.

Serviceprovider/Diensteanbieter (ISP)

Diensteanbieter, die fremde Inhalte zur Nutzung bereithalten, werden auch Serviceprovider bezeichnet. Für sie gilt nach § 5 Abs. 2 TDG ein **Haftungsprivileg**, das greift, wenn es offensichtlich ist, daß die Inhalte fremden Ursprungs sind und der Anbieter dafür erkennbar die Haftung nicht übernehmen will, beispielsweise ein Onlinedienst, der Artikel fremder Autoren unter Hinweise auf den Autor veröffentlicht.

Providerhaftung kann nur eintreten, wenn er von den fremden Inhalten Kenntnis hat. Er ist weder verpflichtet, die Inhalte kennen zu müssen, noch zu kontrollieren. Im Gesetz ist explizit die Rede von Kenntnis des Inhaltes, nicht aber von Kenntnis der Rechtswidrigkeit des Inhaltes. Daraus resultiert, daß der Serviceprovider bereits haftet, wenn er vom **konkreten** Inhalt weiß, ohne daß er ihn für rechtswidrig hält. Die Details sind jedoch noch umstritten.

Accessprovider (ASP)

Als Dritter im Bunde soll die Haftung des Accessproviders, also desjenigen, der den Zugang zur Nutzung fremder Inhalte bereitstellt, betrachtet werden. Hier liegt eine **Haftungsfreistellung** vor (§ 5 Abs. 3 TDG), die sich auch auf das Cachen (Zwischenspeichern) fremder Inhalte erstreckt, sofern die Speicherung nur kurzzeitig (wenige Stunden) erfolgt.

Haftung des Zone-C-Verwalters

(D) LG Bielefeld, 16 O 44/04 vom 14.05.2004 (Haftung Zone-C)

Ein Zonenverwalter haftet für eine rechtsverletzende Domäne erst, wenn er Kenntnis von deren Rechtsverletzung hat. Die Kenntnis gewinnt er in der Regel aber erst, wenn ein rechtskräftiger gerichtlicher Titel vorgelegt wird. Eine Prüfpflichtverletzung nach Kenntnisnahme der Rechtsverletzung durch die Abmahnung lag im konkreten Fall nicht vor. Nur ein Rechtsurteil gegen den Domäninhaber hätte die notwendige Kenntnis bewirkt, die eine Providerhaftung nach sich gezogen hätte.

7.2 Druckversion

Unterliegt Ihre Homepage weiteren gesetzlichen Regelungen, weil Sie z.B. Waren verkaufen, so sind Nutzungsbedingungen (AGBs = Allgemeine Geschäftsbedingungen) dort bekannt zu geben, sofern nicht das Bürgerliche Gesetzbuch gilt bzw. gelten soll.

Wichtig, aber keine Vorschrift in Deutschland, ist es, diese auch in einer separaten, downloadbaren Druckversion anzubieten. Denn üblicherweise wird durch den MS IE der rechte Seitenteil abgeschnitten, so daß der Ausdruck breiter Seiten unvollständig ist. Eine Möglichkeit besteht darin die AGBs normal anzuzeigen und per Link die gleiche Seite für den Ausdruck optimiert nachzuladen. Eine andere Variante ist es, die AGBs gleich als PDF-Datei anzuzeigen, die auch bequem gespeichert oder ausgedruckt werden können.

Im Gesetz ist lediglich eine druckbare Version vorgeschrieben, die aber lesbar ausgedruckt werden können muß. Dies können Sie meist nur durch eine separate Druckversion sicherstellen.

Sinnvollerweise lassen Sie sich die Einbeziehung der AGBs in den zu schliessenden Vertrag vom anderen Vertragspartner (Kunden) explizit bestätigen, z.B. per Kontrollkästchen, welches standardmäßig nicht aktiviert sein sollte.

7.3 In Österreich

Das eCommerce-Gesetz (ECG) verpflichtet nicht zur Verwendung eigener Geschäftsbedingungen. Werden jedoch Eigene verwendet, so müssen diese auch speicher- und ausdruckbar sein.

Zitat aus der WKO-Broschüre „AGB im Internet – Die Details" (⇨ *wko.at*):

> **Geltung von AGB im Internet - allgemeine zivilrechtliche Voraussetzungen**
>
> Werden bei Geschäftsabschlüssen über das Internet AGB verwendet, dann müssen diese vereinbart werden, damit sie Bestandteil des konkreten Rechtsgeschäftes werden. Der Unternehmer muß daher darauf hinweisen, dass er dem beabsichtigten Vertrag seine AGB zu Grunde legt, was vor dem Vertragsabschluss zu erfolgen hat. Und der Kunde muß zumindest die Möglichkeit haben, sich Kenntnis vom Inhalt dieser AGB zu verschaffen.
>
> In der Praxis werden AGB auf der Homepage eines Online-Händlers oftmals durch einen eigenen Link auf den AGB-Text zur Verfügung gestellt. Der Kunde kann sich dadurch Kenntnis vom Inhalt dieser AGB verschaffen, in dem er den entsprechenden Link anklickt. Dies genügt, um dem Erfordernis zu entsprechen, dass

der Vertragspartner die Möglichkeit haben muss, sich Kenntnis vom Inhalt der AGB zu verschaffen. Ob er es tatsächlich anklickt, ist seine Sache.

Das Fernabsatzgesetz als Teil des Konsumentenschutzgesetzes (KSchG) sieht bei Verträgen mit Konsumenten (B2C) die unter ausschließlicher Verwendung eines oder mehrerer Fernkommunikationsmittel geschlossen werden, gewisse Informations- und Bestätigungspflichten vor (§ 5c KSchG).

Angefangen von einer auffälligen Form der Darstellung eines Links zu den AGBs auf der Homepage und vor allem im Rahmen eines Bestellprozesses. Auch in Österreich gilt, daß AGBs in einen Vertrag wirksam einbezogen werden müssen, damit sie gelten.

§ 5c Abs. 2 KSchG erwartet von Unternehmern, daß bereits vor Vertragsabschluß alle wesentlichen Details der Geschäftsbeziehung klar und deutlich dargelegt werden. Beispielweise muß auch über die eines Vertrages informiert werden, wenn dieser eine dauernde oder wiederkehrende Leistung beinhaltet.

§ 11 ECG schreibt explizit eine speicher- und druckbare Version der AGBs für alle Geschäftspartner, also sowohl Privatkunden als auch gewerbliche vor.

Nachteilige, ungewöhnliche, überraschende Klauseln & unklare AGBs

Derart Klauseln kommen nicht zu Geltung, wenn ein Vertragspartner nach den Begleitumständen des Vertrages und dem äußeren Erscheinungsbild (z.B. Kleindruck, versteckte Einordnung) nicht mit ihnen rechnen mußte und nicht besonders darauf hingewiesen wurde. Ob eine Klausel in AGBs Überrumpelungs- oder Übertölpelungseffekt hat und deshalb unwirksam ist, kann nur im konkreten Einzelfall beurteilt werden. Sie hängt von der Branchenüblichkeit und dem Erwartungshorizont des Adressatenkreises ab.

Eine Aufführung verbotener/ungültiger Klauseln für B2C-Geschäfte enthält § 6 KSchG. Eine Klausel ist ungültig, wenn sie unklar oder unverständlich formuliert wurde (§ 6 Abs 3 KSchG ⇨ „Transparenzgebot“).

Ob Klauseln (B2C und B2B) sittenwidrig und damit ungültig sind, entscheiden einzelfallbezogen die Gerichte und zwar unter Berücksichtigung aller Umstände (optische Gestaltung, Auswirkung der Klauseln, gröbliche Benachteiligung des Vertragspartners, grobes Mißverhältnis von Leistung und Gegenleistung, sachliche Rechtfertigung etc).

7.4 In der Schweiz

Obacht

Über Änderungen Ihrer Leistungen bzw. der AGBs sollten Ihre Nutzer per eMail und nicht nur über die Homepage informiert werden (oder per Post).

Aber da ein Vertrag zu Stande kam, sollte der andere Vertragspartner automatisch über Änderungen bzw. Änderungswünsche informiert werden. Vertragsänderungen bedürfen immer beidseitiger Zustimmung.

Nach Meinung des Autors kann nicht von der anderen Vertragspartei erwartet werden, daß sie alle Seiten ständig auf Änderungen prüft – auch nicht Startseiten, die aufgrund Speicherung als Lesezeichen bzw. durch Deep-Links umgegangen werden können.

7.5 eCommerce

Bei den Allgemeinen Geschäftsbedingungen gilt einiges neben dem Fernabsatzgesetz und dem BGB zu beachten. Folgende Abschnitte könnten Ihre eCommerce-AGBs enthalten:

Inhalt Ihrer AGBs

- ☐ Gegenstand der AGBs
- ☐ Wie kommt der Vertragsabschluß zu Stande?
- ☐ Informationspflichten
- ☐ Widerrufsrecht bei Verbraucherverträgen
- ☐ Preise
- ☐ Lieferung an Unternehmer
- ☐ Eigentumsvorbehalt
- ☐ Beanstandungen zu richten an ...
- ☐ Mängelhaftung und Regeln zur Beseitigung
- ☐ Allgemeine Haftungsbeschränkungen
- ☐ Datenschutz (⇨ Bundesdatenschutzgesetz, ⇨ Teledienstdatenschutzgesetz)
- ☐ Schutzrechte, z.B. Urheberrechte
- ☐ Schlußbestimmungen

Check. 11: Inhalt Ihrer AGBs

Beim Handel inner- und außerhalb des deutschsprachigen Raums (Deutschland, Österreich, Schweiz/Liechtenstein, Letzeburg, Belgien, Niederlande und Südtirol) sind in Anbetracht vieler Ausländer auch englischsprachige AGBs durchaus nützlich, sinnvoll und schaffen Vertrauen.

Das neue BGB

Wolfgang Gass hat in *Das neue BGB* deutsch- und englischsprachige eCommerce-Bedingungen abgedruckt, die nur noch abgeschrieben und durch Ihre Adreßangaben ergänzt werden müssen *Literaturtipps [6]*.

7.5.1 Wie kommt ein Vertrag zustande?

Nach § 145 BGB kommt ein Vertrag durch übereinstimmende Willenserklärung zustande, Angebot und Annahme. Vorgelagert kann eine Aufforderung zur Abgabe eines Angebotes sein (invitatio ad offerendum), was von Laien nicht immer korrekt vom Angebot selbst unterschieden werden kann.

Auch wenn **Internetangeboten** meist das „unverbindlich" fehlt, so wird doch häufig darin nur **eine Aufforderung zur Angebotsabgabe** gesehen. Erst durch den Klick macht der Kunde ein (Kauf-)Angebot. Es schließt sich meist eine Bonitätsprüfung oder Prüfung der Lieferfähigkeit seitens des Verkäufers an. Die Angebotsannahme wird deshalb spätestens in der Lieferung bzw. Transportbereitstellung der Ware gesehen (konkludente Annahme). Liegt eine Auftragsbestätigung vor, so ist diese als Beweis des Zustandekommens eines Vertrages anzusehen.

Ein weiterhin zu betrachtender Aspekt ist die Frist, innerhalb der ein Angebot im Internet angenommen werden kann. Nach § 147 BGB kann eine Willenserklärung unter Anwesenden nur sofort angenommen werden. Für Abwesende gilt immerhin, in welchem Zeitraum der Antragende den Eingang der Antwort unter regelmäßigen Umständen erwarten kann.

Ob es sich um Erklärungen zwischen An- oder Abwesenden handelt, entscheiden unmittelbare Rückfragemöglichkeiten. Erklärungen per eMail werden allgemein als unter Abwesenden betrachtet. Da die Transportzeit zu vernachlässigen ist, bleiben nur Überlegungs- und Bearbeitungszeit. Bei vollautomatisierten Verarbeitungen kann der Antragende sogar sofortige Annahme unterstellen.

7.5.2 Internetkaufverträge sind bindend

(D) BGH, VII ZR 13/01 vom 07. November 2001 (Ersteigerter PKW)

Auch über das Internet können rechtlich verbindliche Willenserklärungen abgegeben werden. Werden neue Sachen versteigert, bei denen der Meistbietende den Zuschlag bei Auktionsende erhält, so ist das Angebot gültig und die Sache muß verkauft werden, auch wenn der Neupreis weit über dem Höchstgebot liegt.

Der zu Grunde liegende Fall war eine Onlineversteigerung bei Ricardo, bei der ein Privatmann einen fabrikneuen VW Passat anbot, Neupreis 45.000 Mark. Durch Unterzeichnen der AGBs verpflichtete sich dieser Anbieter, den Wagen nach Versteigerungsende an den Meistbietenden zu verkaufen.

Das Gebot bei Auktionsschluß lag bei rund 26.000 DM. Der Versteigerer verweigerte sich daraufhin den Verkauf zu 26.000 Mark durchzuführen und verlangte nun 10.000 Mark mehr.

Das LG Münster wurde in erster Instanz angerufen und schmetterte die Klage auf Herausgabe des PKWs gegen Zahlung von 26.000 Mark mit der Begründung ab: Es sei kein Kaufvertrag zu Stande gekommen. Das sahen die OLG-Richter aber anders. Sie urteilten, daß der Ersteigerer den VW für 26.000 DM erworben hat. Dieser Meinung schloß sich der BGH auch an.

7.5.3 Widerrufsrecht

Nach §§ 312d, 355ff. BGB muß ein Widerrufsrecht eingeräumt werden. Die Widerrufsfrist beträgt 14 Tage und beginnt aber erst, wenn dem Verbraucher eine deutlich gestaltete Erklärung in Textform übermittelt wurde (§ 126b BGB). Die Belehrung muß enthalten:

Inhalt der Widerrufbelehrung

- ☐ die Erfordernisse der Kommunikationsform
- ☐ Namen und Anschrift des Widerrufsempfängers
- ☐ Hinweise auf den Fristbeginn
- ☐ Regeln zur Widerrufserklärung
- ☐ Daß der Widerruf nicht begründet werden braucht
- ☐ Der Widerruf kann in Textform oder durch Rücksendung der Ware innerhalb von zwei Wochen erfolgen (rechtzeitiger Versand reicht)

Check. 12: Inhalt der Widerrufbelehrung

Fristen

Unterbleibt die die Widerrufsbelehrung oder ist diese ungenügend, so gilt eine Frist von 6 Monaten, die frühestens mit dem Vertragabschluß und ansonsten mit dem Eintreffen der Ware beim Empfänger beginnt (§ 355 Abs. 2 BGB).

Unlauterer Wettbewerbsvorsprung

Ist die Belehrung mangelhaft, so müssen Sie als Belehrungspflichtiger aufgrund eines Wettbewerbsvorsprunges mit einer Verbandsklage nach § 13 UWG und § 2 Unterlassungsklagengesetz rechnen.

Um eine sechsmonatige Widerrufsfrist zu vermeiden, Sollten Sie sich möglichst genau an den Gesetzesvorlaut halten und keine wesentlichen Elemente auslassen. Sofern Sie die Widerrufsbelehrung in Ihre AGBs integrieren möchten, können Sie die entsprechenden Passagen (kursiv oder besser) fett hervorheben, um so das Formerfordernis zu erfüllen.

Ausnahmen

§ 312d Abs. 4 BGB regelt die Ausnahmen, für die ein Widerrufsrecht ausgeschlossen werden kann:

- Waren, die nach Kundenspezifikation gefertigt bzw. zugeschnitten wurden
- Waren, die aufgrund Ihrer Beschaffenheit für eine Rücksendung ungeeignet sind
- Waren, die schnell verderben oder deren Verfallsdatum überschritten ist
- Lieferung von Audio- oder Videoaufzeichnungen oder Software, sofern die gelieferten Datenträger vom Verbraucher entwickelt wurden
- Lieferung von Zeitungen, Zeitschriften und Illustrierten
- Erbringung von Wett- und Lotterieleistungen
- Ersteigerte Waren (§ 156 BGB)

Da es auch hierbei zweifelhafte Fälle gibt, empfiehlt es sich entsprechende Waren bzw. Dienstleistungen explizit zu benennen, für die das Widerrufsrecht ausgeschlossen werden soll.

7.5.4 Ausschluß des Widerrufsrechts

(D) Landgericht Memmingen, 1 H O 2319/03

Bei per Fernkommunikationsmittel geschlossenen Kaufverträgen steht dem privaten Verbraucher ein zweiwöchiges Widerrufs- oder Rückgaberecht zu. Nach Ansicht des LG Memmingen gilt dieses Recht auch bei telefonischer Bestellung von standardisierter Software und kann vom Händler nicht ausgeschlossen werden.

Die Richter verwiesen darauf, daß das in § 312d BGB verankerte zweiwöchige Widerrufsrecht nicht nur für Onlinegeschäfte, sondern auch bei telefonischen Bestellungen gelte. Schließt ein Unternehmer dies unrechtmäßig aus, so könnten Käufer oder unmittelbare Konkurrenten ihm dies gerichtlich verbieten lassen, da ein Verstoß gegen die guten Sitten im Wettbewerb vorliege.

7.5.5 Rückgaberecht

Alternativ zum Widerrufsrecht kann dem Verbraucher ein vierzehntägiges Rückgaberecht eingeräumt werden (§ 312d Abs. 1 BGB). Im wesentlichen gelten hier die gleichen Bedingungen wie beim Widerrufsrecht.

Gerichte außerhalb der EU werden sich an die vereinbarte Rechtswahl nicht 100%ig halten und beurteilen u.U. einige Aspekte anders.

(D) LG Frankfurt am Main, 2/1 S 20/02 (BIOS-Aufruf),
(D) OLG Dresden, 8 U 1535/01 (Ausschluß von Einzelkomponenten),
(D) BGH, VIII ZR 295/01 in 2003 (Baukasten-PC)

Das Rückgaberecht beschäftigte deutsche Gerichte bereits häufiger. Beispielsweise ab wann für Internethändler die Rücknahmepflicht entfällt. Im Gesetz wurde festgelegt, daß Käufer von Software durch das Öffnen der Versiegelung ihr Recht auf Rücksendung verwirken.

Gemäß einer Entscheidung des LG Frankfurt/Main entspricht bei einem mit paßwortgeschütztem BIOS ausgestatteten Notebook die Eingabe des Paßwortes nicht einer Entsiegelung. Nimmt der Käufer keine weiteren Handlungen vor, bleibt sein Rückgaberecht bestehen.

Auch der Ausschluß für bestimmte Hardwarekomponenten, die nach Meinung des Händlers schnell beschädigt werden können, ist null und nichtig. So hat beispielsweise das Oberlandesgericht Dresden eine Klausel für unwirksam erklärt, mit der ein Internethändler die Rückgabe von Motherboards und Speichermodulen ausschließen wollte.

Das Rückgaberecht entfällt jedoch für Waren, die individuell nach Wünschen des Kunden angefertigt wurden. Für den PC-Versandhandel hat der deutsche Bundesgerichtshof in 2003 eine richtungsweisende Entscheidung getroffen. Der Käufer bestellte ein Notebook, das nach seinen Vorgaben konfiguriert wurde, inkl. ISDN-Karte und zusätzlichem Akku. Der beklagte Verkäufer wollte das rechtzeitig beanspruchte Widerrufsrecht nach § 312d Abs. 4 BGB ausschließen. „Zu Unrecht" urteilte der BGH. Das Widerrufsrecht bleibt bei einem Baukasten-PC bestehen, wenn die einzelnen Komponenten mit geringem Aufwand wieder von einander getrennt werden können.

7.5.6 Rücksendung und Kostenübernahme

Gemäß § 357 Abs. 2 BGB hat der Unternehmer bei Ausübung eines Widerrufsrechts die Kosten der Rücksendung zu tragen. Es bleibt Ihnen aber unbenommen, wenn Sie dem Verbraucher bei einer Bestellung kleiner-gleich 40 € die Rücksendekosten auferlegen.

Ausgenommen ist selbstverständlich die kostenfreie Rücksendung, wenn die gelieferte Ware nicht der bestellten entspricht.

7.5.7 Wertminderung

Da der Verbraucher bereits die bezogenen Waren zwei Wochen bestimmungsgemäß in Gebrauch nehmen und sich dann auf sein Widerrufsrecht berufen kann, würde der dadurch verursachte Wertverlust (Gebraucht statt Neu) voll vom Unternehmer zu tragen sein. Nach alter Rechtsprechung war dies auch so (§ 361 BGB).

Lt. § 357 Abs. 3 BGB wurde nun die Möglichkeit geschaffen, vom Verbraucher einen Wertersatz für die Ingebrauchnahme zu verlangen. Dazu muß der Verbraucher spätestens bei Vertragsabschluß in Textform (§ 126b BGB) auf diese Rechtsfolge und, wie er sie vermeiden kann, hingewiesen werden.

Auch für eine ausschließlich auf die Prüfung zurückzuführende Wertminderung kann ebenfalls Ersatz gefordert werden. Es empfiehlt sich jedoch, dies möglichst genau in den AGBs zu definieren.

In *Literaturtipp [6]* ist als Beispiel ein Neuwagenkauf angegeben. Der Verkäufer müßte demnach den Käufer darauf hinweisen, daß mit der Zulassung des Wagens ein Wertverlust einhergeht, den der Käufer bei einer Ausübung des Widerrufsrechts gemäß Fernabsatzgesetz zu tragen hätte. Die Möglichkeit der Vermeidung bestünde darin, den Wagen auf dem Gelände des Verkäufers Probe zu fahren und erst die Zulassung vorzunehmen, wenn gänzlich auf das Widerrufsrecht verzichtet würde. Der Wertverlust sollte möglichst in Abhängigkeit von Fahrzeugtypen oder -klassen angegeben werden, beispielsweise in Prozent.

7.5.8 Wirksamer Einbezug der AGBs

Nur weil Sie AGBs erstellt haben, bedeutet es nicht, daß diese automatisch Vertragsbestandteil sind. Dazu bedarf es einer wirksamen Einbeziehung. Hinweise auf Startseiten oder bei der Einladung zum Angebot (invitatio ad offerendum) reichen nicht aus:

① Ausdrücklicher Hinweis auf die AGBs bei Vertragsschluß:

- Das Integrieren der AGBs in den Bestellprozeß (z.B. Bestellung kann nur gesendet werden, wenn die AGBs geöffnet und bestätigt wurden) O D E R
- Ausdrücklicher Hinweise auf die Geltung der AGBs im Bestellformular (z.B.: „Hiermit bestelle ich unter Anerkennung der *Lieferbedingungen* (zum Abruf hier klicken) des Verkäufers folgende Artikel ...")

Ein ausdrücklicher Hinweis liegt jedoch nur vor, wenn dieser Verweis so plaziert ist, daß er nicht übersehen werden kann.

② Zumutbare Kenntnis:

Der Verkäufer muß dem Kunden die Möglichkeit bieten, vom Inhalt der AGBs in zumutbarer Weise Kenntnis zu erlangen. Die AGBs müssen:

- Inhaltlich klar
- Mühelos lesbar
- Übersichtlich gegliedert
- Nicht unzumutbar lang sein, d.h. dem Geschäftstyp angemessener Umfang
- Ausdruckbar

Als ausreichend wird angesehen, wenn die AGBs auf der Bestellseite per Hyperlink erreichbar sind. Empfohlen wird jedoch, sie direkt in den Bestellprozeß zu integrieren.

③ Einverständnis:

Abschließend muß auch das Einverständnis beider Parteien über die Einbeziehung der AGBs vorliegen (§ 2 AGBG).

7.6 Checklisten

Allgemeine Geschäftsbedingungen & Nutzungsbedingungen

- ☐ Inhaltlich klar
- ☐ Mühelos lesbar
- ☐ Übersichtlich
- ☐ Angemessene Länge
- ☐ Ausdrücklicher Hinweis und direkte Einbeziehung in Registrations- & Bestellprozeß
- ☐ Downloadbare und druckbare Version der AGBs
- ☐ Beidseitiges Einverständnis über Einbeziehung
- ☐ Vom Anwalt geprüft

Check. 13: AGBs

§§

Zusätzlich bei Fernabsatz / eCommerce	
☐	Eventuell englisch-sprachige AGBs
☐	Lieferbedingungen
☐	Wirksame Widerrufsbelehrung
☐	Wer trägt die Rücksendekosten?
☐	Regelung der Wertminderung bei Widerruf, wenn Sie nicht vom Verkäufer übernommen werden soll

Check. 14: AGB-Zusätze bei eCommerce

8 Datenschutz

8.1 Pflicht zum Datenschutz

Das Europäische Parlament und der Rat der Europäischen Union haben am 24. Oktober 1995 die Richtlinie 95/46/EG zum Schutz natürlicher Personen bei der Verarbeitung personenbezogener Daten und zum freien Datenverkehr, erlassen. Das deutsche Bundesdatenschutzgesetz (BDSG) dient der Umsetzung dieser Richtlinie.

Das BDSG regelt den Umgang mit personenbezogenen Daten und enthält eine Reihe von Verpflichtungen für alle öffentlichen und nichtöffentlichen Stellen, soweit die Erhebung, Verarbeitung oder Nutzung der Daten nicht ausschließlich für persönliche oder familiäre Tätigkeiten erfolgt.

Die Frist zur Erfüllung der Verpflichtungen des BDSG 2001 ist am 22.Mai 2004, nach einer dreijährigen Übergangsregelung, abgelaufen. Das BDSG sieht bei Nichterfüllung der Verfahrensvorschrift einen Bußgeldrahmen von bis zu 25.000 € und bei Verletzungen der Schutzvorschriften eine Geldbuße bis 250.000 € vor.

Aus diesem Grund sollte jedes Unternehmen, jeder Freiberufler und Selbständige sorgfältig überprüfen, ob das BDSG Anwendung findet:

www.bfd.bund.de/information/bdsg_hinweis.html

8.1.1 In Deutschland

In Deutschland obliegen dem Auftraggeber von Datenspeicherungen personenbezogener Daten u.a. folgende Pflichten:

- Datenvermeidung und Datensparsamkeit (§ 3a BDSG)
- Zulässigkeit der Datenerhebung, Datenverarbeitung und Datennutzung (§ 4 BDSG)
- Meldepflicht bei der zuständigen Aufsichtsbehörde (§§ 4d, 4e BDSG)
- Verpflichtung zur Bestellung eines Datenschutzbeauftragten (§ 4f BDSG)
- Erstellung und zur Verfügung stellen eines Verfahrensverzeichnisses für Jedermann (§ 4g BDSG)
- Verpflichtung auf das Datengeheimnis (§ 5 BDSG)
- Schadensersatzpflicht, wenn unzulässige Daten erhoben werden (§§ 7, 8 BDSG)
- Datensicherheitsmaßnahmen (§ 9 BDSG)
- Auskunftspflicht (§§ 19, 34 BDSG)
- Löschungs- bzw. Änderungspflicht (§§ 20, 35 BDSG)

Für das Datenschutzrecht ist es unerheblich, ob die Daten automatisch oder manuell verarbeitet werden. Personenbezogene Daten liegen bereits dann vor, wenn eine eMailadresse einem Nutzer zugeordnet werden kann oder eine Firewall Verbindungsdaten protokolliert!

§ 4 Abs. 1 BDSG §

Die Erhebung, Verarbeitung und Nutzung personenbezogener Daten ist nur zulässig, wenn Sie gesetzlich erlaubt oder vom Betroffenen gestattet ist.

8.1.2 In Österreich

In Österreich obliegen dem Auftraggeber von Datenspeicherungen (z.B. natürliche und juristische Personen) folgende Pflichten:

- Beachtung der Zulässigkeitskriterien für die Datenverwendung (§§ 6 ff DSG 2000)
- Ergreifung von Datensicherheitsmaßnahmen (§ 14 DSG 2000)
- Wahrung des Datengeheimnisses (§ 15 DSG 2000) sowie Verpflichtung seiner Mitarbeiter auf das Datengeheimnis
- Meldung an das Datenverarbeitungsregister bei der Datenschutzkommission (§ 17 DSG 2000)
- Beachtung der Informations- und Offenlegungspflichten (§§ 24 und 25 DSG 2000)
- Auskunftspflicht (§ 26 DSG 2000)
- Richtigstellungs- und Löschungspflicht (§ 27 DSG 2000).

8.2 Personenbezogene Daten

Zitat WKO-Infobroschüre *Datenschutzgesetz 2000 – Wichtige Begriffsbestimmungen* (⇨ *wko.at*):

> Definitionsgemäß ((A) § 4 Z 1 DSG 2000) sind „personenbezogene Daten" Angaben über Betroffene, deren Identität bestimmt oder bestimmbar ist. Der Begriff wird sehr weit verstanden und umfaßt sämtliche Informationen über natürliche oder juristische Personen. Dabei ist es unerheblich, ob private, berufliche, wirtschaftliche Informationen, Eigenschaften, Kenntnisse oder physiologische Merkmale betroffen sind. Unter den Datenbegriff fallen jedenfalls auch Bild, Stimme, Fingerabdrücke oder genetische Daten.
> Die „Bestimmbarkeit" der Identität des Betroffenen ist auch im Falle indirekter Identifizierung gegeben; nach Erwägungsgrund 26 der EG-Datenschutzrichtlinie sollen bei der Entscheidung, ob eine Person bestimmbar ist, alle Mittel berücksichtigt werden, die vernünftigerweise entweder vom Auftraggeber oder einem Dritten eingesetzt werden könnten, um die betreffende Person zu bestimmen.
> ...

„Sensible Daten "
Als „sensible" („besonders schutzwürdige") Daten qualifiziert § 4 Z 3 DSG 2000 Daten natürlicher Personen über ihre rassische und ethnische Herkunft, politische Meinung, Gewerkschaftszugehörigkeit, religiöse oder philosophische Überzeugung, Gesundheit oder ihr Sexualleben.
Die Verwendung dieser Daten ist an strenge Verwendungsvoraussetzungen geknüpft (insb §§ 1 Abs 2 und 9 DSG 2000), bei ihrer Registrierung ist eine Vorabkontrolle durch die Datenschutzkommission vorgesehen (§ 18 Abs 2 Z 1 DSG 2000), die Datenschutzkommission kann Datenanwendungen mit sensiblen Daten jederzeit einer Überprüfung unterziehen (§ 30 Abs 3 DSG 2000).

8.3 Auskunftspflicht

8.3.1 In Deutschland

Gemäß § 6 BDSG hat jeder Betroffene einen unabdingbaren Anspruch auf Auskunft (§§ 19, 34 BDSG) und auf Berichtigung, Löschung oder Sperrung (§§ 20, 35 BDSG). Das konkrete Auskunftsersuchen ist unentgeltlich zu beantworten. i.d.R. schriftlich. Die Auskunft umfaßt:

- alle verarbeiteten Daten und deren Herkunft
- Empfänger oder Empfängerkategorien, an welche die Daten weitergegeben werden
- Zweck der Speicherung
- Die Angabe einer Rechtsgrundlage zur Speicherung ist nicht notwendig. Allerdings hat der Betroffene das Recht, daß unzulässig gespeicherte Daten gelöscht werden. Um diesem vorzubeugen, ist die Rechtsgrundlage zur Datenerhebung eine sinnvolle Angabe. Eine Liste von Gründen für eine Löschung läßt sich dem § 35 BDSG entnehmen.

Die Auskunft im Rahmen des Verfahrensverzeichnisses (☞ *8.5*) einer automatisierten Datenverarbeitung muß nach deutschem BDSG folgendes umfassen:

- Vollständige Angabe der Verantwortlichen Stelle
- Zweckbestimmung der Datenerhebung
- Betroffene Personengruppen
- Empfänger/Verwender der Daten
- Regelfristen für die Löschung
- Angabe, ob die Übermittlung an nicht-europäische Staaten geplant ist

Anders als in Österreich müssen Sie weder angegeben, wie die Daten gesammelt wurden, noch aufgrund welcher Rechtsgrundlage.

8.3.2 In Österreich

Die Auskunft nach österreichischen DSG 2000 muß folgendes umfassen:

- alle verarbeiteten Daten
- die dazu verfügbaren Herkunftsinformationen
- allfällige Übermittlungsempfänger(kreise)
- den Datenverwendungszweck
- die Rechtsgrundlagen der Datenverwendung

Für die Auskunft hat der Auftraggeber der Datenspeicherung acht Wochen Zeit bzw. zwei Wochen zur Benennung einer geeigneteren Stelle. Die Auskunft hat unentgeltlich zu erfolgen, sofern sie aktuelle Daten betrifft oder zu einer Berichtigung von Daten führt. Anderenfalls ist im Gesetz ein Pauschbetrag von 18,89 € vorgesehen, von dem bei tatsächlich höheren Kosten auch abgewichen werden kann.

Datenschutzbroschüren der WKO

Mehr erfahren Sie in den bei der Wirtschaftskammer (⇨ *wko.at*) erhältlichen Broschüren *Datenschutzrechtliche Auskunftspflicht des Auftraggebers* sowie *Datenschutzgesetz 2000 – Wichtige Begriffsbestimmungen.*

8.4 Datenschutzbeauftragter

Das deutsche Bundesdatenschutzgesetz (BDSG) verpflichtet zur Bestellung eines Datenschutzbeauftragten:

- unabhängig von der Zahl der Beschäftigten, wenn personenbezogene Daten geschäftsmäßig zum Zweck der Übermittlung oder der anonymisierten Übermittlung erhoben, verarbeitet oder genutzt werden
  Beispiele: Auskunfteien, Adreßverlage, Markt- und Meinungsforschungsinstitute
- unabhängig von der Zahl der Beschäftigten, wenn automatisierte Datenverarbeitungsvorgänge vorgenommen werden, die eine Vorabkontrolle verlangen
  z.B.: Scoringverfahren; automatisierte Verarbeitungen, die höchst persönliche Daten betreffen (§ 3 Abs. 9 BDSG);
- ansonsten, wenn mindestens fünf Arbeitnehmer wenigstens vorübergehend mit automatisierter Datenerhebung, -verarbeitung oder Datennutzung beschäftigt sind
- wenn die verantwortliche Stelle mindestens 20 Arbeitnehmer wenigstens vorübergehend mit nichtautomatisierter Datenerhebung, -verarbeitung oder -nutzung beschäftigt.

Personenbezogene Daten liegen sehr schnell vor. Es reicht, daß Sie Firmeninformationen einem Ansprechpartner zuordnen, ganz zu schweigen von der Religionszugehörigkeit oder dem Familienstand Ihrer Angestellten, welchen Sie in Ihrer Buchhaltung verwenden.

Höchstpersönliche Daten, wie zum Beispiel medizinische Daten eines Patienten, müssen die Verfahren zur Verarbeitung einer Vorabkontrolle unterzogen werden. Da dies nur durch einen Datenschutzbeauftragten möglich ist, ist in einem solchen Fall auch bei nur einem Angestellten z.B. der Arzthelferin die Bestellung eines Datenschutzbeauftragten unerläßlich.

Ein kleines Schmankerl der BDSG: Sollten Sie höchstpersönliche Daten in den letzten Jahren ohne gesetzliche Grundlage gesammelt haben, kann die Aufsichtsbehörde die LÖSCHUNG dieser Daten anordnen.

Mit der automatisierten Datenverarbeitung sind mehr oder weniger alle elektronischen Datenverarbeitungsgeräte gemeint. Sei es PCs, PDAs, Handys oder die berühmt berüchtigten Systemtelefone einer großen deutschen Firma. Auch wenn Sie es nicht wissen, diese Systemtelefone können mehr als im deutschen Handbuch drin steht. Da diese Funktionen aber auch bei den deutschen Geräten nicht deaktiviert sind, zählen auch diese zu den automatisierten Datenverarbeitungsvorgängen.

Von den Fachkreisen wird die Bestellung von externen Datenschutzbeauftragten empfohlen, wenn eine Verpflichtung dazu besteht. Da der Datenschutzbeauftragte eine Vertrauensposition im Unternehmen darstellt, ist er nicht nur ein normaler Mitarbeiter, da er diverse Rechte in dieser Position zugestanden bekommt. Die Bestellung des Geschäftsführers oder anderer leitender Personen einer Firma ist aufgrund von Interessenskonflikten nicht möglich, ebenso sollte nicht der Leiter der IT-Abteilung diese Aufgabe bekommen, da er sich nur sehr schlecht selbst überwachen kann.

Aufgrund der erforderlichen Sachkunde und Zuverlässigkeit empfiehlt sich hierfür ein Jurist mit umfangreichen EDV-Kenntnissen oder größere IT-Dienstleister, welche auch Juristen zu Ihrer Truppe zählen können. Allerdings ist dieser Service nicht kostenlos.

Weitere Informationen können Sie zum Beispiel unter ⇨ *www.GDD.de*, der Gesellschaft für Datenschutz und Datensicherung e.V. erhalten.

8.5 Verfahrensverzeichnis für Jedermann

Der externe Datenschutzbeauftragte erarbeitet mit Ihnen und Ihrer IT-Abteilung ein so genanntes Verfahrensverzeichnis für Jedermann und ein ausführlicheres Verzeichnis für den internen Gebrauch und den hoffentlich seltenen Kontakt mit der Aufsichtsbehörde.

„Ach so ein Sch… , das brauch ich nicht! “

Wenn Sie das denken, nur ein kleiner Hinweis: Das ‚Verfahrensverzeichnis für Jedermann' wird nicht umsonst so bezeichnet. Jeder, egal wer, hat das Recht in dieses Verzeichnis Einsicht zu nehmen und zwar ohne einen Grund hierfür vorweisen zu müssen. Haben Sie kein Verzeichnis, kann dieser Jedermann zur Aufsichtsbehörde laufen (oder einfach nur anrufen) und Sie anschwärzen. Die

Aufsichtsbehörde ist dann zum Einschreiten und zur Kontrolle der Einhaltung der Bestimmungen des BDSG verpflichtet.

Haben Sie abgewiesene Interessenten, enttäuschte Kunden oder neidische Konkurrenten?

Auch wenn ein fehlendes Verfahrensverzeichnis kein Bußgeldtatbestand ist, so kann eine darauf aufmerksam gemachte Aufsichtsbehörde Ihre betrieblichen Abläufe einer umfangreichen Prüfung unterziehen...

8.6 Datenschutzhinweise

8.6.1 Datenschutzerklärung

Größere Homepages sollten eine eigene Datenschutzerklärung (Privacy Policy) aufweisen. Diese beinhaltet möglichst detailliert alle datenschutzrechtlichen Fragen wie

- die Behandlung personenbezogener Daten
- die Weitergabe von Informationen an Dritte
- die Dauer der Speicherung von Daten.

Außerdem sollten die Bereiche, in denen ein Nutzer personenbezogene Daten preisgeben soll, klar gekennzeichnet sein sowie Sinn und Zweck der Speicherung offengelegt werden.

Datensparsamkeit sei nur als weiteres Stichwort erwähnt (§ 3a BDSG)!

§ Auskunftsrecht §

Jeder hat ein Recht auf Auskunft der über ihn gespeicherten Daten (BDSG §§ 6, 19, 34). Weitergehende Rechte erstrecken sich auf Berichtigung, Löschung oder Sperrung (§§ 6, 20, 35).

Beispiele für Datenschutzerklärungen bzw. Datenschutzhinweise finden Sie im Internet auf einigen Homepages...

8.6.2 Internetkekse

Schließlich besteht auch eine gesetzliche Verpflichtung der Angabe von **Cookieverwendungen**. Werden auf Ihrer Homepage auch Drittanbietercookies verwendet, so fallen diese auch unter die Mitteilungspflicht.

Beim Einsatz von Cookies sollten Sie auch diejenigen Nutzer nicht ausschliessen, die eine Cookieverwendung nicht akzeptieren. Es wird empfohlen, auf die Verwendung weitestgehend zu verzichten und in begründeten Fällen nur temporäre Cookies einzusetzen.

Begrüßenswert ist, wenn der Inhalt der Cookies beim Nutzer per Klick angezeigt werden kann. Laut einer 2004er Studie wissen 90 % der deutschen Internetnutzer, was Cookies sind und nur 20 % akzeptieren sie vorbehaltlos.

8.6.3 Javascript-Verwendung

Javascript sollte kaum verwendet werden, ActiveX und JavaApplets möglichst überhaupt nicht. Ursache ist, daß erfahrene Internetnutzer höhere Sprachen aus Sicherheitsgründen häufig deaktiviert haben. Möchten Sie dennoch nicht auf die Annehmlichkeiten verzichten, die durch ActiveX und Java geboten werden, so sollten Sie immer auch Möglichkeiten für diejenigen vorsehen, die sich der Verwendung gegenüber weigern.

Aus diesem Grund können Sie aber auch gleich ganz darauf verzichten. Eine übertriebene Anwendung von Javascript, beispielsweise für das Öffnen neuer Links, ist gleichfalls abzulehnen und schreckt erfahrene Internetnutzer und Suchdienste ab. Möchten Sie möglichst viele Nutzer ansprechen, so sollten Sie möglichst nah an den Möglichkeiten von HTML bleiben. So tragen Sie auch dem Umstand Rechnung, daß Ihre Webseiten in anderen Browsern korrekt angezeigt und von allen Suchmaschinen indiziert werden können!

8.6.4 Überwachungssymbol

Entwurf DIN 33450 "Graphisches Symbol zum Hinweis auf Beobachtung mit optisch-elektronischen Einrichtungen (Video-Infozeichen)"

Das deutsche Bundesdatenschutzgesetz schreibt seit 2001 vor, daß die Überwachung öffentlich zugänglicher Räume mit Videokameras und die jeweils dafür verantwortliche Stelle durch geeignete Maßnahmen erkennbar zu machen sind. Dazu zählen natürlich auch Webcams. Auf nationaler Ebene wurde ein Antrag für das nebenstehende Symbol gestellt.

Abb. 13: DIN-Vorschlag für Überwachung

8.6.5 Unterlagen

Bei der Gesellschaft für Datenschutz und Datensicherung e.V. erhalten Sie u.a. nachfolgende Unterlagen (⇨ *www.gdd.de*). Außerdem bietet der Verein ein umfangreiches Seminarprogramm an. Nehmen Sie am besten Bezug auf das Große Homepagebuch ⇨ *info@gdd.de*.

Broschüre	Seiten	Preis
Datenschutz im Unternehmen	146	10 €
Datenschutz beim Outsourcing (demnächst)	?	10 €?
Datensicherheit im Unternehmen	84	10 €
Praxisübersicht I (Verarbeitungsübersicht, Verfahrensverzeichnis, Vorabkontrolle)	17	10 €
Praxisübersicht II (Datenübermittlung ins Ausland, Automat. Einzelentscheidung, Videoüberwachung, Chipkarten)	19	10 €
Praxishilfe III (Direkterhebung & Datenvermeidung)	9	5 €
Sicherheit bei Standardsoftware	108	10 €

Tab. 15: Infobroschüren der GDD

8.7 Archivierung und Datensicherung

Zum Datenschutz gehören auch Backups und Datensicherungen. Externe USB-Festplatten zu 80 GB gibt es mittlerweile für unter 100 €.

***** Zitat aus 🕮 *Feind hört mit* ⇨ *J Archivierung und Datensicherung* *****

8.7.1 Schutz vor Verlust

Datensicherung bzw. Archivierung schützen vor Datenverlusten sowie hohem Wiederherstellungsaufwand von Daten und Programmen.

Die Archivierung spart Speicherplatz und erhöht die Zugriffszeit, indem alte nicht mehr benötigte Daten ausgelagert werden.

Obacht

Bedenken Sie auch, daß nicht nur Ihre erzeugten Dateien sondern auch die persönlichen Einstellungen von Programmen zu sichern sind.

8.7.2 Gründe für Datensicherung und Archivierung

- **Gesetzliche Auflagen zur Archivierung von Geschäftsbriefen**
- Auslagerung alter Daten zur Einsparung von Speicherplatz
- Backupmöglichkeit (Wiederherstellungs~) bei
- Diebstahl des Rechners
- Brand-, Wasser- oder anderen Schäden

- Festplattendefekt, z.B. durch Überspannungsspitzen oder Hitzeschäden
- Unbeabsichtigtem Löschen oder Verändern der Daten
- Durch Programmabstürze beschädigte Dateien
- Transport der Daten auf ein anderes Rechnersystem oder auf den gleichen PC nach Neuinstallation der Software

8.7.3 Wie soll gesichert werden?

① Sichern Sie wichtige Daten auf anderen Datenträgern, wie beispielsweise Disketten (Floppy, CDs, DVDs), externen Festplatten, gespiegelten Rechnersystemen oder anderen Speichermedien (Streamern, ZIP-Laufwerken, USB-Sticks).

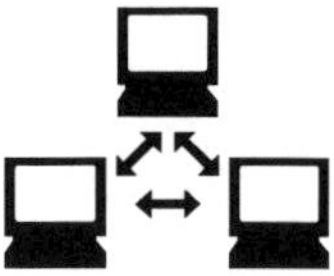

Für temporären Datentransport können Sie z.B. auch die Speicherkarte Ihrer Digitalkamera verwenden, wenn diese wie ein normales Windowslaufwerk ansprechbar ist.

② Sicher schreibt das Datenschutzgesetz nichts Genaues vor, wohl gibt es aber einige Urteilsbegründungen gerichtlicher Verfahren. Sie sollten folgende Mindestanforderungen erfüllen:

- Wöchentlich eine Vollsicherung vornehmen
- Täglich eine Inkrementalsicherung (Teilsicherung) durchführen

Es gibt auch Firmen, die täglich Vollsicherungen und mehrmals zwischendurch Teilsicherungen vornehmen, um die Kosten zur Datenwiederherstellung, die sich einerseits durch den Arbeits- und Personalaufwand zur Datenrücksicherung und andererseits durch Geschäftsausfälle ergeben, zu minimieren.

Wenn Sie im privaten Bereich keine regelmäßige Datensicherung betreiben wollen, sollten Sie folgendes zumindest tun:

- Sporadisch sichern
- Vollsicherung vor der Installation eines weiteren Programmpaketes

Tipp

Ein alter EDV-Spruch besagt: „Don't touch running systems!"

Zu deutsch: **Finger weg von laufenden Systemen!**

D.h. ohne Not sollten Sie sich jede komplizierte Neuinstallation oder jedes komplizierte Update genau überlegen.

③ Nutzen Sie bei Programmen, die über keine explizite Datensicherungsfunktion verfügen die Exportfunktion.

Wählen Sie ein Format, welches Sie auch mit diesem Programm später wieder importieren können. Gängige Exportformate sind auch: CSV, TXT, ASC, XML oder angebotene Microsoft-Formate. Wenn Sie sich nicht sicher sind, exportieren Sie mehrmals, jeweils mit einem anderen Format.

④ Zwischensicherungen bei der Arbeit an jeder Art von Dokumenten oder längeren eMails sollten Sie ebenfalls durchführen! Bevor Sie eine selbsterstellte Datei ausdrucken, speichern Sie diese bitte zuvor auf Ihrer Festplatte.

Denn Windows-Rechner haben die Unart manchmal abzustürzen und oder sich aufzuhängen (‚Rien ne vas plus').

Bei unerwarteten Stromausfällen, die schon einmal bei gleichzeitigem Betrieb von Toaster, Waschmaschine und Fön auftreten können, ist Ihre Arbeit schnell verloren.

⑤ Sie können aber auch das komplette Image Ihrer Festplatte auf einer zweiten Festplatte sichern. Dabei wird eine 1:1-Kopie gemacht, so daß Sie nach Rücksicherung Ihren gesamten aktuellen Programme samt Einstellungen und Daten wieder im Zugriff haben. Das funktioniert natürlich auch mit logischen Windowslaufwerken.

⑥ Ferner sollten Sie die Sicherungsmedien in einem getrennten Brandschutzbereich aufbewahren! Dies kann auch ein gespiegelter Rechner in einem anderen Teil Ihres Büros, z.B. im Keller sein. Besser ist aber in einem anderen Gebäude, denn wenn es mal brennt, dann brennt es meist im ganzen Haus. Und der Wasserschaden macht dann auch vor der Kellertür nicht Halt.

⑦ Bedenken Sie aber auch, daß für Ihre Sicherungen die gleichen Sicherheitsanforderungen gelten wie für die Originalsysteme!

In diesem Zusammenhang sollte Ihnen ein feuerfester Safe eine Überlegung Wert sein.

⑧ Was nicht so einfach möglich ist, ist die Prüfung inwieweit Sicherungen wieder in Ihr System eingespielt werden können und ob wirklich alles ordnungsgemäß gesichert wurde.

Es kam nicht nur einmal vor, daß gutgläubige Sicherungen nicht ausreichend oder nicht lesbar waren, weil das Speichermedium verschlissen oder das Backupskript nicht aktualisiert worden war.

www.das-sicherheitsbuch.de

8.7.4 Richtiger Umgang mit CDs und DVDs

Archivierung und Lagerung

Das National Institute of Standards and Technology (NIST) hat eine interessante 50-seitige Studie über den richtigen Umgang mit CDs und DVDs herausgegeben.

In dem für Bibliothekare und Archivare gedachten Dokument sind die NIST-Wissenschaftler des Digital-Preservation-Programms der Frage nachgegangen, welchen Effekt etwa Fingerabdrücke, Beschriftungen, verschiedene Labeltypen und Umwelteinflüsse auf diese Scheiben haben.

Die NIST-Forscher kommen zu der Feststellung, daß Aufkleber diesen Medien normalerweise schaden und daher nicht eingesetzt werden sollten. Für Langzeitarchivierung seien CD-R und DVD±R besser geeignet als wiederbeschreibbare Phase-Change-Medien, sprich CD-RW und DVD±RW. Außerdem sollten Sie die Disketten aufrechtstehend in Kunststoffhüllen aufbewahren, also weder waagerecht noch auf Spindeln.

Die Disketten sollten zum Schutz vor Umwelteinflüssen erst kurz vor dem Brennen der verschlossenen Verpackung entnommen und anschließend darin wieder aufbewahrt werden.

Die Entfernung von Schmutz, Fingerabdrücken und fremden Material sollte mit einem trockenen Baumwolltuch und in einer geraden Linie von innen nach außen erfolgen. Zum Kampf gegen hartnäckige Rückstände können dabei entweder DVD/CD-taugliche Reinigungsmittel oder Alkohole (Isopropylalkohol, Methanol) benutzt werden. Aufgeklebte Labels sollten nicht entfernt werden. Die Beschriftung sollte mit einem lösungsmittelfreien Stift erfolgen (Permanent Marker).

Der beste Aufbewahrungsort für die silberfarbenen Scheiben ist erwartungsgemäß dunkel, relativ kühl (zwischen 4 – 20 °C) und trocken (relative Feuchte 20 bis 50 %).

Archivierungsstudie

Um die englischsprachige Studie in PDF zu erhalten, tragen Sie bitte alles in einer Zeile ein:

⇨ *www.itl.nist.gov/div895/carefordisc/*

CDandDVDCareandHandlingGuide.pdf

Entsorgung des Diskettenmülls

Zahllose CD-ROMs sammeln sich im Laufe der Zeit an. Einige Leute schicken Ihre CDs an AOL unfrei zurück. Aber längst nicht alle CDs kommen von AOL. Was also damit tun?

Ein probater Einsatzzweck ist die zeitweise Verwendung als Untersetzer oder als Raumschmuck – quasi zur Zwischenlagerung.

Auch wenn diese CD-Einsätze Kleinkindern zwischen die Zähne geraten, ist dies nicht allzu tragisch. Die auf CD-Rs verwendeten Cyanine sind nur Farbstoffe, deren Bezeichnung von der auch im Buchdruck üblichen Grundfarbe Zyan (Blau) herrührt.

Es gibt unbestrittene Zusammenhänge zwischen Farbstoff und Giftigkeit (z.B. Blausäure (HCN), auch als Cyanwasserstoffsäure bekannt). Doch nicht alles, was Cyan im Namen trägt, ist automatisch giftig. An sich harmlose Farbstoffe, wie Tinte, sind in hoher Dosierung auch nicht gesund für Kleinkinder. Aber die Farbstoffmenge auf CD-Rs ist verschwindend niedrig. Die Farbschichtdicke liegt im Nanometerbereich und ist zusätzlich versiegelt.

Auch nach einer zweckfremden Wiederverwendung sollte eine CD nicht im Mülleimer landen. Sie besteht immerhin zu 99,99 % aus Polycarbonat, welches mittels moderner Recyclingverfahren fast vollständig wiederverwertet wird. Das geschieht durch Ätzen per Natronlauge oder durch mechanische Abschälung (z.B. bei Polygram in Hannover).

Cypol GmbH
Baldusstraße 18
D-47138 Duisburg
⇨ *www.cypol.de*
Remedia
Norderstraße 33
D-25594 Vaale
⇨ *www.remedia.de*

MIREC GmbH & Co. KG
Maybachstraße 18
D-90441 Nürnberg
Tel.: (09 11) 42 477-0
Fax: (09 11) 41 83 75

Newcycle Kunststofftechnik GmbH
Am Brandrain 5
D-06526 Sangerhausen

PAV GmbH & Co. KG
Großbeerenstraße 171A
D-12277 Berlin
⇨ *www.pav-recyclate.de*

***** AOL-CDs an:
AOL Kundenbetreuung
Stichwort CD-Recycling
Postfach 8000
D-33414 Verl

Wer also seine ‚alte CD-Sammlung' oder verbrannte CD-Rs umweltfreundlich loswerden will, kann diese ausreichend frankiert an Newcycle schicken.

Die CD-Rs werden zur Zeit nur gesammelt, da sich für das Recycling wegen des geringen Aufkommens noch keine rentablen Verfahren zur Verfügung stehen. Immerhin ist die Goldwiedergewinnung aus den CD-Rs nicht ohne Reiz.

*************** *Zitat Ende (Sammelstellen aktualisiert)* ***************

CDs mit persönlichen Daten sollten Sie gegen unbefugtes Lesen schützen. Mehrere tiefe und breite Kratzer von innen nach außen machen die Daten größtenteils unlesbar. CDs mit brisanten Inhalten (z.B. personenbezogene Daten) sollten vor dem Versand geschreddert, zerschnitten, zerstampft oder zerbrochen werden.

Mehr Infos gibt es auch unter ⇨ *www.ekiba.de/mav/cd.htm.*

8.8 eMails und Datenschutz

Für den eMail- und Internetverkehr seien sowohl für Sende- wie auch Empfängerseite folgende deutsche Verordnungen und Gesetze genannt:

- das Telekommunikationsgesetz (TKG)
- das Teledienstgesetz (TDG)
- das Teledienstdatenschutzgesetz (TDDSG)
- die Telekommunikationsverordnung (TKV)
- die Abgabenordnung
- die Regulierungsbehörde für Post und Telekommunikation
- die Strafprozeßordnung (StPO)

Die StPO gilt auch für das Abfangen/Abhören von eMails. Gemäß Abgabenordnung sind Geschäftsbriefe, zu denen auch elektronische Post zählen kann sechs bzw. zehn Jahre aufzubewahren.

Unstrittig ist, daß eMails unter das Fernmeldegeheimnis fallen (§ 85 TKG).

Problematisch ist allerdings, inwiefern auch der AG im Hinblick auf die eMails seiner Mitarbeiter auf das Telekommunikationsgeheimnis verpflichtet ist. Das Veröffentlichen privater Mails wird darüber hinaus über das Urheberrecht geschützt (⇨ *8.9*).

Siehe auch ⇨ *21 Steuern* ⇨ *21.7 Privatnutzung betrieblicher PCs*
Haben Sie Probleme mit Ihrem eMailprogramm? ⇨ *www.mailhilfe.de*.

www.das-sicherheitsbuch.de

8.8.1 Private und geschäftliche eMails

Dabei sind drei Möglichkeiten zu betrachten:

- Private eMails sind explizit erlaubt
- Privatmails sind ausdrücklich verboten
- Kein explizites Verbot von privaten eMails

Der Netzzugang am Arbeitsplatz steigert laut einer Studie von Xylo gerade durch die teilweise private Nutzung die Produktivität und das Engagement der Angestellten.

8.8.2 Verbotene Privatnutzung

Nach herrschender Meinung werden eMails einem Geschäftsbrief gleichgesetzt. Geschäftliche eMails können also ohne weiteres eingesehen werden. Wird beim Einsehen festgestellt, daß es sich um eine private eMail handelt, ist das Weiterlesen gesetzeswidrig.

Gemäß § 31 BDSG sind strichprobenartige Kontrollen erlaubt. Automatische Vorprüfungen, Untersuchungen zur Leistungsbewertung und Totalkontrollen sind grundsätzlich unzulässig. Die Erhebung, Verarbeitung und Nutzung personenbezogener Arbeitnehmerdaten ist nur zulässig, wenn dies dem Arbeitsvertragsverhältnis zwischen Arbeitgeber und Arbeitnehmer dient (§ 28 Abs. 1 Nr. 1 S. 1 BDSG).

Mindermeinungen besagen, daß geschäftliche eMails einem Geschäftstelefonat gleichzusetzen sind. Geschäftsemails sind nicht grundsätzlich einsehbar.

8.8.3 Erlaubte Privatnutzung

Bei erlaubter Privatnutzung tritt der Arbeitgeber (AG) als **Telekommunikationsanbieter** im Sinne des Telekommunikationsgesetzes (§ 3 Nr. 10 TKG) auf, mit allen sich daraus ergebenden Rechten und Pflichten. Weiterhin sollten Sie auch das Teledienstdatenschutzgesetz (TDDSG) beachten.

Durch § 88 TKG besteht ein **Fernmeldegeheimnis** des Internet-/eMailaustausches des Arbeitnehmers gegenüber dem AG. Dies erstreckt sich auch auf die Geschäftskommunikation, wenn diese nicht von der privaten getrennt ist.

Privatmails sind datenschutzrechtlich wie private schriftliche Post anzusehen!
Dies kann jedoch nicht im Interesse des AGs sein. Aus diesem Grund sollte die Privatnutzung geregelt werden, was innerhalb der Arbeitsverträge oder im Rahmen von Betriebsvereinbarungen geschehen kann.

Bei erlaubter Privatnutzung ist es dem AG jedoch schwierig zu unterscheiden, wann eine private und eine geschäftlich veranlaßte eMail vorliegt. Aus diesem Grund sind einige AGs dazu übergegangen und bieten ihren Arbeitnehmern eine zweite eMailadresse samt Postfach an. Für die privaten eMails gilt das Telekommunikationsgeheimnis, während geschäftliche Mails einsehbar sind.

Die Verbindungsdaten privater eMails sind am Nutzungsende zu löschen, sofern sie nicht abrechnungsrelevant sind. Bei fehlender logischer oder physikalischer Trennung von privater oder Geschäftspost ist der gesamte Mailbestand datenschutzrechtlich als privat einzustufen.

Hintergrund ist nicht zuletzt, daß Urlaubsvertretungen und bei Krankheit bzw. Ausscheiden aus dem Unternehmen die betrieblichen Prozesse ungehindert weiterlaufen sollen – ohne Störung der Kommunikation.

Um als AG doch entsprechende Einsichtsrechte in die dienstlich-privaten eMail-postfächer der Mitarbeiter zu erhalten, können Regelungen in die Arbeitsverträge oder besser in Betriebsvereinbarungen übernommen werden.

Inhalt von eMail-/Internet-Betriebsvereinbarung oder Arbeitsvertrag

⇨ Regelungen der Privatnutzung von Internet und eMail (z.B. zeitlich und inhaltsbezogen, zweite eMailadresse, Kennzeichnung privater eMails)

⇨ Regelung der Urlaubsvertretung, z.B. Weiterleitung an einen Kollegen des Vertrauens durch den Postfachinhaber

⇨ Regelung bei Krankheit oder Ausscheiden aus dem Unternehmen, z.B. Einrichtung eines Autoresponders durch den Administrator

⇨ Regelung der Kontrollrechte des Arbeitsgebers

⇨ Löschungsbefugnis und Verbot des Herunterladens illegaler Inhalte

Übliche Geschäftsadressen haben meist folgenden Aufbau: *Vorname.Name@*, *V.Name@* oder *Kürzel@*. Für eMailadressen zur Privatnutzung wird daher folgende Form zwecks einfacher Erkennbarkeit empfohlen:

Vorname_Name@Domäne

8.8.4 Weder Verbot noch Erlaubnis

Hat sich ein Arbeitgeber nicht geäußert, ob private eMails erlaubt oder verboten sind, so sind sie noch lange nicht erlaubt.

Arbeitnehmer haben in Deutschland nämlich grundsätzlich keinen Anspruch auf private Nutzung von eMail und Internet am Arbeitsplatz. Sofern keine Regelung getroffen wurde und nicht gegen die private Nutzung eingeschritten wird, tritt nämlich Duldung ein (betriebliche Übung), was zu den gleichen Konsequenzen wie eine explizite Erlaubnis führt.

Mehr erfahren Sie beim Bundesbeauftragten für Datenschutz unter ⇨ *www.bfd.bund.de* ⇨ *Datenschutz von A-Z* ⇨ *I* ⇨ *Internetnutzung am Arbeitsplatz*.

8.8.5 In Österreich

Liegt keine Vereinbarung vor, so ist privates Mailen in geringem Umfang zulässig. Dabei ist darauf zu achten, daß die Dienstpflichten nicht vernachlässigt werden und sich das zeitliche Ausmaß, das Sie dem persönlichen Schriftverkehr widmen, in Grenzen halten.

Auch trotz Verbot ist es in Ausnahmefällen erlaubt, den Firmencomputer für dienstfremde eMails zu verwenden. Beispielsweise bei einem unaufschiebbaren Arzttermin oder einer dringenden behördlichen Eingabe ist nichts dagegen einzuwenden.

In derartigen Fällen müßte der Arbeitgeber nämlich sonst hinnehmen, daß der Mitarbeiter den Arbeitsplatz verläßt. Kann sich dieser das mit Hilfe des elektronischen Amtsweges ersparen, darf ihm daraus natürlich kein Strick gedreht werden.

Hat ein Arbeitnehmer trotz Verbots privat gemailt, muß er zuerst abgemahnt werden, bevor eine Kündigung oder Entlassung ausgesprochen werden darf.

⇨ *www.internet4jurists.at/intern32.htm*

8.9 Urheberrecht

Unter Schutz der eigenen Daten sollte auch **der** Schutz der Rechte **an** eigenen Daten angesehen werden. In der angelsächsischen Rechtssprechung ist der Begriff *Copyright* geläufig.

Urheberwissen leicht gemacht

Als spezielles Buch für Österreich von Meinhard Ceresa herausgegeben, kann es aufgrund der EU-Harmoniserung auch für Deutsche empfohlen werden ✎ *Literaturtipp [9]*.

Unter ⇨ *www.urheberwissen.info/inhaltsverzeichnis.html* finden Sie Leseproben zum Ideenschutz, zur Werkqualität und zum **Zitieren**.

8.9.1 Gesetze

Folgende Gesetze kommen zur Anwendung:

- Gesetz über das Urheberrecht (UrhG)

Das Urheberrecht schützt folgende Gruppen:

- Sprachwerke (Schriften, Reden, Software)
- Musik
- pantomimische Werke, Werke der bildenden Künste inkl. Baukunst und deren Entwürfe
- Lichtbildwerke, Filmwerke
- Darstellungen wissenschaftlicher oder technischer Art, wie Zeichnungen, Pläne, Karten, Skizzen, Tabellen usw.

Die Werke müssen eine eigene individuelle Leistung aus der persönlichen Vorstellungskraft darstellen (§ 2 UrhG). Nachbildungen fremder Vorbilder, Ideen oder Allerweltsprodukte genießen keinen Urheberschutz. Das Urheberrecht entsteht von selbst, ohne daß es irgendeiner Registrierung bedarf.

Aufgrund internationaler Abkommen (Berner Übereinkunft, Rom-Abkommen) erlischt der Urheberrechtsschutz erst 70 Jahre und für Computerprogramme 50 Jahre nach dem Tod des Urhebers.

Beispiel

Wenn beispielsweise das Unternehmen Neumann auf deren Homepage Informationen über sich selbst, z.B. Bilder von Unternehmen und Mitarbeitern, Anfahrts- und Lagepläne sowie Broschüren und das Ganze bei Hintergrundmusik anbietet, kann dies urheberrechtlichen Schutz genießen. Es kommt sicherlich auf den Einzelfall an. Aber schutzfähig nach UrhG sind:

- Texte nach § 2 Abs. 1 Nr. 1
- Bilder und Grafiken nach § 2 Abs. 1 Nr. 4
- Fotos als Lichtwerke nach § 2 Abs. 1 Nr. 5
- Anfahrts-/Lagepläne als Kartenwerke nach § 2 Abs. 1 Nr. 7

Der erforderliche schöpferische Eigentümlichkeitsgrad bzw. die Individualität ist im Gesamtvergleich mit anderen Werken zu ermitteln. Meistens wird bei dieser Art von Beispielen der Grad jedoch gering sein. Sind Sie jedoch nicht der Urheber, so stellt sich die Frage der Lizenzen, z.B. wenn Sie (öffentlich zugängliche) Kartenausschnitte oder Routenbeschreibungen Dritter anbieten. Dieses Kartenkopieren führte übrigens bereits zu etlichen Abmahnungen.

Reichweite

Einen Grundsatz im Urheberrecht stellt die Zweckübertragungstheorie dar, wonach der Urheber nur ein Nutzungsrecht mangels anderweitiger vertraglicher Regelungen in dem Maße einräumt, in dem der Vertragszweck dies erforderlich macht (§ 31 Abs. 5 UrhG). Erhält eine Zeitung beispielsweise die Rechte an einem Foto, so schließt dies nicht automatisch eine Veröffentlichung im Internet ein.

§ 31 Abs. 4 UrhG verbietet im übrigen die Einräumung unbekannter Nutzungsarten zum Zeitpunkt der Rechteübertragung. Das LG München entschied am 10.03.99 gegen Focus TV, die ausgestrahlte Beiträge ins Internet stellten. Die Digitalisierung der Beiträge war zum damaligen Zeitpunkt noch nicht branchenüblich und auch noch nicht in den Nutzungsverträgen enthalten.

In der Schweiz

Allgemein kann davon ausgegangen werden, daß in den deutschsprachigen Kantonen ähnliche Gesetze gelten:

⇨ *www.ip4all.ch/D/urg/u10.shtm*

Urheberrecht in der EU

Euro-Copyrights.org

Die Homepage *Euro-Copyrights.org* gibt einen Überblick über den Umsetzungsstand der EU-Urheberschutz-Richtlinie (EUCD), die 2001 in Kraft trat.

Dabei sollen Verbrauchern EU-landbezogen die wichtigsten Fragen von kompetenter Seite beantwortet werden. *Euro-Copyrights.org* ist ein Gemeinschaftsprojekt der Freien Universität Amsterdam (⇨ *www.vu.nl/english/index.cfm*), dem Kopiersoftware-Spezialisten Elaborate Bytes (⇨ *www.elaborate-bytes.com*) und der RankOne Media Group (⇨ *www.cdfreaks.com*). Die Informationen zu den einzelnen EU-Ländern steuerten verschiedene Rechtsexperten bei.

Die Homepage stellt den aktuellen Umsetzungsgrad der EUCD dar und versucht den Verbrauchern im jeweiligen Land Antworten auf die wichtigsten Fragen geben, z.B. Wann ist das Kopieren erlaubt und wann ist es verboten?

⇨ *www.euro-copyrights.nl/index/14/56*

8.9.2 Rechte des Urhebers

Das Urheberrecht bietet dem Urheber einerseits das Urheberpersönlichkeits- und andererseits umfangreiche Verwertungsrechte (§§ 11 bis 20):

☒ **Urheberpersönlichkeitsrecht**
- Veröffentlichungsrecht
- Recht auf Anerkennung der Urheberschaft
- Recht vor Entstellung des Werkes

☒ **Recht auf Verwertung (körperlich und unkörperlich)**
- Vervielfältigungs- und Verbreitungsrecht u.a.
- Senderecht und Recht auf öffentliche Wiedergabe u.a.

Das Urheberrecht erlischt 70 Jahre nach dem Tod des Urhebers. **Amtliche Werke** (z.B. Gesetzestexte) genießen **keinen Urheberschutz** (§ 5 UrhG). Außerdem gibt es Ausnahmen zum Schulgebrauch sowie das Zitatrecht (§§ 46f. und 51 UrhG). Besteht keine freie Nutzungsmöglichkeit, müssen Lizenzen erworben werden.

§ 106 Abs. 1 UrhG sieht für unerlaubte Verwendungen Geld- oder Freiheitsstrafen bis zu drei Jahren vor. Ferner können mit der Straftat in Verbindung stehende Gegenstände eingezogen werden (§ 110 UrhG). Zivilrechtlich sind Unterlassungs-, Beseitigungs- und Schadenersatzansprüche durchsetzbar.

8.9.3 Agenturauftrag

Wenn Sie eine Agentur mit der Erstellung Ihrer Internetpräsenz beauftragen, so besitzt diese nach Abnahme und trotz Bezahlung noch die Urheberpersönlichkeitsrechte (z.B. Webdesign, Layout, Grafiken, Zeichnungen, programmierte Teile und Abläufe, Quelltexte und Erscheinungsbild).

Einräumung von Nutzungsrechten

Es ist wichtig, daß Sie sich umfangreiche Nutzungsrechte ausdrücklich einräumen lassen. Bedenken Sie auch, daß Sie sich unbekannte Nutzungsrechte nicht im voraus einräumen lassen können.

Hat Ihnen eine Agentur vor Bekanntwerden des Internets einen Prospekt erstellt, so kann es urheberrechtlich zu Problemen führen, wenn Sie diesen 1:1 ins Internet stellen. Denn der Urheber verliert dadurch Nutzungsrechte ohne Gegenleistung, deren Wert er bei Vertragsabschluß noch nicht einschätzen konnte.

8.9.4 Fremde Inhalte

Fremde Grafiken, Texte und Bilder unterliegen normalerweise automatisch dem Urheberrechtsgesetz. Daher sollten Sie solche Elemente nur verwenden, wenn der Schöpfer der Werke dazu explizit die Erlaubnis erteilt hat. Das bedeutet, daß Texte ebenso wenig wie Bilder oder Gestaltungselemente einfach aus dem Web übernommen werden dürfen. Sie sollten Kontakt mit dem Verfasser aufnehmen, bevor dieser Kontakt mit seinem Anwalt aufnimmt.

Verwenden Sie zur Gestaltung von Webseiten Inhalte von Grafik- oder Foto-Disketten, so ist unbedingt vorher zu klären, ob diese per Lizenz überhaupt für die freie Online-Nutzung zugelassen sind. Dies ist nämlich selten der Fall.

8.9.5 Copyright-Hinweise

Es ist kein besonderer Vermerk auf dem Werk selber nötig um Urheberrechte zu begründen. Die Bezeichnungen "`Copyright`", "`Alle Rechte vorbehalten`" oder "©" haben keinen Einfluß auf den Wahrung der Rechte. Sie sind lediglich ein nützlicher Hinweis für Dritte und können auch als Warnhinweise angesehen werden.

In den Urheberrechtshinweisen sollte bzw. kann mitgeteilt werden, inwieweit es Einschränkung bei der Verlinkung und Benutzung von Inhalten von Ihrer Homepage gibt. Ein geeigneter Platz dafür ist sicher Ihr Impressum, ansonsten eine übersichtliche Stelle in Ihren AGBs.

Bei privaten Homepages können Sie diese Hinweise meist weglassen.

8.9.6 Schutz Ihres geistigen Eigentums

Die Ansätze lassen sich grob in folgende Klassen unterteilen:

- Restriktive Umgebungen zur Hinderung an Rechtsverstößen
- Völlige Freiheit für Anwender, aber Aufzeigung von Rechtsverstößen

Eine komplizierte Gestaltung der legalen Nutzung digitaler Medien und eine damit einhergehende Bestrafung ehrlicher Käufer macht wenig Sinn. Mit Wasserzeichen versehene Daten können ohne Kopierschutz und daraus resultierende Ärgernisse verwendet werden. Illegale Nutzer sind über das Wasserzeichen identifizierbar und können so zur Verantwortung gezogen werden.

① Für Bilder bietet seit Jahren die Firma Digimarc digitale Wasserzeichen an. Inzwischen kostet es aber 99 US$/Jahr Minimum. Mit Hilfe einer Suchfunktion von Digimarc werden illegal verbreitete Bilder und Grafiken im Internet aufgespürt. Gute Grafikprogramme unterstützen die Einbettung des Digimarc-Wasserzeichens ⇨ *www.digimarc.com*.

Die Grundidee ist, daß jedem zahlenden Kunden eine eindeutige ID zugeteilt wird. Diese wird mit Hilfe von Grafikprogrammen in den digitalen Bildern versteckt. Bei Wahl einer starken Einbettungsstufe können die Bilder in bestimmten Grenzen verändert, verkleinert oder vergrößert oder auch nur Ausschnitte herausgenommen werden. Dennoch bleibt die ID im Bild erhalten. Mit Hilfe von Suchprogrammen grast Digimarc das Internet ab und sucht nach geschützten Bildern. Wird Digimarc fündig (und der Kunde zahlt für diesen Service), dann kann der Rechteinhaber gegen den Übeltäter vorgehen und kann die eingebetete ID als Nachweis für die eigene Urheberschaft beim Gericht vortragen.

② Auch Philips (⇨ *www.philips.com)* bietet eine ähnliche Lösung an, die bereits ihr Können bei der 2004er Oscar-Verleihung unter Beweis stellte, indem es die Rückverfolgung eines so genannten Oscar-Screeners (Jury-Mitglied) ermöglicht hatte. Daneben bietet Philips auch eine Fingerprint-Technik an, die die Identifikation von Audiostücken ermöglichen soll. Dabei wird das Musikstück mit Vorlagen aus einer Datenbank verglichen.

③ In Deutschland hat das Fraunhofer Institut für Integrierte Publikations- und Informationssysteme (IPSI ⇨ *www.ipsi.de*) für das Deutsche Rundfunkarchiv ein System entwickelt, mit dem die 20.000 digitalen Tondokumente markiert werden können. Das Fraunhofer-Wasserzeichen soll sogar die Umwandlung in das MP3-Format überleben.

Bei der Digitalisierung von Bildern und Musikstücken entstehen Bitreihen, in die Zahlencodes eingeflechtet werden, ohne daß Bild oder Musik erkennbar verändert werden. Dieser Code kann vielerlei Informationen enthalten z.B. Titel, Verleiher, Zugangsnummer des Ausleihenden. Verfügen Sie über entsprechende Software und das Wasserzeichen-Schlüsselwort läßt sich bei Auftauchen einer Kopie schnell der Urheber erfahren.

Zusätzlich zu den festen, möglichst unzerstörbaren Markierungen wird häufig ein "zerbrechliches" Wasserzeichen integriert. Eine Zerstörung ist der Beweis einer Manipulation des Originals, z.B. bei aufgezeichneten Zeugenaussagen. Einsatzmöglichkeiten dieser Wasserzeichen:

- Durchsetzung des Urheberrechts
- Kundenidentifizierung und Verfolgung von Kopien
- Erkennen von digitalen Manipulationen
- Weitergabe von Metadaten, Medien-Annotation
- Broadcast-Monitoring
- Mehrwertdienste und innovative Werbekonzepte

④ Unter MS Word und damit dann auch in PDF-Dateien können Sie zum Schutz Ihrer Texte auch Wasserzeichen verwenden: ⇨ *Format* ⇨ *Hintergrund* ⇨ *Gedrucktes Wasserzeichen*.

In der Schweiz

In der Schweiz existiert eine zentrale Koordinationsstelle zur Bekämpfung der Internetkriminalität (KOBIK) von Bund und Kantonen, die auch Meldungen zu Urheberrechtsverletzungen im Internet entgegennimmt.

Mehr dazu siehe ⇨ *www.cybercrime.admin.ch*.

8.9.7 Plagiatsuche im Internet

Die unerschöpfliche Wissensansammlung im Web verführt so manchen zum Zitieren ohne Zitatangabe. Wer andere Werke als eigene Arbeit ausgibt, verstößt jedoch gegen das Urheberrecht und kann sich obendrein wegen Betrugs strafbar machen. Nicht nur Schulen und Universitäten legen vermehrt Augenmerk darauf, daß Referate, Haus- und Diplomarbeiten nicht abgeschrieben sind. Bei kommerziellen Unternehmen wird u.U. die wirtschaftliche Existenz gefährdet. Es drohen nicht nur hohe Schadensersatzforderungen.

Einige Softwarehersteller bieten spezielle Plagiatsucher an. Mittels statistischer und linguistischer Methoden protokollieren die Suchprogramme mögliche Quellen. Das deutschsprachige Desktop-Programm namens *Plagiarism-Finder* fahndet nach Übereinstimmungen mit im Web veröffentlichten Texten: ⇨ *plagiarism-finder.de*. Hier erhalten Sie eine Trialversion und Infos zu lauffähigen USB-Stick-Variante.

Natürlich können Sie auch kommerzielle Suchdienste im Internet nutzen, die sich auf die Fahndung nach Plagiaten spezialisiert haben.

Unter ⇨ *lernen.bildung.hessen.de/e_learning/plagiate* finden Sie eine Lerneinheit zum Finden fremder Federn.

8.10 Zitieren

***** Zitat von ⇨ *www.teachsam.de/arb/zit_kurzinfo.htm* *****

Beim Zitieren muß man die folgenden Regeln beachten:

1. Anfang und Ende eines Zitates gehören in Anführungszeichen.
2. Zitate müssen selbst bei orthographischen Besonderheiten oder merkwürdiger Interpunktion originalgetreu übernommen werden.
3. Wenn man einen zusammenhängenden Text nicht vollständig zitiert, müssen die Auslassungen mit rechteckigen Klammern und drei Auslassungspunkten [...] gekennzeichnet werden.
4. Falls bestimmte Teile des Zitates hervorgehoben werden sollen, muß dies als Veränderung des Zitates ausgewiesen werden. Dies geschieht z.B. durch folgende Formen: [Hervorhebung durch den Verfasser]. Wenn einmal zum besseren Verständnis einer Textstelle Erläuterungen eingefügt werden müssen. werden sie wie folgt kenntlich gemacht. Beispiel: "Sie (die Nachbarin, d. Verf.) war schon Witwe."
5. Längere Textpassagen können auch in Form indirekter Rede (Konjunktiv) zitiert / referiert werden. (vgl. S....)

Auch sinngemäßes Zitieren muß kenntlich und damit überprüfbar gemacht werden. Dies geschieht durch die Anfügung eines in runden Klammern gesetzten Quellennachweises, z.B. (vgl. S....)

***** Zitat Ende (Rechtschreibung wurde angepaßt) *****

Unter ⇨ *www.urheberwissen.info/inhaltsverzeichnis.html* finden Sie in der Leseprobe Anmerkungen zum Zitieren.

8.11 Patentrecht

Zum Recherchen, Informieren und Anmelden von Patenten, Marken und Mustern sei auf Abschnitt ☞ *5.4 Prüfung auf Marken- und Namensrechte verwiesen*. Sicherlich läßt sich vieles per Patent, Marke oder Gebrauchsmuster schützen. Nur bedeutet das auch zusätzliche zeitliche und finanzielle Aufwendungen, die von der Hauptarbeit ablenken und sich nicht zwangsläufig rechnen. Auch ist zweifelhaft und derzeit stark diskutiert, ob Software patentierbar sein sollte. Nicht nur die Open-Source-Bewegung ist da anderer Meinung, da Patente im Gegensatz zu freiem Wissen nicht automatisch Weiterentwicklungen fördern.

Unter ⇨ *patentfuehrerschein.de* bietet das Landeskompetenzzentrum für Informations-, Telekommunikations- und Medienrecht (ITM) an der Universität Münster und die Firma Provendis einen kostenlosen Online-Lehrgang zum Patent- und Arbeitnehmererfindungsrecht an (unterstützt vom Ministerium für

Wissenschaft und Forschung des Landes Nordrhein-Westfalen). Dieses Weiterbildungsangebot wendet sich sowohl an Juristen als auch an Nichtjuristen im akademischen Bereich. Der derzeitig fokussierte Hochschulbereich soll noch durch ein Modul zur Kooperation von Hochschule/Wirtschaft ergänzt werden.

Der Patentführerschein will Basiswissen in leichter verständlicher Sprache vermitteln – ohne zu viele juristische Fachbegriffe, damit später Praxisfragen besser beantwortet können.

In acht Kapiteln erfahren die Teilnehmer beispielsweise, wie Forschungs- und Arbeitsergebnisse rechtlich geschützt werden können und welche Verwertungsformen existieren. Der Zeitaufwand liegt zwischen 30 und 40 Stunden. Es können online Zwischenprüfungen und eine Abschlußprüfung abgelegt werden. Bei Erfolg gibt es ein Zertifikat des ITM.

8.12 Checklisten

Datensicherung

- ☐ Mindestens wöchentliche Vollsicherung
- ☐ Mindestens tägliche Inkrementalsicherung
- ☐ Zwischensicherungen während der Arbeit
- ☐ Aufbewahrung in einer anderen Brandschutzzone
- ☐ Schutz der Sicherungsmedien vor Zugriff Unbefugter

Check. 15: Datensicherung

Allgemeines zum Datenschutz

- ☐ Datensparsamkeit
- ☐ Datenschutzhinweise
- ☐ Regelmäßige Datensicherungen
- ☐ Schutz der Daten und der Sicherungen vor Unbefugten
- ☐ Schutz Ihrer EDV vor Viren, Würmern, Trojanern etc.
- ☐ Schulung Ihrer Mitarbeiter bzgl. Datenschutz (Z.B. Umgang mit Paßwörtern)
- ☐ Datenschutzbeauftragter?
- ☐ Urheberrechtshinweise & keine eigenen Verstöße

Check. 16: Allgemeines zum Datenschutz

BDSG ⇨ *www.bfd.bund.de/information/bdsg_hinweis.html*

GDD ⇨ *www.gdd.de*

Datenschutzhinweise mit Auskunft über

- ☐ den Zweck der Datenspeicherung
- ☐ die Behandlung personenbezogener Daten
- ☐ die Weitergabe von Informationen an Dritte
- ☐ die Dauer der Speicherung von Daten
- ☐ Datensparsamkeit ⇨ Notwendigkeit der abgefragten Daten

Check. 17: Datenschutzhinweise

Nicht nur wichtige Links zum Thema Datenschutz & Sicherheit finden Sie auf ⇨ *123schutz.de*. Außerdem können Sie einige kleine Fragen stellen:

www.123SCHUTZ.de

9 Barrierefreies Internet

Der Deutsche Sehbehinderten- und Blindenverband e.V. sprach in einer Pressemeldung von 155.000 Blinden und ca. 500.000 Sehbehinderten (Sehfähigkeit unter 10 %). Unter Berücksichtigung weiterer Behinderungen (Rot-Grün-Schwäche, zeitweise Behinderungen durch Armbruch oder Sehnenscheidenentzündungen, Alterserscheinungen) kann man sicher von einem Bevölkerungsanteil von 10 % ausgehen. Weltweit soll es bis 45 Mio. Behinderte geben.

Barrierefreies Internet steht deshalb für die Gleichstellung des Internetzugangs für körperlich und geistig beeinträchtigte Personen – und das sind seltener die Rollstuhlfahrer, wie viele Leute im ersten Moment denken mögen. Schon jeder Computerneuling hat so seine Zielprobleme mit einer Computermaus.

In Deutschland

- 82,5 Mio. Einwohner (Ende 2003, Tendenz fallend)
- 155.000 Blinde
- 500.000 Sehbehinderte (Sehfähigkeit unter 10 %)
- 4 Mio. bekannte Legastheniker (geschätzt 8-12 Mio.)
- 4 Mio. funktionale Analphabeten
- 7,5 Mio. auf der niedrigsten Lese- und Schreibstufe
- 7,5 Mio. Ausländer (zumeist nicht Nichtmuttersprachler)
- 4 Mio. Kinder zwischen 4 und 8 Jahren
- ältere Menschen mit Leseschwierigkeiten und Hirngeschädigte
- 7 Mio. schwerhörige Menschen

⇨ 20 bis 40 % der Bevölkerung, die lieber zuhören als lesen wollen;
⇨ ca. 150.000 gehörlose und ca. 200.000 hörgeschädigte Menschen nutzen die Gebärdensprache als primäre Sprache

9.1 Dieses Kapitel in Kurzform

① Barrierefreies Webdesign verzichtet auf alle unnötigen technischen Spielereien, insbesondere auf Java, Javascripts, ActiveX und Flash.

② Grafiken werden mit Alternativtexten oder Links zu Beschreibungen unterlegt, damit Blinde & Sehbehinderte über die gleichen Infos verfügen können.

③ Rahmen werden mit einem `NoFrames`-Element versehen, der mind. einen Link zur Navigation anbietet. Besser ist es aber, keine Rahmen einzusetzen!

④ HTML ist der Internet-Standard schlechthin. Alternative Formate wie PDF oder MS Office können nicht von allen Behinderten-Browsern ein- bzw. vorgelesen werden. Ihre Infos müßten Sie deshalb zusätzlich in HTML vorhalten.

⑤ Deutliche Farbkontraste erleichtern das Lesen. Schwarze und weiße Hintergründe sollten ebenso gemieden werden wie Hintergrundbilder, die Menschen mit Sehbehinderungen das Lesen erschweren. Blinken und kursive Schrift sind unangebracht.

⑥ Barrierefreies Webdesign vermeidet jede Hürde, die Nutzer ausgrenzen könnte! Andere Behinderungsgruppen werden durch Alternativangebote auch berücksichtigt (z.B. Gebärdensprache).

Rücksicht auf Personen mit Sehbeeinträchtigungen, motorischen Behinderungen, Sprach- und Lernstörungen sowie bei Unsicherheiten im Umgang mit PC und Maus sollten daher selbstverständliche Standards bei der Erstellung von Internetseiten sein.

9.2 Verordnungen

Gemäß Artikel 3 Absatz 3 des deutschen Grundgesetzes darf niemand wegen seiner Behinderung benachteiligt werden.

Darauf aufsetzend hat der Gesetzgeber mit dem Sozialgesetzbuch IX und dem Behindertengleichstellungsgesetz (BGG) wichtige Regelungen erlassen. Außerdem wurden in einigen deutschen Bundesländern Gleichstellungsgesetze erlassen. Neben den Bereichen Bau und Verkehr fand mit der Barrierefreien Informationstechnikverordnung (BITV vom 17. Juli 2002) nun auch das Gleichstellungsanliegen Eingang in die EDV und das Internet.

Die BITV greift die international etablierten WAI-Richtlinien (**W**eb **A**ccessibility **I**nitiative ⇨ *www.w3.org/WAI*) auf und schafft dadurch neue Anforderungen an die Webauftritte der Bundesbehörden. Allerdings sollten sich diesen Anforderungen andere öffentliche Organe und auch die Wirtschaft ebenfalls nicht entziehen. Zum Großteil gibt es darauf aufbauend Landesgleichstellungsgesetze (LGG).

Der Geltungsbereich dieser Verordnungen erstreckt sich vom Internet bis hin zu öffentlich zugänglichen Intranetangeboten und Programmoberflächen.

Auch in der Schweiz sind vergleichbare Gesetze erlassen worden:

- Bundesgesetz vom 13. Dezember 2002 über die Beseitigung von Benachteiligungen von Menschen mit Behinderungen (Behindertengleichstellungsgesetz, BehiG) und die
- Verordnung vom 19. November 2003 über die Beseitigung von Benachteiligungen von Menschen mit Behinderungen (Behindertengleichstellungsverordnung, BehiV)

In den USA erfordert die Richtlinie „Section 508", Barrierefreiheit bei Aufträgen und Beschaffungen durch die US-Bundesregierung zu berücksichtigen.

9.3 Hilfsmittel

9.3.1 Hilfsmittel für Behinderte

Auf ⇨ *www.barrierefreiesinternet.de/nt_hilfsmittel.htm* finden Sie eine Liste von Hilfsmitteln. Über ⇨ *www.barrierefrei-kommunizieren.de/suchen.php* können Sie nach geeigneten Hilfsmitteln fahnden. Folgende Parameter können u.a. ausgewählt werden:

- **Funktionseinschränkung**
  Denk-/Lernfähigkeit, Motorik/Mobilität, Wahrnehmung/Verständigung
- **Kompensierung**
  Computer-Handling, Internet, Kommunikation, Lernen/Training/Förderung, Multimedia, Office, Projekte/Institutionen, Umfeld, Unterhaltung, Zugang zu Medien

Auch Blinde besuchen das Internet (nicht nur Rollstuhlfahrer). Dazu werden die Textinformationen in Blindenschrift auf einer vor der Computertastatur befindliche Braillezeile übertragen (40 oder 80 Zeichen/Zeile). Alternativ können auch Sprachausgaben erfolgen. Für einen Großteil der Sehbehinderten, also für die Nichtblinden reichen bereits große Monitore und die Schriftvergrößerungsmöglichkeiten der Browser aus (MS IE: ⇨ *Ansicht* ⇨ *Schriftgrad* ⇨ *Sehr groß*).

Manuell-motorisch beeinträchtigte Personen benutzen häufig spezielle Tastaturen, um ihre Zielungenauigkeit beispielsweise durch spastische Störungen zu reduzieren, so daß dieser Personenkreis nur weniger stark berücksichtigt werden braucht. Sie können dies bereits durch breitere Links ausgleichen, beispielsweise bei ein-Zeichen-breiten Links ein Leerzeichen davor und danach.

9.3.2 Tests für Programmierer

HTML/XHTML/WML/XML-Validator

Hier können Sie eine zu testende Webseite hochladen oder deren URL angeben. Geprüft wird auch auf Konformität gemäß WCAG. Wahlweise können auch der Quellcode, die Kopfdaten, ein Dokumentenbaum oder die Reportansicht angezeigt werden:

⇨ *validator.de.selfhtml.org*

Checky

Mit dem Browser-Plugin Checky können Sie Webseiten analysieren. Es integriert sich in das Kontextmenü, welches beim Rechtsklick der Maus erscheint. Folgende Prüfungen werden durchgeführt:

- Watchfire BOBBY Test
- W3C Markup Validation Service
- W3C CSS Validation Service
- W3C P3P Validator (Policy File validation)
- Web Design Group HTML Validator
- Web Design Group CSS Check
- Wave 3.0 Web Accessibility Tool
- Vischeck color blind Simulator
- Cynthia Says Portal - Web content accessibility validation solution
- und andere

Sie erhalten das Zusatzprogramm leider nur für Mozilla, Firefox oder Netscape:

⇨ *sourceforge.net/project/showfiles.php?group_id=69729*

⇨ *checky.sourceforge.net*

Bobby-Test

Dieser Test passiert online, d.h. die betreffende Seite muß per URL angegeben werden. Wahlweise kann entweder nach *Web Content Accessibility Guidelines 1.0* oder nach *U.S. Section 508 Guidelines* geprüft werden:

⇨ *bobby.watchfire.com/bobby/html/en/index.jsp*

aDesigner

IBM bietet mit dem *aDesigner* ein kostenloses Werkzeug zur Gestaltung barrierefreier Webseiten, welches den hauseigenen Homepage-Reader sowie Sprachbrowser simuliert. Das Programm simuliert Farbblindheit, Fehlsichtigkeit, Blindheit und Alterserscheinungen, die das Betrachten einer Internetseite beeinflussen können.

Die Benutzeroberfläche von *aDesigner* ist intuitiv bedienbar. Sie können viele verschiedene Einstellungen vornehmen und sehen das Ergebnis sofort. Die Hilfe ist gut, wenngleich das gesamte Programm derzeit leider nur in englischer oder japanischer Sprache verfügbar ist.

Das Programm teilt den Bildschirm in drei Bereiche, in denen Ergebnisse angezeigt werden. Im ersten Bereich wird die Webseite dargestellt, so wie Sie diese normal sehen sollten. Im zweiten Rahmen erscheint die simulierte Version, je nach Einstellung. Im dritten, darunterliegenden Rahmen werden die Ergebnisse in Listenform ausgegeben. Zusätzlich bietet das Programm eine Problemzonenkarte, die auf kritische Bereiche hinweist.

Webdesigner und Programmierer können somit eine Vielzahl von Prüfungen leicht vornehmen:

⇨ *www.alphaworks.ibm.com/tech/adesigner*

Barrierefinder.de – Nicht nur für Programmierer

Die Homepage ⇨ *www.barrierefinder.de* testet eine URL auf Barrierefreiheit. Dabei werden folgende Tests, teilweise mit Ihrer Hilfe durchlaufen:

- **Sind Textbeschreibungen für Bilder vorhanden?**
- **Sind die Schriftgrößen variabel einstellbar?**
- **Ist die Seite in einem Textbrowser nutzbar?**
- **Ist die Seite auch für farbenblinde Nutzer geeignet?**
- **Funktioniert die Seite auch ohne JavaScript, Objekte und Applets?**
- **Automatischer Quellcode-Test:**
  Ist der Dokumententyp definiert (Doctype)?
  Ist die Sprache der Seite definiert (z.B. deutsch) ?
  Werden Tastatur-Kurzbefehle angeboten (accesskey)?
  Ist eine Tabulator-Reihenfolge festgelegt (tabindex)?
  Werden Style-Sheets zur Formatierung eingesetzt?
  Wird auf Popup-Fenster verzichtet (window.open)?
  Wird auf Frames verzichtet (frameset)?
  Ist der Text per HTML ausgezeichnet (z.B. h1...h6)?

Pro Testpunkt gibt es fünf Antwortmöglichkeiten, wie z.B. „eher ja“ oder „zum Teil“. Insgesamt ist dieser Test jedem zu empfehlen, nicht nur weil er in deutsch durchgeführt wird, sondern u.a. aufgrund der Art der Durchführung sowie der übersichtlichen/verständlichen Darstellung.

9.3.3 Kostenpflichtige Services

ReadSpeaker SagEs & Navigator

Abb. 14: ReadSpeaker-Logo

ReadSpeaker SagEs funktioniert ähnlich wie die Druckfunktion auf Webseiten. Sobald der Besucher die SagEs-Taste auf der vorzulesenden Webseite drückt, wird entweder die ganze HTML Seite oder ein vorher markierter Text (erfordert Java-Script-Unterstützung) an den ReadSpeaker-SagEs-Dienst übertragen und in Sprache umgesetzt. Für Ihre Besucher ist dieser Dienst kostenlos.

Kurzbefehle (ALT+L) können genutzt werden, sofern vom Browser unterstützt. Pro Webseite können auch mehrere Tasten integriert werden, so daß nur zugeordnete Textteile vorgelesen werden.

Die übertragenen Daten werden zunächst analysiert, gemäß Kundenvorgaben modifiziert und in Sprache umwandelt. Dabei werden Links individuell mit dem Wort „Link" vor dem Namen kenntlich gemacht.

Die Audiodateien (MP3- oder WAV-Format) werden zum PC gesendet und dort automatisch die vorhandene Audio-Software abgespielt. Bei Vorhandensein von Streaming beginnt die Abspielung schon nach ganz wenigen Sekunden.

Auf der Webseite können Anweisungen eingefügt werden, die festlegen, was vorgelesen wird und was nicht. Weitere Vorteile:

- Leichte Bedienung
- Leichte Einrichtung (auf den Webseiten muß nur mindestens eine Taste mit wenig HTML-Code eingefügt werden)
- Erfordert keine Implementierung nach BITV
- Auch bei Verwendung von Rahmen, bei https und in paßwortgeschützten Bereichen
- Nicht alle Webseiten einer Homepage müssen aktiviert werden
- Darstellung der Taste und Tonqualität bestimmbar
- Verschiedene Möglichkeiten, Text vorlesen zu lassen
- Unabhängigkeit von Browser, Betriebssystem und Player

⇨ *www.readspeaker.de*

Imergo ⇨ Prüfung auf Barrierefreiheit und Konformität

Die Fraunhofergesellschaft hat eine *softwaregestützte Überprüfung von Barrierefreiheit und Konformität mit Standards in komplexen Webangeboten* entwickelt.

Die kostenpflichtige automatische Prüfung von (X)HTML- und XML-Dokumenten erfolgt auf Einhaltung vordefinierter Regeln und auf die Verwendung von gültigen (X)HTML- und CSS-Code. Neben der Einbeziehung von kundenspezifischen Evaluationsregeln können folgende Prüfungen wahlweise durchgeführt werden:

- Syntaktische Standards
- Qualität, z.B. broken Links (ziellose Links)
- Farbkontrast und Farbblindheit
- Rechtsschreibung, Akronyme, Abkürzungen
- Fehlende Deklaration von sprachfremden Wörtern

- BITV (Prioriäten 1 und 2)

- WCAG 1.0 Level A, AA, AAA
- US Section 508

Die Reporte enthalten zielgruppenspezifische Berichte für Programmierer bis Manager. Mehr Informationen erhalten Sie unter

⇨ *www.fit.fraunhofer.de/projekte/imergo*
⇨ *access.fit.fraunhofer.de/imergo*
⇨ *exocom.de/pdf/imergo-de.pdf* (Produktblatt)

Mr. Check ⇨ VERSTÄNDLICHKEIT ERHÖHEN

Die Tanto Portal Solutions GmbH (ein Unternehmen der Holtzbrinck-Verlagsgruppe und der Brockhaus AG) bietet Ihnen durch eine automatische Analyse Ihrer Homepage eine klare Darstellung Ihrer Begriffslandschaften. Dies ermöglicht schnell und effizient, die wesentlichen Ausdrücke in Ihr Homepage-Glossar aufzunehmen.

Für die Erstellung der Begriffsdefinitionen wird Unterstützung durch kompetente Redaktionsmitarbeiter angeboten. Für die weitere Pflege und Optimierung Ihres Glossars gibt es ergänzend den Glossarmanager.

Mr. Check greift dabei auf Markenwerke von Duden und Brockhaus sowie auf Ihre eigenen Inhalte bzw. Glossaren zurück:

⇨ *www.tanto.de/loesungen/knowledge_management/mr_check.htm*

9.4 Anforderungen der BITV

Hier nur eine Übersicht über die Anforderungen aus der Anlage 1 zur deutschen Barrierefreien Informationstechnik-Verordnung (BITV). Nachfolgend wurden die Anforderungen gruppiert (Anforderungsnummer im Kreis davor, schwarz ausgefüllte Kreise ❶ kennzeichnen Nummern ab 11):

Verständlichkeit

④ Sprachliche Besonderheiten sowie Sprachwechsel und Abkürzungen sind erkennbar zu gestalten.

❹ Das allgemeine Verständnis der angebotenen Inhalte ist durch angemessene Maßnahmen zu fördern.

Bedienbarkeit

⑧ Die direkte Zugänglichkeit der in Internetangeboten eingebetteten Benutzerschnittstellen ist sicherzustellen.

❷ Den Nutzern sind Informationen zum Kontext und zur Orientierung bereitzustellen.

❸ Navigationsmechanismen sind übersichtlich und schlüssig zu gestalten.

Technologie-Robustheit

③ Markup-Sprachen (insbesondere HTML) und Stylesheets (z.B. CSS) sind entsprechend ihrer Spezifikationen und formalen Definitionen zu verwenden.

⑤ Tabellen sind mittels der vorgesehenen Elemente der verwendeten Markup-Sprache zu beschreiben und in der Regel nur zur Darstellung tabellarischer Daten zu verwenden.

⑥ Internetangebote müssen auch dann nutzbar sein, wenn der verwendete Benutzeragent (z.B. Browser) neuere Technologien nicht unterstützt oder diese deaktiviert sind.

⑨ Webangebote sind so zu gestalten, daß Funktionen unabhängig vom Ein- oder Ausgabegerät nutzbar sind.

⑩ Die Verwendbarkeit von nicht mehr dem jeweils aktuellen Stand der Technik entsprechenden assistiven Technologien und Browsern ist sicherzustellen, so weit der hiermit verbundene Aufwand nicht unverhältnismäßig ist.

Wahrnehmbarkeit

① Für jeden Audio- oder visuellen Inhalt sind geeignete äquivalente Inhalte bereitzustellen, die den gleichen Zweck oder die gleiche Funktion wie der originäre Inhalt erfüllen.

② Texte und Grafiken müssen auch dann verständlich sein, wenn sie ohne Farbe betrachtet werden.

Transparenz

⑦ Zeitgesteuerte Änderungen des Inhalts müssen durch die Nutzerin, den Nutzer kontrollierbar sein.

❶ Die zur Erstellung des Internetangebots verwendeten Technologien sollen öffentlich zugänglich und vollständig dokumentiert sein, wie z.B. die vom World Wide Web Consortium (W3C) entwickelten Technologien.

Die 66 Unteranforderungen sind in zwei Prioritäten gegliedert, die meist auf den Empfehlungen des W3C basieren. Mit der Priorität 1 sollen unüberwindbare bzw. signifikante Barrieren benannt und beseitigt werden. Priorität 2 sagt zusätzlichen Barrieren den Kampf an, u.a schlechter Benutzbarkeit. Die Startseiten von Homepages (zentrale Eingangsseiten in der Sprache des Gesetzgebers) müssen beide Prioritäten erfüllen.

9.5 Leichte Sprache

Diese Anmerkungen gelten für alle Texte, sowohl in Schrift- als auch in Audioform!

Mit *Leichter Sprache* ist die Verwendung allgemeiner sprachlicher Ausdrücke und der Verzicht auf Anglizismen (z.B. Home, Sitemap) sowie auf übermäßig viele Fremdwörter oder Fachbegriffe gemeint. Unter diese Fachbegriffe fallen auch firmeninterne oder behördeninterne Ausdrücke, denen nicht zwangsläufig eine allgemeine Verständlichkeit unterstellt werden kann.

Natürlich sollten Sie sich **klar und deutlich**, aber trotzdem **kurz und bündig** auf Ihrer Homepage mitteilen. Sie sollten Fachbegriffe bei der ersten Verwendung kurz, aber verständlich erläutern oder Links zum Glossar anbieten.

Bilder, Grafiken und Symbole fördern das Verständnis von Menschen mit eingeschränktem Sprachvermögen.

9.5.1 Richtige Wortwahl

Dazu gehört auch die richtige Verwendung einer Sprache. Beispielsweise besteht ein gravierender Unterschied zwischen kostenlos und umsonst. Kostenlos bedeutet ohne eigene Kosten und umsonst bedeutet nutzlos oder vergebens.

Nimmt Sie ein Kollege zur Arbeit mit, so fahren Sie i.d.R. kostenlos mit. Haben Sie Ihren Büroschlüssel vergessen, war die ganze Aktion umsonst.

Wollen Sie immer noch umsonst in den Urlaub?

Ähnlich verhält es sich mit einigen Superlativen, die zwar grammatikalisch möglich sind: Wörter, wie *optimalste*, *aktuellste* und *einzigste* gibt es einfach nicht. Eine Nachricht ist aktuell oder sie ist es nicht mehr. Sie sind der Einzige, der Ihr Buch gerade liest. Noch einzigster können Sie nicht sein. Eine Hose paßt optimal (also nach verschiedenen Parametern, wie Farbe, Größe, Schnitt, Taschenlage). Falls nicht, paßt sie vielleicht nur gut.

Einfache Texte können nicht nur von Lese- und Lernschwachen, Sehbehinderten sondern auch von Ausländern besser verstanden werden!

9.5.2 Fremdwörter, Abkürzungen, Akronyme

<span lang="en">Homepage</span>

Einzelne Wörter sowie Texte anderer Sprachen sind entsprechend zu kennzeichnen, damit der Screenreader (kurz SR) diese richtig vorlesen kann. Nicht jede Vorlesesoftware beherrscht mehrere Sprachen. Der *IBM Home Page Reader* legt gar eine spürbare Pause beim Sprachwechsel ein.

<HTML lang="de">

Die Hauptsprache soll dazu im HTML-Kopf angegeben werden. Grundsätzlich empfiehlt sich auch das LANG-Attribut in Links zu verwenden, die zu anderen Sprachseiten verzweigen (A-Tag, LINK-Tag).

<acronym lang="en"
title="Europäische Raumfahrtsbehörde">ESA</acronym>
<abbr title="in der Regel">"i.d.R.</abbr>

Beim ersten Auftreten von Abkürzungen sollten diese erklärt werden. Das Title-Attribut wird per Sprechblase (Tooltip) angezeigt. Weitere Auftreten von Abkürzungen und Akronymen können ohne Title-Attribut eingebettet werden. Zwecks Erläuterung kann auch zu einem Glossar verwiesen werden (vorgesehen in WCAG 2.0).

Ein Akronym ist übrigens eine Abkürzung, die als eigenes Wort gesprochen wird - ein Kunstwort also. Radar und Laser sind zwei solche Beispiele, nicht nur in Bezug auf das unten abgebildete Stoppschild.

Der Unterschied zwischen dem ACRONYM- und dem ABBR-Tag besteht also darin, daß beim zweiten Tag buchstabiert wird, während das erste als Wort vorgelesen wird. CSS ist demnach kein Akronym sondern eine Abkürzung.

Zwecks Schreibweise von Rufnummern ✎ *6.3.3 Inhalt gemäß deutscher Rechtsprechung ⇨ Elektronische Kontaktdaten*

9.5.3 Wichtige Regeln

- Kurze Sätze
- Leichte Sprache, aber keine Kindersprache
- Kaum Fremdwörter oder Fachbegriffe (sonst erklären)
- Wörter in der richtigen Bedeutung
- Verben verwenden
- Genügend Abstand zwischen Absätzen
- Keine Spalten
- Korrekte Schreibweise
- Keine kursiven Texte oder in Großbuchstaben
- Erklärende Bilder und Grafiken
- Übersichtliche Gestaltung

Abb. 15: Logo Leichte Sprache

Nebenstehendes Stoppschlid ist das Logo des *Netzwerk People First Deutschland e.V.* ⇨ *www.people1.de*.

Siehe auch ⇨ *www.netzwerk-artikel-3.de/tagung/260703goethling.htm*.

9.5.4 Links und Infos

Europäische Richtlinien für die Erstellung leicht lesbarer Informationen
⇨ *www.inclusion-europe.org/documents/SAD66EETRDE.pdf*

Ein Wörterbuch für leichte Sprache
ISBN 3-937945-02-4; € 16,00 ⇨ *www.peoplefirst.de/buecher.html*

PONS Basiswörterbuch, Deutsch als Fremdsprache
ISBN: 3125172063; € 14,90

Langenscheidt Taschenwörterbuch, Deutsch als Fremdsprache
ISBN: 3468490283; € 12,95

9.6 Barrierefreies HTML

Nachfolgend werden die wichtigsten, aber längst nicht alle Anforderungen und Möglichkeiten erläutert! Zur Codevalidierung sei auf den Abschnitt ✐ *9.3 Hilfsmittel* und die dort vermerkten Links verwiesen.

9.6.1 Inhaltsverzeichnis & Navigation

Die BITV-Bedingung 13.3 schreibt ein Inhaltsverzeichnis vor. Der englische Begriff *Sitemap* sollte nicht verwendet werden, wenn Ihre Homepage in deutsch ist. Dieser Begriff wird nicht von jedem verstanden.

Suchen

Soweit Suchfunktionen angeboten werden, sollen verschiedene Schwierigkeitsgrade angeboten werden, angefangen von einer Volltextsuche bis hin zu diversen Einschränkungsmöglichkeiten. Nicht nur für Internetnutzer mit Rechtschreibschwächen eignen sich phonetische Suchalgorithmen besser.

Vorherige und Nächste Seite

Bei Webseiten, die zu einer Serie gehören, sollte jede Seite Links zu ihren Nachbar- sowie zu den übergeordneten Seiten aufweisen.

```
9 Barrierfreies Internet / 9.4 Barrierefreies HMTL / 9.4.7 Navigation
9.4.6 Links < … > 9.4.8 Rahmen
```

Es gibt auch eine Reihe von Möglichkeiten bei Verwendung des LINK-Tags.

9.6.2 Rahmen (Frames)

Rahmen sollten möglichst nicht verwendet werden, ansonsten maximal drei Frames pro Webseite. Außerdem ist eine rahmenlose Alternative anzubieten (`<noframes…>`).

Werden doch Rahmen verwendet, so sind Orientierungshilfen anzugeben:

```
<FRAME src="rathaus.htm" name="rathaus" title="rathaus"
long-desc="rathaus_beschreibung.htm" >
```

Außerdem darf weder das Scrollen (⇨ `scrolling="yes"`) noch das Größeverändern (⇨ `resize`) ausgeschaltet sein, damit bei Schriftvergrößerungen alles gelesen werden kann.

9.6.3 Links

Gruppieren von Links

Links zu zusammengehörenden Dokumenten sind zu gruppieren und sollten auch überspringbar sein (⇨ Anker mit Name-Attribut: `<a href="#marke" >`). Screenreader (= Bildschirmvorleser ⇨ kurz SR) können nämlich auch Blöcke übergehen, so daß nicht jedes Mal alles vorgelesen werden muß. Die Navigation ist in Leisten anzuordnen und auf allen Seiten gleichartig zu gestalten.

SR können eine Linkliste pro Seite ausgeben. Daher sollte der durch das Linktag (= A-Tag)eingeschlossene Text kurz, eindeutig und aussagekräftig sein. "Hier klicken" oder "Mehr" würde zu folgender Sprachausgabe führen:

```
Link "Hier klicken" Link: "Hier klicken" Link: "Mehr" Link "Infos"
```

Teaser

Bei Zusammenfassungen (z.B. Pressemeldungen) sollte nicht die Überschrift zur Langform eines Textes verlinken, sondern erst am Ende der Passage ein eindeutiger Linktext auf die ausführliche Meldung verweisen. SR-Nutzer können nämlich erst am Ende einer Kurzmeldung entscheiden, ob sie mehr interessiert und müßten dann umständlich zurückspringen. Der Linktext sollte dennoch aussagekräftig sein, da er auch als Lesezeichen (Linkliste) Verwendung finden kann.

Externe Links

Bei Links, die die eigene Homepage verlassen, sollte das Linkziel (Domäne) in Textform angegeben werden. Zusätzlich kann ein entsprechendes Symbol (✐ *3.7.3*) vorangestellt werden, da sich nun auch das Design, welches angezeigt wird, ändert. Parallel kann auch per Symbol mitgeteilt werden, ob das Linkziel in einem neuen Fenster dargestellt wird (🗗, Wingding: #0032).

Das Große Homepagebuch: 🗗 wwww.das-homepagebuch.de (Link öffnet neues Fenster)

Die verwendeten Symbole sollten entweder zuvor erklärt oder als Grafik ausgeführt werden, die dann im TITLE- und ALT-Attribut die Erklärungen enthalten. Es kann auch das TITLE-Attribut des A-Tags entsprechend verwendet werden.

Popups und andere Fenster ohne vorherige Ankündigung sind zu vermeiden, da erstere unbeliebt und letztere Sehbehinderte verwirren können. Linkziele der eigenen Homepage, die in weiteren Fenstern angezeigt werden, sind auch so wie oben zu kennzeichnen.

Javascript

Grundsätzlich sollte auf das Zusammenbauen bzw. Auslösen von Links per Javascript verzichtet werden. Sollen Links dennoch per speziellem Mausereignis ausgelöst werden, so sind unbedingt auch Tastendruckereignisse zu berücksichtigen. Wenn also auf die Javascriptausführung nicht verzichtet werden kann, so gilt folgender Vorschlag:

```
<a href= "seite2.html"
onclick= "js-aktion();" onkeypress= "js-aktion();">Link</a>
```

Trennzeichen zwischen Links

Nebeneinander befindliche Links (auch in Texten) sind durch Leerzeichen sowie druckbare Zeichen zu trennen (BITV-Bedingung 10.5). Das feste Leerzeichen (` `) reicht nicht aus. Eingebürgert hat sich das Pipezeichen (|). Damit sollen auch motorisch-benachteiligte Menschen Chancen haben, Links erfolgreich anzuklicken.

9.6.4 Bilder

<img ... alt="" title="" long-desc="" ...>

Beim `IMG`-Tag von Bildern sind unbedingt der `ALT`- (für MS IE) sowie der `TITLE`-Parameter (für Netscape) zu füllen.

```
<img src= "rathaus.jpg" alt= "Hier sehen Sie unser Rathaus" title= "Unser
Rathaus" long-desc= "rathaus.htm"...>
```

Um so wichtiger ist dies, wenn Ihre Navigation aus Grafiken besteht. Platzhaltergrafiken müssen mit leerem Attributstext angegeben werden (`alt=""`), da sonst vom SR der Dateiname vorgelesen werden würde.

Ein weiterer Parameter lautet `long-desc` (long description = detaillierte Beschreibung). Er enthält als Argument einen Link zu einer das Diagramm oder das Bild beschreibenden Webseite. Da alte Behindertenbrowser dieses Attribut nicht vorlesen können, empfiehlt sich auch explizit einen Link zur Erklärung neben dem Bild anzubieten.

Aussagekräftige Dateinamen

Nicht in der Verordnung, aber dennoch nützlich: Der Bildname sollte auch aussagekräftig sein, also statt *bild1.jpg* besser *rathaus.jpg*.

9.6.5 Image-Maps

Sogenannte Image-Maps sollten Sie möglichst unterlassen oder zu einer weiteren Seite verlinken, die ein entsprechendes Menü anbietet. Führen Sie besser die Navigation klassisch aus, d.h. per Text mit HTML-Link. Es gibt genügend Möglichkeiten dies effektvoll erscheinen zu lassen.

Falls Sie aber doch eine tolle Image-Map haben, die Sie ihren Besuchern unbedingt zeigen müssen, führen Sie am einfachsten darunter die Links noch einmal in Textform auf.

9.6.6 Farbe

Informationen sollten auch verständlich sein, wenn sie farblos (also nur in Graustufen) vermittelt werden können. Personen mit Farbfehlsichtigkeiten werden es Ihnen danken.

Seitenhintergründe sollten nicht zu hell sein, da große weiße Flächen blenden können. Grafiken sollten keine transparenten Farben enthalten. Einige Nutzer arbeiten gern mit Farbinvertierung, bei der dann ein schwarzes Symbol auf schwarzem Hintergrund nicht mehr erkennbar ist. Empfohlene Farbkombinationen sind daher:

- Schwarz ⇔ hellgrau, weißlich
- Dunkelblau ⇔ hellgrau, weißlich
- Dunkelblau ⇔ hellgelb

Schlecht erkennbar bzw. schwer auseinanderhaltbar sind:

- Blau und rot
- Gelb und weiß
- Orange/rot und grün

9.6.7 Schrift

Die Schrift ist der Träger von Information und deren Lesbarkeit ist daher für den Transport einer Information von entscheidender Bedeutung. Schriften sollten **skalierbar** sein. Normalsichtige Nutzer bevorzugen 12-Punkt- und Behinderte eher eine 18-Punkt-Schrift.

Das `Font`-Element ist lt. W3C veraltet und statt dessen sollen Formatierungen in Stylesheet-Dateien ausgelagert werden (✍ *3.7.1 CSS*). Um die Skalierung von Schrift zu ermöglichen, müssen in den CSS-Dateien relative Angaben (% oder em) statt Pixel (px) oder Punkt (pt) angegeben werden (1 em = 100 % = 12 pt).

```
td { font-size: 1em; }
```

Gute Lesbarkeit ist wichtig für Konzentration und Merkfähigkeit:

- Serifenlose Schriften (Arial, Helvetica, Verdana)
- Kein oder nur sparsamer Einsatz kursiver Schrift
- Sparsamer Einsatz von Fettschrift und Unterstreichung
- Keine blinkende Schrift

- Gleiche Laufweite innerhalb eines Wortes
- Kontrast zwischen Schrift und Hintergrund bzw. Hintergrundbild
- Überschriften und Untertitel fördern ebenso wie auflockernde Leerzeilen die Lesbarkeit

9.6.8 Informationsblöcke

<form><fieldset><legend>Erster_Block</legend> ... </fieldset></form>

Umfangreiche Formulare können in Elementgruppen bzw. Blöcke gegliedert werden. Der Browser trennt die einzelnen Blöcke sichtbar voneinander, beispielsweise durch Linien.

<table><caption>Überschrift</caption>
<tr><th>Spaltenüberschrift</th> ... </tr> ... </table>

Tabellen können neben der Spaltenüberschrift `<th>` auch eine Überschrift `<caption>` erhalten. Ferner können Tabellenkopf- und -fußzeilen definiert werden (`<thead>`, `<tfoot>`, `<tbody>` und `<colgroup>` ➘ *9.5.10*).

<h1> ··· <h2> ··· <h3>

Klar ist auch, daß für Überschriften die speziellen Überschriften-Tags verwendet werden. Wichtig ist dabei aber, daß die Hierarchie eingehalten wird, d.h. nach Überschrift H1 folgt erst die Überschrift H2 bevor eine Überschrift H3 folgen kann. SR-Nutzer können nämlich von Überschrift zu Überschrift springen.

Inhalt einer CSS-Datei:

```
h1: {
   font-size: 1,5em;
   font-family: Verdana, sans-serif;
   color: #ff0000;
}
```

<hr color="#ff0000" width="80%">

Unterstützend können horizontale Trennlinien in längeren Texten untergebracht werden, da die Überschriftsformate allein nicht ausreichend strukturieren. Neuere Browser unterstützen auch das Farbattribut.

9.6.9 Einrückungen und Listen

Einrückungen sollen nicht per Listen-Tags erzeugt werden - also kein UL (ungeordnete Liste), OL (geordnete Liste), DL (Definitionsliste), LI, DD, DT.

Statt dessen wird empfohlen, dies per CSS-Datei zu definieren (Box-Modell):

```
P.ident {text-ident: 5em }
```

Im Quelltext wird dann folgendes eingefügt, um die Einrückung zu erhalten:

```
<P class="ident"> …</P>
```

Auch beim Verwenden von Listenelementen sollte die übergeordnete Hierarchie erkennbar sein, damit sehbehinderte Internetnutzer Informationen über den Kontext erhalten, z.B. 1.1 ...; 1.2 ...; 1.3. ...

<span class="end-of-list">(Ende der Aufzählung zu ...)</span>

Gerade bei ungeordneten Listen ist es auch wichtig, den Anfang und vor allem das Ende einer solchen Liste zu erfahren.

9.6.10 Einrückungen und Tabellen

Layouttabellen

Einrückungen über den Umweg durch Tabellen können gerade bei verschachtelten Tabellen Probleme beim Screenreader erzeugen. Es wird daher empfohlen, dies über CSS-Befehle durchzuführen (Box-Modell ✍ *9.5.9*).

Die Verwendung von Layouttabellen ist jedoch nicht grundsätzlich durch die BITV verboten. Sie sollten jedoch bedenken, daß die Tabellen zeilenweise von links und nach rechts gelesen werden (Linearisierung). Ist Ihr Text dann immer noch korrekt, dann ist es okay.

Die Verwendung von CAPTION, THEAD, TFOOT, TBODY und TH in Layouttabellen ist unzulässig (BITV, Bedingung 5.4)! Zur Strukturierung sollen die üblichen Elemente P, H1…6 für Überschriften oder die Listenelemente eingesetzt werden.

Datentabellen

Im Gegensatz zu Layouttabellen müssen Datentabellen eine Reihe von Informationen bereithalten. Durch THEAD, TFOOT und TBODY werden Tabellen in logische Bereiche gegliedert (Verwendung in dieser Reihenfolge im Quelltext).

Zusätzlich sollte innerhalb des TABLE-Tags auch der Tabelle eine Überschrift mitgegeben werden (CAPTION).

<th abbr="HTML" scope="row">Barrierefreies HTML</th>

Nächstes Problem: SR können jede Tabellenzelle mit (mehreren) Überschriftenzellen lesen. Verwenden Sie lange Überschriften, verliert ein Zuhörer schnell den Zusammenhang. Aus diesem Grund sind Stichwörter für Überschriften zu definieren (ABBR), die statt dessen vorgelesen werden.

Der Geltungsbereich einer Überschrift wird per SCOPE-Attribut festgelegt. Folgende Werte sind möglich: ROW, COL, COLGROUP, ROWGROUP.

Auf dem ersten Blick erscheint das Warum sicherlich nicht jedem gleich klar zu werden. Aber wenn Sie eine Tabelle mit nur zwei Spalten haben und in jeder

Spalte stehen nur Zahlen: Nach wievielen **Zeilen** wissen Sie nicht mehr, welche Zahl in welche Spalte gehört?

9.6.11 Zitierung

<blockquote cite="http://freemailbuch.com/index.htm"> .... </blockquote>

Gemäß BITV sind Zitate entweder durch das Q-Element oder lange Zitate per BLOCKQUOTE-Element zu kennzeichnen.

Wie wird richtig zitiert? ⇨ *www.urheberwissen.info/pdf/zitieren.pdf*

9.6.12 Zeitgesteuerte Inhalte

Damit sind Animationen, z.B. Laufschriften gemeint. Leseschwache Nutzer sollen die Möglichkeit erhalten, „zurückzuspulen" oder zu „wiederholen". Flashanimationen bieten dies inzwischen ebenfalls an. Auch kann nicht jeder mit der eingestellten Geschwindigkeit mithalten.

Grundsätzlich sollen zeitgesteuerte Inhalte, worunter auch blinkende Texte und animierte GIFs fallen, kontrolliert werden können. Unter Kontrolle fällt sicherlich auch das Ausschalten von Blinken und Animationen.

Ähnlich verhält es sich mit dem Bildschirmflackern, was unterlassen werden soll. Um diese Effekte zu entdecken, sollten Sie einerseits auf Rahmen verzichten und andererseits auch mit alternativen Browsern Ihre Homepage testen.

Autorefresh

Auch das Autorefresh, also das automatische Nachladen soll vermieden werden, solange es nicht deaktiviert werden kann. Grundsätzlich sind die Leser über das automatische Nachladen zu informieren, um eine Internetverbindung sicherzustellen. Besser soll sein, statt dessen ist einen Link zum manuellen Nachladen anzubieten.

Dieser Autorefresh-Punkt steht nach Meinung des Autors einer Bedienerfreundlichkeit und aktuellen Informationen entgegen, so daß der Autor zumindest eine Abschaltungsfunktion empfiehlt. Eine sicherlich intelligente Möglichkeit wäre, eine Abfrage- bzw. Dialogfunktion an zentraler Stelle der Homepage anzubieten, bei der zwischen normalen und anspruchsvollen Nutzern unterschieden wird. Allerdings bei Webseiten ohne vorheriges Login gibt es faktisch keine zentrale Stelle, da Suchmaschinen auch zu Unterseiten direkt verlinken.

Automatische Umleitung

Automatische Umleitungen, auch als Weiterleitungen (Auto-Redirect) bezeichnet, sollten vermieden werden. Dazu sollen lt. BITV nicht die Refresh-Funktionen mißbraucht werden. Statt dessen soll der Servercode 301 (Moved Permanently) übertragen werden. Allerdings wie dies konkret und einfach zu implementieren ist, darüber schweigt man sich noch aus.

Auf jeden Fall soll nicht ein Rahmen definiert und die neue URL in einen Teilrahmen geladen werden.

9.6.13 Eingebettete Elemente

Grundsätzlich sowie zusätzlich im Hinblick auf Barrierefreiheit sollte der Einsatz anderer Sprachelemente als HTML gründlich überdacht werden. Selbst die Ausführung von Javascript wird längst nicht von jedem Browsernutzer zugelassen. Screenreader (SR) und ältere Browser ignorieren meist derartigen Code, können aber auch das eine oder andere Problem haben oder gar abstürzen, wenn allzu wild programmiert wurde.

BITV-Anforderungen

Bedenken Sie vor jeder Einbettung HTML-fremder Elemente die Anforderungen bzgl. Verständlichkeit, Wahrnehmbarkeit, Bedienbarkeit, Robustheit und Transparenz (✍ *9.4*).

Ferner empfiehlt das deutsche Bundesamt für Sicherheit in der Informationstechnologie (BSI) auf den Einsatz von Hochsprachen zu verzichten, da diese als sicherheitskritisch eingestuft werden. Gerade auf Homepages, die sich an jedermann oder gar an Kinder richten, derartige Mechanismen freigeschaltet zu verlangen, zeugt von Verantwortungslosigkeit. Selbst erfahrene Internetnutzer bekommen es meist erst zu spät mit, wenn Ihnen schadhafte Routinen oder Programme untergeschoben werden. Sicherlich haben Sie auch nicht vor, Ihren Besuchern Schaden zu zufügen. Aber wenn verlangt wird, weitere Mechanismen freizuschalten, kann es beim Surfen durch das Web schnell und unbemerkt zu Rechnerinfektionen und Datenspionage kommen.

Verzichten Sie daher, wann immer es geht, auf alles, was kein HTML ist. Ausnahmen bestätigen die Regel, z.B. Flash- oder Shockwave-Präsentationen. Allerdings sollten Sie dafür auch Äquivalente in Textform bereitstellen.

Fragen Sie beim Hersteller oder Anbieter nach, ob es Unterstützung zur Behindertengleichstellung gibt. Für Java und ActiveX gibt es beispielsweise einige entsprechende Dokumente.

9.6.14 Formulare

```
<label for="vorname">Vorname:
    <input type="text" id="vorname">
</label>
```

Labels können direkt auf das zugehörige INPUT-Element referenzieren. Zusätzlich muß die Beschriftung korrekt und eindeutig, am besten vor dem Kontrollelement dargestellt werden. Existiert in einer Zeile nur ein Element, so darf die Beschriftung auch darüber sein.

<... tabindex="4" ...>

Um in einem Formular zwischen den Eingabefeldern zu wechseln, kann die Tabulatortaste (oder Hochstelltaste + Tabulator für Zurück) benutzt werden. Die Reihenfolge der angesprungenen HTML-Elemente ergibt sich aus der Reihenfolge im Quelltext. Dies kann häufig aber unlogisch oder unnatürlich sein. Aus diesem Grund können das LABEL- und das INPUT-Element einen zusätzlichen Parameter namens tabindex erhalten, der die Reihenfolge der Elemente festlegt, die per Tab-Taste angesprungen werden sollen.

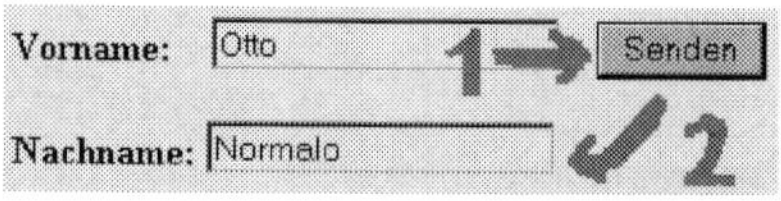

Abb. 16: Normale Feldfolge

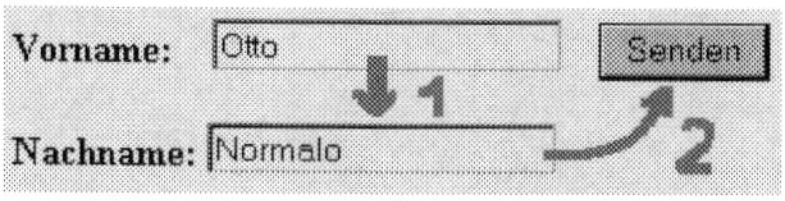

Abb. 17: Neue Feldfolge

Verwenden Sie LABEL und INPUT in Kombination, so sollte tabindex im LABEL-Tag Platz finden, da damit auch bei älteren assistiven Technologien die Beschriftung dem Kontrollelement zugeordnet und vorgelesen wird.

<fieldset><legend>Alte Anschrift</legend> ... </fieldset>

Eine Möglichkeit zur Gruppierung von Formularfeldern besteht darin, diese per FIELDSET-Tag in Blöcke einzuteilen.

<select name="Lieferadresse">
  <optgroup label="Niederlassungen">
    <option label"... > ...
    <option label"... > ...
  </optgroup> ....
</select>

Für Auswahlelemente mit mehreren Vorgaben (Radio-Buttons, Checkboxen, Auswahllisten, Comboboxen) kann mit OPTGROUP-Tag gruppiert werden.

Vorbelegungen

Da ältere Screenreader leere Texteingabefelder einfach übergehen, sollen gemäß Priorität 2 BITV alle Texteingabefelder (INPUT- und TEXTAREA-Tags) mit einem Vorgabewert belegt werden. Dies bringt noch weitere Vorteile mit sich. Nämlich die Zugehörigkeit von Label und Feld wird verbessert. Der Formularnutzer erfährt mehr über die erwartete Form der Antwort. Mißverständnisse werden reduziert. Lernschwachen Personen oder Computerneulingen können solche Angaben eine wertvolle Hilfe sein. Kritiker halten aber entgegen, daß die Vorgabewerte unbedacht durch die Nutzer übernommen werden.

Grafische Formulartasten: <input ... alt="Text">

Für grafisch ausgeführte Formulartasten gilt einerseits, daß die auszulösende Funktion hinreichend beschreiben wird, und andererseits, daß ein alternativer Text hinterlegt wird.

Formular ohne Tabellen

Eine Forderung der BITV ist es, daß Formulare ohne Tabellen auskommen sollen, z.B. per Boxmodell und CSS 2. Nähere Informationen finden Sie unter

➪ *www.einfach-fuer-alle.de/artikel/formulare*

9.6.15 Kompatibilität

Bedenken Sie, daß Ihre Webseiten auch ohne CSS navigierbar und verständlich sein müssen! Trennen Sie daher Inhalt und Formatierung sauber. Einige Nutzer verwenden nämlich eigene Stylesheets oder haben CSS deaktiviert.

Ältere oder alternative Browser unterstützen nie den aktuellen Standard. Auch dann sollte Ihre Homepage **navigierbar und verständlich** sein.

Bedenken Sie ferner, daß behinderte Menschen **alternative Eingabegeräte** verwenden! Ihre Homepage sollte daher immer Maus- und Tastatureingaben gleichermaßen unterstützen.

9.6.16 Tastaturkurzbefehle

<... accesskey="T" ...>

Tastaturkurzbefehle können jedem Linktag, jedem Formularelement und jeder Gruppe von Formularelementen zugeordnet werden. Ihr Einsatz gehört zur Priorität 2. Ziel dieser Kurzbefehle ist es, bestimmte Funktionen auf einer Seite schnell und einfach zu erreichen. Sie als normaler Nutzer können diese Befehle auch per *Alt + Taste* ausnutzen. Sinnvoll ist natürlich, dies u.U. auf der Webseite oder im Sprechblasentext bekannt zu geben, da normale Browser diese Informationen zwar auswerten, aber nicht bekannt geben.

Die Verwendung der Tastaturbefehle sollte allerdings innerhalb Ihrer Homepage einheitlich sein! Probleme erzeugen bereits die durch Betriebssysteme und Browser belegten Tastenkombinationen, welche durch Ihre definierten Tasten nun überschrieben werden. Leider gibt es hierfür keine Standardbelegung.

Taste	Beschreibung
0	Zur Startseite
1	Zum Seitenanfang
2	Nächste Seite
3	Vorhergehende Seite (einer Dokumentenserie)
4	Nächste Rubrik oder eine Ebene tiefer
5	Vorhergehende Rubrik oder eine Ebene höher
6	Zur Gesamtübersicht, Inhaltsverzeichnis bzw. Suchfunktion
7	Inhaltsverzeichnis dieser Seite
8	Textbeginn dieser Seite
9	Kontakt zum Autor oder zum Impressum
C	Frei für eigene Verwendung
I	Frei für eigene Verwendung
J	Frei für eigene Verwendung
K	Frei für eigene Verwendung
N	Frei für eigene Verwendung
#	?
,	?
.	?

Tab. 16: Vorschläge für Accesskey-Belegung

⇨ *www.barrierefreies-webdesign.de/knowhow/accesskey/empfehlung.php*

Vergleicht man die bereits definierten Tastenbelegungen der verbreitesten Browser MS IE 5.01, Mozilla 1.0, Netscape 6.2 und Lynx, so bleiben nur folgende Buchstaben unbelegt: C, I J, K und N. Aber keine Gewähr, ob dies in der nächsten Version auch noch so ist.

Lediglich die Ziffern sechs bis acht können demnach für Übersichten/Blöcke verwendet werden. Insgesamt dürfte aber ein Belegen der Zifferntasten auf wenige Probleme mit Browsernutzern stoßen.

Lt. BITV sollen für Formularkontrollelemente bzw. Formularblöcke auch Kurzbefehle definiert werden. Allgemein wird dort aber ein sparsamer Umgang mit den Accesskeys angeraten, so daß nicht jeder Link und jedes Formularfeld entsprechend belegt werden muß. Sinnvoll ist, die allgemeine Belegung Ihrer Tasten auf einer Hilfeseite zu erläutern.

9.6.17 Links zu Barrierefrei-HTML-Infos im Web

eCovernment-Handbuch
⇨ *www.bsi.bund.de/fachthem/egov/6.htm*

Barrierefreies Webdesign
⇨ *download.knowware.de/barrierefrei.pdf*

Stichpunkte der Anforderungen
⇨ *www.uni-stuttgart.de/www/uni/beispiele/barrierefrei*

Kurze Erläuterungen mit Checklisten
⇨*www.webforall-heidelberg.de/html/deutsch/empfehlungen.php*

Private Homepage 123-Barierefrei
⇨ *123barrierefrei.de*

9.7 Barrierefreies PDF

Ein neben HTML verbreitetes Dokumentenformat ist PDF (➴ *11.12.2*). Die Firma Adobe Systems Inc. bietet einen kostenloser Reader auch als Plugin für gängige Internetbrowser an. Der Vorteil einer druckoptimierten Darstellung von Text und Grafik ist nicht nur für AGBs, Produktblätter oder längere Dokumentationen von Interesse. Einer der Vorteile besteht darin, daß so wie Sie ein Dokument am Bildschirm sehen, es auch drucken können – meistens jedenfalls.

Wo das nicht so ist und beim Druck nur ‚Hieroglyphen' erscheinen, können Sie vom Programm die jeweilige Seite in eine Grafik umwandeln und dann zum Drucker senden.

Für die Barrierefreiheit interessant ist aber erst PDF 1.4 (tagged PDF), welches ab Adobe Reader 5 (wie der Acrobat Reader jetzt heißt) lesbar ist. Ab Version 1.4 werden Strukturelemente für Texte, Listen und Tabellen sowie außerdem Inhaltsverzeichnisse, Zitate, Verweise (Links) und Formulare unterstützt.

Bedenken Sie aber, daß assistive Techniken immer den Standards hinterherhinken und ein Update (meist eher eine Neuinstallation) bei Behinderten nicht so einfach möglich ist. Ferner ist der Aufwand wesentlich größer, barrierefreies PDF zu erzeugen, als wenn Sie dies mit HTML realisieren würden. Häufig müssen Sie dazu auf Drittprodukte ausweichen. Da ist es meist einfacher die gleichen Inhalte parallel barrierefrei als HTML anzubieten, als ein PDF-Dokument restlos barrierefrei zu machen. (Siehe auch ➴ *9.9 Alternativen?*)

„Zugängliche Adobe-PDF-Dateien erstellen"
⇨ *www.adobe.de/epaper/tips/acr5access/pdfs/AccessGuide.pdf*

Aktion Mensch e.V., Fachartikel: PDF-Dokumente – lesbar für alle
⇨ *www.einfach-fuer-alle.de/download/pdf_barrierefrei.pdf*

9.8 Barrierefreies Audio

Die deutsche BITV legt unter Priorität 1 Anforderung 1 fest:

> Für jeden Audio- oder visuellen Inhalt sind geeignete äquivalente Inhalte bereitzustellen, die den gleichen Zweck oder die gleiche Funktion wie der originäre Inhalt erfüllen.

D.h. wichtige Audio- oder Videopräsentationen sind parallel auch in Textform bereitzustellen. Allgemein betrachtet stoßen Gehörlose aber nur auf wenige Barrieren im Web. Bedenken Sie auch, daß viele Firmen-PCs aufgrund fehlender oder abgeschalteter Lautsprecher ihre Bediener zu gehörlosen Internetnutzern machen.

9.9 Alternativen?

In Kurzform

Bedingung 11.3 der BITV besagt, daß nicht-barrierefreie Techniken zu ersetzen sind, sobald es äquivalente und zugängliche Möglichkeiten gibt. Mit HTML existiert ein solches eingeführtes Äquivalent!

Internet hören

Eine Form der Barrierefreiheit ist, wenn Sie eigene **Texte zum Hören** anbieten (Selbsterstellung oder ✐ *9.3.3 Kostenpflichtige Services*). Dabei kann sich jeder Internetnutzer die Seiten und die Links in unterschiedlicher Sprachgeschwindigkeit vorlesen lassen:

Beispiel: ⇨ *bmgs.bund.de* ⇨ *Links hören* oder ⇨ *Inhalt anhören*

Ein weiteres Modul bietet an, PDF in HTML zu verwandeln. Hierbei kann jeder Nutzer entscheiden, ob und wie er sich PDF-Dokumente ansehen oder anhören möchte. Beide Module können direkt über ⇨ *www.comspace.de* (für deutsche Behörden kostenlos) bestellt werden. Die Firma Comspace hat diese Module für das BMGS erstellt hat. (EDV-technische Anpassungen sind u.a. kostenpflichtig.)

9.9.1 MS Office

Eine nicht-barrierefreie Alternative ist das Speichern Ihrer Office-Dokumente im RTF, welches von jeder gängigen Textverarbeitung gelesen und wiedergegeben werden kann. Das Problem der allgemeinen Zugriffsmöglichkeit hätten Sie mit dem unabhängigen Textformat somit gelöst, die Barrierefreiheit hingegen nicht.

Viele Nutzer verwenden Officeprogramme auch, um PDFs zu erzeugen. In diesem Fall sollten Sie eine Reihe von Struktur- und anderen Informationen in Ihre Dokumente bringen und diese auch in Ihr Ziel-PDF übertragen. Allerdings ist PDF noch nicht barrierefrei, so daß als einzige Alternative nur HTML bleibt!

In MS Word finden Sie im Hilfemodul das Kapitel "Eingabehilfen für sehbehinderte und bewegungseingeschränkte Benutzer". Dort werden Hinweise zur Einstellung spezieller Funktionen angeboten.

9.9.2 Macromedia Flash

Auch Macromedia ist bemüht seine Produkte barrierefrei zu machen:

⇨ *www.macromedia.com/macromedia/accessibility/features/flash*

⇨ *www.einfach-fuer-alle.de/artikel/flash*

Derzeit ist der Einsatz nur für sehr begrenzte Anwendungsbereiche vom Gesetz gedeckt, bei denen HTML als Äquivalent nicht eingesetzt werden kann.

9.10 Gebärdensprache

9.10.1 Was ist Deutsche Gebärdensprache?

Zitat ⇨ *www.gebaerdenwerk.de/DGS.html*:

Aufgrund des Fehlens bzw. der Beschädigung auditiver Sinnesorgane sind Gehörlose auf den Gebrauch einer visuellen Sprache, der Gebärdensprache, angewiesen. Entgegen der Annahme, Gebärdensprache sei international, ist sie tatsächlich von Land zu Land unterschiedlich. So findet sich in jeder Nation eine eigene Gebärdensprache, die darüber hinaus durch teilweise starke regionale Dialekte geprägt sein kann. Während man in den USA die American Sign Language (ASL) und in Frankreich die Langue des Signes Français (LSF) benutzt, wird hier in Deutschland die Sprache Gehörloser als Deutsche Gebärdensprache (DGS) bezeichnet.

Die Erforschung der Deutschen Gebärdensprache gehört zu den jüngsten Sprachwissenschaften, da sie erst in den 80er Jahren ihren Anfang fand. Seitdem steht fest, daß die DGS eine vollwertige Sprache mit eigener Grammatik und eigenen linguistischen Strukturen ist, die sprachwissenschaftlich mit den gesprochenen Sprachen gleichgestellt werden kann.

- Gebärdensprache ist nicht wie Pantomime an konkrete oder bildhaft darstellbare (ikonische) Inhalte gebunden. Wer Gebärdensprache gut beherrscht, kann darin ebenso gut komplexe und abstrakte Ideen ausdrücken, wie es in der gesprochenen Sprache (Lautsprache) möglich ist.
- Gebärdensprachen sind keine unvollständigen oder gebrochenen Formen der jeweiligen Lautsprachen eines Landes, sondern haben eine eigene linguistische Struktur. Darüber hinaus verfügt die DGS über einen umfassenden Gebärdenschatz (Lexikon).
- Gebärdensprache ist eine natürliche Sprache und nicht erfunden wie z.B. Esperanto. Sie wird meist von gehörlosen Kindern mit ebenfalls gehörlosen Eltern an ihre Mitschüler weitergegeben, da diese in ihrem hörenden Zuhause eventuell nur begrenzt Zugang zu Gebärden haben. Vor allem an vielen skandinavischen und amerikanischen und auch an mehr und mehr deutschen Schulen ist Gebärdensprache ein Pflichtfach, wie hierzulande Deutsch, und ist Unterrichtssprache auch in anderen Fächern.

Mehr Informationen zur Gebärdensprache und ihrer Erforschung können Sie der Homepage des Instituts für Deutsche Gebärdensprache der Universität Hamburg entnehmen: ⇨ *www.sign-lang.uni-Hamburg.de.*

*********************** Zitat Ende ***************************

9.10.2 Gehörlose & Schriftsprache

Der Zugang zu Informationen erfolgt allerdings primär über Schrift, z.B. die Zeitung oder ein Artikel im Internet. Dabei stoßen Gehörlose jedoch auf Verständigungssprobleme (Barrieren), da sie schwierige Texte nicht oder nur zum Teil verstehen.

Das klingt für Sie sicher überraschend, da zwischen der Hörschädigung und der Schriftsprachkompetenz kein ursächlicher Zusammenhang gesehen wird. Der Grund liegt aber in der Hörschädigung selbst. Gesprochene Sprache wird vor allem über das Gehör erlernt. Dies ist aber für Menschen mit einer starken Hörschädigung nicht möglich. Bei Lautsprachen wird der auditive Kanal (Ohren) und bei Gebärdensprachen der visuelle Kanal (Augen) angesprochen. So entstehen große Unterschiede in den grammatischen Strukturen. Folglich müssen Gehörlose eine Lautsprache inkl. deren schriftlicher Form wie eine Fremdsprache erlernen.

Ein gehörloser Schulabgänger hat häufig den Wortschatz eines hörenden Fünfkläßlers. Lediglich ca. 0,5 % aller Gehörlosen verfügen über die volle laut- und schriftsprachliche Kompetenz. Deshalb sind Internettexte nur bedingt geeignet. Schwierige Texte werden von Gehörlosen nur mit Mühe und teilweise sogar falsch verstanden werden.

Gebärdensprache

Erst mit dem Einsatz von Gebärdensprache steigt die Verständlichkeit von textbasierten Informationen für gehörlose Bürger.

Zitat aus der Präsentation des Gebärdenwerkes zur Infoveranstaltung des BMGS, 28.04.2004 (⇨ *www.gebaerdenwerk.de*).

9.10.3 Umsetzung

Die Umsetzung dieser Erkenntnisse führt zum Bereitstellen von Gebärdensprach-Filmen. Dabei werden die Webinhalte in die Deutsche Gebärdensprache übersetzt und auf Video festgehalten. Durch ein spezielles Videostreaming-Verfahren werden diese Filme den Internetnutzern zur Verfügung gestellt.

Nur auf diese Weise bekommen Gehörlose barrierefreien Zugang zu den Webinhalten. Zwei mit dem BIENE-Award ausgezeichnete Beispiele für die Umsetzung der Barrierefreiheit finden Sie unter folgenden Adressen:

- ⇨ *www.polizei.nrw.de*
- ⇨ *www.zielvereinbarung.stero.de*

Beide Homepages bieten Gebärdensprach-Filme an, welche einheitlich mit nebenstehendem Symbol gekennzeichnet werden. Die Polizei von Nordrhein-Westfalen war der einzige Gewinner einer goldenen Biene. Die zweite Homepage bietet zusätzlich eine Schriftvergrößerung an.

Abb. 18: DGS-Symbol

Logos zum kostenlosen und rechtefreien Einbinden: ⇨ *www.gebaerdenwerk.de/dgslogo.htm*

9.11 Sonstiges

Nicht nur daß Grafiken mit Rot-Grün-Kontrasten von ca. 10 % der männlichen Bevölkerung nur als Grau wahrgenommen werden, gibt es noch weitere Einschränkungen für die Gruppe der Sehenden zu beachten.

So können beispielsweise blinkende Grafiken mit einer Bildfrequenz ab vier Bildern pro Sekunde bei fotosensitiven Epileptikern Anfälle auslösen.

Kognitiv eingeschränkte oder konzentrationsschwache Menschen haben Probleme, lange oder verschachtelte Sätze sowie Fremdwörter zu verstehen.

Auch eine unübersichtliche Navigation kann bei normalen Internetnutzern neben Unverständnis (auch i.S.v. Nichtverstehen können) oder gar Abneigung erzeugen und damit ein Verlassen Ihrer Homepage bewirken.

Viele manuell-motorisch eingeschränkte Menschen navigieren nur mit der Tabulatortaste. Menüs und Links, die nur auf Mausklicks reagieren, können nicht aufgerufen werden! Bedenken Sie immer Tastaturbedienung!

Durch den reduzierten Einsatz von Grafiken und Multimediaelementen, den Verzicht auf Rahmen (Framesets) und die Umstellung des eingebetteten Tabellenlayouts auf CSS reduziert sich die Ladezeit u.U. auf ein Drittel bis ein Sechstel. Ein namhafter deutscher Zeitschriftenverleger konnte durch die Anpassung seiner Homepage auf Barrierefreiheit zwei Drittel Speicherplatz einsparen, einhergehend mit weiteren Kosteneinsparungen.

9.12 Grenzen

Die Grenzen der Barrierefreiheit beginnen dort, wo es neue Technologien gibt, die noch keine Behindertengleichstellung unterstützen. Die Gleichstellungsgesetze wollen nicht bewirken, daß Homepages nur im HTML-Format angeboten und neue Technologien ausgebremst werden.

9.13 Wichtige Links

9.13.1 Info-Links

Viele Infos zum Thema sowie Hilfsmittel
⇨ *www.barrierefreiesinternet.de*

eCovernment-Handbuch
⇨ *www.bsi.bund.de/fachthem/egov/6.htm*

Kapitel 4 Barrierefreiheit des eGovernment-Hb.

Umfassendere Informationen finden Sie kostenlos unter

⇨ *www.bsi.bund.de/fachthem/egov/download/4_Barriere.pdf.*

Qualitätskriterien für einen bürgerfreundlichen und sicheren Webauftritt
⇨ *www.bsi.bund.de/fachthem/egov/download/4_Qualit.pdf*

Forschungsinstitut Technologie-Behindertenhilfe
⇨ *www.ftb-net.de*

Authoring Tool Accessibility Guidelines Working Group (Liste autorenunterstützender Kriterien und Systeme)
⇨ *www.w3.org/WAI/AU/Overview.html*

Viele Links zur Barrierefreiheit
(Bindestriche mitschreiben) ⇨ *www.bund.de/Gut-zu-Wissen/Kommunikation-und-Medien/Internet/Barrierefreies-Internet-.7483.htm*

Gebärdenwerk (Logo nebenstehend)
⇨ *www.gebaerdenwerk.de*

Homepage für das Drum-Herum zur Barrierefreiheit
⇨ *123barrierefrei.de*

Deutsche Gesetze und Verordnungen

Deutsches Behindertengleichstellungsgesetz (BGG) und weitere Verordnungen
⇨ *www.behindertenbeauftragter.de/gesetzgebung/behindertengleichstellungsgesetz/gesetzestext*

Barrierefreie Informationstechnikverordnung (BITV)
⇨ *wob11.de/gesetze/bitv.html*

Österreich

Begutachtungsentwurf des Behindertengleichstellungsgesetzes (BGStG)
⇨ *www.bmsg.gv.at/cms/site/detail.htm?channel=CH0397&doc=CMS1091695481916*

Schweizer Gesetze und Verordnungen

Behindertengleichstellungsgesetz (BehiG)
⇨ *www.admin.ch/ch/d/sr/c151_3.html*

Behindertengleichstellungsverordnung (BehiV)
⇨ *www.admin.ch/ch/d/sr/c151_31.html*

Internationale Regelungen

Web Accessibility Initiative (WAI) ⇨ *www.w3.org/WAI*

Vollständige Checkliste
⇨ *www.w3.org/TR/1999/WAI-WEBCONTENT-19990505/full-checklist*

9.13.2 Initiativen

BIENE-Wettbewerb

Die Aktion Mensch (⇨ *www.aktion-mensch.de*) und die Stiftung Digitale Chancen (⇨ *www.digitale-chancen.de*) haben erstmals Ende 2003 den BIENE-Award verliehen. Die Biene steht für "Barrierefreies Internet eröffnet neue Einsichten". Sie wird in verschiedenen Kategorien vergeben.

Abb. 19: BIENE-Logo

Das Aktionsbündnis für barrierefreie Informationstechnik ist Zusammenschluß von Behindertenverbänden und Experten. Ziel ist es, Information allen zugänglich zu machen. Die Initiative wird auch vom Bundesministerium für Gesundheit und Soziale Sicherung (BMGS ⇨ *www.bmgs.de*) gefördert.

Abb. 20: Zeichen des AbI

Auf der AbI-Homepage finden Sie unter ⇨ *Neues* (später ⇨ *Archiv 2004*) ⇨ *AbI gibt Buch für barrierefreies Webdesign heraus.*

⇨ *www.abi-projekt.de*

9.14 Checkliste

Nur einige Punkte zur Erzielung der Barrierefreiheit (unvollständig)

- ☐ Inhaltsverzeichnis
- ☐ Übersichtliche Navigation (Menüleiste, aktuelle Hierarchie usw.)
- ☐ Aussagekräftige Linktexte mit TITLE-Attribut
- ☐ Genügend Abstand zwischen Links
- ☐ ALT- und TITLE-Parameter bei Grafiken; alternative Links
- ☐ Accesskeys (sparsame und immer gleiche Kurzbefehle)
- ☐ Unabhängige Nutzung vom Bediengerät
- ☐ Ausreichend Hell-Dunkel- & Farbkontrast
- ☐ Kein Blinken
- ☐ Beeinflussung zeitgesteuerter Anzeigen (Anhalten, Zurück)
- ☐ Mit abgeschalteten Zusätzen noch les- und bedienbar (auch CSS)
- ☐ Schriftgröße (12pt) ⇨ 1em = 100 %; ohne Serifen, skalierbar
- ☐ Skalierbarkeit ⇨ relative Elementdefinitionen (Schrift, Rahmen)
- ☐ Leichte Sprache, Erläuterung von Abkürzungen & Fremdwörtern
- ☐ Gliederung von & Erläuterungen in Tabellen und Formularen
- ☐ Gebärdensprache (Bereitstellung entspr. Filme)
- ☐ Internet hören (Bereitstellung von Audiodateien)

Check. 18: Behindertengleichstellung

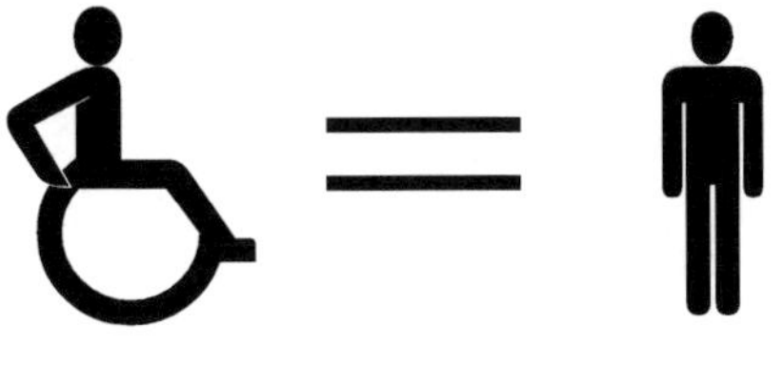

10 Webhosting

10.1 Begriffe

Genau genommen müssen Sie während der Entwicklung Ihrer Homepage auch die Anforderungen im Auge behalten. Besitzen Sie eigene Webserver gibt es außer Softwarelizenzen und Programmkompatibilitäten zunächst keine Probleme. Möchten Sie jedoch die Webserver extern betreiben lassen, d.h. einen kommerziellen Webhoster beauftragen, so sollte dessen Leistungsfähigkeit klar sein.

Webhost(er)

Als **Host** oder **Webhost** wird allgemein ein Internetrechner bezeichnet, der Daten bereitstellt. Meist sind es statische Homepages, aber es können auch Abfragen von Datenbanken integriert sein (dynamische Seiten).

Ein **Webhoster** ist ein Betreiber meist von mehreren solcher Hostrechner, auf die viele verschiedene Homepages abgelegt werden. Gewöhnlich zeigen viele Domänen auf den gleichen Hostrechner (mit der gleichen IP-Adresse), allerdings auf verschiedene Verzeichnisse.

Verwenden Sie PHP-Skripte, so muß auf dem Webserver logischerweise auch PHP installiert sein und laufen. Gleiches gilt für andere Skriptsprachen, z.B. CGI, Perl oder auch für Java. Javascript wird gewöhnlich auf der Clientseite, also im Browser Ihrer Besucher abgearbeitet, so daß Sie hierfür wenig beachten müssen.

Durch zusätzliche Anforderungen wie PHP oder MySQL-Datenbank muß der Provider zusätzlich Software installieren und überwachen, was neben einmaligen Kosten auch laufenden Aufwand bedeutet. Diese Aufwendungen wird er in die Webhostingkosten einkalkulieren.

Kosten

Im Zusammenhang mit dem Hosten einer Domäne gibt es zwei Kostenarten: einerseits die Domänverwaltungskosten, die meist jährlich zu entrichten sind und andererseits monatliche verbrauchsabhängige Kosten (Datentransfervolumen).

Zusätzlich wird meist noch eine Einrichtungsgebühr erhoben, die durch das Registrieren/Beantragen Ihres Domännamens und dem Einrichten Ihres Zugangs zum Webhoster anfallen.

Subdomäne

Als **Subdomänen** werden Unterdomänen bezeichnet. Jede Second-Level-Domäne ist Subdomäne der jeweiligen Top-Level-Domäne (TLD).

Viele Webhoster bieten die Möglichkeit eigene, freiwählbare Subdomänen anzulegen und zu verwalten. Diese Adressen verlinken normalerweise auf Dateien, die auch über Ihre normale Homepageadresse erreichbar sind. Nutzer können sich so aber die URL besser einprägen.

10.2 Wohin?

Folgende Möglichkeiten gibt es, wie Sie Ihre Internetpräsenz unterbringen können:

- Eigener Webserver
- Als persönliche Homepage bei einem Internetprovider oder anderem Internetdienst, z.B. Freemailer
- In einem virtuellen Einkaufszentrum oder Webladen
- In einem Unterverzeichnis oder unter einer Subdomäne eines Webhosters
- Auf einem virtuellen Server eines Webhosters

10.2.1 Eigener Webserver

Sofern Sie sich für einen eigenen Webserver entscheiden, sollten Sie folgende Anforderungen berücksichtigen bzw. folgende Fragen beantworten:

- Zu verwendende Hard- und Software, Serverstandort
- Sicherheitsupdates für die eingesetzte Software
- 24h-Überwachung
- Netzanbindung, Router, Bandbreite
- Datensicherung (Pflicht: täglich und wöchentliche Komplettsicherung)
- Gewährleistung des Datenschutzes
- Schutz vor Viren, Würmern, Spionage, Dos-Attacken und Hackern

Gerade aus der Beobachtung rund um die Uhr resultiert die Beschäftigung von mindestens drei Mitarbeitern, sicherlich nicht hauptsächlich, so doch aber nebenbei; Urlaub und Krankheit nicht eingerechnet.

Webserver

Wissen Sie nicht genau, was für das Einrichten eines Webservers erforderlich ist, versuchen Sie es erst gar nicht!

Konzentrieren Sie sich auf Ihr Kerngeschäft, anstatt mehere 100 Seiten dicke Handbücher zu wälzen und sich in Fachchinesisch einzuarbeiten.

Unter dem Strich wird dies nicht nur sehr zeitaufwendig, sondern auch sehr teuer und kompliziert. Für viele Unternehmen stellen eigene Webserver deshalb keine optimale Lösung dar. Fast immer ist es deshalb billiger diese Aufgaben auszulagern und an einen professionellen Webhoster zu übergeben.

10.2.2 Kostenloser Speicherplatz von Dritten

Kostenlosen Speicherplatz bieten beispielsweise an:

- Accessprovider (T-Online, AOL)
- Freemailer (📖 *Das Große Freemailbuch* ➘ *Literaturtipp[7]*)
- Private Homepage-Anbieter (z.B. *Nixfree.com*)

Bei obigen Homepageanbietern ist es zwar billig, aber für eine professionelle Webpräsenz selten geeignet. Die URLs haben meist folgendes Aussehen:

members.aol.com/**IhrName**
www.speedyintenet.net/memberpages/**IhrName**
home.t-online.de/home/**IhrName**
www.geocities.com/**your-Yahoo!-ID**

Für den privaten Bereich und auch in Kombination mit einer eigenen Domänadresse, die auf die private Homepageadresse umgeleitet wird, ist es eine durchaus sinnvolle Alternative, noch dazu für den ersten Internetauftritt und um in die Materie hineinzuschnuppern.

Einige kostenlose Anbieter sind:

- *www.nixfree.com*
- *www.freehomepage.com*
- *www.geocities.com*
- *4free.com*
- *www.tripod.com*
- *www.whosting.ch*

10.2.3 Virtuelles Einkaufszentrum & Webladen

Erste Frage zur Bedeutung, die Sie sich stellen können: Wieviele virtuelle Einkaufszentren kennen Sie? Sicherlich wenige bis keine. Das sagt auch bereits alles zur Attraktivität und, ob Sie dort mit präsent sein sollten, aus.

Bei virtuellen Einkaufszentren wurde die Geographie normaler Einkaufszentren auf das Internet übertragen, im Glauben auch hier alles an einem Ort anzubieten. Dabei wird aber verkannt, daß im Internet bereits alles nur einen Mausklick voneinander entfernt ist.

Die Inhaber virtueller Kaufhäuser argumentieren, daß sie Besucher zu Ihnen bringen. Der Beweis steht jedoch meistens aus. Für die Bekanntmachung Ihrer Homepage und Werbung für Ihre Produkte & Dienstleistungen müssen Sie immer noch selbst Sorge tragen. Daher ist Ihr persönlicher Nutzen einer Präsenz dort zweifelhaft.

Nicht zu verwechseln sind jedoch virtuelle Einkaufszentren mit sog. Shopsystemen, die das softwaretechnische Gerüst für Internetverkaufsysteme darstellen. Bekanntester Anbieter ist die Firma Intershop. (Allerdings nicht Nachfolger der DDR-Intershops, obwohl Sie in den Shops auch mit Devisen bezahlen.)

Anders verhält es sich mit Webläden und wenn Sie nur ein oder zwei Produkte haben. Hierbei kann es besser sein, diese in einem fremden Webladen einzubringen, der dann Marketing und Verkauf mit übernimmt. Sie setzen dabei auf dessen Seriosität und Bekanntheit direkt auf und profitieren mit geringem Aufwand. Ein Beispiel hierfür ist, wenn Sie Bücher über Amazon verkaufen und im weiteren Sinne Produkte über eBay versteigern. Im Fall von Amazon und eBay nutzen Sie einen bekannten Marktplatz zur Präsentation Ihres Angebotes.

10.3 Suche nach dem Wirt

Viele Webhoster wickeln die Anmeldung von Domännamen über Onlineformulare ab. Allerdings tauchen dort weniger gebräuchliche TLDs selten auf. So können Sie sich bei deutschen Webhostern nur selten online für eine *.ch*-, *.li*- oder *.lu*-Domäne registrieren. Einige bieten noch nicht einmal *.at*-Domänen an. In solchen Fällen müssen Sie auf eMail, Fax oder Telefon zwecks Anmeldung zurückgreifen.

Eine Alternative zu reinen Webhostern bieten einige Freemailer an. Dort gibt es neben einer eMailadresse auch die Möglichkeit, eine Homepage zu betreiben (🕮 *Das Große Freemailbuch* ✐ *19.4.1 Homepage*). Nutzen Sie eines dieser Angebote so brauchen Sie lediglich eine oder mehrere Domännamen anzumelden und diese auf Ihre dortige URL umzuleiten. Einige Freemailer bieten diesen Service auch an.

10.3.1 Kostenlose Angebote

Natürlich gibt es auch kostenlose Angebote. ⇨ *Webhosting.ch* bietet Webspeicherplatz ab 20 MB und ab 3 GB/Monat kostenlos an. Es ist lediglich eine Einrichtungsgebühr und eventuell noch eine Jahresgebühr für die Domäne zu bezahlen.

Komplett kostenlos gibt es eine Homepage via ⇨ *IhrName.nixfree.com* oder ⇨ *IhrName.q27.de*, ⇨ *IhrName.q27.at* oder ⇨ *IhrName.q27.net*. Über ⇨ *www.nixfree.com* erhalten Sie alle weiteren Infos, die da wären:

- Komplett kostenlose Homepage, dennoch jederzeit erweiterbar
- 20 Textseiten
- 500 KB für Bilder
- je 100 KB Speicher für Musik, Flash, Downloads
- Gästebuch, Kontaktformular, Besucherzähler,

10.3.2 Wirte mit guter Uptime

Uptime

Als **Uptime** wird die Zeit bezeichnet, die ein Webserver im Internet erreichbar ist. Die Angabe erfolgt in Prozent.

Auf ⇨ *www.hostsuche.de* können sich Anbieter selbst registrieren, um bestehenden und zukünftigen Kunden Auskunft über Ihre Leistungsfähigkeit zu geben.

⇨ *www.hostsuche.de/uptime.php*

Bei diesem Verfügbarkeitstest wird in unregelmäßigen Abständen die Verfügbarkeit der Anbieterserver getestet.

10.4 Leistungen des Webhosters

Bei der Domäne *freemailbuch.de* konnten beispielsweise folgende **Subdomänen** angelegt werden:

großes.freemailbuch.de und *kleines.freemailbuch.de*.

Weiterhin wird häufig noch der Begriff *Internationale Domänen* verwendet. Da die Tarifierung recht unterschiedlich ist, kommen bei ausländischen Domänen im Vergleich zur preiswerten deutschen TLD häufig weitere Kosten auf Sie zu.

Datentransfervolumen

Das **Datentransfervolumen (Traffic)** ist die Summe aller Internetaktivitäten im Zusammenhang mit Ihrer Homepage.

Datentransfers kommen zustande, wenn ein Besucher Webseiten, Daten, Bilder etc. abruft und betrachtet, also herunterlädt oder Ihnen eMails zukommen läßt. Gezählt und meist auch protokolliert wird sowohl der eingehende als auch der ausgehende Datentransfer. Auch Ihre Uploads zählen dazu. Abgerechnet wird der Datentransfer monatlich.

Für kleine private Homepages kann ein halbes Gigabyte pro Monat ausreichen. Kommerzielle Homepages liegen weit darüber. Überschreiten Sie das inklusive Übertragungsvolumen, so entstehen zusätzlich Kosten pro angefangenes Megabyte, seltener für angefangene halbe oder ganze Gigabytes.

Unseriös erscheint, wenn der Webhoster nicht in Megabytes (MB), sondern in 1.000 KB rechnet (1 MB = 1.024 KB).

Catch-All

Catch-All bedeutet ‚Alle einfangen'.

Diese Funktion erlaubt es Ihnen beispielsweise, alle eMails des Formats *XYZ@IhreDomain.de* zu empfangen, wobei XYZ ein beliebiger Mailname sein kann.

Ein weiterer Anwendungsfall erstreckt sich auf URLs. Egal, ob Sie Subdomänen angelegt haben oder nicht, sind Sie mit allen Subdomänadressen erreichbar. Dabei wird die eingegebene und nicht vorhandene URL automatisch auf die richtige URL umgeleitet.

Zurück zum obigen Beispiel. Würden die Subdomänen *grosses* und *kleines* nicht angelegt sein, würde jeder Besucher bei aktiver Catch-All-Funktion automatisch auf *www.freemailbuch.de* umgeleitet werden. Häufig gestattet diese Funktion auch das Weglassen von *www*. Die Eingabe von *freemailbuch.de* reicht dann bereits aus.

Wird ein Mailsystem angeboten, so sind folgende Funktionen wünschenswert:

- POP3/SMTP, ggf. IMAP
- Webmailoberfläche
- Postfachgröße
- Maximale Mailgröße
- SSL
- Weiterleitungsmöglichkeiten
- Catch-All
- Spam- und Virenschutz, eventuell Nachrichtenregeln

Eigene Fehlerseiten

Einige Webhoster bieten die Möglichkeit, eine oder mehrere fehlerabhängige Webseiten zu hinterlegen. Tritt ein Fehler auf, ist eine Webseite beispielsweise nicht vorhanden, so wird nicht eine allgemeine Fehlerseite des Hosters, sondern eine speziell von Ihnen erstellte Seite angezeigt, die einen Link zu Ihrer Startseite enthalten sollte.

Dies dient dazu, daß Besucher trotzdem zu Ihnen gelangen, auch wenn sie sich noch alte URLs gespeichert haben oder über Suchdienste zu Ihnen gelangen, also wenn in deren Trefferlisten noch Ihre alten Webseiten angegeben sind.

Eine Datensicherung des Webhosters sollte selbstverständlich sein und täglich erfolgen, bei Ihnen natürlich auch.

Weiterleitung

Mit der Weiterleitungsfunktion können Sie Ihre Domänadresse auf eine beliebige andere URL weiterleiten.

So kann die Adresse *freemail-buch.de* beispielsweise auf *www.thor-alexander.de/emailbuch.htm* weiterleiten. Das Ziel der Weiterleitung muß nicht auf dem gleichen Webserver oder beim gleichen Webhoster liegen. In der Regel gibt eine solche Weiterleitung auch für Subdomänadressen.

Support

Beim Support können Sie darauf achten, ob er telefonisch und über welche Rufnummern er möglich ist. Außerdem sollte er auch per eMail möglich sein.

Kostenloser Support muß aber auch irgendwie bezahlt werden. Meist haben Sie dadurch höhere monatliche Unterhaltskosten. Außerdem sollte der Support rund um die Uhr stattfinden. Wenn Sie Karfreitag Probleme mit Ihrer Homepage bemerken, möchten Sie sicherlich nicht bis Osterdienstag warten, um das Problem jemanden schildern zu können, oder?

Verfügbarkeit

Die ständige Verfügbarkeit Ihrer Homepage ist im Internet eine entscheidende Voraussetzung, gefunden zu werden. Sie liegt bei sehr guten Anbietern bei 99 bis 100 %.

Bei einigen rechtlichen Aspekten kann der Serverstandort auch von Bedeutung sein. Im Ausland gelten andere gesetzliche Regelungen, z.B. bezüglich Datenschutz und Herausgabe von Daten. Und wenn Sie auf deutsche Kunden mit Ihrem Angebot abzielen, kommt trotz ausländischem Serverstandort deutsches Recht zum Tragen. Beziehen Sie diese Überlegungen bitte mit ein.

Sicherheit

Ein Punkt, den Sie schwer einschätzen können, ist die Sicherheit vor Manipulation, z.B. durch Hacker. So passierte es auch dem Autor, daß bei einem hier nicht genannten Provider die Homepages gehackt und alle Seiten gelöscht wurden.

10.5 Domänkündigung & -umzug

10.5.1 Bei .de-Domänen

KK-Antrag

Möchten Sie Ihre Homepage von einem anderen Webhoster/Provider betreuen lassen, so ist dies ein Domänumzug. Dazu muß ein Antrag bei dem DeNIC gestellt werden. Dieser wird als **KK-Antrag** bezeichnet. KK steht für Konnektivitätskoordination.

① Der neue Provider stellt also bei dem DeNIC einen KK-Antrag.

② Sie müssen den alten Provider über den Wechsel informieren, also eine Kündigung mit Freigabe zum Transfer. Nicht zu verwechseln mit einer Kündigung und Löschung der Domäne (*24.10 Close-Antrag*).

Parallel sollten Sie bereits Ihre Webseiten beim neuen Webhoster uploaden, ggf. Subdomänen und Weiterleitungen einrichten. Das Gleiche gilt für Ihre eMailadressen.

③ Der alte Provider muß innerhalb von fünf Werktagen reagieren, entweder mit *ACK* (Acknowledged) für Zustimmung oder mit *NACK* (Not Acknowledged) für Ablehnung.

Liegt beim alten Provider keine Kündigung oder kein Providerwechselschreiben vor, so ist dieser verpflichtet, mit NACK zu antworten. Dies beugt Domän-Hijacking vor (*☞ 5.3.4 Domänentführung*).

④ Bis überall die neuen Adressen eingetragen werden, kann bis zu einem Tag vergehen. In dieser Zeit sind Sie unter Umständen unter beiden IP-Adressen erreichbar, also der IP-Adresse Ihres alten und unter der IP-Adresse Ihres neuen Providers. Daher ist es wichtig, beim neuen Webhoster bereits zuvor Ihre Hompeage angelegt und eingerichtet zu haben, damit für Ihre Besucher und für die Suchdienste der Wechsel unbemerkt vonstatten geht.

Ihr neuer Webhoster sollte daher bereits vorher eine Uploadmöglichkeit anbieten können.

10.5.2 Womit sollten Sie rechnen?

Erfahrungsgemäß wird es aber beim Providerwechsel Probleme geben (*☞ 10.5 Urteile*). Grundsätzlich ist jedoch zwischen Vertragslaufzeit und Abrechnungsperioden zu unterscheiden.

Da der Provider die Domäne bei der Domänvergabestelle meist jährlich im voraus bezahlen muß, wird er diese Kosten und seinen Aufwand logischerweise Ihnen nicht zurückerstatten wollen. Meist müssen Sie für eine Domänlöschung auch entsprechende Fristen beachten. Ein Domänumzug sollte hingegen vom Provider bzw. Webhoster anstandslos durchgeführt werden!

Wenn Ihr alter Webhoster jedoch offene Forderungen hat, besitzt er ein geringes Interesse seiner Mitwirkungspflicht nachzukommen. So kommt es dann häufig zu Schwierigkeiten und Zeitverzögerungen.

Einzugsermächtigung

Kündigen Sie eine erteilte Einzugsermächtigung bei Providerwechsel oder Domänaufgabe explizit! Sie haben so bessere Chancen, sofern der alte Webhoster Ihnen die Rücklastschriftgebühren aufbürden will.

Vor dem Löschen Ihrer Domäne und anschließender erneuter Anmeldung sei gewarnt, da in dieser Zeit Ihre Adresse freiverfügbar ist und die Konkurrenz nicht schläft. Sehr schnell verlieren Sie so Ihre Domänadresse – meist auf Nimmerwiedersehen. Ein Wechsel behütet Sie vor fremder Okkupation am besten, obwohl hier trotzdem ein gewisses Risiko besteht und zwar, wenn Sie versehentlich den falschen Antrag ausfüllen oder Dritte Ihren Wunsch falsch ausführen.

10.5.3 Bei .at-Domänen

Der Wechsel einer österreichischen Domäne schließt eine Verzögerungsquelle und zwar die Mitwirkung des alten Webhosters aus.

① Sie beauftragen Ihren neuen Provider mit dem Wechsel.

② Das ausgefüllte Formular inkl. Ihrer Unterschrift wird vom zukünftigen Webhoster an die NIC.AT weitergeleitet. Innerhalb weniger Tage dürfte Ihre Domäne eine neue Heimat gefunden haben.

Leider gibt es nur wenige Anbieter, die einen Umzug für *.at*-Domänen anbieten ⇨ *www.united-domains.de/umzug*.

10.5.4 Bei .ch/.li-Domänen

Hier ist der Umzug nicht ganz so einfach wie beim östlichen Nachbarn und nicht ganz so umständlich wie beim nördlichen Nachbarn.

① Sie beauftragen Ihren neuen Webhoster mit dem Umzug.

② Dieser leitet Ihren Antrag an die Schweizer Vergabestelle SWITCH weiter. Von dort erhalten Sie eine Bestätigungsmail an die beim Admin-C hinterlegte Adresse.

③ Sie drucken diese eMail aus, unterschreiben sie und faxen diese an die SWITCH.

④ Binnen drei bis vier Tagen dürfte der Umzug vollzogen werden.

Auch hier gilt das Gleiche wie für österreichische Domänen: Es gibt nur wenige Anbieter (⇨ *www.united-domains.de/umzug*)

10.5.5 Providerwechsel bei .com/.net/.org

Die meisten Webhoster werden den Umzug von Adressen anderer TLDs analog einer *.de*-Domäne ausführen. Das hat juristische und organisatorische Gründe.

Der eigentliche Umzug läuft ebenfalls papierlos, aber trotzdem anders ab:

① Bei diesen Domänen wird der Umzug vom neuen Provider mittels *Domain Request* gestartet. Eine vorherige Kündigung beim alten Webhoster ist nicht erforderlich.

② Die Domänvergabestelle prüft den Transferwunsch und sendet eine eMail an die eingetragene eMailadresse des Admin-C.

③ Auf diese eMail wird eine Antwort von Ihnen erwartet, um so den Transfer zu bestätigen. Die eMail ist komplett in englisch und kann aufgrund Ihrer Unübersichtlichkeit leicht als Spammail interpretiert werden.

Die eMail muß binnen einiger Tage bestätigt werden, ansonsten gilt der Umzug als abgelehnt. Aktualisieren Sie daher zuvor Ihren Admin-C-Eintrag, sofern die dort hinterlegte eMailadresse nicht mehr korrekt ist (WHOIS).

60-Tage-Sperrfrist

Bei *.com/.net/.org*-Domänen ist ein Umzug frühestens 60 Tage nach der Registration möglich.

10.5.6 Umzug von info/biz

Bei *.info/.biz*-Domänen ist für den Hosterwechsel ein Authorisationscode notwendig. Nur damit kann der neue Webhoster Ihre Domäne(n) übernehmen.

Den Code erhalten Sie vom alten Provider und teilen diesen Ihrem zukünftigen mit. Gibt Ihr Webhoster den Code Dritten, so begeht er eine Pflichtverletzung.

10.5.7 Umzug exotischer Domänen

Haben Sie Lust auf Abenteuer? Wenn nein, dann sollten Sie exotische Domänen, wie *.cc* oder *.ws* nicht umziehen lassen. Jede Vergabestelle kennt Ihre eigenen Regeln und nicht jeder Webhoster ist bereit, sich damit zu befassen. Sinnvoller kann es da sein, beim alten Provider mit diesen Domänen zu bleiben oder einen eigenen Nameserver einzurichten.

10.5.8 Urteile

OLG München, 6 U 5770/01 vom 05. Dezember 2002

Ein Provider muß eine Kundendomäne freigeben, wenn der Vertrag gekündigt wird. Dies gilt natürlich auch, wenn ein sogenannter Geschäftsbesorgungsvertrag bestand und die Domäne bei dem DeNIC auf den Namen des Providers eingetragen ist.

10.6 Hochladen Ihrer Daten

Typ	Programm	URL
K/F	AceFTP	⇨ *freeware.aceftp.com*
F	SmartFTP (einfach, flexibel)	⇨ *www.smartftp.com*
F	WS_FTP LE	⇨ *www.ftpplanet.com/downloadLE.asp*
K	9.95 FTP	⇨ *www.995soft.com/995ftp/*
K	Cute FTP	⇨ *www.cuteftp.com/cuteftp/compare.asp*
K	PsFTP	⇨ *www.psftp.de/download_free.html*
K	ZillaFTP⇨	⇨ *www.zillaftp.com/*
K/F	Coffee Cup Direct FTP	⇨ *www.coffeecup.com/directftp*
T	Auto FTP	⇨ *www.deskshare.com/afm.aspx*
T	BulletProof FTP Client	⇨ *www.bpftp.com/*
T	FlashFXP	⇨ *www.flashfxp.com/download.php*
T	FlashGet	⇨ *www.amazesoft.com/*
T	FTP Voyager	⇨ *www.ftpvoyager.info/produktinfo/download.htm*
T	IglooFTP PRO	⇨ *www.iglooftp.com/windows/*
T	My FTP	⇨ *www.submitad.com/myftp.htm*

Tab. 17: Einige FTP-Programme

F =	Freeware	S =	Shareware
T =	Testversion/Trialversion (30 d)	K =	Kaufsoftware

Siehe auch ⇨ *www.meine-erste-homepage.com/ftp.htm*. Haben Sie mal kein FTP-Programm zur Hand, dann ist Web-FTP genau das Richtige für Sie:

⇨ *www.topsubmit.de/dienste/tools/ftp-via-web*

10.7 Sicherheit

Durch das gezielte oder zufällige Eindringen Fremder in Ihr System ergeben sich folgende Gefahren für Sie:

- Verändern Ihrer Homepage (z.B. Einbindung infizierter Skripte oder Webkäferaufrufe in Ihre Seiten, Verändern von Gästebuch- oder Datenbankeinträgen, Löschen von Seiten)
- Teilnahme an DoS-Attacken auf Dritte
- Mißbrauch Ihres Rechners zum Spam- bzw. Viren-/Wurmversand
- Überwachung Ihrer Homepage sowie Ihrer Besucher durch die Installation entsprechender Programme (z.B. Trojaner), das Ausspionieren von persönlichen Daten und deren Weitergabe
- Nutzung Ihrer Speicher- und Netzwerkkapazitäten zur mißbräuchlichen Verteilung von Software und Daten, die unbemerkt im Hintergrund läuft, da zunächst kein offensichtlicher Schaden entsteht

Selbst mit einem für Hacker kaum überwindbarem Schutz sind Sie noch folgenden Gefahren ausgesetzt:

- Ziel von DoS-Attacken
- Ziel von Mailbomben

10.8 eMailadressen

Sicher gehört zu einer Homepage auch eine Kontaktmöglichkeit per eMail. Es ist dabei nicht unbedingt erforderlich, daß Ihre eMailadresse unter der gleichen Domäne wie Ihre Homepage angelegt ist. Folgende Anforderungen können Sie an eMailpostfächer stellen:

- Anzahl
- Postfachgröße
- zulässige Mailgröße
- Mailprotokolle (POP3/SMTP, IMAP, Webmail)
- Spam-/Virenfilter
- eigene Nachrichtenregeln
- Autoresponder
- Alias

Sofern Sie mehr zu diesem Thema erfahren möchten, wird auf 🕮 *eMail mit Freemail* verwiesen. Dort finden Sie auch einen kompakten Überblick über Freemailer, auch diejenigen mit Webspeicherplatz.

☑ Quasi-Muß, erreichbar, auch wenn nicht explizit angegeben
☐ Kann, in einigen Bereichen aber Standard

Soll	Adresse	Bedeutung
☑	info@	Allgemeine Anfragen und Kontaktaufnahmen
☑	webmaster@	Verantwortlicher für den Betrieb des Webservers und Zugriffprobleme
	postmaster@	Verantwortlicher für den Mailserver
☐	kontakt@	Für deutschsprachige Anfragen
	contact@	Für englisch-sprachige Anfragen
☐	presse@	Für Presseanfragen
☐	support@	Für Mitgliederbetreuung
	service@	Für Mitgliederbetreuung
	marketing@	Die Marketing-Abteilung
☐	redaktion@	Bei redaktionellen Angeboten (Inhaltsverantwortlicher, Standard im Pressebereich)
	abuse@	Spammeldung

Tab. 18: Allgemein übliche Service-eMailadressen

10.9 Hilfe, meine Homepage ist gehackt!

Was tun, wenn die eigene Homepage gehackt wurde?

① Nehmen Sie die komplette Homepage vom Netz! Nach Prüfung können Sie auch eine alte Version (Sicherungskopie) hochladen!

② Informieren Sie Ihre Besucher über den Vorgang, damit diese ggf. genauer auf Trojaner oder andere Infekte prüfen (Info auf der Startseite)!

③ Untersuchen Sie die gehackten Seiten, was und wie geändert wurde!

④ Analysieren Sie die Logfiles, um herauszufinden, wann wer wie eingedrungen ist!

⑤ Treffen Sie Vorkehrungen, damit dies nicht wieder passiert! Ändern Sie alle Paßwörter und stellen Sie die Schwachstellen ab!

Beispielsweise hat *PHP Nuke* den Ruf nicht allzu sicher zu sein. In einem solchen Fall kann auf *Blindhompages* oder andere PHP-Projekte ausgewichen werden.

10.10 Checkliste

Webhosting in Kurzform

- ☐ Speicherplatz
- ☐ Monatliches Datenübertragungsvolumen (Traffic)
- ☐ FTP-Uploadmöglichkeit
- ☐ Umfangreiches und komfortables Administrationsmenü
- ☐ Subdomänen
- ☐ Integrierter eMaildienst inkl. konfigurierbarer Adressen
- ☐ Anforderungen Ihrer Software an Webserver (PHP, Perl, Datenbanken)
- ☐ Seriosität des Webhosters
- ☐ Kündigungsfristen und Zahlungsmodalitäten
- ☐ Supportmöglichkeiten

Check. 19: Webhosting

Das Homepagebuch wider der Unwissenheit

Ausführliche Webhosterprüfliste

- ☐ Einrichtungsgebühr
- ☐ Speicherplatz
- ☐ Monatliches Internetverkehrsvolumen/Traffic (GB/Monat)
- ☐ Verfügbarkeit (Uptime)
- ☐ Sicherheit Ihrer Daten (z.B. vor Hackern)
- ☐ Zugriffstatistiken
- ☐ FTP-Zugang für Upload der Daten, WebFTP
- ☐ SSL-Unterstützung
- ☐ Verzeichnisschutz
- ☐ Eigene Fehlerseiten (d.h., wenn eine Seite nicht gefunden werden kann, daß eine Fehlerseite von Ihnen erscheint)
- ☐ Downloadbarkeit von Logfiles
- ☐ Art und Umfang des Supports, Supportzeiten
- ☐ Zur Verfügung gestellte Hilfsprogramme
- ☐ Backupmöglichkeiten und tägliche Datensicherung
- ☐ Anlegbare Subdomänen (z.B. **kleines**.freemailbuch.de, **grosses**.freemailbuch.de)
- ☐ Catch-All-Funktion für Subdomänen und eMailadressen
- ☐ Angebotene Zusatzleistungen (Perl, CGI, PHP usw.)
- ☐ Datenbankunterstützung, z.B. MySQL
- ☐ eMailpostfächer (PF-Größe, Mailgröße, Viren-/Spamschutz)
- ☐ Erweiterbarkeit
- ☐ Kündigungsfristen und Zahlungsmodalitäten

Check. 20: Ausführliche Webhosterprüfliste

Dieser Anbieter prüft kostenlos und stündlich die Verfügbarkeit Ihrer Homepage im Netz:

➪ *extreme-dm.com/tracking/?home*

11 Suchmaschinenanmeldung & Co.

Siehe auch *1.3 Suchmaschinenbegriffe.*

11.1 Allgemeines

Suchmaschinen, englisch: *Search Engines*, spanisch: *Buscardores* helfen als Navigatoren das chaotische Internet zu strukturieren und zwar speziell auf Ihre konkrete Anforderung bezogen, die Sie in Suchphrasen formuliert haben. D.h. Suchdienste sortieren Homepages bzw. Internetseiten themenbezogen. Je nach dem wonach Sie suchen.

Dazu bedienen die Suchdienste sich sogenannter Roboter, Robots, Spider oder Crawler – viele Begriffe für Software mit ähnlicher Funktion und gleichem Ziel, nämlich dem Indizieren von Internetseiten. Dabei folgen die Spider jedem Link einer Webseite bis zu einem gewissen Grad, z.B. bis zu einer Tiefe von fünf, zehn oder zwanzig Links. Die Optimierungen setzen hier an und versuchen Informationen so suchmaschinengerecht wie möglich anzubieten. Denn je besser die Informationen zur Verfügung gestellt werden, um so besser ist das Ranking, also Ihre Position in Trefferlisten bei bestimmten Suchbegriffen.

Nur bei ca. 5 % der Suchdienste erfolgt die Indizierung von Homepages manuell. Sie werden meist Linklisten oder Verzeichnisse genannt und sind manipulationssicher, da eine Person die Reihenfolge in den Rubriken bestimmt. Dort gibt es wenig Spielraum für Optimierungen.

Ranking

Ihre Position in den Trefferlisten einer Suchmaschine nennt man **Ranking**. Je weiter vorn Sie stehen, um so besser. Meist werden nur die ersten zehn oder zwanzig Treffer zu einem gesuchten Begriff angeschaut.

Statistiken

Nach einer Studie des amerikanischen Marketing-Beraters *IMT Strategies* nehmen Suchmaschinen beim "Gefunden werden" den Spitzenplatz ein. 45,8 % der Internetnutzer gaben an, neue Homepages über Buscardores gefunden zu haben. 20,3 % verwiesen auf Mundpropaganda, 19,9 % wurden über Links und Linklisten aufgespürt. Traditionelle Medien spielen im Gegensatz dazu kaum eine Rolle: Zeitungen und Fernsehen mit je 1,4 %. Die rote Laterne bilden die Bannerwerbung mit 1 %und Radio sogar mit nur 0,4 %.

Laut Forrester Research finden 81 % aller Internetnutzer Ihre Informationen mit Hilfe von Suchmaschinen. Wieder andere Umfragen gehen von über 75 % aus. Suchen Sie sich einen Wert aus!

Die NPD Group behauptete, daß Spitzenpositionen bei Suchmaschinen doppelt so viele Besucher wie Banner generieren. Das Georgia Institute of Technology stellte fest, daß 85 % des Verkehrsvolumens auf erfolgreichen Homepages durch Suchmaschinen generiert wird. Weiter wurde festgestellt, daß 75 % nur die erste Seite der Trefferliste lesen.

Nicht auffindbar zu sein, bedeutet für potentielle Besucher nicht existent zu sein!

Wenn Sie in den Suchmaschinen gefunden werden, erhalten Sie Besucher, die Ihr Thema interessiert und die weiterlesen.

Ziel der Eintragsoptimierungen ist es nicht, bei hunderttausenden von Treffern pro Suchanfrage vordere Positionen zu erhaschen, sondern bei Suchphrasen, die nur hunderte oder tausende von Treffern haben, vorn dabei zu sein.

Deutscher Bundestag

Im Juni 2004 beschäftigte sich auch der deutsche Bundestag mit der Monopolisierung, Qualitätssicherung und Zensur im Suchmaschinenmarkt. Keine Suchmaschine erschließe das Weltwissen im Internet bisher aber auch nur annähernd vollständig, wurde von kompetenter Seite kritisiert. Ergebnisse würden bewußt durch getarnte Werbeeinträge verschlechtert. Zudem sei ein unerfreulicher Konzentrationsprozeß hin zu Google, Yahoo! und MSN (Microsoft) zu beobachten.

Als Alternativen wurden zwei Projekte genannt: Einerseits eine zentrale öffentlich-rechtliche Suchmaschine oder andererseits die Förderung freier Suchmaschinen. Zu Machbarkeitsstudien konnte sich der Unterausschuß nicht durchringen.

11.2 Worauf sollten Sie achten?

Suchmaschinen sehen Webseiten als Ganzes, d.h. unsichtbare und sichtbare Informationen. Eine marketingtechnisch anspruchsvolle Webseite ist nicht automatisch optimal für Suchdienste. Das Internet ist ein anderes Medium als Broschüren und Plakate und unterliegt anderen Regeln. Ein marketingtechnisch gute Broschüre ist nicht automatisch gut und ansprechend im Internet, ebenso wie gute Filme sich schlecht im Radio machen.

11.2.1 Strategien

Es ist suchmaschinentechnisch besser, mehrere kleinere Webseiten zu unterhalten als eine große mit allen Produkten. Jede dieser kleineren HTML-Seiten kann sich dann auf ein Produkt oder eine Dienstleistung konzentrieren und erreicht in den Trefferlisten bessere Positionen als die lange Webseite, die zu breit aufgestellt ist und noch viele andere Themen als das gesuchte abhandelt.

① Ein wichtiger Punkt ist der Domänname. Paßt er zur Suchphrase, werden entsprechende Seiten besser (höher) plaziert. Paßt er nicht, so landen Sie auf hinteren Plätzen und haben in der Regel verloren, da Sie niemand sieht. Wenn Sie nur eine Domänadresse mit Ihrem Firmennamen besitzen, so sollten Sie spätestens jetzt überlegen, ob Sie sich nicht doch eine oder mehrere Adressen mit Schlüsselbegriffen zulegen (Gattungsdomänen; ✍ *4.4.3 Finden weiterer Domännamen*). Um gefunden zu werden, ist hier die Länge weniger von Bedeutung, sondern nur inwieweit die Suchphrase teilweise oder komplett im Domännamen enthalten ist.

② K.o.-Kriterium kann auch sein, wenn Ihr Webhoster keine Bandbreite bietet und Ihre Internetseiten zu langsam geladen werden. Die Suchroboter warten nicht ewig auf eine Seitenanforderung. Schließlich gibt es im weltweiten Web zig Milliarden von Webseiten, die auch noch indiziert oder überprüft werden müssen. Paßwortgeschützte oder SSL-Seiten werden ebenfalls nicht besucht.

In das Nicht-Gefunden-Werden laufen Sie auch, wenn Ihr Webhoster des öfteren den Webserver abschaltet oder dieser oft ‚hängt'. Prüfen Sie die Verfügbarkeit Ihrer Homepage (⇨ *extreme-dm.com/tracking/?home*), öfters ein Seitenaufruf genügt und wechseln Sie ggf. den Webhoster.

③ Eine strategische Herangehensweise kann sein, daß Sie jede HTML-Seite um einen Schlüsselbegriff oder um eine Kombination von Schlüsselwörtern herum aufbauen. Achten Sie auf den Spagat zwischen Optimum für Suchroboter und Optimum für Besucherinteresse und Marketing.

④ Vorteilhaft ist dabei sogar, wenn der sichtbare Text mit dem wichtigsten **Schlüsselwort beginnt** und das **Schlagwort sehr häufig** im Text wiederholt wird, am besten in verschiedenen Varianten. Bedenken Sie aber, daß der sichtbare Text für Besucher optimiert werden muß, damit diese auf Ihrer Homepage bleiben. Welche Formulierungen Sie verwenden, ist den Suchmaschinen egal, Ihren Besuchern jedoch nicht.

⑤ Weniger wichtig soll sein, wie lang der Text ist. Die Robots achten aber darauf, wie oft Ihr Schlüsselwort darin enthalten ist.

⑥ Positiv auf Ihre Position in den Trefferlisten wirken sich nicht allzu kurze Seiten aus. 100 Wörter/Seite stellen allgemein hin das Minimum dar. Ziel der Buscardores ist es, den Suchenden Webseiten zu präsentieren, die möglichst gut zum gesuchten Thema passen. Diesem Wunsch genügen lange Seiten besser als kurze. Denn schließlich fällt es auf die Suchdienste negativ zurück, wenn in den Trefferlisten Seiten enthalten sind, die nicht oder nur wenig dem Thema entsprechen.

⑦ Das Layout, welches ein Besucher sieht, stellt sich für die Suchdienste ganz anders dar. Die Spider sehen nämlich nur den Text. Grafiken und andere Multimediaelemente überlesen sie. So kann eine grafisch aufbereitete Webseite, die

Besuchern Textinformationen erst später offeriert, einem Suchroboter trotzdem eine angemessene Schlagwortdurchsetzung anbieten. Eine optimale Rate liegt bei 10 bis 12 Schlüsselwörtern pro Text.

⑧ Ist Ihr Text länger, so sollte er in Absätze gegliedert sein, um dem Leser kleine Verschnaufpausen zu geben. Aufgelockert werden kann der Text durch Überschriften und grafische Elemente, z.B. Bilder oder Tabellen. Auch sollten Ihre Informationen nicht die ganze Seitenbreite einnehmen, sondern schmaler sein. Wenn der Kopf zum Lesen ständig hin und her bewegt werden muß, macht dies schneller müde. Schnelle Leser können auch nur Texte geringerer Breiten schnell erfassen.

⑨ Mehrspaltige Texte sind schwer zu lesen, wenn zwischendrin gescrollt werden muß. Da Sie nicht genau die Fenstergröße und Bildschirmauflösungen Ihrer Besucher kennen, sollten Sie entweder eine lange Spalte anlegen oder Ihre Nachrichten auf mehrere Seiten verteilen.

⑩ Nicht zu vernachlässigen ist, daß wenn Sie Texte eines Themas auf mehrere Seiten aufteilen, Sie einerseits riskieren, Besucher zu verlieren. Denn mit dem jedem Klick wird das Lesen unterbrochen und der Besucher muß sich fragen, ob er weiterlesen möchte oder eine andere Seite aufruft.

Andererseits gibt es Interessenten, die sich Ihre Informationen ausdrucken, aufheben und eventuell weiterreichen möchten. Diese werden mit vielen kurzen Seiten und viel Papier konfrontiert. Diesem Umstand können Sie entgegen wirken, indem Sie eine Druckversion oder downloadbare PDFs anbieten – natürlich auch gespickt mit Links.

❶ Es gibt auch Suchmaschinen, die nur den ersten Teil einer Seite indizieren oder nur die versteckten Seiteninfos betrachten. Aufgrund der unterschiedlichen Arbeitsweisen der Suchdienste sind allgemeingültige Regeln zur Erreichung einer optimalen Position bei allen Buscardores nur bedingt möglich. Das optimale Ergebnis für eine Suchmaschine ist bei einer anderen nicht automatisch auch optimal. Hinzu kommt, daß die Suchmaschinenbetreiber sich vor Manipulationen dadurch zu schützen versuchen, indem die genauen Suchalgorithmen nicht offen gelegt und deren Parameter von Zeit zu Zeit verändert werden.

Je größer der Marktanteil einer Suchmaschine ist, desto gefährdeter für Manipulationen ist sie. Sicher fragen Sie sich jetzt, welche Manipulationen denn?

Nun, die Beeinflussungen bestehen darin, daß Webseiten, die mit einem Suchbegriff nicht soviel oder gar nichts zu tun haben, vordere Positionen in den Trefferlisten erzielen können. Letztendlich fällt dies auf die Qualität der Suchdienste zurück, was sich wiederum auf deren Marktanteil und die erzielbaren Werbeeinnahmen auswirkt, die logischerweise reichlicher sprudeln, je bedeutender ein Suchdienst ist. Jede Suchmaschine hat also ein essentielles Interesse an qualitativ guten Suchergebnissen.

Als Alternative für mühsame Suchmaschinenoptimierungen sei auf das Sponsern von Links verwiesen, d.h. das Kaufen von Einträgen in Trefferlisten bei bestimmten Suchbegriffen (➷ *14.6 Sponsern von Links & Einträgen*).

11.2.2 Metatags

➷ *12 Versteckte Infos & Metatags*

Vor mehreren Jahren war es aufgrund nicht so ausgefeilter Suchmaschinenalgorithmen noch möglich durch beliebige fremde Schlüsselwörter Spitzenpositionen in Trefferlisten einzunehmen. Doch nun gilt, daß die Schlüsselbegriffe einen Bezug zur Webseite haben müssen, u.a. dadurch daß sie auch im normalen Text vorkommen müssen.

Was sind die richtigen Schlüsselbegriffe?

① Die Begriffe sollten nicht zu allgemein sein. Bei einer Suchanfrage sollten nicht tausende von Einträgen in den Trefferlisten erscheinen, wie z.B. bei „Download", „Sex", „Software" oder „kostenlos".

Andererseits sollten es aber auch Wörter sein, nach denen gesucht wird. Hierbei bieten sich Kombinationen von häufigen Suchbegriffen und Ihrem Angebot an, beispielsweise „kostenlos" und „Motoröl". Ziel ist, bei einigen Begriffskombinationen vordere Plätze zu ergattern. Bei allen und bei zu allgemeinen Begriffen ist dies nur mit viel Aufwand möglich.

② Stellen Sie sich vor, wie ein potentieller Besucher vorgehen würde. Sucht er nach einem Ölverkäufer oder gibt er einfach nur ‚Öl' oder besser ‚Motoröl' und 'Verkauf' ein? Sicherlich letzteres.

③ Eine weitere Tücke offenbart das Beispiel Motoröl auch gleich. Es gibt sicherlich Personen, die statt Motoröl nämlich Motorenöl, Maschinenöl oder gar mit Tippfehlern eingeben. Wie bei den Domännamen sollten Sie auch bei den Suchbegriffen an andere Schreibweisen denken.

④ Machen Sie eine Liste aller potentieller Suchbegriffe und sortieren Sie diese nach deren Bedeutung, d.h. die wichtigsten zuerst.

⑤ Füllwörter (z.B. der/die/das, und, oder) in den Schlüsselbegriffen sind nicht besonders förderlich. Statt „Autos und Teile" ist sicherlich besser „Auto Teile Autoteil".

Hilfe beim Finden guter Suchbegriffe

... erhalten Sie u.a. über die Freeware Goodkeywords von ⇨ *www.goodkeywords.com*. Wenn Sie einen Begriff eingeben und eine der Suchmaschinen ausgewählt haben, erhalten Sie die Häufigkeit, wie oft nach diesem Begriff im letzten Monat gesucht wurde.

Ähnlich verhält es sich mit dem Get-more-Visitors-Generator ⇨ *www.get-more-visitors.net* (➷ *11.14.2*). Hier geben Sie nach Installation der Software ein Schlagwort ein und erhalten Kombinationen mit diesem Begriff inkl. der Suchanzahl als Vorschlagsliste. Eine aktive Internetverbindung ist natürlich dazu nötig.

Unter ⇨ *www.wordtracker.com* ⇨ *Keyword Report* können Sie wöchentlich die 500 meist gesuchten Begriffe in Suchmaschinen als englischsprachigen Newsletter erhalten. Alternativ dürfen Sie als Zustellrhythmus auch zweiwöchentlich oder monatlich sowie Familienfilter wählen.

Keywords-Metatag

Im Schlüsselwort-Element bringen Sie die Schlüsselbegriffe, passend zur aktuellen Webseite ein. Manche Suchmaschinen-Optimierer sagen, Sie sollten hier die wichtigsten zwanzig Wörter unterbringen. Andere meinen alle – auch in verschiedenen Kombinationen oder Schreibweisen, d.h. auch Tippfehler, mehrfach gleiche Begriffe – aber nicht häufiger als fünfmal die gleichen Begriffe. Andere sehen die Grenze bei einer Wiederholung. Die wichtigsten Wörter sollten Sie zu Beginn aufführen.

Die einzelnen Schlüsselphrasen trennen Sie durch Leerzeichen. Haben Sie mehrere ähnliche Webseiten, so sollten Sie die Reihenfolge jeweils ändern. Einige Suchmaschinen bewerten auch den Abstand zweier gesuchter Wörter voneinander.

Description-Metatag

Im Beschreibung-Element führen Sie einen normalen Fließtext auf, der Bezug zum Seiteninhalt hat und einige Schlüsselwörter enthält. Diese versteckten Seiteninformationen zeigen einige Suchmaschinen in Ihren Trefferlisten an.

Metatag-Generatoren

Einfügen können Sie ihre Suchphrasen per Hand oder mittels Metatag-Generatoren ➷ *12.4.1 Online-Hilfsmittel*.

Ausführlicher über Metatags ➷ *12 Versteckte Infos & Metatags*

11.2.3 Inhalte

Außerdem berücksichtigen die Buscardores die Häufigkeit Ihrer Schlüsselbegriffe im Text der jeweiligen Seiten. **Relevante Begriffe kommen häufig vor.**

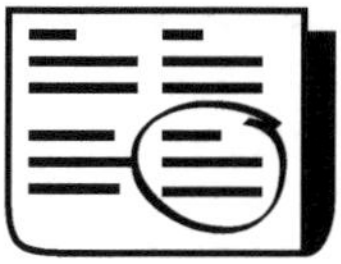

Weiterhin wichtig ist, daß Sie Ihre Webseiten nicht nur für die Suchdienste optimieren müssen, sondern auch für die Besucher. Es nützt Ihnen nichts, wenn Sie an vorderster Position stehen und alle Besucher Ihre Webseite als nicht zu treffend für Ihre konkrete Suchanfrage einschätzen und wieder verlassen.

Sie sollten daher im Inhalt möglichst oft Ihre Schlagwörter verwenden und trotzdem einen marketing-technisch guten Text offerieren, um die Besucher zum Verweilen auf Ihrer Homepage zu veranlassen. Ein etwas längerer Text kommt besser bei Suchmaschinen an als ein zu kurzer.

Was natürlich Suchmaschinen nicht so mögen, sind Inhalte in der gleichen Farbe wie der Hintergrund. Eine solche Webseite scheint zu stark auf Suchmaschinen zugeschnitten. Wenn die Suchdienste solche Seiten indizieren würden, wunderten sich die Besucher, warum die gesuchten Begriffe nicht auf der Seite zu sehen sind und zögen Rückschlüsse auf die schlechte Qualität des Dienstes.

Dennoch gibt es aber eine Möglichkeit so etwas zu tun, ohne daß die Search Engines das mit bekommen. Im BODY-Tag wird normalerweise die Hintergrundfarbe einer Seite und im FONT-Tag die Schriftfarbe definiert. Wird aber im BODY-Tag ein Hintergrundbild definiert, kennen die Suchroboter deren Farbe nicht, da sie Grafiken nicht anschauen. Gleicht die einfarbige Grafik der Schriftfarbe sieht ein Besucher den Text normalerweise nicht. Nur durch Markieren der Textpassage wird er sichtbar. Sie sollten also **keine Inhalte in Hintergrundfarbe** verwenden! Unwichtigere Texte können Sie beispielsweise mit weniger Kontrast darstellen. (↳ *11.14.6 Versteckte Links*)

In das gleiche Problem können Sie hineinlaufen, wenn Ihre Schriftfarbe reines Weiß ist. Da die Hintergrundfarbe standardmäßig weiß ist (#FFFFFF bei RGB), kann ein fehlerhaftes oder aufgrund eines Fehlers verstümmeltes BODY-Tag auch zu einem Betrugsverdacht aus Suchdienstsicht führen. Daher ist es ratsam einen leicht abgewandelten Farbcode für weiß einzusetzen.

11.2.4 Titel

Zu den von Besuchern wenig beachteten Seiteninformationen gehört der Titel einer Webseite. Hierbei gilt auch wieder, daß hier vorkommende Schlüsselwörter die Relevanz einer Webseite erhöhen.

Es gibt also zwei Möglichkeiten, entweder so viele Schlüsselwörter wie möglich in den Titel oder nur eins bzw. wenige. Die letzte Möglichkeit unterstellt, daß die Wertigkeit von Schlüsselbegriffen eines Titels auf alle Bestandteile aufgeteilt wird. Bei zehn Wörtern hat jedes Wort eine Wertigkeit von einem Zehntel - so der Gedanke dabei. Einige Suchdienste könnten denken, daß Sie durch die Eingabe möglichst vieler Wörter vordere Positionen ergattern wollen.

Die zweite Variante unterstellt, daß nämlich Begriffskombinationen in anderen Seiten selten vorkommen und Sie bei Angabe mehrerer Wörter auf einen vorderen Platz hoffen können. Die Aneinanderreihung vieler Wörter falle zudem den Nutzern fast nie auf. Oder schauen Sie sich den Titel jeder Webseite im Browserkopf an?

Beides ist nicht von der Hand zu weisen und hat seine Vor- und Nachteile. Wenn Sie Zeit und Muße haben, verwenden Sie beide Varianten – denn auch jede Suchmaschine arbeitet anders. Was die Eine sehr positiv ansieht, kann bei einer Anderen etwas schlechter wegkommen.

Bedenken Sie, daß bei einfachen Begriffen die Konkurrenz sehr groß ist und Sie kaum Aussicht auf vordere Plätze haben. Es gilt also, sich vom Umfeld abzuheben. Dies können Sie durch Tippfehlerbegriffe sowie durch Begriffskombinationen erreichen - oder durch den Kauf vorderer Positionen.

Laut ⇨ *hotwired.lycos.com/webmonkey/frontdoor/index.html* soll bei Google eine Länge von 40 Zeichen im Titel vorteilhafter sein, als lange Seitentitel. Auch wenn Ihrer Marketingabteilung dies widerstrebt - es muß nicht in jedem Seitentitel Ihr Firmenname enthalten sein. Suchmaschinentechnisch hat das selten positive Effekte.

Wählen Sie besser aussagekräftige Begriffe inkl. einiger häufiger Schreibfehler.

11.2.5 Linkpopularität

Wie oft zu Ihrer Homepage von anderen Seiten aus gelinkt wird, ist ein weiteres wichtiges Kriterium für Ihren Rang in Suchmaschinen. Dabei geht man davon aus, daß je häufiger zu einer Homepage verlinkt wird, diese um so bedeutender ist. Das Ansehen der verlinkenden Homepage überträgt sich zu einem gewissen Teil auch auf Ihre Präsenz. Es soll auch Suchdienste geben, die Homepages nicht indizieren, wenn keine Links dort hin führen.

① Daher sollten Sie Homepages kontaktieren, die mit Ihrem Thema zu tun haben sowie Einträge in Linklisten/Katalogen mit hohem Ansehen vornehmen. Die wichtigsten von Suchdiensten besuchten Listen mit hohem Ansehen sind:

- *www.dmoz.de* (gespiegelt bei dino-online.de)
- *www.allesklar.de* (nach Registrierung, 3 Monate gratis online)

- *www.yahoo.de* (Eintrag derzeit nicht kostenlos möglich)
- *www.web.de* (Eintrag derzeit nicht kostenlos möglich)

Siehe ↳ *11.6 Linklisten* und ↳ *14 Bekanntmachung Ihrer Homepage*

Abb. 21: Allesklar-Netzwerk

② Viele Suchroboter ziehen den Hypertext zur Analyse eines Links heran. Sie sollten daher „<a href= "··· ">Hier klicken</a>" oder „Mehr Infos" vermeiden und statt dessen an den Einsatz Ihrer Schlüsselbegriffe denken.

③ Haben Sie mehrere Domänen inne, so bieten sich Brückenseiten an ➾ *11.14 Brückenseiten*.

④ Sie können sich aber auch Verlinkungen zu Ihrer Homepage kaufen. Achten Sie in diesem Fall darauf, daß durch den jeweiligen Link wichtige Schlüsselwörter eingeschlossen werden. Für Suchmaschinen sind externe Homepages mit hohem Seitenrang einflußreicher. Für Besucher sind Homepages wichtig, die zu ihrem Thema passen.

⑤ Bedenken Sie, daß die Relevanz zu Ihnen linkender Homepages abfärbt. Wenige Homepages mit hoher Relevanz bringen mehr als viele mit wenig Relevanz. Einige andere Suchmaschinen lassen nur noch die Relevanz themengleicher Homepages abfärben, also nicht mehr jede beliebige Internetpräsenz.

11.2.6 Domäne, Pfad, Seite

① Wie bereits im Kapitel ✐ *4 Domänadresse* beschrieben, ist es von erheblicher Bedeutung, wenn der Suchbegriff auch im Domännamen enthalten ist.

Hierzu zählen auch Subdomänen. Sie können daher als Subdomännamen weitere wichtige Wörter verwenden. Es empfiehlt sich unter jeder Domäne auch eine andere Startseite zu verwenden, die auf den jeweiligen Begriff sowohl von den versteckten als auch von sichtbaren Texten optimiert ist. Zum einen sollen es Suchdienste erkennen, wenn sie unter verschiedenen Subdomänen die gleichen Seiten vorfinden und andererseits untersuchen viele Suchdienste nicht Ihr komplettes Angebot, sondern nur bis zu einer gewissen Tiefe.

Beispiel: Für Sie als Ölverkäufer wären also verschiedene Subdomännamen von Interesse, die allgemeine Ölsorten bezeichnen. Während nach dem Gattungsbegriff ‚Schmierstoff(e)' sicherlich seltener als nach Ölsorten wie ‚Getriebeöl', ‚Olivenöl' usw. gesucht wird. (Achtung: Hier Umlautproblem!)

② Das Aussehen von URLs entscheidet, ob Suchmaschinen sich mit den dahinter liegenden Seiten beschäftigen. Webseiten mit Parametern, also mit Fragezeichen stellen für viele das Ende des Indizierens einer Homepage dar:

```
shop.php?art=12345&kat=abc&sid=123hjl4567do789
```

Dies kann dadurch umgangen werden, indem Sie diese kryptische URL als Verzeichnisstruktur aussehen lassen:

```
shop.php/art/12345/kat/abc/sid/123hjl4567do789
```

③ Aber der große Hit ist das auch noch nicht. Es sieht hierarchischer aus, womit die Search Engines auch besser klar kommen. Aber der Pfad ist recht lang und ein Nutzer würde ihn sich nicht merken können. Wie wäre es also mit:

```
shop.php/olivenoel/123hjl4567do789
```

Sie können dies erreichen, wenn Sie die Datenbankskripte entsprechend anpassen. Z.B. ging Amazon (⇨ *www.amazon.de*) diesen Weg.

Zum gleichen Ergebnis können Sie auch gelangen, wenn Sie Zugriff auf Ihren Webserver haben und dieser das Mapping übernehmen kann. Für Apache ⇨ *www.engelschall.com/pw/ix/1-mod_rewrite*.

Bedeutsam ist also auch, ob der gesuchte **Begriff in der URL** vorkommt - ob als Domänname, als Verzeichnisname oder als Dateiname.

④ Auch Brückenseiten (☞ *11.14*) können gezielt angepaßt werden, um für bestimmte Begriffe die Türöffnerfunktion auszuüben. Daher gilt auch, daß Sie sich über Ihre Zielgruppe und deren Suchverhalten im Klaren sein sollten. Auf diese Suchanfragen sollten Sie ihre Vorschaltseiten inhaltlich trimmen.

11.2.7 Startseite

Startseiten, also die Haupteingangsseiten zu Ihrer Homepage sollten Sie nicht mit Intros oder belanglosen Texten derart „Hier geht es zum Angebot" verschwenden.

Auch automatisierte Weiterleitungen kommen bei Suchmaschinen nicht gut an, z.B. per Skript oder *META-REFRESH*. Die Crawler nehmen statt dessen das Weiterleitungsziel in den Index auf. Sie verschenken so wertvolle Punkte.

11.2.8 Grafiken

Da die Suchmaschinen-Spider nicht in Grafiken, sondern nur in Textdokumenten (TXT, PDF, HTML) forschen, bringen Überschriften und wichtige Texte in

Bilddateien suchtechnisch keine Punkte. Sie sollten daher Überschriften nur im Text unterbringen. Vielmehr ist es bei einigen Suchmaschinen so, daß sie hervorgehobene Texte wie **H1..H5-Tags, Fettschrift oder eingebettet in Links** eine höhere Bedeutung beimessen. Wichtige Informationen sollten daher immer nur als Text dargestellt werden, auch wenn Sie mit Grafiken ein besseres Aussehen erzielen könnten.

Wenn Sie Grafiken verwenden, sollten Sie immer die Parameter ALT und TITLE des IMG-Elements füllen, aus drei Gründen: Einmal für die Suchmaschinen, einmal für Behinderte (☞ *9 Barrierefreies Internet*) und einmal für diejenigen, die Grafiken nicht angezeigt bekommen bzw. lassen. Ferner werden die alternativen Texte in einigen Browsern auch angezeigt, währenddessen die Grafiken geladen werden. Nutzer mit langsamen oder schmalbandigen Internetverbindungen sehen so schneller, was sicher hinter einer Grafik und/oder Taste verbirgt. Sofern Sie Schlüsselwörter in den ALT- und TITLE-Parametern unterbringen, sollten Sie dies sinnig tun.

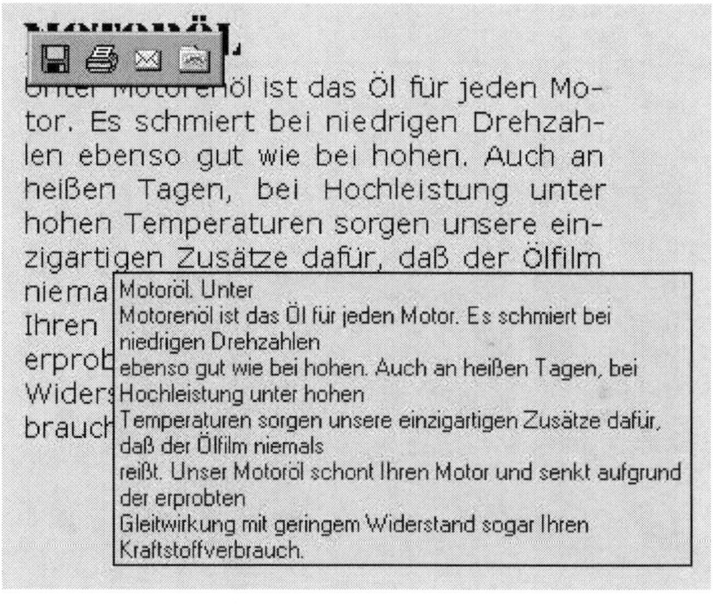

Abb. 22: Text als Grafik, Auswirkung bei Mausberührung

11.2.9 Inhaltsverzeichnis

Es soll auch Crawler geben, die grafischen Links nicht folgen. Ein Seitenverzeichnis (engl. Sitemap), in dem alle Links in HTML ausgeführt sind, ist nicht nur für Suchmaschinen sondern auch für Besucher nützlich. Verwenden Sie aber bitte eine allgemeinverständliche Bezeichnung, z.B. **Seitenverzeichnis**.

11.2.10 PDF

Adobes **P**ublic **D**ocument **F**ormat ist sehr populär. Die Vorteile einer fast immer gleichen Darstellung bei Bildschirmanzeige und Druck sprechen für sich. Auch daß einige Funktionen wie Drucken oder Ändern deaktiviert werden können, ist für einige Anwendungen nützlich.

Aber Ihre komplette Homepage sollten Sie nie in PDF realisieren. Noch längst nicht alle Suchmaschinen können PDFs lesen und indizieren. Allerdings der reichweitenstärkste Suchdienst Google kommt damit problemlos klar und zeigt in den Trefferlisten an, um welches Dokumentenformat es sich bei einem Treffer handelt.

PDF-Dateien werden von den Suchmaschinen, die es lesen können, wie normale Textdateien behandelt. D.h. ob Sie ein normale Textdatei oder ein PDF verwenden, macht für die meisten Buscardores keinen Unterschied. Allerdings verschenken Sie gegenüber HTML die Vorteile der versteckten Seiteninformationen (KEYWORDS, TITLE, DESCRIPTION usw.). Andererseits könnte es auch sein, daß die eine oder andere Suchmaschine PDF-Seiten gegenüber HTML-Seiten vorzieht, in dem sie dem Inhalt einen höheren Stellenwert beimißt.

In manchen Fällen und zur Ergänzung des Webangebotes sind die PDF-Dateien jedoch recht nützlich, z.B. für die AGBs mit Logo bzw. Text mit Grafiken und besonderen Schriftarten. Verwenden Sie PDFs am besten für downloadbare Informationen oder für Druckversionen. (☞ *9.7 Barrierefreies PDF*)

11.2.11 Powerpoint & Word

Office-Dateien werden auch von vielen Search Engines indiziert. Allerdings sei davor gewarnt eine Powerpoint-Präsentation ins Internet zu stellen und zu meinen, man habe einen Webauftritt.

Aufgrund der Andersartigkeit des Webs und seiner Hypertextstruktur stellen Powerpoint und andere Dokumente keinen vollwertigen Ersatz dar. Möchten Sie solche Dokumente verwenden, so doch nur zur Ergänzung und Abrundung Ihres Angebotes und keinesfalls für essentielle Anliegen.

Ebenso wie für PDFs werden zur Anzeige dieser Dokumente spezielle Plugins benötigt. Sicher hat jeder Wordbesitzer diese Zusatzprogramme automatisch installiert, aber längst nicht jeder arbeitet mit Word oder möchte aufgrund der Makrovirenproblematik mit Word arbeiten (📖 *Feind hört mit*).

Informieren Sie daher bitte Ihre Besucher neben dem Link zum Dokument über Datenformat und Dateigröße (☞ *25 Ergonomie*).

11.3 Was sollten Sie nicht tun?

11.3.1 Do Not

Folgende Elemente werden von Suchmaschinen nicht indiziert. Sie sollten deshalb darauf verzichten:

- Flash-Seiten
- Shockwave-Seiten
- Image-Maps
- Per Javascript zusammengesetzte Links
- Paßwortgeschützte Seiten und Verzeichnisse
- Meist auch SSL-Seiten (https)

Texte, die in Grafiken enthalten sind, wirken sicherlich ansprechend, erhöhen aber die Ladezeiten und sperren Suchdienste aus. Alles was nicht HTML oder reiner Text ist, kann von vielen Buscardores nicht indiziert werden. Auch Javascript wird meist nicht in den Index aufgenommen.

Inkonsistenzen in Links und/oder Webseiten wirken sich gleichfalls negativ auf Ihre Relevanz aus.

11.3.2 Nicht Bezahlen

① Zahlen Sie nur einmalig für Optimierungen oder Suchmaschinenanmeldungen und keinesfalls monatlich oder periodisch.

② Hosten Sie Ihre Portal- oder optimierten Seiten möglichst nicht auf fremden Rechnern, sofern Sie stark vom Internetgeschäft und diesen Seiten abhängen. Ist ein Geldeingang strittig oder treten andere Probleme auf, so können Ihre Seiten schnell einmal verschwinden, d.h. im Netz nicht verfügbar sein. Mit diesen Seiten verschwinden auch die Brücken zu Ihrem Angebot.

11.3.3 Dynamische Webseiten & Datenbanken

Ein weiteres Problem stellen dynamische Webseiten dar. Sie erkennen solche Seiten an einer URL mit Fragezeichen und sich anschließenden Parametern. Einige Suchmaschinen können solche Seiten überhaupt nicht lesen, andere nur bis zu einem gewissen Parameteranteil.

Verwendet werden Parameter bei PHP und datenbankgetriebenen Homepages. Haben Sie keine Datenbank im Hintergrund und verwenden trotzdem PHP, so besteht eine einfache Möglichkeit darin, daß Sie komplett auf HTML umstellen.

Umstellung von PHP auf HTML

Ihr PHP-Server erzeugt ohnehin HTML-Seiten, die Sie einfach abspeichern und die enthaltenen Links anpassen. Meist werden die übergebenen Parameter nur zur Auswahl der Seiten verwendet.

Durchzuschleifende Parameter können eventuell auch per Javascript in den Quelltext eingefügt oder leer gelassen werden. Wenn Sie in PHP programmieren können, sollten Sie dies auch in Javascript umsetzen können.

Javascript

Grundsätzlich sollten Ihre Webseiten auch ohne Javascript funktionieren, ohne Java und Applets sowieso. Bedenken Sie, daß andere Browser nicht jeden Javascript- oder DOM-Befehl exakt gleich abarbeiten und die Nutzer auch ältere Browser oder welche ohne (aktiviertes) Javascript verwenden (*9 Barrierefreies Internet*).

Verzeichnisstruktur statt Parameterliste

Wie unter *11.2.6 Domäne, Pfad, Seite* bereits angesprochen können Sie Suchmaschinen eine Verzeichnisstruktur vorgaukeln, mit der diese wesentlich besser klar kommen als mit Parametern. Eine weitere Alternative sind spezielle statische HTML-Seiten, die zu bestimmten Angeboten direkt verweisen (*11.13 Gatewayseiten* und *11.14 Brückenseiten*).

Trennung von Produktbeschreibungen und Warenkorb

Sofern Sie ein Shoppingsystem (Onlineshop) einsetzen, sollten Sie die Beschreibungen Ihrer Waren und Dienstleistungen separat vorhalten. Erst wenn ein Kunde bestellen möchte, sollten Sie zum Warenkorb und auf eine SSL-Verbindung wechseln. Dies ist für die Indizierung der Robots wichtig.

Verlinkung der Dokumente untereinander

Da die Spider nicht automatisch in jede Tiefe Ihrer Homepage abtauchen, sollten Sie ähnliche Webseiten – auch in verschiedenen Verzeichnisbäumen – miteinander verlinken.

Gut ein Link zu Olivenöl auf einer Seite mit Motoröl macht wenig Sinn. Aber ein Link zu Zündkerzen kann durchaus sinnvoll sein. Jemand der nach Hundefutter sucht, wird sich für Katzenfutter wenig interessieren, aber sicher für Hundeleinen.

11.3.4 Deep-Linking

Es soll Homepages geben, die Sie sofort zum Eingang zurückverweisen, wenn Sie als Besucher nicht ordnungsgemäß über die Startseite in die Tiefen abgetaucht sind.

Steigt nun ein solch ahnungsloser und geldausgebewilliger Besucher per Suchmaschine bei Ihnen ab, so hofft er sein Suchanliegen unmittelbar befriedigt zu bekommen. Wird er stattdessen auf die Startseite zurückverwiesen, kommt er sich veralbert vor und entschließt sich, weiterzureisen. Schließlich bietet eine Suchmaschine viele Stationen und warum soll er da absteigen, wo man ihn nicht als Kunden schätzt und freundlich/zuvorkommend behandelt?

Die Konkurrenz ist nur einen Klick entfernt!

11.4 Kostenlose Eintragedienste

Zum kostenlosen Eintragen in Suchmaschinen bieten einige Homepagebetreiber kostenlose Dienste bzw. Skripte an. Hier einige solcher Anbieter. Die Anzahl angebotener und erfolgreicher Eintragungen schwankt und ist von der aktuellen Verfügbarkeit jeder Buscador abhängig:

- **passepartout.peterkerl.de/suchmaschinen.htm**
  URLs ohne www können nicht angemeldet werden
- **www.submitcorner.com ⇨ Submit Engine**
  Ziemlich viel englisch-sprachige Suchdienste, aber einzeln selektierbar
- **www.pulsoft.de ⇨ Submit-Service**
  ca. 70 Suchmaschinen, etwa 10 Minuten
- **www.fixx.de/eingabe/default.dmdh**
  Registration und danach etwa 80 Suchmaschinen
- **www.urlsubmitter.de/free/suchmaschineneintrag.pro**
  Die Metatags sollten dabei komplett gefüllt und online sein. Persönliche Daten wie Adresse werden angefragt und müssen angegeben werden.
- **www.inet4all.de/suchmaschine**
  Über 30 deutschsprachige Suchmaschinen, allerdings war bei einem Test das Skript nicht aktuell und erzeugte viele Fehlermeldungen
- **www.url-senden.de/cgi-bin/ussub4711.cgi**
  Über 100 Suchmaschinen, allerdings konnten in den Tests die Daten an nur ca. 20 % der Suchdienste übermittelt werden
- **www.global-submit.com/addurl.htm**

Unter Umständen sollten Sie bei den großen Suchmaschinen (Google, Yahoo!, Lycos, Altavista, Fireball usw.) den erfolgreichen Eintrag Ihrer Seiten nach einiger Zeit manuell kontrollieren bzw. manuell nach- bzw. wiederholen, sofern möglich (was jeder Zeit ändern kann).

Es wird empfohlen, zehn oder vierzehn Tage später die Anmeldung über eine andere Homepage zu wiederholen. Wenn Sie nicht möchten, daß Ihre Eintragung als Suchmachinenspam gewertet wird, sollten Sie zumindest sieben Tage warten, bevor Sie über einen anderen Eintragsdienst Ihre Homepages noch einmal eintragen lassen. Ein anderer Dienst deshalb, da jeder einige andere Search Engines im Repertoire hat.

11.5 Professionell

Professionell und kostenpflichtig erhalten Sie Ihren Suchmaschineneintrag unter anderem bei folgenden Anbietern:

- **www.suchmaschineneintrag.com**
  540 Suchmaschinen und 470.000 Linklisten in 15 Minuten; € 22,04
- **www.top-suchmaschinenanmeldung.de**
  mit Keywordanalyse und -optimierung (€ 46,40)
- **www.url-anmelden-2000.de**
  Bezahlung auch über Moneybookers möglich, Erstellung der Metatags, Protokolle kommen per eMail

Obige Angaben wurden den Webseiten entnommen und weder geprüft noch getestet.

11.6 Linklisten

Kostenlos, aber äußerst nützlich und zur Steigerung der Linkpopularität ist das Eintragen Ihrer Homepage in Linklisten. Diese Listen sind meist in den Tiefen von Suchmaschinen gespeichert und werden regelmäßig besucht. Dadurch erscheinen Sie auch in Suchmaschinen, die weniger bekannt sind, ohne sich dort eintragen zu müssen. Die wichtigsten Listen kennen Sie bereits aus ✐ *11.2.5 Linkpopularität*:

- *www.dmoz.de*
- *www.allesklar.de*
- *www.yahoo.de*
- *www.web.de*

Hier weitere Linklisten (Google PageRank der **Startseite** vom 30.07.04):

- *www.de-linkliste.de* .... (6/10)
- *www.freewelt.de* .... (6/10)
- *www.ihre-links.de* .... (6/10)
- *www.toplinks24.de* .... (5/10)
- *www.online-favoriten.de* .... (5/10)
- *www.webauskunft.info* .... (5/10)
- *www.eckis.at/links* .... (4/10)

Es ist aber anzumerken, daß jede Webseite einer Homepage einen eigenen Seitenrang besitzen kann. Unten stehende Tabelle zeigt, wie der Seitenrang einer Homepage abfallen kann, selbst wenn die Startseite einen relativ hohen Rang besitzt. Dies muß aber nicht bei jeder Homepage so sein. Bedenken Sie, daß ein geringer Seitenrang nur wenig zum Abfärben hat.

Webseite	Seitenrang
www.de-linkliste.de/	6/10
www.de-linkliste.de/links/	4/10
www.de-linkliste.de/links/Computer/	3/10
www.de-linkliste.de/links/Computer/Allgemein/	2/10

Tab. 19: Beispiel für das Abfallen des Google-Seitenrangs

Linkfarmen verstoßen gegen Yahoo!-Leitlinien und erhöhen das Yahoo!-Ranking nicht. Aber was der Unterschied zwischen Linkfarmen und Linklisten in den Augen von Yahoo! ist, bleibt offen.

Achten Sie aber auf die Seriosität dieser Linklisten und ob diese in Ihrer gewünschten Suchmaschine auch eingetragen sind. Im schlimmsten Fall setzen Sie sich mit der Bedeutung dieser Liste auf eine Stufe und zwar auf eine sehr tiefe. Ihren erhofften Suchmaschineneintrag können Sie dann erst mal abschreiben. Also am besten über die Suchmaschinen nach „Linkliste" suchen oder ➴ *14.5 Kostenlos-Seiten*.

11.7 Internationale Suchmaschinen

Suchmaschinenverzeichnis

Auf folgender Homepage finden Sie ein Verzeichnis internationaler Suchmaschinen:

⇨ *www.searchenginecolossus.com*

Die Auflistung ist sowohl nach Ländern und Gebieten als auch nach Rubriken geordnet. Sehr empfehlenswerte Webseiten, wenn Sie Ihre Homepage in anderen Regionen bekannt machen wollen, z.B. bei Angebot Ihrer Produkte auf dem Weltmarkt.

11.8 Manuelles Eintragen

Einige Suchdienste mögen das Eintragen über Skripte nicht. Bei den wichtigsten Buscardores sollten Sie darüber hinaus nach einigen Wochen manuell prüfen und ggf. manuell Ihre Homepage anmelden. Wichtig sind folgende Internetdienste (einige Angebote sind nur kostenpflichtig möglich):

- **The Open Directory Project (DMOZ)**
  Katalog wird von vielen Suchmaschinen besucht, u.a. Ask Jeeves, Lycos, Netscape, Google
  ⇨ *dmoz.org/add.html*

- **Altavista**
  Datenbank wird auch von Looksmart verwendet
  ⇨ *addurl.altavista.com/sites/addurl/newurl*
- **Fast**
  Datenbank wird auch von Lycos verwendet
  ⇨ *www.alltheweb.com/add_url.php*
- **Google**
  ☞ *11.9 Wie funktioniert Google*
  ⇨ *www.google.com/addurl.html*
- **Inktomi**
  Datenbank wird auch von AOL, Excite, MSN, Overture gespidert
  ⇨ *submitit.bcentral.com/msnsubmit.htm*
- **MSN**
  ⇨ *submitit.bcentral.com/msnsubmit.htm*
- **Yahoo!**
  ⇨ *docs.yahoo.com/info/suggest*

Da momentan etwas Bewegung im Suchmaschinenmarkt ist, können sich sowohl die Links und kostenlose Anmeldemöglichkeiten schnell ändern. WEB.DE und Lycos erlaubten ebenso wie MSN und Yahoo! zum Zeitpunkt der Recherchen kein kostenloses Eintragen. Wer im Hintergrund wen mit Sucheinträgen beliefert, ändert sich schnell und ist zuweilen unübersichtlich. MSN möchte einen eigenen Suchdienst aufsetzen, sucht bis Ende 2004 aber noch über Yahoo!. Altavista soll zu Yahoo! gehören, Inktomi gehört schon zu Yahoo!. WEB.DE kündigte Anfang 2004 beispielsweise die Kooperation mit Yahoo! und läßt nun über Lycos suchen usw. usf.

Foren

Kennen Sie einige Newsgroups, Foren oder Gästebücher mit hohem Rang, so können Sie dort einige Links plazieren, notfalls in Ihrer dortigen Signatur. Noch besser ist es, wenn diese Angebote zum Thema Ihrer Homepage passen und der eine oder andere Besucher Links anklickt.

11.9 Wie funktioniert Google?

Hätten Sie gedacht, daß die Suchmaschine Google mit Tausenden von Billigrechnern arbeitet? Diese und die Effektivität der eigenen Suchalgorithmen sind zu einem Netzwerk und somit zu einer Hochgeschwindigkeitssuchmaschine zusammengeschlossen.

Weblogs über Google: ⇨ *google.blogspace.com*

☞ *14.6 Sponsern von Links* ⇨ *14.6.3 Google* und ☞ *20.2.2 Textlinkverkauf*

11.9.1 PageRank

Googles Suchsoftware nennt sich PageRank(TM) und beurteilt Webseiten nach einen bestimmten Schema. Ein Link von Seite A zur Seite B wird als ein **Votum von A für B** interpretiert. Die Wichtung eines Votums hängt auch von der Wichtigkeit der jeweiligen Homepage ab, die das Votum abgibt. Ist diese Webseite wichtig, so überträgt sich diese Bedeutsamkeit auch zu einem gewissen Maß auf das Linkziel. Wichtige Homepages, also Webseiten von hoher Qualität, bekommen also einen höheren PageRank (Seitenrang), den Google sich mit jeder Suchanfrage merkt. PageRank kennzeichnet die Position in Trefferlisten und die Wichtigkeit einer Homepage, also Ihren Seitenrang. Dieser kann zwischen null und zehn liegen.

Wichtige Webseiten nützen nichts, wenn sie nicht das gesuchte Wort enthalten und das gewünschte Thema nicht abhandeln. Deshalb wird der Seitenrang mit einer komplexen Textsuche verknüpft, die auch die **Nähe verschiedener Suchbegriffe** zueinander bewertet. Dabei werden nicht nur die versteckten Kopfinformationen der Webseiten untersucht, sondern auch der angezeigte Text und sogar die Links, die auf diese Seiten verweisen.

Die Kehrseite ist, daß unseriöse Verlinkungen auf Ihre Homepage einen gegenteiligen Effekt auslösen können.

Auch sinkt der Seitenrang, wenn weniger Homepages auf die jeweilige Seite verweisen als Hyperlinks von dieser Webseite auf andere.

Aufmerksame Googler kennen sicher den Unterschied der beiden Tasten *Google-Suche* und *Auf gut Glück!*. Letztere Taste erzeugt keine Trefferliste, sondern wechselt gleich zum ersten Treffer.

Entgegen landläufigen Gerüchten hat das Werbungschalten bei Google keinen Einfluß auf Ihren dortigen Seitenrang. Auch ein Anmelden Ihrer Homepage ist nicht unbedingt erforderlich. Lt. Google kommt der Großteil neuer Webseiten durch Links zu Stande, die nicht manuell eingepflegt werden.

Entwickler der Stanford University halten folgenden Artikel im Internet bereit: The Anatomy of a Large-Scale Hypertextual Web Search Engine ⇨ *www-db.stanford.edu/~backrub/google.html*.

Auch soll der Seitenrang die Reihenfolge und Häufigkeit der Indizierung bestimmen. Homepages mit hohem Rang werden häufiger gespidert.

Zur täglichen Rankingüberwachung: ⇨ *www.googles.witch.de.*

11.9.2 URL-Anmeldung

Möchten Sie Ihre Homepage anmelden, können Sie im entsprechenden Formular auch mehrere URLs anmelden und es beliebig oft wiederholen. Lt. eigenen Aussagen nimmt Ihnen Google das nicht krumm. Die beste Möglichkeit ist aber die Verlinkung anderer auf Ihre Homepage.

Eine Aktualisierung aller Google-Sucheinträge findet aller vier Wochen statt. Parallel sollten Sie Ihre Homepage auch bei den Google-Partnern

> Yahoo! (⇨ *docs.yahoo.com/info/suggest*) sowie
> Netscape Search (⇨ *dmoz.org/World/Deutsch*)

eintragen. Dort suchen Sie sich zuerst die passende Kategorie und wählen dann den Link ⇨ *URL vorschlagen* oder ⇨ *Suggest URL*. Netscape sagt zu, daß Ihre Homepage dann frühestens nach zwei Wochen bei den Partnern zu finden ist. Die Partner sind u.a. *AOL Search, Altavista, HotBot, Google, Lycos* und *Netscape Search*.

Zum Zeitpunkt der Recherchen war jedoch die Yahoo!-Anmeldung kostenpflichtig. So viel auch zum Thema: mit einem Suchdienst alle relevanten Seiten finden zu wollen/können, wenn sich nicht jeder frei anmelden kann.

11.9.3 URL-Anmeldung testen

Dennoch kann es passieren, daß Ihre Homepage aus der Suchmaschine ‚rausfällt'. Eine Möglichkeit, dies im Auge zu behalten, ist die Toolbar von Google zu verwenden, die ja auch Ihre besuchten Webseiten an Google melden kann, sofern Sie dies erlauben.

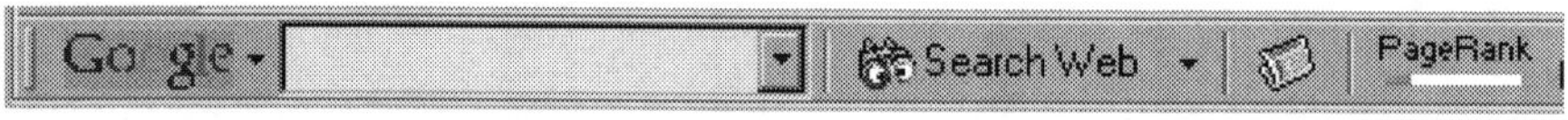

Abb. 23: Google-Toolbar

Rechts sehen Sie den PageRank der aktuell besuchten Webseite. Befindet sich kein grüner Balken im weißen Feld, so ist Ihre Homepage nicht (mehr) im Google-Index. Google rät dann die Zahl der Links zu erhöhen. Parallel sollten Sie die URL wieder anmelden und Google so mit der Nase draufstoßen.

Gründe für eine Nichtaufnahme bzw. ein Herausfallen:

- Ihr Webserver ist nicht erreichbar.
- Ihre Homepage ist unfertig, z.B.: „`Hier entsteht eine Internetpräsenz!`".
- Es linken zu wenige andere Webseiten auf Ihre Homepage oder zu viele „gesperrte".
- Sie haben gegen Googles Regeln verstoßen.

Führt dies nicht zum Erfolg wurde Ihre Homepage vermutlich manuell aus dem Index genommen, weil Sie gegen Auflagen verstoßen haben. In einem solchen Fall können Sie sich direkt an Google unter *help@google.com* wenden.

Wenn Sie mit der Maustaste den PageRank berühren, erscheint in einer Sprechblase der aktuelle Seitenrang der gerade angezeigten Webseite (nicht Homepage).

11.9.4 Neutralität

Allerdings sollte niemand darauf vertrauen, alle Homepages in Googles Rechnernetzwerk zu finden. Es ist vielmehr so, daß bestimmte Webseiten nicht aufgenommen werden, nicht nur weil sie etwa gegen das Reglement verstoßen, nein auch der Drohbrief eines Anwaltes reicht da meist schon aus.

☹ Websuche ☹

Wenn Sie umfassend recherchieren möchten, so sind mehrere Datenbasen anzuzapfen. D.h. Sie sollten auch andere Suchdienste befragen, z.B. Altavista, Fireball, Abacho, Lycos, MetaGer, Yahoo!.

So wurden bereits Scientology-kritische Webseiten zeitweise aus dem Index verbannt, ebenso Adware-freie Kazaa-Versionen.

Auch in Punkto Datenschutz gibt es Kritikpunkte ⇨ *www.google-watch.org*. So setzt der Suchdienst bei jeder Suchanfrage ein Cookie, der bis zum Jahr 2038 gilt. Damit wäre Google in der Lage entsprechende Nutzerprofile anzulegen oder Daten an Strafverfolgungsbehörden zu übermitteln.

Die Google-Toolbar gibt es in zwei Varianten - einer lautlosen und einer mitteilsamen. Allerdings wird bereits beim Download unübersehbar auf die beiden Varianten hingewiesen, so daß jeder für sich entscheiden kann, ob er seine auch unabhängig von Google besuchten Webseiten preisgeben möchte.

11.9.5 Trugschlüsse und Märchen

Das massenhafte Eintragen in Linklisten schadet häufig dem Ranking Ihrer Homepage, da diese Seiten eine geringe Wertigkeit für Google haben können und so Ihren PageRank herunterziehen.

Programme zur automatischen Überprüfung des Rankings verletzen Googles Dienstleistungsbedingungen. Niemand kann den Spitzenplatz in Googles Trefferlisten garantieren. Jeder Eintragsoptimierer, der dies behauptet, lügt.

Sie können Ihre Homepage beliebig oft bei Google anmelden. Der Suchmaschinenbetreiber empfiehlt aber, Ihre Zeit sinnvoller und zwar mit der Verbesserung von Inhalten und Links zu nutzen.

Google kann bis auf sehr wenige Ausnahmen alle Seiten- und Dateitypen indizieren. Folgende Dateitypen können auf jeden Fall indiziert werden:, , ,.

Gruppe	Dateierweiterungen
Internetformate	html, shtml, xml, jsp, asp, cfm
Textformate	doc, pdf, rtf, wks, wri, lwp (MAC-Textformat)
Weitere Officeformate	xls, ppt

Tab. 20: Durch Google indizierbare Dateitypen

Wenn Sie mal auf Platz 1 sein wollen, geben Sie doch mal nur Ihre URL oder Ihren Domännamen ein. Allerdings wird das nur jemand auch tun, der Sie kennt. Nur dieser Jemand wird eher gleich Ihre URL in die Adreßzeile eingeben, statt den Umweg über Suchdienste zu gehen.

11.9.6 Googles Befehle

① Einen kurzfristig und scheinbar hohen Google-PageRank erhalten Sie, wenn Sie einen Suchbegriff auf Ihre Homepage einschränken. Dazu geben Sie folgendes in das Suchfeld ein:

```
Suchbegriff    site:Ihre.Domäne.de
```

Dies führt aber nicht zur Anmeldung Ihre Homepage! Nach kurzer Zeit ist sie wieder aus dem Googles Cache verschwunden. Sie können aber auch nach `Wintersport site:at` suchen und erhalten nur die Österreichischen Homepages mit dem Wort ‚Wintersport'.

② Durch die Eingabe im Suchfeld von "`link:Ihre.Domäne.de`" bietet der Suchmaschinenbetreiber Ihnen die Möglichkeit, nachzusehen, wer auf Ihre Homepage verlinkt.

③ Wenn Sie „`related:Ihre.Domäne.de`" eingeben, sollen Sie laut Google ähnliche Webseiten erhalten, das sind Seiten, die mit dem Inhalt Ihrer Webseite irgendwie in Zusammenhang stehen.

④ Sie können Google aber auch rechnen lassen. Stellen Sie der Suchmaschine mal eine Rechenaufgabe, Eingabe ohne Gleichheitszeichen. / dividiert, ^ Potenzierung, Klammern sowie +-* wie gewohnt

⑤ Um Suchbegriffe bei einer Suche ausschließen, d.h. die gefundenen Webseiten sollen den Begriff nicht enthalten, wohl aber den/die anderen Wörter, so geben Sie vor dem entsprechenden Wort einfach ein Minuszeichen ein. Z.B.: „`Mail Hilfe -Amazon -eBay -shop` "

⑥ Möchten Sie hingegen Webseiten mit einer konkreten Suchphrase finden, so schließen Sie diese in Gänsefüßchen ein: "`Hier werden Sie geholfen`"

⑦ Möchten Sie nach Anklicken eines Suchergebnisses dieses in einem neuen Fenster dargestellt haben, so können Sie dies im Suchfenster über der eigentlichen Suche über folgende Menüfolge einstellen: ⇨ *Einstellungen* ⇨ *Ergebnis-Fenster* ⇨ Option *Öffne für Suchergebnis neues Browserfenster*. Google speichert dazu einen Cookie auf Ihrer Festplatte.

⑧ Mit „intitle: " beschränken Sie die Suche auf die Titel von Webseiten, z.B. „intitle:homepagerecht ".

⑨ Mittels „inurl: " suchen Sie nur in URLs, also Domänadressen, Verzeichnissen und Dateinamen. Beispiel: „inurl:freemail "

Hierbei erhalten Sie auch folgende Treffer: *www.freemail-buch.de* und *web.de/freemail*

⑨ Die Suchmaschine Google bietet Oberflächen in derzeit 88 Sprachen an. Dabei werden aber auch die Suchergebnisse sprachlich bereits entsprechend eingegrenzt. Möchten Sie dies nicht, so können Sie per ⇨ *www.google.com/ncr* suchen. Damit wird die automatische Umleitung von *www.google.com* auf *www.google.de* nicht ausgeführt. Möchten Sie eine weitere Einschränkung beseitigen, so deaktivieren Sie dort den Filter, der die Anzeige von Texten und Bildern mit erotischen Inhalten sperrt.

⑩ Um sich in den Suchergebnissen vor unliebsamen Besuch zu schützen, z.B. Viren, Würmer, Trojaner, sollten Sie in den Trefferlisten nur HTML-, TXT- oder PDF-Dokumente anklicken. Google bietet den Link ⇨ *HTML-Format* an.

❶ Allerdings kann Google auch nicht alles. Bei Wildcard-/Jokersuche (* bzw. ?) muß der Suchdienst kapitulieren. Ihnen bleibt, Kombinationen wie ‚Dresden' und ‚Dresdner' mühsam per ODER zu verknüpfen. In der Google-US-Version können Sie durch eine vorangestellte Tilde (~) nach ähnlichen Wörtern fahnden, wodurch die Trefferliste erweitert wird. (⇨ *www.google.com/ncr*).

❷ Über ⇨ *www.googlealert.com* können Sie Suchanfragen hinterlegen und sich periodisch über die aktuellen Treffer informieren lassen.

❸ Da aufgrund der 10.000 Google-Rechner und zeitlich verteilter Aktualisierung Ihr Seitenrang variiert, sprechen einige vom Google-Tanz ⇨ *www.google-dance-tool.1hut.com*. Zukünftig soll dieser Tanz allerdings nicht mehr getanzt werden.

❹ Bei der Eingabe mehrere Suchwörter werden diese UND-verknüpft. Erhalten Sie eine große Trefferliste, so können Sie diese mittels weiterer Wörter eingrenzen - oder Sie verändern die Reihenfolge der eingegebenen Wörter.

❺ Um die Suchanfragen beschleunigt abzuarbeiten, werden bestimmte Wörter nicht gesucht. Dazu gehören beispielsweise *der, ich, ist, und, oder, @* oder *1*. Möchten Sie diese Wörter einsetzen, so müssen Sie diesen ein Pluszeichen voranstellen, z.B. „Tee +oder Kaffee".

Option	Bedeutung
Inurl:*URL*, **Allinurl:**	Suche nur in URLs
Intitle:*Text*, **Allintitle:**	Suche nur im TITLE-Tag
Site:*Domäne.de*	Suche nur unter einer Domäne
"..."	Suche nach dieser Phrase
-*OhneWort*	Suche nicht nach "OhneWort"
Related:*Ihre.Domäne.de*	Suche nach ähnliches Webseiten
Link:*Ihre.Domäne.de*	Suche nach Webseiten, die zur betreffenden Domäne verlinken
Author:"Vorname Nachname"	Alle Useneteinträge eines Autors
Inanchor: , Allinanchor:	
Intext: , Allintext:	

Tab. 21: Google-Befehle

Sie können aber auch die URL selbst zusammensetzen, um Trefferlisten zu speichern oder über Ihre Homepage anzubieten. HTML-konform werden die einzelnen Parameter durch &-Zeichen getrennt. Eingeleitet wird die Parameterliste durch ein Fragezeichen. Leerzeichen werden durch ein Pluszeichen ersetzt und dürfen ansonsten nicht in der URL enthalten sein. Jeder Parameter besteht aus drei Bestandteilen:

Parametername = Parameterwert.

Die neuen Google-Funktionen können Sie selbst via ⇨ *labs.google.com* ausprobieren.

Abb. 24: Logo Google-Labs

URL-Parameter	Bedeutung
as_q	Suche nach allen Begriffen (Logisches UND)
num	Anzahl der Treffer pro Seite (1..100)
hl	Sprache
ie=UTF-8	Zeichencode
btnG	Text der Suchtaste
as_epq	Suche nach exakter Übereinstimmung der Suchphrase
as_oq	Oder-verknüpfter Suchbegriff (logisches ODER)
as_eq	Ausschluß eines Suchbegriffs (logisches NICHT)
lr	Beschränkung auf eine Sprache
as_ft	Ein-/Ausschluß von Dateitypen (i=auschließlich, e=außer)
as_filetype	Beschränkung auf einen beliebigen Dateityp
as_qdr	Datumsbereich (all=ohne Einschränkung, m3=letzte drei Monate, y=letztes Jahr)
as_occt	Position des Suchbegriffs auf Webseiten
as_dt	Ein-/Ausschluß von Domänen (i=auschließl., e=ohne)
as_sitesearch	Beschränkung/Ausschluß einer Domäne
Safe	Familienfilter bei amerikanischen Google

Tab. 22: Google-URL-Parameter

11.10 Kleines Suchmaschinen-ABC

Jede Suchmaschine arbeitet anders und indiziert das Internet ein wenig verschieden im Vergleich zu seinen Mitbewerbern. Sie erkennen diesen Unterschied nicht nur an unterschiedlichen Trefferlisten und Bildschirmlayouts, sondern auch an verschiedenen Möglichkeiten, Ihre Suchanfragen einzuschränken, beispielsweise mit logischen Operatoren wie UND, ODER und AUßER, (AND, OR, NOT bzw. *, +, !, -). Darüber erfahren Sie meist in den ⇨ *Hilfen* der Buscardores oder unter ⇨ *Erweiterter Suche* mehr.

Suchmaschinenspamming

Der Suchdienst Inktomi hatte die Kriterien definiert, ab wann von Suchmaschinenspamming ausgegangen wird. Ein solches Spamming liegt beispielsweise vor, wenn die Schriftfarbe der Hintergrundfarbe gleicht.

Trefferlisten

Einige Suchmaschinen fassen mehrere Webseiten einer Domäne zu einem Treffer zusammen, andere listen jede Seite penibel auf. Einige Suchdienste zeigen einen kurzen Text/Beschreibung an, andere nicht. Bei einigen Suchmaschinen machen angeklickte Treffer wahlweise ein neues Fenster auf (🗗), andere bieten das leider nicht an. Mehrere eingegebene Suchbegriffe werden meist als UND-verknüpft betrachtet, aber nicht bei allen.

Einige Search-Engines bieten sogar eine zeitliche Eingrenzung der gesuchten Dokumente und der Dateitypen an. Möchten Sie Ihre Suche auf eine bestimmte Domäne beschränken, erhalten Sie bei einigen Suchdiensten keine Treffer, wenn die Domäne nicht indiziert ist, z.B. bei Altavista. Google durchsucht die Domäne auch temporär und zeigt Treffer an.

Google und viele andere Suchmaschinen speichern den ersten Teil der indizierten Webseiten. Diesen Teil erhalten Sie in den Trefferlisten. Um diese Speicherung zu verbieten, z.B. bei Nachrichtenseiten, können Sie folgende Anweisung in den Kopf betreffender HTML-Seiten übernehmen:

```
<META NAME="ROBOTS" CONTENT="NOARCHIVE">
```

Die betreffende Seite wird aber weiterhin besucht, nicht aber gespeichert! Um nur Google das Zwischenspeichern zu untersagen, können Sie folgendes Metatag verwenden:

```
<META NAME="GOOGLEBOT" CONTENT="NOARCHIVE">
```

Die Änderung wird ab dem nächsten Besuch von Google wirksam. Um die Indizierung von Webseiten zu verhindern, sollten Sie die Anweisung `CONTENT="NOINDEX"` verwenden. Um auszuschließen, daß Verknüpfungen nachgegangen wird, fügen Sie die Anweisung `CONTENT="NOFOLLOW"` ein.

Sie werden normalerweise im Seitenkopf Ihrer Startdatei folgende Anweisung aufgenommen haben:

```
<META name="ROBOTS" content="INDEX,FOLLOW">
<meta name="Audience" content="All">
```

Suchmaschinenstatistiken

⇨ *www.useit.com/about/searchreferrals.html*

Sicher stellt Google den bedeutendsten Suchdienst bereit. Aber die Konkurrenz schläft nicht und der Markt ist in Bewegung. Außerdem sind FAST ⇨ *www.fastsearch.com* und Inktomi ⇨ *www.inktomi.com* von Bedeutung. FAST arbeitet beispielsweise mit T-Online, Lycos, Altavista zusammen, Inktomi (zu Yahoo! gehörend) mit MSN und HotBot (⇨ *www.inktomi.com/products/search/partners/oem_web.html*).

Auch bezahlte Einblendungen sollten eine Überlegung wert sein, z.B. bei Espotting, Google oder Overture (↳ *14.6 Sponsern von Links und Einträgen*).

Ebenso können Sie bei Google oder bei T-Online die dortigen Experten gegen eine geringe Gebühr (ca. 2,50 €) für sich suchen lassen. Gehen Sie über T-

Online ins Internet, so erfolgt die Abrechnung der T-Online-Suchexperten über Ihre Telefonrechnung. In älteren Abfragen können Sie kostenlos stöbern.

11.11 Robots.txt

Suchmaschinenroboter erwarten im Wurzelverzeichnis Ihrer Homepage eine Textdatei namens *robots.txt*, die Anweisungen zum Durchsuchen Ihrer Homepage enthält. Pro Port (Dienst) benötigen Sie jeweils eine eigene Robotsdatei, also eine für http und eine für https.

Im wesentlichen kann die Robotsdatei drei Anweisungen enthalten. Die erste nennt sich *User-agent*. Hier ist der Parameter ‚*' für alle Suchmaschinen oder der Name eines speziellen Spiders erlaubt, z.B. Googlebot.

Weitere Befehle sind *Allow* und *Disallow*. *Allow* erlaubt die Indizierung der nachfolgend angegebenen Dateitypen, *Disallow* verbietet sie.

Anweisungen werden mittels eines Doppelpunktes und Leerzeichen von Ihren Parametern getrennt. Zur Unterscheidung gegenüber Verzeichnisnamen muß an Dateinamen bzw. Dateierweiterungen ein $-Zeichen angehängt werden.

Laut Standard soll die erste geltende Regel beachtet werden. Einige Suchmaschinen beachten aber den gesamten Kontext unabhängig von der Reihenfolge der Anweisungen, z.B. Google.

Beispiele:

Komplette Indizierung erlaubt (Standardinhalt):

```
User-Agent: *
Allow: /
```

Alles außer den Dateien und Verzeichnissen *cgi-bin und log*:

```
User-Agent: *
Disallow: /cgi-bin
Disallow: /log
Allow: /
```

D.h. /log.htm und /log/ werden nicht indiziert.

Google soll nur HTML-Datei indizieren:

```
User-Agent: Googlebot
Disallow: /
Allow: /*.html$
```

Spezielle Suchmaschinen nur erlaubt:

```
User-Agent: *
Disallow: /

User-Agent: Googlebot
Disallow: /
Allow: /*.pdf$
```

Verbietet dynamische Webseiten:

```
User-Agent: *
Disallow: /*?
```

Mehr Informationen erhalten Sie in den Hilfen der jeweiligen Suchmaschinen sowie in englisch unter

⇨ *www.w3.org/TR/REC-html40/appendix/notes.html#h-B.4.1.2*

In Ihre HMTL-Seiten können Sie noch folgende META-Information aufnehmen, allerdings ergänzt durch Ihre Domänangaben:

```
<meta name="Siteinfo" content="http://www.thor-alexander.de/robots.txt">
```

11.12 Erfolgstest

Nach einigen Wochen sollten Sie manuell überprüfen, ob Sie gelistet sind. Alternativ können Sie dies auch über folgende Webseite tun:

⇨ *www.topsubmit.de/dienste/erfolgstest*

Revers-Engineering

Haben Sie nach mehreren Wochen immer noch nicht Ihre gewünschte Position erreicht, so betreiben Sie doch Revers-Engineering! Schauen Sie nach, was die Homepages, die auf den Plätzen vor Ihnen hocken, anders machen!

11.13 Gatewayseiten

Gateway-Pages, Reception-Pages

Auf **Gateway**- oder **Rezeptionsseiten** sind die wichtigsten Schlüsselbegriffe Ihrer Homepage enthalten. Besucher werden auf eine Webseite weitergeleitet und Suchmaschinen dazu veranlaßt, tiefer liegende Seiten zu indizieren.

Durch die enthaltene Linkliste wird den Buscardores eine flache Hierarchie simuliert. Und es werden Webseiten in den Index aufgenommen, die sonst nicht besucht werden würden, da viele Suchmaschinen meist nur einen Teil jeder Homepage indizieren.

Gatewayseiten bestehen häufig nur aus Schlüsselbegriffen und Links. So soll verhindert werden, daß die Webseite selbst in den Index aufgenommen wird. Angeboten werden diese Art von Webseiten meist unter ⇨ *Sitemap*, ⇨ *Inhaltsverzeichnis* oder ⇨ *Seitenverzeichnis*.

Gatewayseiten sind nur für Suchmaschinen optimierte Webseiten und entziehen sich so dem Spagat von Optimierung für Besucher und Optimierung für Suchmaschinen. Aufgrund einer automatischen Umleitung bekommen Besucher diese Rezeptionsseiten selten zu Gesicht. Damit wird aber auch die Qualität der Suchmaschinen-Trefferlisten aufgebessert, denn ein Suchender, der schnell die richtigen Homepages findet, ist wesentlich zufriedener mit einem Suchdienst als einer, der sich erst mühsam durch irrelevante Einträge kämpfen muß.

11.14 Brückenseiten

Brückenseiten, auch als Vorschalt- oder Spiegelseiten, englisch als Doorway-, Mirror-, Hallway- oder Rankingseiten bezeichnet sind alternative Startseiten von Homepages. In bestimmten Bereichen, wie Kontaktanzeigen oder erotischen Angeboten sind sie Gang und Gäbe.

Meist, aber nicht immer, wird dabei unter einer anderen Domäne eine Webseite abgelegt, die nach Klick oder automatisch zum eigentlichen Angebot wechselt. Gerade bei erotischen Brückenseiten landen Sie dann bei den immer gleichen Anbietern.

Im Unterschied zu Rezeptionsseiten weisen Brückenseiten zusätzlich Inhalte auf, bestehen also nicht nur als Links.

Bei Firmenhomepages, die rein ein Image wiedergeben sollen, werden außerhalb der zu promotenden Domäne Brükkenseiten aufgesetzt, die so nicht unbedingt mit dem Firmenimage kollidieren. Sie können sich im Layout unterscheiden und müssen außer in den Trefferlisten der Suchmaschinen nirgends zu Tage treten.

Die Brückenseiten fangen also Besucher ein, in dem Sie bei jeweils wenigen Trefferlisten weit vorn erscheinen. Sie sind nicht einfach nur Webseiten, sondern sind auf einen oder wenige Suchbegriffe optimiert und zwar so, wie Suchmaschinen Webseiten bewerten. Und das geschieht nach mathematischen Verfahren und nicht nach Optik.

Ansonsten bestehen Sie auch aus HTML, wie viele andere Webseiten auch. Da aber jede HTML-Seite nur auf eine Schlüsselphrase hin optimiert werden kann, tragen die Brückenseiten dem Anspruch Rechnung, für viele Schlagwörter entsprechend viele optimierte Seiten bereit zu halten.

Das bedeutet, für jede Schlüsselphrase ist eine separate HMTL-Seite erforderlich.

Über Sinn und Unsinn läßt sich sicherlich streiten. Fakt ist, daß Sie damit Domänen mit zunächst verschiedenen Inhalten besetzen können, was legitim ist. Jede Domänadresse sollte nämlich möglichst eine eigene Webseite aufweisen – muß aber nicht. Verschiedene Domänadressen auf immer die gleiche Startseite direkt umleiten zu lassen, hieße den suchtechnischen Vorteil einer weiteren Domäne zu verschenken.

Nervig ist nur, daß Sie als Besucher erst nach dem Domän-/Seiten-Wechseln auf den eigentlichen Anbieter stoßen. Einige Suchmaschinen sehen deshalb solche Webseiten als kritisch an. Unter Umständen, also wenn Sie es übertreiben und viele Brückenseiten ohne wesentliche Inhalte unter einer Domäne haben, riskieren Sie auch einen Ausschluß Ihrer Adresse.

11.14.1 Einsatz von Brückenseiten

Sofern Sie Brückenseiten verwenden wollen, wird empfohlen, dort Ihr Angebot aus einer anderen Perspektive zu beschreiben. So zeigen Sie, daß es sich hierbei nicht um eine identische Webseite handelt. Auch hier gilt, je offener Sie sind und je klarer Sie Ihre Identität offenlegen, um so mehr Seriosität bauen Sie bei den Besuchern gleich zu Beginn auf.

Unter folgenden Adressen finden Sie Sharewareprogramme, welche den Namen Shareware verdienen, für Privatnutzung kostenlos sind und Ihnen bei der Erstellung von Brückenseiten helfen können:

⇨ *www.get-more-visitors.net* (Freeware/Shareware)
⇨ *fte.fhw-media.de* (Shareware)

Sinnvoll und legitim können einige solcher Brückenseiten auf jeden Fall sein, wenn Sie beispielsweise mehrere Domänen besitzen. Sie können folgendes damit erzielen:

- Erhöhung Ihrer Linkpopularität durch gegenseitige Verlinkungen der Domänadressen
- Optimierung Ihrer Homepage speziell für Suchmaschinen und bestimmte Teile Ihres Angebots, z.B. durch eine andere hierarchische Anordnung oder Gewichtung bestimmter Webseiten
- Eine anders aufgebaute Startseite, um Besucher auf andere Schwerpunkte hinzuweisen

Wenn Sie beispielsweise Bäcker sind, können Sie eine Brückenseite für Ihre Brötchen, eine für Semmeln, eine für Brot, eine für Biobrot usw. anlegen, die alle neben Ihrer Startseite *index.htm* liegen. Clevererweise können Sie diese Brückenseiten auch gleich so benennen.

Interessant in diesem Zusammenhang ist auch die Domäne *www.backe.es*. Also auch ausländische TLDs sollten als eine lohnenswerte Alternative zu bereits belegten deutschen Adressen in Betracht gezogen werden.

11.14.2 Get-more-Visitors-Generator

Als nützliche und deutschsprachige Alternative zum nicht ganz billigen, aber umfangreichen *SpyderOpts* (⇨ *www.spyderopts.com*) entwickelt sich der *Get-more-Visitors-Generator* von Aaron Spettl.

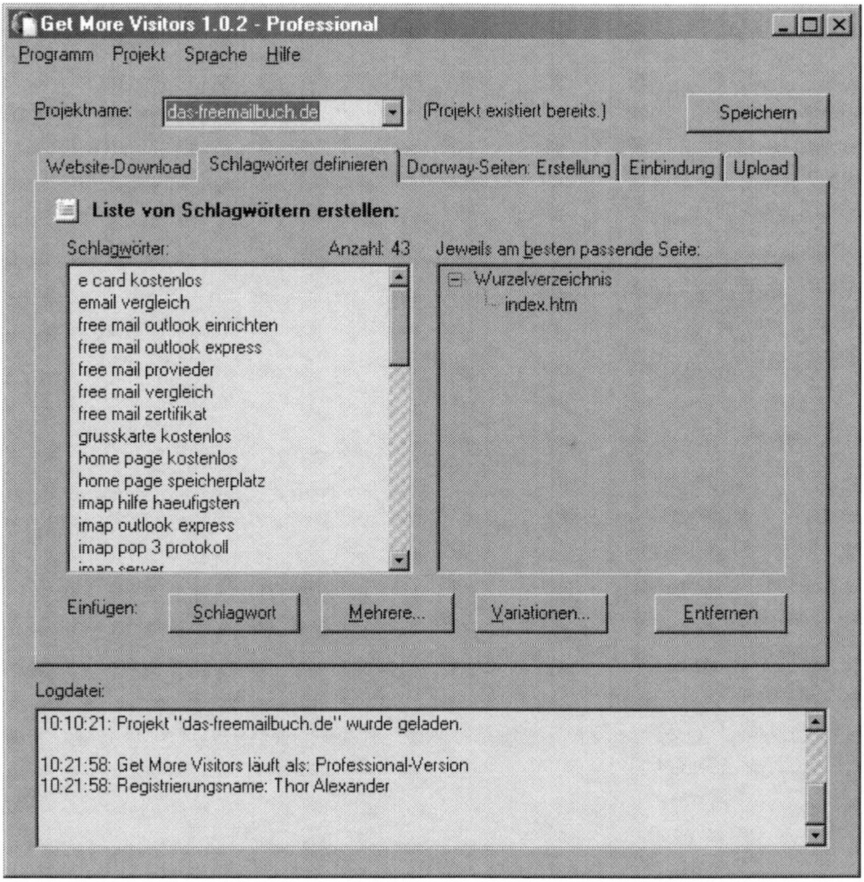

Abb. 25: Get-more-Visitors-Generator, Schlüsselwort-Karte

Mit dem *Get-more-Visitors-Generator* (ehemals Doorway-Generator) können Sie innerhalb weniger Minuten suchmaschinenoptimierte Brückenseiten für Ihre Homepage erstellen. Es stehen fast alle denkbaren Beeinflussungsmöglichkeiten bis hin zu Tippfehlervorschlägen und Reihenfolgeänderungen von Schlagwörtern zur Verfügung. In der kostenlosen Version sind derzeit zwanzig Brückenseiten pro Homepage möglich sind. Die Standard-Version unterstützt bis zu 100 Brückenseiten/Homepage. Die Professional-Version ist unbegrenzt.

Der Generator hilft Ihnen auch, wenn Ihnen bisher nur sehr wenige Suchphrasen eingefallen sind und Sie über noch weniger Begriffe gefunden wurden. Bei der Wahl Ihrer Schlagwörter werden zur Suche häufig verwendete Schlagwortkombinationen automatisch ermittelt und sogar mit Attraktivität gelistet. Schlecht bewertete Begriffe können automatisch entfernt werden.

Mit der Freeware- und den Shareware-Versionen *Get-more-Visitors-Generator Free* erstellen Sie suchmaschinentechnisch optimierte HTML-Seiten, die fast genau so aussehen wie ihr Original. Ihre Besucher merken also gar nicht, daß sie über eine Vorschaltseite zu Ihnen gelangten! Auch mit dynamischen Webseiten (z.B. PHP) funktioniert der Get-more-Visitors-Generator problemlos.

Die Brückenseiten können entweder gleich auf den FTP-Server übertragen oder lokal in einem bestimmten Verzeichnis abgelegt werden. Nicht nur für professionelle Anwender zeichnet eine Logdatei im Hintergrund alle Aktionen und ggf. die alten Inhalte der Vorlage-Brückenseiten auf. Die Vorlage für die zu erstellenden Brückenseiten wird automatisch von Ihrer Homepage ermittelt und kann manuell geändert werden.

Jede Homepage wird in einem eigenen Profil (Projekt) gespeichert und ist leicht wieder aufruf- und änderbar.

11.14.3 Ziel von Brückenseiten

Bei einem Suchmaschinen-Schlagwort möglichst weit vorn zu stehen, ist für neue und kleinere Homepages fast unmöglich. Dazu sind Sie noch zu unbekannt.

Daher gilt es, bei potentiellen Schlagwortkombinationen vordere Ränge zu erreichen. Aufgrund der kleineren Konkurrenz ist dies realistischer. Je mehr bzw. je längere Kombinationen möglich sind, desto weniger Webseiten gibt es bisher dafür, je kürzer sind die Trefferlisten, je einfacher sind vordere Ränge erreichbar.

➩ *11.15 Was können Sie tun? Worauf achten Buscardores?*

11.14.4 Hallway-Seiten

Hallway-Seite

Eine **Hallwayseite** ist eine Webseite mit Links zu all den Homepages oder Webseiten, die zu Ihnen verlinken.

Wenn die Hallway-Seite bei einer Suchmaschine angemeldet wird, folgt dessen Spider bestenfalls all diesen Links und indiziert sie. Dieses Verfahren soll bei Suchdiensten, die eingetragenen Homepages höher bewerten als direkt angemeldete Seiten und zu einer besseren Linkpopularität führen.

Da die Hallwayseite auf fremden bzw. anderen Domänen plaziert ist, riskiert man, falls die dortige Domäne vom Indizieren ausgeschlossen wird, nur den Verlust eines Links und nicht das Indizieren des Linkziels.

11.14.5 Cloaking

Cloaking

Beim **Cloaking** werden Suchmaschinen andere Webseiten gezeigt, als die Besucher später zu sehen bekommen.

Dies beruht darauf, daß die IP-Adressen der Suchdienste bekannt sind und bei Anfragen IP-adreßabhängig reagiert wird. Suchmaschinen werden so speziell optimierte Seiten angezeigt. Ziel sind vordere Plätze in den Trefferlisten und viele Besucher. Häufig wird mit unsauberen Tricks gearbeitet, z.B. daß Angebote angezeigt werden, die nicht zum gesuchten Begriff passen.

11.14.6 Versteckte Links

Für die Verwendung von Brückenseiten sind versteckte Links von großer Bedeutung. Es gibt zwei Möglichkeiten, Text- und Grafiklinks:

Versteckte Textlinks

Dabei wird sich der Tatsache bedient, daß ähnliche Farben von Hintergrund und Schrift Texte unsichtbar erscheinen lassen. Sinnvollerweise platziert man solche Links am Seitenende. Allerdings sollten Sie nicht die gleiche Farbe für Schrift und Hintergrund verwenden, da dies einige Suchmaschinen als Spam ansehen würden. Die Farben sollten nur ähnlich sein. Zusätzlich können Sie auch noch eine kleine Schriftart wählen.

Lt. ⇨ *Searchenginestrategies.biz* bietet sich bei weißem Hintergrund die Farbe mit dem Hexcode **#EDFAE6** an, um versteckte Links zu realisieren. Der Farbcode Ihrer unsichtbaren Ersatzfarbe sollte deshalb möglichst weit weg vom Code der Hintergrundfarbe sein.

Dunkle Hintergrundgrafiken & weiße Schrift

Wenn Sie dunkle Hintergrundbilder und weiße Schrift verwenden, so sollten Sie auch den Farbparameter (BGCOLOR) im BODY-Tag auf eine dunkle Farbe setzen.

Suchmaschinen können bekanntermaßen nicht in Grafiken hineinschauen und interpretieren jede Webseite nur aufgrund des HMTL-Codes. Verwenden Sie aus Kontrastgründen weiße Schrift (#FFFFFF), so kann Ihre Seite als Spam angesehen werden, wenn die Hintergrundfarbe undefiniert und somit weiß ist. Weiß ist nämlich die Standardhintergrundfarbe.

Daraus leitet sich folgender Trick ab:

Tipp für versteckte Textlinks

Definieren Sie eine total andere Farbe im BODY-Parameter BGCOLOR als Ihre Hintergrundgrafik hauptsächlich verwendet. Sie können dann die gleiche Farbe für unsichtbare Links im BODY-Parameter LINK definieren. Wenn Sie Ihre Seite ohne Grafik anzeigen, sind die Links gut sichtbar, mit Hintergrundbild nicht.

Der dargestellte Text sollte die Seitenschlüsselphrase umfassen, für die diese Seite optimiert wurde.

Haben Sie beispielsweise ein blaues Hintergrundbild, so sollten Sie die Farbe in den versteckten Links auch auf das gleiche Blau einstellen. Dies können Sie auch mittels einer FONT-Anweisung innerhalb des A-HREF-Elements erreichen. Sollen alle Formen von Links unsichtbar sein, so sind die Optionen für die Linkfarbe im BODY-Element anzupassen.

Versteckte Grafiklinks

Hierbei wird auf die gleiche Tatsache aufgesetzt und zwar, daß Suchmaschinen nicht in Grafiken hineinschauen. Es werden kleine einfarbige Grafiken in Hintergrundfarbe verwendet. Alternativ können die Bilder auch transparent sein.

Allerdings sollten Sie Einpixelgrafiken nicht verwenden, sondern größere Dimensionen, z.B. 123x9 oder 251x13.

Da diese Grafiken wie Leerraum aussehen, sollten Sie am Seitenende plaziert werden. Für Besucher fallen sie so nicht auf, für die Crawler schon.

In die ALT-Option des IMG-Elements sollten Sie die aktuelle Schlüsselphrase Ihrer Webseite einfügen. Alternativ können Sie aber einige Banner am Seitenende anzeigen, die vielleicht auch noch den einen oder anderen Besucher auf die beworbene Homepage locken.

11.14.7 Handgriffe zur Erstellung

① Finden Sie so viele Wörter wie möglich, berücksichtigen Sie auch Tipp- und Schreibfehler. Tippfehler sind Buchstabendreher oder auf der Tastatur danebenliegende Buchstaben, die versehentlich eingegeben wurden.

② Stellen Sie die Wörter zu Schlagwortphrasen zusammen, über die Ihre Homepage gefunden werden soll. Ziel ist, bei Phrasen vordere Positionen zu ergattern. Bei einzelnen Wörtern wird Ihnen das nur schwer gelingen, lediglich Wörter mit Schreibfehlern sind noch nicht so stark frequentiert wie ihre orthographisch richtigen Pendants.

③ Als nächstes sollten Sie die Liste nach den wichtigsten Phrasen sortieren. Dazu können Sie einige Suchdienste bemühen, um zu ermitteln, wie viele Treffer eine Suchphrase erzielt.

Aber wie sollen die Trefferzahlen gedeutet werden?

Eine kurze Liste deutet auf selten gesuchte Begriffe hin – muß aber nicht sein. Eine zu lange Liste bedeutet geringe Chancen auf vordere Plätze in kurzer Zeit.

Daher sollten Sie sich einzig von Ihrem Gefühl oder einer kleinen Umfrage vertrauen, welche Begriffe Sie zu Ihren Favoriten wählen.

✐ *11.9.6 Googles Befehle* bzw. ✐ *11.14.2 Get-more-Visitors-Generator*

④ Wählen Sie die TOP 10, 15 oder 20 der Phrasen aus. Erstellen Sie Brückenseiten dafür.

⑤ Das beste ist, wenn Sie eigene Webseiten für jeden Begriff erstellen. Das Einfachste ist, wenn Sie relevante Seiten, die bereits vorhanden sind, hierfür anpassen. Im folgenden wird die Anpassung bereits vorhandener HTML-Seiten kurz beschrieben:

⑥ Ändern der Schlüsselwörter

Tragen Sie auch Variationen der Schlüsselphrase in das KEWORDS-Metatag ein, eventuell mit einigen Zusätzen (z.B. online). Einige Tippfehler sind nie von Nachteil.

⑦ URL anpassen

Fügen Sie die Suchbegriffe in Ihre URLs ein, entweder als Subdomäne oder als Verzeichnisname und ebenfalls als Dateiname, z.B. www.oel.de/motor-oel/otto-motor-oel.htm.

⑧ Seitenthema

Nehmen Sie Ihre Schlagwörter ins TITLE-Element auf, eventuell auch zusätzlich noch mit Schreibfehlern.

⑨ Seitenbeschreibung

Führen Sie auch im DESCRIPTION-Metatag Ihre Schlagwörter auf, allerdings eingebaut in Formulierungen.

⑩ Seitenverzeichnis

Das Ziel einer Inhaltsverzeichnis-Seite kann sein, ein Seitenverzeichnis bereitzustellen ohne in Trefferlisten zu erscheinen.

D.h. die Spider sollen die Seite inspizieren und den dort enthaltenen Links folgen. Dann darf die Verzeichnisseite keine Schlüsselwörter außerhalb der Link-Elemente (A-Tags) enthalten.

Sie können die Seite *sitemap.html* oder *inhalt.htm* nennen.

Entfernen Sie alle Schlüsselbegriffe aus dem TITLE- und den Metatags.

Löschen Sie sämtlichen Text im BODY-Tag. Nur die Links zu den Brückenseiten und darin eingeschlossen die jeweiligen Schlüsselphrasen sollten noch vorhanden sein.

❶ Link zum Verzeichnis

Nun sollten Sie auf jeder Brückenseite (✍ *11.14.6*) zum Inhaltsverzeichnis einen versteckten Link unterbringen. Damit wird sichergestellt, daß von den Crawlern alle Seiten indiziert werden, sobald eine der Seiten gefunden wird.

Besser ist es aber, diesen Link sichtbar also auch für Ihre Besucher auszuführen, z.B. im Fußbereich der Seite oder in der Hauptnavigation.

❷ Navigationslinks auf allen Seiten

Prüfen Sie, ob auf jeder Brückenseite Navigationshilfen enthalten sind, damit Ihre Besucher wie auf jeder normalen Webseite auch durch Ihr Angebot navigieren können.

Ein Link zur Startseite ebenso zum Impressum sollte keinesfalls fehlen.

11.15 Was können Sie tun? Worauf achten die Buscardores?

Grundsätzlich gilt natürlich all das, was für alle Webseiten von Bedeutung ist:

- **Gattungsdomäne(n)**
  Der Domänname sagt sehr viel über den Inhalt oder das Themengebiet einer Homepage aus. Bedenken Sie auch die kostenlosen Domännamen (✍ *4.8 Kostenlose Domänadressen*).

- **Schlagwort-Dateinamen**
  Ebenso verhält es sich mit dem Namen einer Webseite.
  Sicherheitsbuch.htm wird sicherlich bei einer Suche nach Büchern stärker berücksichtigt werden als *abc01.htm*.

- **Schlagwortvariationen**
  Die Nähe von Bestandteilen einer Suchphrase in den versteckten Seiteninformationen oder im Text zueinander stellt eine weitere Einflußgröße dar. Bei verschiedenen Seiten zum gleichen Artikel sollten Sie daher die Reihenfolgen in den Schlagwortlisten variieren. Damit ist nicht nur die Reihenfolge in der Liste gemeint, sondern der Abstand einzelner Wörter zueinander, z.B. ‚Freemail Buch eMail mailen' für *www.freemail-buch.de.*

- **Verschiedene Formen**
  Wichtige Beschreibungen des Hauptthemas einer Webseite dürfen auch in verschiedenen Formen innerhalb der Seite erscheinen, selbstverständlich auch im sichtbaren Teil. Bedenken Sie Singular und Plural, Genitiv und die Verbform u.a.

- **Hervorhebung wichtiger Begriffe**
  Suchmaschinen achten auch darauf, ob ein Begriff besonders formatiert ist (fett oder in einer Überschrift) und/oder im Titel der Webseite enthalten ist.

- **Allgemeingebräuchliche Begriffe (Leichte Sprache)**
  Wie aus dem Kapitel ✍ *9 Barrierefreies Internet* bekannt sollten Sie verständliche Begriffe verwenden, da Ihre zukünftigen Besucher nach diesen suchen werden. *Kostenlos* ist beispielsweise gebräuchlicher als *gratis* (und ist ein Gegenteil von *umsonst*).

- **ALT- und TITLE-Attribute**
  Auch der alternative Text im IMG-Element ist von Bedeutung. Da die Grafiken nicht von den Suchrobotern angefordert werden, aber später auf der Webseite dem Besucher erscheinen, können Sie diese auch transparent und recht klein ausführen.

- **Dynamische Webseiten ‚ungern'**
  Suchmaschinen bevorzugen statische Webseiten und möglichst keine Parameter. Zumindest für Ihre Brückenseiten sollten Sie diesen Aufwand betreiben.

- **Vermeidung von Regelverstößen**
  Achten Sie auf die Korrektheit im HTML-Code, intakte Links, nicht zu viele Grafiken. Mit Flash-Plugins und Java-Applets können Suchroboter nichts anfangen.

- **NOFRAMES ausnutzen**
  Auch mit Rahmen haben die Search Robots so ihre Problemchen. In Rahmenseiten sollten Sie daher unbedingt den NOFRAMES-Bereich auch füllen. Besser ist es aber, keine Rahmen zu verwenden.

- **<meta name="Robots" content="index,follow">**
  Obiges Metatag und natürlich die Sprachangaben sollten ebenfalls nicht fehlen.

- **A & O**
  Am wichtigsten ist jedoch Ihre Linkpopularität zu steigern und Partnerseiten um Aufnahme eines Links zu Ihrer URL oder einer Brückenseite zu bitten. Als Nebeneffekt können Sie über diese spezielle Brückenseite auch die Besucher zählen, die über diesen Weg zu Ihnen finden. Sie können auch an anderen Stellen im Internet in Ihrer Signatur Links zu Ihrer Homepage hinterlassen, z.B. Foren, Gästebücher, Newsgroups.

- **Pay per Click**
  Wählen Sie gewissenhaft zum Homepageinhalt passende Schlagworte! Bedenken Sie immer, was Ihre Besucher interessiert. Die offensichtlichsten und beliebtesten Schlüsselphrasen sind aber auch die teuersten. Sie können sparsamer vorgehen und haben einen größeren Nutzen, wenn Sie spezifischere, aber weniger nahe liegende Begriffe finden, die Ihnen bessere Suchmaschinenpositionen zu einem niedrigeren Preis bringen – allerdings immer mit engem inhaltlichen Bezug.

- **Lernen Sie Ihre Besucher und deren Wünsche kennen**
  Bieten Sie Feedbackformulare oder Umfragen an (☞ *23.3 Kontaktformular*). Die Ergebnisse arbeiten Sie in Ihre Schlüsselwortlisten und Webinhalte ein, damit Sie noch besser gefunden werden können.

- **Kundenbindung**
  Kunden, die einmal zu Ihnen gefunden haben, sollten Sie versuchen, zu binden. Beispiele für Kundenbindungsprogramme sind Partnerprogramme (☞ *20 Geld verdienen*) oder Newsletter (☞ *18*).

11.16 Checklisten

Schlüsselwortoptimierung

- ☐ Schlüsselbegriffe aus Kombination von häufig gesuchten Wörtern und Ihrem Angebot
- ☐ Verwandte Schlüsselphrasen, Singular und Plural, Infinitiv, Adjektiv
- ☐ Schlüsselbegriffe mit Tipp- und Schreibfehlern
- ☐ Schlüsselbegriffe in den Metatags
- ☐ Sinnvolle Marketingtexte mit den Schlüsselbegriffen als Seiteninhalte
- ☐ Aussagekräftiger Titel mit Schlüsselbegriff(en)
- ☐ Begriffe in der URL (Domäne, Verzeichnis, Seitenname)
- ☐ Eintragung in Linklisten mit Schlüsselwörtern
- ☐ Keine wichtigen Texte als Grafik
- ☐ Links als Text und nicht per Grafik
- ☐ Gefülltes ALT-Attribut in IMG-Element (Sprechblasentext)
- ☐ Sinnvolle Wörter in Überschriften, fett, eingeschlossen in Hyperlinks

Check. 21: Schlüsselwortoptimierung

Vor der Suchmaschinenanmeldung

- ☐ Erstellen Sie eine klar strukturierte Homepage, sowohl vom Aufbau als auch von den Textverknüpfungen.
- ☐ Jede Webseite sollte über mindestens einen statischen Textlink erreichbar sein, besser sogar über mehrere Links.
- ☐ Verwenden Sie möglichst keine dynamisch erzeugten Webseiten. (also wenn URLs das Zeichen '?' enthalten). Erzeugen Sie parallel statische Webseiten! Nur einige Roboter können auch dynamische Webseiten lesen, allerdings nur die mit wenigen Parametern.
- ☐ Verwenden Sie möglichst keine Rahmen und falls doch, sollte der NOFRAMES-Bereich mit Inhalten und Links gefüllt werden.
- ☐ Vergewissern Sie sich, daß die Tags TITLE, DESCRIPTION, KEYWORDS, NOFRAMES und ALT/TITLE im IMG-Tag sowohl aussagekräftig als auch zutreffend sind.
- ☐ Der durch das Linktag eingeschlossene Text sollte bezeichnend für die Webseite danach sein (nicht „Klicken Sie hier" / „Mehr").
- ☐ Testen Sie alle Ihre Webseiten auf fehlerhafte Links und eine korrekte Verwendung der HTML-Syntax.
- ☐ Stellen Sie Besuchern eine Übersicht (Seitenverzeichnis) mit Links zu den wichtigen Teilen Ihrer Homepage zur Verfügung.
- ☐ Webseiten sollten weniger als 100 Links enthalten. Teilen Sie ggf. die Verknüpfungen auf mehrere Seiten auf.
- ☐ Erstellen Sie nur nützliche und informative Webseiten, die Ihre Themen klar und eindeutig beschreiben.
- ☐ Überlegen Sie sich, welche Suchbegriffe potentielle Besucher verwenden könnten, um nach Ihren Angeboten zu suchen. Gebrauchen Sie diese Begriffe auf Ihren Seiten (auch mehrfach in abgewandelter Form).
- ☐ Verwenden Sie zur Anzeige von wichtigen Namen, wichtigen Inhalten oder Links keine Bilder, sondern nur Text.
- ☐ Haben Sie für jeden Port eine robots.txt?
- ☐ Kein Flash, kein Shockwave; möglichst nur HTML, Text oder PDF!
- ☐ Keine Image-Maps!

Check. 22: Vor der Suchmaschinenanmeldung

Vor/während/nach der Suchmaschinenanmeldung

- ☐ Melden Sie keine Adressen an, die identische Inhalte oder direkt auf Ihre Hauptadresse umleiten.
- ☐ Tragen Sie sich in Linklisten mit hohem Seitenrang ein, die Sie auch über die Suchmaschinen finden, mindestens jedoch ⇨ *dmoz.org*.
- ☐ Sprechen Sie andere Webmaster zwecks Linktausch an.
- ☐ Überlegen Sie, ob Sie Textlinks auf anderen Webseiten oder bei Suchdiensten kaufen möchten.
- ☐ Überprüfen Sie periodisch die Suchmaschinenanmeldungen und wiederholen Sie diese zyklisch.
- ☐ Mehrfache Suchmaschinenanmeldungen können bei zu großer Häufigkeit als Spam gewertet werden. Lassen Sie daher mindestens sieben Tage verstreichen, bis Sie sich an einen weiteren (kostenlosen) Eintragsdienst verwenden.
- ☐ Verwenden Sie Schlagwortdomänen mit eigenen Startseiten.
- ☐ Setzen Sie Brückenseiten u.a. bei Schlüsselwort-Subdomänen ein.
- ☐ Paßwortgeschützte Seiten werden nicht indiziert.

Check. 23: Suchmaschinenanmeldung

Um Ihre Linkpopularität zu prüfen, sei auf die Google-Toolbar verwiesen, die den Google-*PageRank* der geladenen Webseite anzeigt (☞ *11.9 Wie funktioniert Google*) oder ⇨ *www.googles.witch.de*.

Als Fazit läßt sich sagen, daß die Summe aller Teilkomponenten Ihre Relevanz und somit über die Position in den Trefferlisten entscheidet. Das ultimative Patentrezept gibt es nicht, da jede Suchmaschine anders entscheidet/wertet und außerdem die Betreiber ständig die Parameter der Algorithmen anpassen bzw. ändern. Die detaillierten Einstellungen sind Betriebsgeheimnis.

Berücksichtigen Sie auch Produktsuchmaschinen, z.B. ⇨ *www.kelkoo.de*.

Indizierung

Das Wichtigste für eine Indizierung ist

Inhalt, Inhalt und nochmals Inhalt!

12 Versteckte Infos & Metatags

Zum Finden und Gefunden-Werden sind versteckte Seiteninformationen wichtig. Sie werden von Suchmaschinen erwartet und ausgewertet. Sie dienen dazu, Ihre Webseiten zu klassifizieren und sie einer bestimmten Rubrik zuzuordnen. Nachfolgende Anweisungen sind im Kopfteil (<HEAD>)von HTML-Seiten unterzubringen. Die Reihenfolge ist nicht entscheidend, wohl aber deren Inhalt.

Zur Erreichung vorderer Plätze in den Suchmaschinentrefferlisten spielen die Metaelemente eine entscheidende Rolle.

Metaelement = Metatag

Metatags sind im Kopf einer HTML-Seite enthaltene Informationen, die dem Besucher nicht angezeigt werden. Es werden darin Informationen übermittelt, die den Nutzern zunächst verborgen bleiben sollen. Es gibt zwei bekannte Arten von Metatags: HTTP-EQUIV und NAME.

12.1 Gruppen und deren Bedeutung

12.1.1 HTTP-EQUIV

HTTP-EQUIV-Tags entsprechen den HTTP-Headern. Sie können zur Überwachung des Browserverhaltens eingesetzt werden.

12.1.2 NAME

Das Metatag NAME wird für Nicht-HTTP-Header-Infos und meist zur Suchmaschinensteuerung eingesetzt, z.B. Autorname (AUTHOR), Seitenbeschreibung (DESCIPTION) und Schlagwörter (KEYWORDS), verwendeter Zeichensatz usw.

Hier können Sie auch eigene Tags für die firmeninterne Kommunikation einfügen, z.B.:

```
<meta NAME="last-modified" content="Wed, 30 Jun 2004 13:36:00 GMT">
<meta NAME="modified-by" content="Thor Alexander">
```

12.1.3 Dublin Core (DC)

Bei dieser Bezeichnung denken Sie sicherlich an Irland? Aber dieser Standard wurde in Dublin, Ohio (USA) kreiert, um eine anerkannte Schwachstelle in den Websuchfunktionen zu beheben. Sie besteht darin, daß derzeitige Suchdienste nur einen Bruchteil des Internets erfassen. Dazu soll von erfahrenen SGML-Experten ein standardisiertes Vokabular für die Beschreibung von Ressourcen (Webseiten) entwickelt werden. Unter der Bezeichnung Dublin Core (DC) werden folgende Elemente im NAME-Metatag geführt:

- **Metadata Element Set**
  Es definiert die grundlegende Semantik für Internetressourcen, die mittels Namensräumen mit problemspezifischen Metadaten kombiniert werden kann.

- **Core Qualifiers**
  Sie wirken als Attribute zur Verfeinerung der Elemente und grenzen so die Bedeutung eines Elements von anderen ab.

Ressourcenbezogene Elemente aus dem Metadata Element Set:

- DC.Title: Bezeichnung
- DC.Creator: Urheber
- DC.Subject: Thema des Inhalts
- DC.Description: Inhaltsbeschreibung
- DC.Publisher: Herausgeber des Inhalts
- DC.Date: dem Lebenszyklus zugewiesenes Datum
- DC.Format: Format
- DC.Language: verwendete Sprache

Beispiel:

```
<head>
<title>Dublin Core Beispiel</title>
<meta NAME="Generator" content="HTMLed Pro 3.0">
<meta NAME="DC.Creator" content="Thor Alexander">
<meta NAME="DC.Title" content="Verwendung von Dublin Core in Webseiten">
<meta NAME="DC.Date" content="2004-06-30">
<meta NAME="DC.Format" content="Text/HTML">
<meta NAME="DC.Language" content="de">
<meta NAME="" content="">
</head>
```

Die Dublin-Core-Methode (⇨ *dublincore.org/documents/dcq-html*) wird von einer Reihe von Suchmaschinen und auch vom *Get-more-Visitors-Generator* unterstützt, ist aber nur eines von mehreren Standardisierungsansätzen. Ein anderer Versuch ist das Warwick Framework

⇨ *www.dlib.org/dlib/july96/lagoze/07lagoze.html*

12.2 Meta-Recht und -Gesetz

Ja, auch bei versteckten Seiteninformationen gibt es ein paar Regeln zu beachten.

☠ Marken und Unternehmenskennzeichen ☠

Marken- und wettbewerbsrechtlich verboten ist die Nutzung fremder Marken und Unternehmenskennzeichen in den eigenen Metatags.

(D) LG Düsseldorf, 12 O 48/02 und LG Hamburg, 312 0 404/03

Nicht nur Suchmaschinen stören sich an der Nutzung sachfremder Begriffe in den Metatags. Auch das LG Düsseldorf untersagte dies, wenn kein Bezug zu den auf der jeweiligen Homepage angebotenen Waren oder Dienstleistungen hergestellt werden kann.

Gleiches gilt schließlich auch für die versteckte Verwendung geschützter Begriffe, so die Hamburger Richter.

(D) LG Frankfurt, 206 O 679/00 vom 27.09.2000 (Gravenreuth)
(D) LG Hamburg, 406 O 16/01 (Steinhoefel)

Gaben Sie damals beim Suchdienst ACOON den Namen des berüchtigten Abmahnanwaltes „Gravenreuth" ein, so enthielt die Trefferliste 204 Einträge, 164 davon von *Freedom for Links e.V. (FFL)*. Der Verein hatte den Namen von Gravenreuth systematisch in den KEYWORDS-Metaelementen hinterlegt, um Besucher auf seine Homepage zu locken. Die Frankfurter Richter untersagten dies per einstweiliger Verfügung.

Die Hamburger Richter verurteilten den Verein im gleichgelagerten Steinhoefel-Fall aus gleichem Grund zur Unterlassung und zum Schadenersatz.

(D) OLG Düsseldorf, I-20 U 104/03 vom 17.02.2004 (K..., Z...)
(Siehe auch OLG Düsseldorf, I-20 U 21/03 vom 15.07.2003)

Die OLG-Richter sahen in der Nutzung eines konkurrierenden Unternehmenskennzeichens als Metatag weder ein markenrechts- noch wettbewerbswidriges Handeln.

Das Gericht sollte auf Antrag einer gleichnamigen GmbH über die Nutzung der Begriffe „K..." und „Z..." als Metatags entscheiden. Der Beklagte vertreibt gleiche Produkte und befindet sich daher in Konkurrenz.

Bei der Prüfung kennzeichenrechtlicher Ansprüche des Antragstellers befand das Gericht, daß Metatags grundsätzlich nicht kennzeichenmäßig genutzt würden, sondern sie lediglich zur Auffindung der Homepage bei einer Suchmaschinenanfrage dienen. Mit den Metatags würden aber das gekennzeichnete Unternehmen und seine Waren und Dienstleistungen gerade nicht bezeichnet. Wettbewerbsrechtliche Ansprüche ließen sich aus Sicht des OLGs nicht ableiten, da der Nutzer der Metatags sich mit diesen bei gängigen Suchmaschinen nicht vor die Kennzeicheninhaberin drängte.

Erst wenn Metatag-Nutzer sich in den Trefferlisten vor den Kennzeicheninhaber schieben, soll ein Wettbewerbsverstoß vorliegen. Täuschung liege auch nicht vor, da Internetnutzer bei Suchanfragen nicht ausschließlich den Kennzeicheninhaber zu finden erwarten.

Das Urteil definiert zwar Grenzen, ist jedoch umstritten. Sofern möglich, sollten Sie also auf fremde Marken und Unternehmens- und Produktbezeichnungen verzichten, um das Ärgerrisiko gering zu halten.

LG Essen, 44 0 166/03 vom 26. Mai 2004 (Suchmaschinenspamming)

Die Richter widmeten sich der der Frage, wie das lexikonartige Auflisten vieler hunderter HTML-Metatags ohne jeden inhaltlichen Bezug zu einer Homepage einzuordnen sei. Dabei wurde ein Verstoß gegen § 1 UWG festgestellt, da durch die schier endlose Aneinanderreihung die technischen Schwächen von Suchmaschinen ausgenutzt werden sollten, um sich in den Trefferlisten einen Wettbewerbsvorteil zu verschaffen.

Dies gelte nach Meinung der Essener Richter allerdings nicht für jede Verwendung von HTML-Metaelementen. So müsse es ein Mitbewerber hinnehmen, wenn eine Homepage mit Suchbegriffen gefüllt werde, die im weitesten Sinne noch einem Zusammenhang zum Leistungsangebot des Betreibers herstellen lassen. Gleiches gelte für die Verwendung von Namen, Geschäftsbezeichnungen oder Marken, sofern diese "Bestandteil von auf der Internetseite geschalteten Werbelinks" seien, um dem Homepagebetreiber Geschäfte mit Werbepartnern zu ermöglichen.

Ob gegen die Entscheidung Einspruch eingelegt wurde, war zum Redaktionszeitpunkt dieses Buchs noch nicht auszumachen.

12.3 Offline-Vorbereitung

① Beschreiben Sie kurz und prägnant Ihre jeweilige Webseite, am besten in Stichpunkten durch Komma oder Semikolon getrennt.

② Legen Sie eine Liste mit bis zu 100 Schüsselworten an. Verwenden Sie auch beschreibende Phrasen zur Ihrer Firma und Ihrem Tun. Sortieren Sie nun die Schlüsselworte nach Ihrer Wichtigkeit, die wichtigsten zuerst.

Wichtige Schlagworte können durchaus in abgewandelter Form doppelt vorkommen. Einige Suchmaschinen gewichten nämlich Ihre Webseite nach Anzahl und Position der Schlüsselbegriffe. Dadurch erzielen Sie u.U. vordere Positionen in Trefferlisten einer Buscardor. Allerdings führt zu offensichtliche Wiederholung zum umgekehrten Effekt.

12.3.1 Titel & Thema

<TITLE>Homepagebuch Domänrecht Barrierefreiheit ... </TITLE>

Bedeutung

Das TITLE-Element fällt nicht in die Gruppe der Metatags! Ihm kommt als eigenständigem Element eine besondere Rolle zu. Es kann nämlich von Suchmaschinen und Besuchern gleichermaßen betrachtet werden. Es gibt jeder Webseite ein Thema vor und sollte für jede Webseite individuell erstellt werden.

Suchmaschinentechnisch steht es wie kein anderes Seitenelement in enger Verbindung mit dem KEYWORDS-Metatag, z.B. zur Relevanzbeurteilung. Es soll sogar schon Webseiten gegeben haben, die kein KEYWORDS-Tag hatten und trotzdem auf vorderen Plätzen zu finden waren.

Das TITLE-Tag ist das Erste, was über eine Webseite in den Trefferlisten vieler Suchdienste angezeigt wird. Es ist daher das Hauptschlagwort, welches auch Besucher lesen. Der Titel veranlaßt Besucher zur Entscheidung, Ihnen einen Besuch abzustatten.

Handgriffe

① Geben Sie jeder Seite einen aussagekräftigen Titel.

② Verwenden Sie dazu fünf bis acht Schlüsselwörter. Stellen Sie das wichtigste Schlagwort voran.

③ Entfernen Sie alle Füllwörter (und, oder).

Viele Besucher beachten den Seitentitel kaum. Während Suchmaschinen diesen als sehr wichtig betrachten. Dabei werden die im Titel gefundenen Schlüsselwörter höher priorisiert als anderswo auf der Seite.

Übernehmen Sie daher die wichtigsten Schüsselwörter auch in den Seitentitel, auch wenn er zu lang für den Browser erscheint. Für Suchmaschinen spielt dies keine Rolle.

Bis zu 255 Zeichen, auch wenn diese nicht alle im Browser angezeigt werden, sollten Sie füllen können - müssen aber nicht. Nicht alle Suchdienste werten aber die volle Länge aus.

12.3.2 Schlüsselwörter

<meta name="Keywords" content="Wort1 Wort2 ...">

Zu früherer Zeit war es möglich, durch Schlagwörter, die nichts mit dem Inhalt der jeweiligen Webseite zu tun haben, Besucher über Buscardores anzulocken.

Diese fragten sich dann, was die Webseite mit dem gesuchten Begriff zu tun habe.

Dieses Problem ist mittlerweile behoben, so daß die Schlagwörter für sich allein genommen eigentlich nichts sind und nur in Verbindung mit anderen Seitenbestandteilen erst Bedeutung erlangen.

Lediglich in einigen kleineren Suchdiensten soll das KEYWORDS-Element noch eigenständig verantwortlich sein, um gefunden zu werden.

Worte ⇔ Wörter

Lt. Duden-Newsletter verfügt ‚Wort' über zwei Pluralformen, die sich auch inhaltlich unterscheiden. Im Sinne von ‚Einzelwort' lautet die Mehrzahl ‚Wörter' und in der Bedeutung ‚Äußerung, Ausspruch, Erklärung, Begriff' dagegen ‚Worte', z.B. Stichworte. - ‚Mir fehlen die Worte, wenn ich mir fremde Paßwörter ausdenken muß.'

(Zitat 🕮 *Feind Hört mit ⇨ 23.3.2 Mailnamen und Paßwörter*)

Handgriffe

Durch Leerzeichen oder per RETURN getrennte Stich- oder Schlagworte, die am besten den Inhalt dieser Webseite (aber nicht unbedingt Ihrer gesamten Homepage) beschreiben.

Hier sollten Sie allgemeine und spezielle Begriffe verwenden, unter denen Ihre Webseite gefunden werden soll.

Einige Suchmaschinen prüfen, ob hier Worte besonders häufig vorkommen und indizieren die Seite nicht, wenn ein Schlüsselwort mehr als fünfmal erscheint. Einige Besucher verlassen wiederum Ihre Homepage, wenn sie die gesuchten Begriffe nicht sofort auf der Webseite wiederfinden.

Im KEWORDS-Tag können Sie bis zu 1.000 Zeichen eintragen. Stellen Sie die wichtigsten Schlüsselwörter bzw. Phrasen voran. Das Schlüsselwort-Element sollte aber selten länger als 1024 Zeichen sein, da erfahrungsgemäß viele Suchdienste hier abschneiden.

Verwenden Sie verschiedene Schreibweisen (z.B. auch Mehrzahl, Genitiv, Infinitiv, Adverben, zusammen- und auseinandergeschrieben). Von einigen Suchmaschinen wird auch der Abstand zwischen verschiedenen Schlüsselbegriffen bewertet.

Schlüsselworte

Gewählte Schlüsselworte müssen häufiger auf Ihrer Webseite vorkommen, anderenfalls verlieren Sie an Wirkung.

„Einsame Schüsselbegriffe" unter KEYWORDS zeigen i.d.R. keine Wirkung und können Abwertungen im Ranking bewirken.

Da nicht alle Schlagworte im Text vorkommen werden, sollten diese in die ALT-/TITLE-Optionen der IMG-Elements aufgenommen werden.

Um Suchmaschinenspamming entgegenzuwirken, sollten Sie nicht immer das gleiche Wort wiederholen, sondern verschiedene Varianten, was ja im Deutschen einfacher als im Englischen möglich ist. Sollten Ihnen die Varianten ausgehen, so können Sie die Idee des Optimierungsprogramms *SpyderOpts* (⇨ *www.spyderopts.com*) aufgreifen und **laufende Nummern** anhängen.

Überlegen Sie auch **Schreibfehler**, die potentielle Besucher verwenden könnten! Da dies noch nicht viele Webmaster wissen, erzielen Sie hierbei noch vordere Plätze in den Trefferlisten.

Suchmaschinen-Know-how

Schlüsselwortdichte

Die **Schlüsselwortdichte** gibt die Häufigkeit eines bestimmten Begriffes im Verhältnis zum Gesamttext an. Für eine gute Plazierung sollte sie zwischen 3-8 % liegen.

Keyword Stuffing

Als **Keyword Stuffing** wird das Vollstopfen einer Webseite mit Suchbegriffen bezeichnet. Dabei werden die Wörter aber nicht nur in Metatags untergebracht, sondern auch in anderen Seitenelementen. Erkennt dies ein Suchdienst, so werden die Seiten abgewertet oder gar ausgeschlossen.

Schlagwortsuche

Verwandte Schlüsselbegriffe

Über ➪ *metager.de/asso.html* können Sie nach ähnlichen Schlüsselwörtern fahnden.

Weitere Ressourcen zur Schlagwortsuche sind

➪ *www.searchterms.com* oder
➪ *www.wordtracker.com*.

Denn wenn Sie nicht bei Toptreffern eines Suchbegriffs vertreten sind, können Sie es im wesentlichen vergessen, Ihren Besucherzähler in absehbarer Zeit zu sprengen.

Alternativ können Sie aber auch den *Get-more-Visitors-Generator* einsetzen, der Ihnen die Popularität von Suchbegriffen anzeigen kann *11.14.2*.

12.3.3 Seitenbeschreibung

<meta name="Description" content="Phrase1, Phrase2 ">

Hier sollte also eine Beschreibung des Inhalts dieser Webseite als Fließtext eingefügt werden, z.B. in komma- oder semikolongetrennten Stichpunkten oder in Satzform. Alternativ können Sie auch einen allgemeinen Text zu Ihrer Firma oder zu Ihrer Homepage angeben. Wichtig ist, daß das Interesse der Besucher geweckt wird, Ihre Homepage zu besuchen.

Diese Beschreibung wird von einigen Suchmaschinen in den Trefferlisten angezeigt. Deshalb sollten Sie das Tag nicht mit Schlagwörter vollstopfen.

Hilfreich ist es lediglich, wenn Sie hier Ihre wichtigsten Schlagwörter „einstreuen". Bedenken Sie aber, daß dieses Element in erster Linie Informationen für potentielle Besucher bereithält. Zielgruppe sind also die Besucher und nicht die Suchmaschinen.

Die von den Suchmaschinen akzeptierte Länge ist recht verschieden. Altavista läßt nur 155 Bytes zu, Firemail hingegen 256 Zeichen. 255 bis 300 Zeichen sind eine übliche Begrenzung. Ein weiterer Richtwert liegt bei 50 Wörtern.

- Der Inhalt Ihrer Webseite muß kurz, eindeutig und verständlich beschrieben sein.
- Stellen Sie wichtige Phrasen an den Anfang!

12.3.4 Sprach-Tags

<meta name="Content-language" content="DE,EN,ES,RU,JP">

In diesem Tag erscheinen die benutzten Sprachen der jeweiligen Webseite (nicht zwangsläufig der kompletten Homepage), per Komma getrennt durch Eingabe der Länderdomänen.
Z.B. en=englisch, ru=russisch, de=deutsch

<meta HTTP-EQUIV="Content-Language" CONTENT="de" />

Das EQUIV-Tag Content-Language deklariert die natürliche Sprache eines Textdokumentes.

12.3.5 Autor

<meta name="author" content="...">

Dieses Tag ist nicht unbedingt notwendig. Es gibt den Autor einer Webseite an.

<link rev="made" content="mailto:mailname@domäne">

Eigentlich kein richtiges Metaelement, aber dennoch in Verwendung, enthält es den Ansprechpartner oder die eMailadresse des für die Homepage Verantwortlichen.

12.3.6 Zeichensatz

<meta http-equiv="Content-Type"
content="text/html; charset=iso-8859-1">

Dieser Eintrag gibt Auskunft über das Datenformat und den Zeichensatz. Aufgrund der Vielzahl von Zeichensätzen ist dies eine sehr wichtige Information für Suchmaschinen und Browser gleichermaßen, damit Ihre Homepage korrekt interpretiert und dargestellt werden kann. Die Startseite sollte auch immer in lateinischen Zeichensätzen sein, damit jeder Besucher etwas Brauchbares angezeigt bekommt. Kraft Gesetz müssen deutsche Homepages dies auch sein.

Zwei positive Beispiele (Suchmaschinen aus Quatar und aus Taiwan):

⇨ *www.arabo.com* und ⇨ *ep.sunup.net*.

12.3.7 Veröffentlicher und Erstellungsprogramm

<meta name="publisher" content="...">
<meta name="generator" content="...">

Der Parameter Publishers beinhaltet den Namen der Person oder Firma, die die Seite veröffentlicht hat. Beispiel: "Ihre Firma GmbH"

Als Generator erscheint gewöhnlich der Programmname, mit dem die Webseite erstellt wurde. Diese Angabe dient nur zu Informationszwecken und wird meistens vom entsprechenden Programm automatisch eingefügt. MS Frontpage fügt zusätzlich noch folgende Zeile ein:

```
<meta name="ProgId" content="FrontPage.Editor.Document">
```

Das NAME-Element ist absolut nicht notwendig und wird selten benötigt.

12.3.8 Revisit-after

<META NAME="revisit-after" content="1 week">

Nach welcher Zeit sollen Suchmaschinen Ihre Webseiten erneut besuchen. Der übliche Wert liegt bei drei bis sechs Wochen, wenn Ihr Angebot sich nur selten verändert. Turnusmäßig besuchen die Suchmaschinenroboter auch aller vier bis acht Wochen Ihre Homepage auch ohne diese Anweisung.

Einige mögliche Werte sind: `2 weeks`, `10 days`, `4 months`.

Ein häufigerer Besuch kann das Risiko erhöhen, aus dem Suchindex zu fallen, wenn die Homepage einen geringen Rang hat!

12.3.9 Robots

<meta name="Robots" content="index,follow">
<meta name="Audience" content="All">

Nach welcher Methode soll Ihre Webseite indiziert werden (siehe auch ➬ *12.3.9 Robots.txt*)? Es reicht, wenn Sie diese Anweisung in Ihrer Startseite unterbringen.

Mögliche Werte sind: `index`, `follow`, `noindex`, `nofollow`.

12.3.10 Beispiel

Nicht alle Elemente/Tags sind erforderlich. Die letzten drei Einträge sind nur in der Startdatei Ihrer Homepage notwendig. Hier ein Beispiel der Einträge in der Startdatei *index.htm* (bzw. *index.html*). Den *Titel*, die *Seiteninfo* und die drei Punkte jeweils sollten Sie mit Ihren Angaben füllen.

```
<HEAD>
<TITLE> Thor Alexander, DAS HOMEPAGEBUCH, Unwissenheit schuetzt vor Strafe
nicht <TITLE>

<meta http-equiv="Content-Type" content="text/html; charset=windows-1252">
<meta http-equiv="Content-Language" content="de">
<meta name="Audience" content="All">
<meta name="Robots" content="index,follow">
```

```
<meta name="revisit-after" content="2 weeks">
<meta name="Siteinfo" content="http://www.thor-alexander.de/robots.txt">
<meta name=" Description" content="...">
<meta name="Keywords" content="...">
</HEAD>
```

12.4 Hilfsmittel

12.4.1 Onlinehilfsmittel

METADOCTOR

Über ⇨ *www.metadoctor.de/analyze.php* können Sie Ihre Startseite überprüfen. Sie erhalten dabei u.a. auch die Ausnutzungsgrade einiger Tags angezeigt.

Auf *Metadoctor.de* finden Sie auch einen Metatag-Generator. Nach bestandenem Test sind Sie befügt, nebenstehendes Logo auf Ihrer Homepage zu plazieren.

Eine weitere sehr gute Homepage finden Sie unter ⇨ *www.webmasterplan.com/de*. Hier können Sie noch weitere Prüfungen vornehmen, wie Ladezeit, Linkcheck und HTML-Check. Der HTML-Check ist sehr penibel und moniert unter Umständen, daß Ihr Seitentitel länger als 64 Zeichen ist (*12.3.1*). Aber auch im Quelltext findet er die eine oder andere Ungereimtheit.

Sie können auch andere Metatag-Generatoren einsetzen, die es im Internet häufig gibt. Dort werden alle relevanten Informationen abgefragt. Den erzeugten HTML-Quellcode fügen Sie direkt in den Quelltext Ihrer Webseite ein. Hier eine kleine Auswahl.

- **1A-Marketing**
  inkl. Webseitenanalyse
  ⇨ *www.1amarketing.com/de/marketingtools/metatag_gen.html*
- **Submit Corner**
  In englisch, mit Robot-Generator, Link-Check, Suchmaschineneintragsdienst
  ⇨ *www.submitcorner.com* ⇨ *META Tag Generator*

Weitere Tag-Generatoren erhalten Sie, wenn Sie über eine Suchmaschine nach „Tag Generator“ suchen.

12.4.2 Programme

- **www.spyderopts.com**
  Optimierungssoftware u.a. auch für ALT-Parameter
- **www.get-more-visitors.net**
  Erstellung von Brückenseiten für jede Homepage, Schlüsseloptimierungen mittels Wortranking, Tippfehlerbegriffe

12.5 Kurzreferenzen

Nachfolgende Informationen stellen keinen Anspruch auf Vollständigkeit dar, sondern sollen nur Anregungen geben, in HTML-Dokumentationen oder anderen Büchern zwecks näherer Erläuterungen nachzuschauen.

12.5.1 Farbnamen & RGB-Code

Name	Hexadezimaler Farbcode (RGB)
White	FFFFFF
Yellow	FFFF00
Fuchsia	FF00FF
Red	FF0000
Silver	C0C0C0
Gray	808080
Olive	808000
Purple	800080
Maroon	800000
Aqua	00FFFF
Lime	00FF00
Teal	008080
Green	008000
Blue	0000FF
Navy	000080
Black	000000

Tab. 23: Farbnamen und deren Code

12.5.2 A-Tag

Obacht

Links sollten als Verknüpfungen auch vorgenommen werden. Standardmäßig werden sie mittels unterstrichenem Text dargestellt oder als andersfarbige Texte. Natürlich können Sie statt Text auch Grafiken für Links nutzen. In diesem Fall sollten die ALT- und TITLE-Attribute gefüllt sein.

3.7.3 Selbes oder weiteres Fenster wegen

Anbei eine unvollständige Aufstellung möglicher Optionen:

- **charset=text**
  Zeichensatz des Verknüpfungsziels
- **name=text**
  Name des Links
- **href=url**
  URL des Verknüpfungsziels (relativ oder absolut)
- **target=text**
  Fenstername, Z.B. „_parent“, „_top“, „_blank“, eigener Name (*3.7.3)*
- **accesskey=Zeichen**
  Tastenbezeichnung (z.B. „A“, „#“, „5“) zum Auslösen des Links (*9.6.16)*
- **tabindex=number**
  Reihenfolge, um per ALT+Taste den Focus zu wechseln (*9.6.14)*
- **Lang=Sprachcode**
  Sprache des Linkziels bei mehrsprachigen Homepages

12.5.3 LINK

Das LINK-Tag dient nicht zur Einbindung zusätzlicher Seitenelemente, sondern auch zur Information für Suchmaschinen (z.B. bei mehrsprachigen Homepages oder bei Dokumenten mit verschiedenen Versionen für Anzeige und Druck) sowie zur Navigation, d.h. Belegung der Browsertasten *Vor* und *Zurück* bzw. *Rückwärts*. Folgende Attribute können benutzt werden:

- **href=url**
  URL einer Verknüpfung
- **rel=**
  Vorwärts-Linktyp
- **rev=**
  Rückwärts-Linktyp
- **type=text|password|checkbox|radio|submit|reset|file|hidden|image|button**
  Eingabetyp des Links (Standard: text)
- **media=all|screen|print|projection|braille|speech**
  Für die Darstellung dieses Mediums (Standard: all)

- **target=name**
  Zielfenstername

Beispiele:

```
<LINK rel="Index"    href="../index.htm">
<LINK rel="Next"     href="Kapitel_3.htm">
<LINK rev="Previous" href="Kapitel_1.htm">

<link rel="stylesheet" type="text/css" HREF="inkl/style.css">
```

12.5.4 IMG

Grafiken und Bilder werden meist per IMG-Tag in Webseiten eingebunden. Das IMG-Element ist eines der wenigen ohne Endetag. Weitere Möglichkeiten bestehen darin, die Dateien als Hintergrundbild für die gesamte HTML-Seite oder für eine Tabelle zu definieren. Hier eine unvollständige Parameterliste:

- **src=url**
  URL des einzubettenden Bildes
- **lowsrc=url**
  Nur vom Netscape-Browser verwendete URL eine Bildes mit niedriger Auflösung, das zuerst geladen wird, um bei schmalbandigen Verbindungen die Zeit bis zum vollständigen Ladens des großen Hauptbildes zu überbrücken.
- **alt=text, title=text**
  Sprechblasentext, der u.a. auch anstatt des Bildes angezeigt werden kann (✍ *9.6 Barrierefreies HTML*)
- **align= bottom|middle|top|left|right**
  Vertikale oder horizontale Ausrichtung
- **height=number**
  Gewünschte Bildhöhe (in Pixeln)
- **width=number**
  Gewünschte Bildbreite (in Pixeln)
- **border=number**
  Gewünschte Rahmenbreite (um das Bild) in Pixeln
- **hspace=number**
  Gewünschter Leeraum links und rechts vom Bild
- **vspace=number**
  Gewünschter Leeraum ober- und unterhalb des Bildes

Die ALT-/TITLE-Option hat Bedeutung

- für die Indizierung von Links durch Suchmaschinen
- als Sprechblasentext (Anzeige bei Mausberührung einer Grafik)
- als alternative Grafikdarstellung in Browsern ohne Grafikanzeige bzw. bei deaktivierter Grafikanzeige
- als Bestandteil eines barrierefreien Internets

12.5.5 TABLE

Tabellen werden mit dem TABLE-Tag geöffnet und per „</TABLE>" geschlossen. Jede Tabellenzeile schließt das TR-Tag ein (Table Row). Tabellenzellen werden mittels des TD-Tag (Table Data) im Quelltext begrenzt. Für den Tabellenkopf existiert ein eigenes Tag namens TH (Table Header). Die Attribute des TABLE-Tags können sein (unvollständige Liste):

- **align=left|right|center**
  Tabellenposition relativ zum Fenster
- **bgcolor=color**
  Hintergrundfarbe aller Tabellenzellen
- **width=number**
  Tabellenbreite prozentual zur Fensterbreite oder in Pixeln
- **cols=number**
  Anzahl der Spalten
- **border=number**
  Rahmenstärke, 0=kein Rahmen
- **cellspacing=number**
  Abstand zwischen Zellen in Pixeln (Leerraum)
- **cellpadding=number**
  Abstand innerhalb einer Zelle zum Rand
- **Lang=Sprachcode**
  Sprache des Tabelleninhaltes bei mehrsprachigen Homepages

12.5.6 BODY

Das BODY-Tag leitet den anzuzeigenden Inhalt einer Seite ein. Es kennt folgende Parameter:

- **background=url**
  URL des Hintergrundbildes
- **bgcolor=color**
  Hintergrundfarbe
- **text=color**
  Textfarbe
- **link=color**
  Farbe für Verknüpfungen
- **vlink=color**
  Farbe für besuchte Verknüpfungen (visited links)
- **alink=color**
  Farbe für Links, die im Focus stehen (angewählt sind; active links)
- **(Ereignisse)=Skript**
  onload, onunload, onclick, ondblclick, onmousedown, onmouseup, onmouseover, onmousemove, onmouseout, onkeypress, onkeydown, onkeyup

Beispiel:

```
<BODY bgcolor="white" text="black" link="red" alink="fuschia"
vlink="maroon">
```

12.5.7 Expires

Expires teilt mit, ab wann die HMTL-Seite nicht mehr gültig ist und vor einer erneuten Anzeige neu geladen werden soll. Dies ist browserabhängig und funktioniert nicht immer. Es gibt noch weitere EQUIV-Tags wie Pagma=No-Cache, aber leider auch ohne garantierte Zuverlässigkeit. z.B.

```
<META HTTP-EQUIV="Expires" CONTENT="Thu, 22 Apr 2004 06:52:19 GMT" />
```

12.5.8 Pragma

Das Pragma-Tag überwacht das Caching in HTTP/1.0. Der Wert muß „no-cache" sein, um das Zwischenspeichern von Seiten zu deaktivieren.

```
<meta HTTP-EQUIV="pragma" CONTENT="no-cache" />
```

12.6 Checkliste

Versteckte Seiteninformationen

- ☐ Aussagekräftiger Titel (TITLE-Element und Überschrift)
- ☐ Schlüsselwörter (Keywords-Element) auch im Text verwenden
- ☐ Schlüsselbegriffe in die ALT-/TITLE-Parameter des IMG-Elements
- ☐ Seitenbeschreibung (Description-Element)

Check. 24: Optimierung versteckter Seiteninformationen

13 Optimierung für Besucher

13.1 Ladezeiten und Dateigrößen

Am besten ist es eine Rohfassung ins Netz zu stellen, diese bei den Suchmaschinen anzumelden und parallel Analysen, Tests und Verbesserungen vorzunehmen. Hintergrund ist der, daß der Eintrag bei einigen Suchmaschinen bis zu sechs Wochen in Anspruch nehmen kann. Es vergeht also noch etwas Zeit bis die ersten Besucher auf diesem Weg zu Ihnen gelangen. Nutzen Sie die Zeit für folgende Prüfungen:

① Ladezeit

Die Ladezeit einer Webseite und gerade Ihrer Startseite entscheidet wesentlich darüber, ob der Besucher bis zum vollständigen Seitenaufbau wartet oder bereits vorher abwandert. Auch in Zeiten von DSL und Kabel verfügt längst nicht jeder darüber. Besucher, die per Modem oder GPRS zu Ihnen kommen, sollten die gleichen Chancen haben wie alle anderen!

Gartner Group und Forrester Research schätzen, daß eCommerce-Homepages jährlich bis 1,3 Mrd. US$ aufgrund zu langer Ladezeiten verlieren.

Ladezeit

Allgemein gilt, daß ihre komplette Webseite (also nicht nur die HTML-Seite, sondern alle Elemente) in etwa **7 Sekunden mit einem 56K-Modem** geladen sein sollte.

Da jedes Element vor seiner Darstellung explizit angefordert werden muß, besteht eine einfache Möglichkeit darin, einige sehr kleine Elemente (Grafiken) zusammenzufassen.

Um das Kopieren von Grafiken zu erschweren oder große Bilder schneller anzuzeigen, gehen einige Homepages den umgekehrten Weg, in dem Grafiken geteilt werden. Die gesamte Ladezeit erhöht sich zwar ein wenig, aber Teile des Bildes werden früher angezeigt, so daß der Betrachter bereits etwas sieht und nicht ‚im Dunkeln sitzt'.

Das Freewareprogramm *ByteReducer* verhilft Ihnen zu optimiertem Quellcode sowie zu reduzierten Dateigrößen verbunden mit kürzeren Ladezeiten:

➩ *www.wt-rate.com/freeware2.htm#bytereducer*

Allerdings sollten Sie eine ‚unoptimierte' Version jeder Seite zuvor sichern, da auch HTML-Editor-Informationen durch solche Optimierungen verloren gehen. Zusätzlich wird die Lesbarkeit des Quellcodes reduziert.

Tipp

Eine komplette Webseite inkl. aller Elemente sollte nicht größer als 30 bis maximal 50 KB sein.

Größere Elemente (Grafiken, Videos) sollten zunächst per Link mit Dateigröße (eventuell auch mit Ladezeit für 52 KB/s) und erst auf Klick angezeigt werden.

Es gibt weitere Möglichkeiten zur Verkürzung der Ladezeit:

② Einführung überspringen

Verwenden Sie eine sogenannte ‚Introduction' auf Ihrer Homepage, fragen Sie sich, ob diese notwendig ist! Wenn Sie einkaufen gehen, füllen Sie dann von Discolicht und Rauch angezogen? Und kaufen Sie dann eher mehr oder eher weniger?

Der Autor meint „1. Frage: NEIN. 2. Frage: Sie kaufen eher weniger.". Sicher kann man für Interessierte diese Filmchen anbieten, aber sie jedem aufzudrängen, führt zum Gegenteil.

Ebenso abstoßend wirken Videos und Musik. Möchte jemand Musik hören, schaltet er Radio oder Viva/MTV ein. Im Internet werden in erster Linie Informationen erwartet. Ungeachtet der Ladezeit zusätzlicher, nicht verkaufsnotwendiger Elemente sollten Sie auch an den Personenkreis denken, der in Mehrpersonenbüros bzw. mit mehreren Browserfenstern arbeitet. Stellen Sie sich vor, Sie haben fünf oder acht Browserfenster geöffnet, welches Fenster erzeugt den Lärm jetzt? Außer dem Krach zu ertragen, gibt es drei Möglichkeiten: Lautsprecher aus, Fenster schließen oder weiterklicken. Der Autor gehört zur Fenster-zu-Gruppe.

Konnten Sie sich aber doch nicht durchringen, derart Filmchen von der Startseite zu verbannen, so sollten Sie zumindest einen sichtbaren Link zum Überspringen anbieten. Vielleicht lassen Sie auch mal Zähler mitlaufen, wieviele Besucher die Animation anschauen und wieviele ungeduldig sind.

Auch verschenken Sie wertvolle Positionen in den Suchmaschinentrefferlisten, wenn Sie Ihre Startseite, das Tor zu Ihrer Homepage vergeuden. Die Crawler indizieren solche Seiten nicht und gehen auch nur bis zu einer bestimmten Linktiefe, um Ihre Homepage zu indizieren (✐ *10 Suchmaschinenanmeldung & Co.*). Eine Ebene verschenken Sie hiermit.

③ Dateigrößenreduktion

Zusätzlich gibt es folgende Möglichkeiten, die Ladezeit Ihrer Webseiten zu verkürzen:

- Verringerung von Anzahl und Umfang der Bilder und Multimediaelemente, z.B. weniger Grafik
- Verkleinerung der Grafiken durch Speicherung in einem anderen Format, durch Verringerung der Auflösung und der Farben oder durch Verkleinerung der Bildgröße (↷ *13.4 Grafikoptimierung*).
- Laden der Grafiken für die Unterwebseiten in einem unsichtbaren Rahmen (der nur 1 Pixel hoch oder breit ist). Während der Besucher die Hauptseite anschaut, werden bereits zukünftig zu ladende Grafiken abgerufen. Bei Aufruf der Unterseiten werden die Grafiken direkt dem Browsercache entnommen.

④ CSS

Eine weitere Möglichkeit besteht darin, die Formatierungsanweisungen in eine oder mehrere Dateien auszulagern ↷ *3.7.1 CSS*.

⑤ Grafiken/Seite

Grafiken/Seite

Als Richtwert sollten Sie maximal nur drei Grafiken im Format JPG, GIF, PNG pro HTML-Seite einsetzen.

⑥ Javascript und andere Skriptsprachen

HTML-Seiten können andere Skripte und Elemente enthalten (z.B. VBScript, Java-Applets, Javascript). Dies erhöht nicht nur die Ladezeit sondern schafft neue Probleme, wenn andere Browser, wenn andere Betriebssysteme bestimmte Funktionen nicht wie vorgesehen ausführen. Verwenden Sie auf vielen HTML-Seiten die gleichen Scripte, so reicht es aus, diese nur einmal zu laden.

Lagern Sie deshalb den Scriptcode in eine Textdatei aus. Die ausgelagerten Javascript-Funktionen werden normalerweise mit der Erweiterung *.js* und ohne die SCRIPT-Tags gespeichert. Fügen Sie in jede betreffende Seite beispielsweise folgenden Link ein:

```
<script language="JavaScript" src="skript.js"></script>
```

Verwenden Sie Java auf Ihren Webseiten, so werden diese Bestandteile bei einer ganzen Reihe von Besuchern nicht abgearbeitet werden. Abgesehen davon, daß das Bundesamt für Sicherheit in der Informationstechnik (BSI) aus Sicherheits- und Datenschutzgründen vor dem Einsatz von Javascript warnt, ganz zu schweigen von Java oder ActiveX. Gute Firewalls können derlei Code aus dem Datenstrom ausfiltern.

Verzichten Sie daher auf diese Zusätze. Sicher können Sie kleinere Routinen in Javascript ausführen, um Besuchern einen besseren Komfort zu bieten.

Javascript

Alle Funktionalitäten, die in HTML möglich sind, sollten Sie auch in HTML ausführen!

Ihre Webseiten sollten auch bei deaktiviertem Javascript einwandfrei funktionieren.

13.2 Fenster & Rahmen

① Viele Nutzer hassen Popups. Zwar gibt es Popupblocker für diesen Personenkreis, aber längst nicht alle haben einen solchen installiert, z.B. in Internetcafes. Wenn Sie Besucher vergraulen wollen, verwenden Sie Popups!

② Aus Infektionsschutzgründen werden zusätzliche per Javascript zu öffnende Fenster, ob automatisch oder per Klick, von guter Sicherheitssoftware unterdrückt. Suchroboter indizieren solche Javascript-Seiten nicht, da sie solchen Links nicht folgen.

③ Homepages mit Rahmen (Frames) bergen eine Reihe von Problemen. Suchdienste haben Schwierigkeiten beim Indizieren. Viele versuchen es gar nicht.

Wird eine Rahmenunterseite über Suchmaschinen geladen, muß sie Skripte enthalten, um für Besucher den Rahmen nachzuladen. Dieses Nachladen kann zu unerwünschten Nebeneffekten, wie Flimmern oder schnell wechselnde Anzeigen führen.

Jeder Browsertyp stellt Webseiten anders dar, so daß verschiedene Darstellungen der gleichen Seiten vorliegen. Probleme entstehen, wenn Hintergrundbilder und Rahmenbegrenzungen exakt passen sollen.

13.3 Test der Seitenverkettung

Gerade bei großen Homepages kann es schnell mal vorkommen, daß einige Seiten nicht richtig verlinkt sind, sei es durch Vergessen oder fehlerhaftes Hochladen von Seiten. Es gibt Software, die dies lokal auf Ihrem Rechner bereits in der Entwicklungsphase durchführt. Den Endtest über das Web können Sie u.a. auf folgenden Webseiten durchführen:

- **Link-, Ladezeit- und kritischer HTML-Check u.v.a:**
  ⇨ *www.webmasterplan.com/de*
- **Linkcheck, Webseitenanalyse**
  ⇨ *www.1amarketing.com/de/cgidir/linkcheck.pl*

Allerdings müssen Sie jede zu prüfende Webseite einzeln eingeben und testen lassen.

13.4 Grafikoptimierung

Die beste Optimierung ist die, wenige zu verwenden. Webseiten sind keine Gemälde oder gedruckte Prospekte. Picasso ist tot und im Internet gelten andere Regeln.

Webtipp

Auf folgender Webseite können Sie Ihre Grafiken optimieren lassen:

⇨ *www.topsubmit.de/dienste/webseiten-optimierung/bilder-komprimieren*

Die zu komprimierenden Grafiken (GIF, JPG, PNG) müssen sich nicht auf einem Webserver befinden, sondern lokal auf Ihrem Rechner. Als Ausgabeformate stehen JPG und PNG zur Verfügung. Zusätzlich können Sie die Größe Ihrer Grafiken anpassen (absolut oder prozentual) oder Graustufen-JPEGs erzeugen lassen. Auf der Ergebnisseite werden alle Grafiken inkl. der Ursprungsgrafik übersichtlich und mit Dateigröße und -format dargestellt. Die besten Ergebnisse können Sie per rechter Maustaste speichern. Die Komprimierung bei PNGs reicht leider nur bis 8 Farben.

Mehr zur Grafikoptimierung finden Sie im Abschnitt ✍ *3.9 Grafikwahl*.

PS: Schauen Sie sich mal in der obigen URL die Verzeichnis- und Dateinamen. Was stellen Sie fest? (✍ *11.2.6*)

13.5 Bedienbarkeit & Navigation

Damit Ihre Besucher sich auf Ihrer Homepage zurechtfinden, sollten Sie eine übersichtliche und vor allem verständliche Navigation anbieten. Dazu zählen auch die Lesbarkeit der Menüpunkte und redundante Links. Viele Anmerkungen kennen Sie bereits aus ✍ *3.6 Struktur und Layout* sowie ✍ 9 Barrierefreies Internet. Weitere Anmerkungen dazu finden Sie unter ☞ *25 Ergonomie.*

Sie sollten auch daran denken, daß einige Besucher von Suchmaschinen direkt auf Ihren Unterseiten landen. Sie sollten sich dort einfach zurechtfinden und auch einen Link zur Startseite oder anderen übergeordneten Webseiten vorfinden. Es gehört auch dazu, daß Menüs einen entsprechenden Kontrast aufweisen und der aktuell gewählte Menüpunkt klar erkennbar ist.

Empfehlenswert ist es, den Navigationsbaum ab der Startseite anzuzeigen:

```
Das Große Homepagebuch | 13 Optimierung für Besucher | Bedienbarkeit &
Navigation | Beispiel
```

Es sollte einfach erkennbar sein, welches Menüpunkt aktuell ausgewählt ist. Die Menüpunkte sollten auf allen Webseiten gleich heißen und gleichermaßen angeordnet sein. Nicht aktivierbare Punkte sollten auch angegeben werden.

13.6 Checkliste & Zusammenfassung

Optimierungen für Ihre Besucher

- ☐ Alles, was in HTML realisierbar ist, sollte in HTML passieren
- ☐ Ladezeit < 7 s bei 52 KB/s
- ☐ Webseiten unterliegen anderen Regeln als Gemälde, Videos oder gedruckte Prospekte
- ☐ Nicht mehr als drei Grafiken/Seite
- ☐ Nur JPG, GIF oder PNG
- ☐ Keine Flash-, Shockwave- oder andere Animationen auf Eingangsseiten
- ☐ Keine Popups
- ☐ Übersichtliche und verständliche Menüs
- ☐ Immer gleiche Begriffe in den Menüs
- ☐ Anzeige auch deaktivierter Menüpunkte
- ☐ Anzeige des Navigationsbaum bei Unterseiten

Check. 25: Optimierungen für Ihre Besucher

Keep it fast and simple!

Wenn Sie die Besucher halten wollen, dann halten Sie Ihre Homepage einfach, übersichtlich und schnell.

Professionelle Webseiten müssen also:

- Schnell ladbar
- Einfach, übersichtlich und verständlich
- Einladendes Design ohne großen Schnick-Schnack haben
- Ohne zusätzliche Anforderungen auf den wichtigsten Seiten, d.h. Plugins sollten zum Betrachten nicht notwendig sein
- High-End-Homepages erreichen Gelegenheitssurfer nicht, da diese Nutzer noch mit 14.4er oder 28.8er Modems arbeiten.

14 Bekanntmachung Ihrer Homepage

14.1 Einige Möglichkeiten in Kurzform

① Tragen Sie sich in Suchmaschinen und Linklisten ein

11 Suchmaschinenanmeldung

② Überall angeben

Zunächst sollten Sie in allen Veröffentlichungen, in den Signaturen Ihrer eMails, in allen Korrespondenzen (Briefpapier/Briefkopf) und auf Visitenkarten auf Ihre URL hinweisen.

③ Einen kostenlosen Dienst

Ein kostenloser Dienst ist meist sehr werbewirksam. Dieser Dienst sollte jedoch mit Ihren Produkten zusammenhängen. Software-Unternehmen bieten das kostenlose Herunterladen von Demos, Updates und Bugfixes an. Autoren, Verlage offerieren kostenlose Kapitel oder gar ganze Bücher. Denkbar wäre auch ein kostenloser eMail- oder Grußkarten (*19*).

④ Informieren Sie Zeitschriften

Versenden Sie Infos über Ihre Ereignisse (Start des kostenlosen Dienstes) an Zeitschriften, Zeitungen oder Rundfunksender. Bedenken Sie auch, ob diese Ereignisse von allgemeinem Interesse sind, da sonst Ihr Aufwand vergebens ist. Überlegen Sie ferner, ob Ihr Rundschreiben als Spam wahrgenommen wird (*18*). Gute Mailings erreichen Erfolgsquoten von 1 bis 1,5 %.

⑤ Preisausschreiben

Auch ein Preisausschreiben kann ein solches wichtiges Ereignis sein. Mit wenig Aufwand landen Sie in vielen Gewinnspiellisten und auf Kostenlos-Seiten (*14.5*). Sehr schnell sollte nun der Besucherstrom anschwellen.

⑥ Bannerwerbung

Im Internet gibt es Banner-Tauschringe, über die Sie Ihr(e) Banner auf anderen Webseiten plazieren können. Im Gegenzug müssen Sie Banner Anderer auch auf Ihrer Homepage anzeigen.

Leider erreichen Sie aber per Banner nicht jeden Internetnutzer. Diejenigen, die eine gute Antispamsoftware verwenden, erhalten nämlich keinerlei Banner angezeigt. Die Schutzsoftware unterdrückt die Aufrufe, so daß diese Grafiken gar nicht erst geladen werden.

Aber auch hier gibt es Möglichkeiten, diese Software ein wenig zu überlisten und so durch die Filter zu rutschen (➴ *15 Banner*).

⑦ Kauf von Bannerwerbeplatz

Natürlich können Sie auch Bannerwerbeplatz kaufen. Dabei gibt es zwei Möglichkeiten, ständige Anzeige an einem Platz sowie rotierende Anzeige. Bei der rotierenden Anzeige teilen Sie den oder die Plätze mit anderen Bannern.

Suchen Sie sich dazu einige passende Webseiten aus, von denen Sie vermuten, daß Ihre Zielgruppe dort aktiv ist. Es gibt im wesentlichen zwei Bezahlmodelle: Abrechnung nach Klicks (Hits) oder Bezahlung nach Anzeigedauer bzw. -häufigkeit.

Die Preise für derartige Werbung im Internet betragen ca. 10 bis 40 € pro Tausend Hits, die also Ihre Werbung sehen. Erfahrungsgemäß erreichen Sie eine Durchklickrate von etwa 0,5 - 1%. Gute Briefmailings erreichen diese Quote auch, allerdings liegt das Porto weit über Ihrer Investition in Bannerplatz. Bedenken Sie aber, daß nicht alle Internetnutzer Ihre Banner sehen werden!

⑧ Einkauf in Newslettern

Damit ist nicht gemeint, daß Sie sich Plakatwände kaufen sollen, sondern Sie können gezielt Webmaster ansprechen, damit Ihre Homepage in deren Newslettern erscheint bzw. erwähnt wird.

Es hat sich nämlich gezeigt, daß eine der besten Werbemöglichkeiten, die Werbung in bereits etablierten Newslettern ist. Eine 4- bis 12-zeilige Textwerbung in einer Infomail kann sowohl informieren, als auch animieren auf die entsprechenden Webseiten zu gehen. Dadurch erhalten sie natürlich Interessenten, die gezielt Ihr Angebot angeklickt haben. (➴ *18.6 eMailmarketing*)

⑨ Sponsern von Links

Ferner können Sie sich Suchwörter bei Suchmaschinen kaufen. Ihre URL erscheint dann als gesponserter Link gleich zu Beginn der Trefferliste bei bestimmten Suchphrasen (➴ *14.6 Sponsern von Links*).

Auch einige Besucherzähler bieten buchbare Links an (➴ *22.3 Besucherzähler*).

⑩ PaidMails

Außerdem können Sie entweder als Mitglied oder als Sponsor sich in eMails, die auf Ihr Angebot verweisen einkaufen. Hierbei läßt sich der Empfängerkreis eingrenzen und Ihnen stehen zwei Werbplätze zur Verfügung: eMail und Webseite (➴ *14.3 eMail, Banner oder Popups?*).

➊ Foren

Eine weitere Möglichkeit besteht darin, daß Sie in Foren aktiv werden, bei denen Sie auch die Möglichkeit haben, eine Signatur zu verwenden, die HTML-Links auf Ihre Homepage unterstützt. Diese Foren müssen nicht unbedingt etwas mit den Thema Ihrer Homepage zu tun haben. Sie stellen nur ein Angebot an Interessierte dar, sich näher über Sie zu informieren.

➋ Weblogs

Auch Weblogs können zum Werbung machen verwendet werden (➾ *14.8 Weblog-Marketing*).

➌ Domänaufkleber

Ein probates Mittel sind Aufkleber auf Ihrem eigenen oder auf fremden Fahrzeugen.

➍ Plakatwände und Litfaßsäulen

Nicht unerwähnt sollen auch Plakatwände und Litfaßsäulen sein – auch wenn nicht gerade billig. Die Kontaktdaten der entsprechenden Verwalter finden Sie i.d.R. am Medium selbst.

➎ Sponsern von anderen Produkten

Auch das Sponsern von anderen Produkten, Veranstaltungen oder von Sportmannschaften kann eine Werbemöglichkeit sein.

14.2 Rechtslage der Internetwerbung

Obacht

Wenn Sie im Internet *kommerzielle Kommunikation* betreiben möchten, müssen Sie § 7 TDG und § 10 Abs. 4 MDStV beachten. Der Begriff ist allerdings sehr weit gefaßt und umfaßt so ziemlich alle Formen von Werbung, Direktmarketing, Sponsoring, Verkaufsförderung und Öffentlichkeitsarbeit. (Erläuterungen hierzu unter ➭ *16.7 Internetwerbung*)

14.3 eMailwerbung, Banner oder Popups?

➭ *18.6 eMailmarketing*

14.3.1 Paidmaildienste

Sogenannte PaidMail-Dienste vergüten ihren Mitgliedern die Kenntnisnahme von Werbung. Dabei gibt es folgende Werbeformen:

- eMails (PaidMails), die bestätigt und deren Links eine gewisse Zeit angeschaut werden müssen. Mitglieder haben Ihre Interessengebiete hinterlegt, so daß die Streuverluste durch besseres Erreichen der Zielgruppe verringert werden.
- Lesetestmails, also PaidMails mit negativer Vergütung bei Anklicken, sind mittlerweile ebenso wie eine kurze angebotsabhängige Multiple-Choice-Frage Gang und Gäbe.
- Seitenaufrufe mit Bannern, die zu einem Prozentsatz angeklickt werden müssen. (Hohe Streuverluste, da jeder die Banner angezeigt bekommt)
- Banner und Textwerbung auf geeigneten Plätzen der Homepage (unentgeltlich für die Nutzer, also auch keine Zwangsklicks)
- Popups bei Startseitenaufruf
- Zu installierende Software (Surfbar), die auf einem Teil des Bildschirms Banner anzeigt und diese zyklisch wechselt. Auch hier muß ein bestimmter Prozentsatz angeklickt werden. (Hohe Streuverluste bei hohem Penetrationseffekt, da obwohl die Interessen der Nutzer bekannt sind, mangels Angeboten selten eine Differenzierung vorgenommen wird bzw. werden kann. Denn zu wenige Angebote machen diese Werbeform auch wieder für die Nutzer uninteressant.)

Da die Verdienste immer im unteren einstelligen Cent-Bereich und gelegentlich auch unter einem Cent liegen, gute Betreiber zwischen 50 % und mehr an Ihre Nutzer auszahlen, dürften die Preise pro eMail auch in einstelligen Centbereich liegen. Bei der Einschaltung von Vermittlern kommen Sie auf Preise im 10-Cent-Bereich pro eMail.

Sicherlich werden solche PaidMails nicht immer vollständig und die per Link aufgemachten Webseiten auch nicht immer komplett gelesen. Aber sie werden zumindest wahrgenommen und bei Interesse wird weitergelesen.

Sinnvoll ist ein nur kurzer Text in der PaidMail mit einem direkten Link auf eine übersichtliche sachliche Webseite (ohne Geräusche) und erst bei mehr Interesse sollte auch mehr Information abgerufen werden können. Außerdem dürfen die verlinkten Seiten keine Framebrecher verwenden. Da das beworbene Angebot in einem Frame läuft, darf dieser von dargestellten Webseiten nicht außer Kraft gesetzt werden, damit die Verweildauer der Nutzer zwecks Vergütung ermittelt werden kann.

Und hier mal zwei seriöse und länger am Markt existierende Dienste:

PM	PaidMail
B	Banner auf der Homepage (z.B. Startseite, Chat)
Txt	Textwerbung auf der Homepage
Pop	Popups (meist Startseite)
Sb	Surfbar (meist mit Bannern, teilweise auch mit Text)
Nutzer	Nutzerzahlen per 01.09.2004

Dienst	PM	B	Txt	Pop	Sb	Nutzer
Info-Mails	☑	☑	☑	-	-	> 30.000
Megarausch	☑	☑	☑	☑	-	> 3.000

Dienst	eMailkontakt	Telefon
Megarausch	webmaster@megarausch.de	(+49) 43 21 / 3 77 76
Info-Mails	webmaster@info-mails.de	(+49) 761 / 208 96 60

Tab. 24: PaidMaildienst, Angebot und Kontaktdaten

Einige PaidMail-Dienste unterhalten auch Kontakte zu anderen PaidMail-Anbietern. Ebenso sind einige, aber nicht zwangsläufig alle Nutzer auch bei mehreren Diensten angemeldet. Sie vermuten nun sicherlich, daß das Klientel jung ist und sich hierüber sein Taschengeld verdient. Bei Megarausch liegt aber die Altersstruktur beispielsweise zwischen 30 und 50 Jahren.

14.3.2 Guthabenumtausch

Als längeres Mitglied eines solchen PaidMail-Dienstes oder eines Bannernetzwerkes können Sie unter Einsetzung Ihres Verdienstes auch Werbung buchen, d.h. bezahlte eMails oder Banner an andere Mitglieder senden. Die Preise liegen dabei ca. 10 bis 20 % unten denen für reine Sponsoren.

Bei *Megarausch* zahlen Sie als Sponsor nicht pauschal für den Versand von PaidMails. Unbestätigte Mails können Sie sich nach 14 Tagen zu rückvergüten lassen. Sie zahlen also so effektiv nur für das, was ankommt.

14.3.3 Einkauf in Newslettern

Ein Einkaufen in bereits etablierte Newsletter, die von Ihrer Zielgruppe gelesen werden, kostet meist nur einen dreistelligen Betrag. Dazu suchen Sie sich zunächst die Homepages aus, die zu Ihrem Thema passen, und schauen sich deren Newsletter an. Meist müssen Sie dazu diesen abbonieren, da die wenigsten Webmaster alte Newsletter auch online anbieten. ➷ *18 Newsletter oder Spam*

14.3.4 Fazit

Auf der sicheren Seite befinden Sie sich, wenn Ihre Werbung Interessierte erreicht, deren Einverständnis vorliegt. Allgemein werden Banner auch nicht als störend empfunden. Für den Empfang von Infomails/Newslettern liegt Einverständnis vor.

☹ Popup-Webung ☹

Aufgrund der Nervigkeit, dem darausfolgenden schlechten Image von Popupwerbung sollten Sie auf diese Werbeform verzichten. Internetnutzer wehren sich gegen derlei aufgezwungene Werbung mit Popupblockern, die auch bereits in einige Toolbars und Browser integriert ist (z.B. Google, Altavista). Unter Umständen schadet dies auch dem Ruf Ihrer Homepage.

14.4 Textlinktausch

Auch Textlinks können Internetnutzer verleiten, Ihre Homepage zu besuchen. Sicher sind die Klickraten aufgrund der Streuverluste schlechter als bei gesponserten Suchmaschineneinträgen. Dafür sind die Kosten aber auch erheblich niedriger, meist bei 0 €. Ein seit 2001 bestehender Anbieter zum Austausch von Textlinks ist:

- **LinkAds.de**
  Textlinktausch mit Tauschverhältnis von bis zu 1:4, d.h. für einen Aufruf gibt es vier Einblendungen auf anderen Webseiten.
  Derzeitige durchschnittliche Klickrate: 0,70%
  (Es werden sechs Links nebeneinander bzw. untereinander eingeblendet, inkl. LinkAds-Eigenwerbung);
  Bekannte, schlechte Referrer werden herausgefiltert, z.B. Aufrufe aus Besuchertäuschen, PaidMailern, Tauschmailern, Toplisten, Forced Klicks sowie PopUps und PopDowns.
  Zielgruppenauswahl um Streuverluste zu verhindern.
  300 Credits Startbonus; 10% Referralcredits.
  Kostenlose Teilnahme.

Mediadaten: mehr als 600 zufriedene Webmaster mit ca. 400.000 LinkViews pro Tag!

Alternativ bietet der gleiche Webmaster noch einen kostenlosen Popdown-Tausch im Verhältnis 1:7 an ⇨ *AdPops.de*. (Popdowns sind sich automatisch öffnende Popup-Fenster im Hintergrund, die aber häufig von Popupblockern unterdrückt werden.)

14.5 Kostenlos-Seiten

Tragen Sie Ihre Homepage auf Kostenlos-Seiten ein, sofern Sie Gratis-Angebote offerieren. Denken Sie nach, ob Sie nicht doch einiges kostenfrei anbieten können:

Hier mal eine Auflistung von deutschsprachigen Kostenlos-Homepages, bei denen Sie Gratisangebote eintragen bzw. anmelden können:

- ⇨ *Geldgeier.de*
- ⇨ *Gratiszone.de*
- ⇨ *Alles-Umsonst.de*
- ⇨ *Free4You.ch*
- ⇨ *Freewelt.de*
- ⇨ *Geizkragen.de*
- ⇨ *Gratis2000.de*
- ⇨ *Gratis24.ch*
- ⇨ *Gratis3000.de*
- ⇨ *Gratislinks.de*
- ⇨ *GratisOase.de*
- ⇨ *Gratisweb.de*
- ⇨ *Gratisweb24.de*
- ⇨ *Gratiswelt.ch*
- ⇨ *Hier-Gratis.de*
- ⇨ *ichzahlnix.de*
- ⇨ *Kostenlos.de*
- ⇨ *Kostenlos.co.at*
- ⇨ *Kostenlos24.ch*
- ⇨ *Kostenlos24.org*
- ⇨ *Kostenloses-im-netz.de*
- ⇨ *KostenlosWeb.de*
- ⇨ *Kostgarnix.de*
- ⇨ *Kostnixx.de*
- ⇨ *Megagratis.de*
- ⇨ *Nulltarif.de*
- ⇨ *Onefree.de*
- ⇨ *Schatzgrube.de*
- ⇨ *Schnaeppchenjagd.de*
- ⇨ *Schnorrer.de*
- ⇨ *Spar-Anzeiger.de*
- ⇨ *Sparsam.de*

14.6 Sponsern von Links & Einträgen

➩ *18.6 eMailmarketing*

Zudem bieten einige Besucherzähler kleine Werbeeinblendungen an (➩ *22.3*).

14.6.1 Suchmaschinenmarketing

Im Unterschied zum klassischen Marketing, bei dem ein Unternehmen sich auf die Suche nach seinem Kunden macht, ist es beim Suchmaschinenmarketing der Kunde, der nach einem Produkt oder einer Dienstleistung sucht.

- 88 % des zu Homepages generierten Verkehrs stammt von Suchmaschinen (Forrester, 2003)

- 70 % aller eCommerce-Transaktionen entstehen durch Suchanfragen (Forrester, 2003)
- 71 % der deutschen Internetnutzer kaufen Produkte und Dienstleistungen online (GfK Enigma/TNS Infratest, 2004)
- 96 % der deutschen Internetnutzer nutzen Suchdienste (eprofessionel, 2003)
- 70 % der Internetnutzer entscheiden sich für einen Link auf der ersten Seite von Suchdienst-Trefferlisten
- 36 % aller Suchanfragen haben einen kommerziellen Hintergrund (US BanCorp, 2003)

Quelle: Marketing-Präsentationen von Espotting und Overture

Drei Parameter sind dabei von Bedeutung:

- **Position in der Trefferliste**
  Vordere Plätze bringen mehr Umsatz (*14.6.4 Espotting ⇨ Abb. Klickrate in Abhängigkeit der Position in Trefferlisten*).

- **Klickrate [%]**
  D.h. wie oft klicken Interessenten auf Ihren Link im Verhältnis zur Häufigkeit der Anzeige? Übliche Werte liegen in einstelligen Prozentbereich.

- **Konversionsrate [%]**
  Wieviele Kunden können Sie aus dem zu Ihnen geleiteten Besucherstrom gewinnen? Übliche Werte liegen über 1,0 %.

14.6.2 Overture Services

Overture wurde im Februar 1998 in Pasadena (USA) gegründet und seit Oktober 2003 hundertprozentige Tochter von Yahoo!. Im vierten Quartal 2003 hatte Overture 100.000 zahlende Werbekunden, die 1.500 Mitarbeitern gegenüberstanden. Overture Service als Weltmarktführer bei kommerzieller Suche hat Vertretungen in den USA, Deutschland, Niederlande, Großbritannien, Frankreich, Spanien, Italien, Schweden, Australien, Japan und Südkorea.

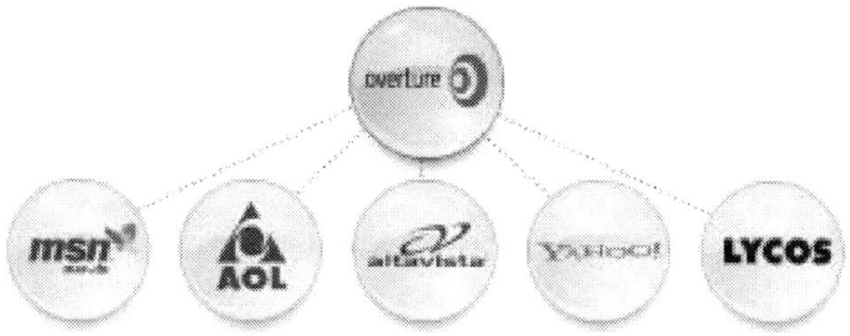

Abb. 26: Overture-Links bei anderen Suchdiensten

Die Suchmaschine Overture (⇨ *www.overture.de* bzw. *.com*) bietet beispielsweise die Möglichkeit, als gesponserter Link in den Suchergebnissen von AOL, Altavista, GMX, Lycos, MSN und Yahoo! zu erscheinen. Und da WEB.DE über Lycos suchen läßt auch dort (allerdings nicht als gesponsert gekennzeichnet). Ein Test ergab auch, daß Sie nicht zwangsläufig bei Yahoo! und Altavista erscheinen.

Lt. Overture habe eine Marktstudie ergeben, daß die Effizienz von Suchmaschinentrefferlisten noch über der von eMails und weit über der von Bannern liegt. Bei Overture zahlen Sie pro effektiven Klick ab 0,15 €, also erst wenn ein Nutzer sich für Ihr Angebot auch wirklich interessiert. Darüber hinaus gibt es einen sog. Minimum Spend, also einen Mindestumsatz von 25 €/Monat, die mit Klicks gegengerechnet wird.

Beim Premium Service kümmern sich Overture-Mitarbeiter um Ihre Titel und Beschreibungen, d.h. Suchwortauswahl, Formulierungen etc. Dieser Service kostet 99 €.

Sponsored Links	Overture	Google	Espotting
Adresse	*Overture.de*	*Google.de*	*Espotting.de*
Titellänge	60 Zeichen	25 Zeichen	50 Zeichen
Beschreibung	250 Zeichen	2 * 35 Zeichen und 35 Zeichen für URL	200 Zeichen
€/Klick	≥ 0,15	≥ 0,05	≥ 0,10

Tab. 25: Werbetextlängen gesponserter Sucheinträge

14.6.3 Google

https://adwords.google.com/select/?hl=de

Das gleiche Modell bietet auch die Suchmaschine Google an. Das Programm nennt sich *AdWords* und bietet Ihnen einen eigenen Login zur Verwaltung Ihrer Daten. Sie zahlen neben der Einrichtungsgebühr von 5 € nur noch ab 0,05 €/Klick.

Zahlen Sie mehr, stehen Sie meist weiter vorn in der Sponsorenliste bzw. in den Trefferlisten. Es gibt keinen Mindestumsatz und keine Mindestlaufzeit. Zusätzlich gibt es aber ein Schlüsselwortvorschlagsprogramm und Anzeigenoptimierungstipps.

Im Anmeldeprozeß können Sie neben der Sprache auch Regionen wählen, um Ihr Angebot einzugrenzen. Ein lokaler Handwerker erscheint so nicht bundesweit und bezahlt nicht unnötig für Klicks. Neben einem Titel haben Sie zweimal 35 Zeichen Platz für Ihr Anliegen. Sie können auch ein Tagesbudget festlegen.

14.6.4 Espotting

Espotting ist ein weiterer der Pay-by-Click-Vermarkter. Per Internet können Werbekunden für die Plazierung ihrer Werbelinks im Partnernetzwerk gegeneinander bieten. Werbekunden zahlen dabei nur für den Verkehr, den Espotting ihnen liefert.

Die Werbelinks werden durch Espotting in das diversifiziertes Partnernetzwerk geliefert. Das Netzwerk umfaßt Suchmaschinen und Kataloge sowie hunderte von bekannten oder spezialisierten Homepages.

Espottings Alleinstellungsmerkmal liegt in der Unabhängigkeit seines Netzwerks von einem der Großen der Suchbranche. Keine der Partnerseiten trägt mehr als 10% zum Gesamtumsatz bei. Außerdem umfassen alle Partnerschaften voll integrierte Such- und Content-Einbindungen, die jeweils individuell dem „Look and Feel“ der Partnerseiten angepaßt wurden.

Espotting verfügt über Präsenzen in Deutschland, Großbritannien, Frankreich, Spanien, Italien, Schweden, Norwegen, Dänemark, Irland, USA und Japan. Zu den über 22.000 Werbekunden Espottings zählen BMW, Quelle, Neckermann, Tchibo, Lufthansa, Opodo, eBay, IBM, Vodafone, T-Online, Karstadt und Deutsche Bank.

Abb. 27: Einige Espotting-Partner

Eine eigenständige Anmeldung ist über ⇨ *espotting.de* möglich. Die Klickrate beginnt bei 0,10 €/Klick.

- ☒ **Economy-Service**
  Hier wird eine Servicegebühr von 19 € fällig, die zum aufzuladenden 100-€-Startguthaben hinzukommt, also 119 € als Gesamtstartkosten. Jeder Werbekunde erstellt eigenständig seine Werbekampagnen.
- ☒ **Business Service**
  69 € Servicegebühr plus 100 € Startguthaben = 169 €
  Das Redaktionsteam von Espotting erstellt jedem Werbekunden professionelle Kampagnen.

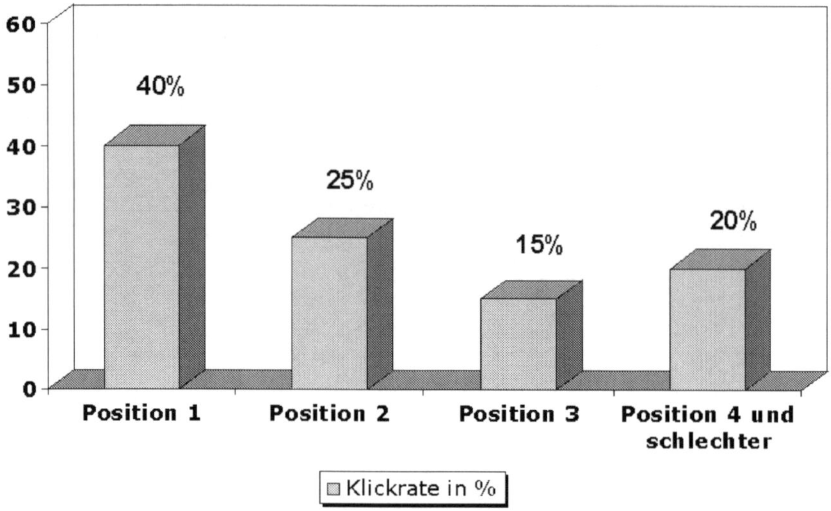

Abb. 28: Klickrate in Abhängigkeit der Position in Trefferlisten

Quelle: Messungen durch Espotting zwischen Januar bis März 2004.

14.6.5 Kelkoo

Auf der drittgrößten eCommerce-Homepage in Europa (nach Ebay und Amazon) können Nutzer Produkte wie Flugscheine, Computer & Zubehör, Elektronik, CD/DVDs, Bücher suchen und sogar Preise vergleichen. Insgesamt stehen Millionen Produkte und Angebote von über 1.000 Händlern in rund 220 Kategorien zur Verfügung. Sie können auf zwei verschiedene Weisen davon partizipieren:

kelkoo

Abb. 29: Kelkoo-Logo

- **Einfacher Kelkoo-Partner (kostenlos)**
  Darstellung Ihrer kompletten Produktpalette in der Produkt-Suchfunktion,
  Einfache Anmeldung als Partner über das Product-Search-Office,
  Eigenständiges Einladen Ihrer Produktpalette,
  Lieferung der Leads im Rahmen der AGBs.

- **Kelkoo-Premium-Partner (kostenpflichtig)**
  Zusätzlich zum kostenlosen Angebot:
  Persönliche Beratung,

Einbindung in den Produktkatalog mit Vergleichs- und Datenbankfunktion und beim Preisvergleich,
Berücksichtigung Ihrer Lieferkosten,
Einbindung in die Shop-Übersicht mit Ihren wichtigsten Händlerdaten,
Technische Qualitätskontrolle und Support,
Optimierung der Sichtbarkeit auf Kelkoo nach Bedarf,
Regelmäßiger Versand von Statistiken Ihrer Einbindung,
Regelmäßige Analyse und Optimierung der Einbindung,
Optional kostenfreies, unabhängiges Tracking durch TradeDoubler zur Optimierung der Einbindung (Abverkäufe, Umsatz, ...)

14.6.6 Witch

Zum Zeitpunkt der Recherche bot die Suchmaschine Witch für 116 € eine vierwöchige suchbegriffbezogene Anzeige Ihres Links an. Die Info erhalten Sie, wenn Sie unter ⇨ *www.witch.de* einen Begriff eingeben.

14.7 Eigenes Partnerprogramm

Ein probates Mittel das Angenehme mit dem Nützlichen zu verbinden sind Partnerprogramme. Dies funktioniert allerdings nur beim Verkauf von Waren oder Dienstleistungen. Zu Grunde liegendes Prinzip ist, daß Sie einen Teil als Provision an den/die Vermittler ausschütten. Eine Teilnahme sollte kostenlos und die Registration unkompliziert sein. Von großem Vorteil sind automatische bzw. periodische Auszahlungen sowie entsprechende Statistiken, um den Vermittlern zur Erfolgskontrolle und Optimierung entsprechende Überwachungsinstrumente an die Hand zu geben. ➴ *20.3 Partnerprogramme*

Als Haupteffekt machen Andere für Sie kostenlos Werbung und werden erfolgsabhängig vergütet. Dadurch gehen Sie nicht in Vorleistung und verpulvern kein Geld, ohne den Effekt zu kennen. Vielmehr können Sie die Provisionen in Ihre Verkaufspreise einkalkulieren. Weiterer Nutzen ist, daß viele Seiten zu Ihnen verlinken und dadurch automatisch und zunächst kostenlos Ihre Linkpopularität steigt. Sie rutschen auf vordere Plätze in Suchmaschinen und landen auch in weniger bekannten Suchdiensten. Ihr Bekanntheitsgrad steigt. Bestes Beispiel ist Amazon (⇨ *www.amazon.de*).

14.8 Weblog-Marketing

Weblogs oder kurz Blogs genannt sind Online-Tagebücher oder (auch kommentierte) Linksammlungen. Einige dieser Journale entwickelten sich zu journalistischen Stoffsammlungen und Diskussionsforen, andere zu kommentierten Spaziergängen durchs Netz.

Blogger sind entweder die Verfasser von Weblogs oder auch die Blogs selbst.

Aufgrund ihrer Vielfalt an Themen, Artikeln und Kommentaren kämpfen Blogger schon lange um ihre Anerkennung. Printpresse und Onlinemedien halten meist nichts davon. Manche Suchmaschinen stufen derartige Angebote gelegentlich herab. Allerdings bewertet Google viele bekannte deutsche Bloghomepages meist mit einem 6/10-Seitenrang, was oberer Durchschnitt ist.

Die Linksammlungsfunktionalität kann also verwendet werden, um Homepages den Lesern und Suchmaschinen bekannt zu machen.

Amerikanische Homepages	Deutsche Homepages
⇨ *www.conventionbloggers.com*	⇨ *blogger.de*
⇨ *www.scripting.com*	⇨ *crm.blogg.de* (Blogs zu CRM)
⇨ *blogspace.com*	⇨ *blogg.de (thematische Blogs)*
⇨ *www.weblogs.com*	⇨ *www.blogtalk.net* (in englisch)
⇨ *blo.gs*	⇨ *www.bloghaus.net* (geograf. Blogs)
	⇨ *www.bloghaus.net* (meistbesuchte Blogs der letzten 24 h)

Tab. 26: Einige Blogger-Homepages

Es gab auch schon Marketingstudien über Weblogs. Einen aufschlußreichen Kommentar dazu sowie weitere Links (auch zu einer Weblog-Agentur) finden Sie unter ⇨ *www.blogbar.de*.

Was ist RSS?

In der Blogosphäre taucht häufig der Begriff RSS auf. Er steht für **R**ich **S**ite **S**ummary und bezeichnet eine XML-basierte Technologie, die Webseiten-Betreibern das Anbieten von abonnierbaren Feeds ermöglicht.

Bei Weblogs wird RSS meist dazu genutzt, den Lesern eine Vorschau der eigentlichen Blogeinträge zu ermöglichen.

14.8.1 Pro Blog

- Mittels Weblogs können Sie ein menschlicheres Bild Ihrer Unternehmung vermitteln.
- Sie erhalten direkt Feedbacks von Ihren Weblog-Lesern ein, da Ihre Beiträge sofort kommentiert werden können. So binden Sie Ihre Kunden besser ein und reagieren zeitnaher auf deren Bedürfnisse.
- Mit dem Bloggen präsentieren Sie potentiellen Kunden Ihr Wissen, Ihre Anschauungen, Ihre Denkweise und Ihre Produkte. Kundenkontakte werden so auf andere Art auch möglich.

- Kundenorientierte Infos erhöhen Ihre Glaubwürdigkeit und verbessern Ihren geschäftlichen Erfolg.
- Die meisten Weblog-Services liefern gute Vorlagen für einen erfolgversprechenden Start Ihres Unternehmensweblogs.
- Per Weblogs avancieren Sie sich möglicherweise schnell zum Branchenexperten.
- Suchdienste finden Sie besser, wenn Sie regelmäßig bestimmte Branchenthemen abhandeln. Voraussetzung dafür sind jedoch ein attraktives inhaltliches Angebot und eine gute Kommunikationspolitik.
- Mittels Bloggen können Sie auf Ihre Homepage als Vertriebskanal dezent hinweisen. Zuvor sollten Sie jedoch die Bereiche Ihrer Kompetenz unter Beweis stellen. (Auf das direkte Anbieten von Waren und Dienstleistungen sollte verzichtet werden.)
- Weblogs fördern das soziale Netzwerk und eine andere Art & Weise der Kontaktpflege.
- Weblogs besitzen einen chronologischen Aufbau und lassen Entwicklungen nachvollziehen. Ferner lassen sie auch Trends erkennen und in einem gewissen Maß auch beeinflussen.

14.8.2 Contra Weblog

- Es ist ein weiteres Instrument, was nicht zu jedem Unternehmen paßt und mit dem erst noch Erfahrungen gesammelt werden müssen.
- Das Schreiben ist nicht jedermanns Sache.
- Bloggen erfordert viel Inhalt, Zeit & Muse sowie qualifizierte Mitarbeiter.
- 63 % der Internetnutzer wissen nicht, was das ist. Und selbst vom Rest nutzt nur ein geringer Teil dieses Medium.
- Im deutschsprachigen Raum konnten 2004 nur ca. 7.500 aktive Weblogs ermittelt werden können (USA: geschätzte 3,5 Millionen).
- Viele Weblogs werden noch kurzer Zeit wieder aufgegeben und nicht weiter gepflegt.

14.8.3 Alternativen

Wenn Sie also nicht über die adäquate Kapazitäten verfügen (wollen), regelmäßig und erfolgreich Ihr Business-Weblog zu pflegen, denken Sie besser über Alternativen nach:

- Teilnahme an Gruppenblogs zum jeweiligen Branchenthema
- Gastautor in anderen Weblogs
- Kommentieren von interessanten Weblogbeiträgen
- eMailmarketing: Corporate Newsletter oder Webfeeds (RSS)
- Eine gut gepflegte Neuigkeitenseite auf Ihrer Homepage (mit RSS)
- Content Syndication: Nutzung von Fremdinhalten

14.8.4 Erfolgreiches Bloggen

Erfolgreiches Bloggen

- ☐ Respekt gegenüber Anderen und deren Meinung ⇨ Fairer Umgang mit Kritik.
- ☐ Finden Sie Blogger über Ihr Unternehmen (am besten per Suchmaschine) und erfahren Sie mehr über deren Meinungen.
- ☐ Knüpfen Sie Beziehungen zu anderen Bloggern ⇨ Gute Kontakte schaden nie.
- ☐ Bilden Sie Ihr Unternehmen online ab, indem Sie über Ihre eigenen Themen berichten.
- ☐ Weblogs sind keine PR-Kampagnen.
- ☐ Ehrlichkeit währt am längsten.

Check. 26: Erfolgreiches Bloggen

14.9 Kurioses

John Hynds ist Inhaber der Domäne ⇨ *locarb.com*, über die kohlenhydratniedrige Produkte vertrieben werden. Das Geschäft lief schlecht, also viel Zeit für andere Dinge.

Eines Tages investierte der Unternehmer 80 US$ in eine Pressemitteilung und fortan hatte er über 95.000 Hits und eine überragende Plazierung bei Google.

Sie werden sich fragen, was in der Pressemitteilung stand und ob Sie das bei der Bekanntmachung Ihrer Homepage irgendwie weiterbringt?

Nun, es stand darin, daß John Hynds seine Domäne *locarb.*com bei eBay zu 500.000 US$ zum Verkauf anbietet. Die Kosten der Pressemitteilung und die eBay-Angebotsgebühren stehen in einem guten Verhältnis zur Steigerung des Wertes der Domäne und des Umsatzes.

Fazit ist, daß Sie auch mit spektakulären Aktionen auf sich und Ihre Homepage aufmerksam machen können.

14.10 Kostenlose Werbeflächen

Sicher haben Sie Fortbewegungsmittel, die über Fahrräder oder eigene Pferde hinausgehen. Ideal sind solche mit großen Flächen, wie PKWs, LKWs oder Anhänger. Was würde dagegen sprechen, wenn Sie wie bei der Formel 1 diese Werbeflächen auch für die Bekanntmachung Ihrer Internetpräsenz nutzen? Da Sie und Ihre Mitarbeiter ohnehin unterwegs sind, können Sie auch gleich Ihre Werbebotschaften durch die Welt fahren.

14.11 Checkliste

Bekanntmachung Ihrer Internetpräsenz

- ☐ Anmeldung in Suchmaschinen und Linklisten
- ☐ Weblogs?
- ☐ Änderung von Visitenkarten und Briefpapier
- ☐ Erweitern Ihrer eMailsignatur(en) um die Domänadressen
- ☐ Verlinkung von Freundes-Webseiten zu Ihrer Homepage
- ☐ Aufkleber mit Domänadresse auf Ihrem Fuhrpark
- ☐ Partner(programme)

Check. 27: Bekanntmachung Ihrer Homepage

15 Banner

➷ *16.7 Internetwerbung*

➷ *21 Steuern ⇨ 21.4 Partnerprogramme*

15.1 Bannerformate

Einige große Advertising- und Werbefirmen haben Standards für Bannerformate gesetzt. Daraus resultiert auf Nutzerseite eine Wahrnehmung von Grafiken als Banner und somit als Werbung (➷ *16.7 Internetwerbung*). Dies ist nicht unbedingt schlecht.

Hersteller von Antispamsoftware haben sich allerdings schon darauf eingestellt und filtern diese Banner aus dem Datenstrom. Die Banner werden nun also nicht mehr auf den Rechnern aller Internetsurfer angezeigt, ähnlich dem Vorspulen aufgenommener Sendungen werbefinanzierter Fernsehsender.

Breite x Höhe [Pixel]	Norton Internet Security
468 x 60	Geblockt
234 x 60	?
486 x 60	Ungeblockt
88 x 31	?
400 x 40	Geblockt
234 x 60	Geblockt
120 x 60	Geblockt
100 x 100	Geblockt
100 x 30	Geblockt
88 x 31	Geblockt
400 x 40	Geblockt
100 x 120	?

Tab. 27: Übliche Bannerformate

Um zu testen, ob alle Banner erscheinen, eignet sich folgende Webseite u.a.:

⇨ *www.smartdots.com/banner/?LANG=DE*

15.2 Kostenlose Onlineerstellung

Auf einigen Webseiten können Sie auch online eigene Banner erstellen.

So bietet beispielsweise die Firma 1&1 unter ⇨ *www.banner.de* einen guten Bannergenerator an. Dieser ist in Javascript verfaßt und wird innerhalb einer HTML-Seite automatisch auf Ihren Rechner geladen.

Sofern Sie Popups und Banner erlauben, können Sie damit Banner in drei verschiedenen Formaten erstellen. Dabei dürfen Sie neben Schriftart, -farbe und -größe auch die Hintergrundfarbe und (eigene) Hintergrundgrafiken festlegen. Leider ist nur einzeiliger Text möglich, der aber automatisch auf die richtige Größe gebracht wird. Ihren Text links- oder rechtsbündig zu plazieren ist leider nur mittels Tricks bzw. späteren Nachbearbeitens möglich, da er standardmäßig zentriert eingebunden wird. Trotz dieser Einschränkungen kann das Angebot empfohlen werden.

15.3 Bannertausch

Bei Bannertauschringen müssen Sie im Gegenzug Banner anderer Mitglieder anzeigen. Die anzuzeigenden Banner haben alle das gleiche Format und wechseln zyklisch. Eine solche Mitgliedschaft ist in der Regel kostenlos.

Entscheidend hierbei ist das Verhältnis, wie oft Sie fremde Banner auf Ihren Webseiten anzeigen müssen und wie oft im Gegenzug Ihre Banner auf anderen Seiten gezeigt werden. Da die Vermittler mitverdienen, wird über die Differenz gekaufter Werbeplatz vermarktet. D.h. unter den angezeigten Bannern befinden sich auch reine Sponsorenbanner, die nicht Tauschmitglied sind. Überliche Raten liegen im 90-%-Bereich, d.h. für zehn bei Ihnen angezeigte Banner wird Ihr Banner neun mal auf anderen Homepages präsentiert.

Einige solcher Tauschringe sind exemplarisch:

- *www.defw-bannertausch.de*
- *www.banner-tausch.de*
- *www.bannertausch-server.de*

15.4 Kauf von Bannerwerbeplätzen

Eine Möglichkeit besteht im Kauf von Werbeflächen, auf denen Ihre Banner gezeigt werden. Dabei werden meist folgende Bezahlmodelle angeboten:

- **Pauschal für einen Zeitraum**
  Das pauschale Modell berechnet eine Pauschale für einen Zeitraum oder ein Zeitfenster, in dem das Banner beliebig oft angezeigt wird.
- **Pay-per-View**
  Hier kaufen Sie eine feste Zahl von Einblendungen Ihres Banners auf Webseiten. Je nach Webseite schwanken die Preise. Startseiten sind meist die teuersten.
- **Pay-per-Click**
  Dieses Modell rechnet nach Klicks ab. Dabei ist es wichtig, daß der Anbieter Ihnen entsprechende Statistiken für seine Berechnungen anbieten kann.
  Sinnvoll ist auch ein Limit, ob zeitlich oder finanziell, zu vereinbaren, damit Ihre Ausgaben nicht ins Unermeßliche steigen. In der Regel haben solche Angebote eine Reklicksperre, d.h. wenn der gleiche Nutzer den Link inner-

halb einer zu vereinbarenden Zeiteinheit mehrmals anklickt, erfolgt nur eine Berechnung.
Sinnvoll ist ein auch Onlinezugang, über den Sie Ihre Kampagne sofort stoppen können.

- **Pay-per-Lead**
Seltener anzutreffen ist die Bezahlung nach Lead (Ergebnis). Dies stellt eine Vermittlungsprovision für Kunden zu bestimmten Webseiten dar, welche dort weitere Aktionen durchführen, angefangen vom Anklicken weiterer Seiten (Blättern) bis hin zu Bestellungen. Die Vergütung wird also nicht auf die bloße Kundenzuleitung sondern erst für wahrhaft interessierte Kunden gezahlt.

Nähere Informationen erhalten Sie auf folgenden Webseiten, die hier beispielhaft genannt seien:

⇨ *www.sponsor4cash.de/main.html*
⇨ *www.silverad.de/infos.html*
⇨ *www.megarausch.de/sponsor.htm*

15.5 Werbeplatzverkauf

Der Verkauf von Bannereinblendungen macht natürlich für die meisten privaten Homepages wenig Sinn, für kommerzielle aber schon.

Es gibt dabei zwei Bezahlmodelle. Am einfachsten ist eine pauschale Vergütung, da sich die Klickrate meist wenig abschätzen läßt. Auch ist das Zählen der Klicks mit zusätzlichen Aufwänden verbunden, da beispielsweise das Klickziel über den eigenen Server geführt werden muß, um es korrekt zählen und nachweisen zu können.

Eine Alternative bieten Bannervermarkter (nur kleine Auswahl hier):

- www.silverad.de/infos.html
- www.germancash4click.de

Bannerprogramme

Hier finden Sie eine aktuelle Auflistung von Bannerprogrammen zum Geldverdienen, geordnet nach Klicks und Einblendungen:

⇨ *www.eurange.de/Geld-verdienen-Bannerklicks.php*

Voraussetzungen für die Teilnahme an solchen Programmen ist neben dem Besitz einer eigenen Homepage auch die Einbindung entsprechender Skripte zur Bannerrotation. D.h. die Banner werden zyklisch gewechselt und nicht statisch eingebunden. Ihre Banner müssen einem oder mehreren Bannerformaten entsprechen. Ihr Webserver (beim Hoster) muß die Skripte abarbeiten können.

Private ⇨ Gewerbliche Homepage

Das Einblenden von bezahlter Werbung jeglicher Art (Bannersysteme auf Klickbasis oder Teilnahme an Speicherplatz-Vermittlung mit Provisionszahlung) machen eine private Homepage zu einer gewerblichen Homepage!

Daraus folgt unter Umständen die Verpflichtung, eine Steuererklärung unter Angabe der gewerblichen Einkünfte abzugeben. Zusätzlich ist eine Gewerbeanmeldung notwendig. Sollten Sie die Aufnahme der Tätigkeit nicht bei der Gewerbeaufsicht anzeigen, kann es Sie teuer zu stehen kommen. (➘ *21 Steuern*)

15.6 Checkliste

Banner als Bekanntmachungsinstrument	
☐	Bannertausch
☐	Bannerschaltung
☐	Verkauf/Vermietung von Bannerwerbeplätzen

Check. 28: Banner zur Bekanntmachung

16 eCommerce & Onlineshop

☞ 1.4 Kaufmännische Begriffe

☞ 6 Der Weg zum Impressum

☞ 7 AGBs und ☞ 8 Datenschutz

☞ 10.2.3 Virtuelles Einkaufszentrum

☞ 15 Banner

☞ 21 Steuern

16.1 Allgemeines

Im Internethandel wird nach Feststellungen der Zentrale zur Bekämpfung des unlauteren Wettbewerbs (⇨ *www.wettbewerbszentrale.de*) immer häufiger gegen Verbraucherrechte verstoßen. Meist würden Widerrufs-, Rückgabe- und Gewährleistungsrechte mißachtet.

Die wachsende Zahl von Versteigerungsplattformen, auf denen jeder Nutzer als Internethändler auftreten könne, habe auch zu einer drastischen Zunahme der Beschwerden geführt. Geschäftsführer Reiner Münker: "Wir haben festgestellt, daß sich viele gewerbliche Anbieter im Internet nicht als solche zu erkennen geben, sondern als private Anbieter auftreten." Oft seien nicht einmal Name und Anschrift der Händler zu finden.

Schuldenfalle

Dem 2004er Schuldenpaß des Kredit-Auskunftsunternehmens Schufa (⇨ *www.schufa.de*) zufolge können knapp 10 % der Verbraucher zwischen 18 und 39 Jahren ihre Rechnungen nicht bezahlen. Das Risiko für die Internethändler sei gegenüber dem klassischen Versandhandel etwa viermal höher. Es liegt damit bei ca. 5-8 % der gesamten Bestellsumme von etwa 3,6 Milliarden €.

Gleichzeitig werde das Web für kleine und mittelständische Unternehmen als Absatzweg zunehmend interessanter. Die Schufa Holding AG konzipierte deshalb ein internetbasiertes Kontrollsystem speziell für Versand- und Internethändler, um eine einfache und schnelle Kreditentscheidung zu gewährleisten. Der Internetverkauf solle damit für Händler risikoärmer werden. Gleichzeitig schütze es die Konsumenten vor möglichen Schulden.

16.2 Recht und Gesetz

☞ 6 Impressum ⇨ 6.1 Allgemeine gesetzliche Vorschriften und Regelungen

Zur Anbahnung und für den Abschluß von Geschäften müssen weitere Informationspflichten erfüllt sein:

- Elektronischer Geschäftsverkehr ⇨ eCommerce ((D) § 312e BGB)
- Verbraucherschutz bei Fernabsatzverträgen ((D) § 312c BGB)

Die Infopflichten gelten bei Fernabsatzverträgen gegenüber Verbrauchern (Vertragsabschluß per Telefon, Brief, Radio/Fernsehen, Teletext oder Internet).

BGB

Über folgenden Link können Sie das **Bürgerliche Gesetzbuch** Deutschlands einsehen:

⇨ *bundesrecht.juris.de/bundesrecht/bgb/index.html*

Neben BGB und den Datenschutzgesetzen (von Bund und Ländern) kommen auch folgende deutsche Gesetze zur Anwendung:

- Preisangaben- und Preisklauselgesetz
- Preisangabenverordnung (PAngV)
- Gesetz gegen den unlauteren Wettbewerb (UWG)
- Fernabsatzgesetz
- Teledienstgesetz in Deutschland bzw. eCommerce-Gesetz in Österreich

16.2.1 Pflichten bei eCommerce (§ 312e BGB)

(D) § 312e BGB und § 3 der Verordnung über Informationspflichten nach Bürgerlichem Recht (BGB-InfoV)

Die Pflichten bei eCommerce-Verträgen gelten gegenüber Unternehmen, sofern Angebot und Annahme nicht über Telefon, Brief, Radio, Fernsehen, Teletext oder Newsletter erfolgt. D.h. über das Internet direkt abgewickelte Geschäfte verpflichten zur Abgabe der Informationen.

Allgemein läßt sich sagen, daß die Vorschriften nur für die Vertragsanbahnung durch elektronische Abrufdienste (WWW) nicht aber für elektronische Verteildienste (z.B. Newsletter, Fernsehen) gelten. Bei elektronischen Verteildiensten liegen nämlich Angebote an eine unbestimmte Empfängerzahl vor.

Klassisches Beispiel ist der Onlineshop, bei dem der Kunde individuell Waren oder Dienstleistungen abrufen kann, egal ob bei einem Tele- oder Mediendienst. Dabei muß die Erbringung der Leistung nicht online geschehen, z.B. Warenlieferung per Spedition. Dabei treffen den Anbieter auch Informationspflichten, wenn es sich bei den Kunden nicht um einen Endverbraucher (B2C = Business-to-Customer) sondern bereits auch wenn es sich um ein anderes Unternehmen handelt (B2B = Business-to-Business). Aufgrund der Gleichstellung der beiden Kundenarten seien nur kurz die Definitionsquellen der Begriffe *Unternehmer* in § 14 BGB und *Verbraucher* in § 13 BGB erwähnt.

☒ **Berichtigungsmöglichkeit von Eingabefehlern**
Dazu sollten die Bestelldaten noch einmal vollständig und noch änderbar unmittelbar vor der Auslösung der Bestellung angezeigt werden.

☒ **Bestellbestätigung**

① Der Verkäufer ist verpflichtet, den Erhalt der Bestellung unverzüglich auf elektronischem Wege zu bestätigen (**Bestellbestätigung**). Z.B.

"Ihre Bestellung ist bei uns eingegangen und wird nun geprüft."

② Bestellung und Empfangsbestätigung gelten als zugegangen, wenn die betreffenden Parteien diese unter gewöhnlichen Umständen abrufen können. Ein Zugang auf dem jeweiligen Mailserver ist also ausreichend.

☒ **AGBs**

① Der Verkäufer muß dem Kunden die Möglichkeit bieten, die Vertragsbestimmungen einschließlich der einbezogenen Allgemeinen Geschäftsbedingungen bei Vertragsabschluß abzurufen und in wiedergabefähiger Form zu speichern.

② Die **Vertragsbestimmungen** müssen mit dem Vertragsabschluß, spätestens bis zur vollständigen Vertragserfüllung und bei Waren spätestens bei Lieferung für den Kunden **abruf- und speicherbar** sein.

③ Dem Kunden (egal ob auch Unternehmer) muß es somit möglich sein, die AGBs und die Vertragsbestimmungen, also den Inhalt der Bestellung speichern zu können.

④ Die AGBs werden nur dann Vertragsbestandteil (§ 305 Abs. 2 BGB), wenn der Kunde bereits vor Vertragsabschluß auf sie hingewiesen wurde und ihm zumutbare Kenntnisnahme bereitgestellt wurde. Dazu reicht die Möglichkeit anzuzeigen, die AGBs herunterzuladen bzw. zu speichern.

⇨ Empfohlen wird aber, die AGBs während des Bestellprozesses in einem ausreichend großem Textfenster anzuzeigen und parallel per Link eine Druck- bzw. Downloadversion (TXT, PDF, DOC) anzubieten.

☒ **BGB-Info-Verordnung**

Sie müssen den Kunden nach § 3 BGB-InfoV rechtzeitig vor Vertragsabschluß über folgendes informieren:

① über die für den Vertragsabschluß zur Verfügung gestellten **Sprachen**.

② über die einzelnen **zum Vertragsabschluß führenden technischen Schritte**.

⇨ Sinnvoll ist am oberen Bildschirmrand eine Auflistung der Bestellvorganges und Markierung des aktuellen Schrittes.

③ über alle Ihre Verhaltensregeln (**Verhaltenskodex**), denen Sie sich unterwerfen sowie einen Link zu diesen Regelwerken.

④ **ob** Ihr **Vertragstext nach Vertragsabschluß gespeichert** wird und ob er dem **Kunden zugänglich** ist.

⇨ Sinnigerweise sollten Sie auch über die Form und den Ort des Zuganges unterrichten.

⑤ darüber, **wie** Ihr Kunde während der Bestellung **Eingabefehler erkennen und berichtigen kann** (§ 312e Abs. 1 Satz 1 Nr. 1 BGB).

☒ **Vertragsabschluß per individueller Kommunikation**

Die Informationspflichten nach § 312e Absatz 1 Satz 1 Nr. 1-3 BGB gelten nur für Verträge, die nicht durch individuelle Kommunikation geschlossen werden bzw. wurden. D.h. Bestellungen per eMail, also am Onlineshop vorbei, erfordern nur die **Abruf- und Speicherbarkeit der Vertragsbestimmungen und der AGBs**.

☒ **B2B (Business-to-Business)**
Nur zwischen Unternehmern kann beispielsweise per Rahmenvereinbarung die Geltung des § 312e BGB ausgeschlossen und für Vertragsbedingungen und AGB abweichende Regelungen getroffen werden.

16.2.2 Fernabsatzverträge (§ 312b, c BGB)

(D) Zitat § 312b BGB, Absatz 1 und 2:

> "(1) Fernabsatzverträge sind Verträge über die Lieferung von Waren oder über die Erbringung von Dienstleistungen, die zwischen einem Unternehmer und einem Verbraucher unter ausschließlicher Verwendung von Fernkommunikationsmitteln abgeschlossen werden, es sei denn, dass der Vertragsschluss nicht im Rahmen eines für den Fernabsatz organisierten Vertriebs- oder Dienstleistungssystems erfolgt.
>
> (2) Fernkommunikationsmittel sind Kommunikationsmittel, die zur Anbahnung oder zum Abschluss eines Vertrags zwischen einem Verbraucher und einem Unternehmer ohne gleichzeitige körperliche Anwesenheit der Vertragsparteien eingesetzt werden können, insbesondere Briefe, Kataloge, Telefonanrufe, Telekopien, E-Mails sowie Rundfunk, Tele- und Mediendienste. "

Nicht unter das Fernabsatzgesetz fallen gemäß Absatz 3 z.B. Finanz-, Bau- und Immobilienverträge sowie Verträge in den Bereichen Unterbringung und Lieferung von Speisen...

Ist ein Fernabsatzvertrag auch gleichzeitig ein eCommerce-Geschäft so müssen Sie auch die Pflichten aus § 312e Abs. 1 S. 1 BGB in Verbindung mit § 3 BGB-InfoV beachten, sonst startet die Widerrufsfrist nicht.

16.2.3 Vorvertragliche Infopflichten (§ 312c BGB)

Sie müssen den Verbraucher rechtzeitig über folgendes informieren:

- Identität und Anschrift des Anbieters
- Wesentliche Merkmale der Ware/Dienstleistung inkl. Preis einschließlich aller Steuern und sonstiger Preisbestandteile
- Gültigkeitsdauer befristeter Angebote und Preise
- Liefer- und Versandkosten
- Liefervorbehalte
- Zahlungs-, Liefer- und Erfüllungsmodalitäten
- Zustandekommen des Vertrages
- das Bestehen eines Widerrufs- und Rückgaberechts

- über das übliche Maß hinausgehende Kosten des Verbrauchers für Fernkommunikationsmittelnutzung
- bei Dauerschuldverhältnissen über die Mindestlaufzeit des Vertrages
- geschäftlichen Zweck des Vertrages (Ihre Gewinnerzielungsabsicht als Unternehmers)

Bei Telefongesprächen müssen Sie als Unternehmer bereits **zu Beginn Ihre Identität** und den **geschäftlichen Zweck** des beabsichtigten Vertragsabschlusses offenlegen.

(D) OLG Frankfurt, Beschluß vom 17.04.2001 in CR 2001, 782-783

Bei einem reinen Onlineangebot muß der Verbraucher rechtzeitig vor Vertragsabschluß die nötigen Informationen auf denjenigen Seiten vorfinden, die er bis zur Aufgabe seiner Bestellung anklicken muß. Es wurde ausdrücklich als unzureichend festgestellt, wenn diese Informationen lediglich per Link ermittelbar sind.

Begründet wurde dies damit, daß § 312c BGB und § 1 BGB-InfoV ihre verbraucherschützende Wirkung nur erreichen können, wenn der Nutzer die Informationen aufrufen muß, bevor der den Vertrag schließt.

Sie sollten also die wesentlichen Merkmale Ihrer Waren unmittelbar neben diesen aufführen ⇨ Abbildung mit Leistungsbeschreibung, Preisen und deren Gültigkeit. Die Zuordnung muß außerdem eindeutig sein! Die übrigen Angaben müssen spätestens auf der Webseite mit der Bestelltaste enthalten sein, sofern sie nicht bereits auf vorgelagerten Seiten erscheinen. Wie bereits erwähnt, sollte jeder Nutzer in den Bestellprozeß korrigierend eingreifen können.

16.2.4 Nachvertragliche Infopflichten (§ 312c BGB)

① Vorvertragliche Informationen

Bis zur vollständigen Erfüllung des Vertrages, also spätestens bei der Lieferung von Waren an Verbraucher, können Sie die vorvertraglichen Informationspflichten in Textform noch erfüllen. Davon ausgenommen sind aber die Informationen über

- den geschäftlichen Zweck des Vertrages
- die Kosten der Fernkommunikationsmittelnutzung
- die Gültigkeitsdauer befristeter Angebote und Preise.

Diese Angaben müssen Sie bis zum Vertragsschluß erbracht haben!

② Pflichten nach Abschluß

Diese Pflichten entstehen erst durch den Abschluß des Vertrages und müssen spätestens bis zur vollständigen Vertragserfüllung (z.B. Warenlieferung) in

Textform und zwar **deutlich und hervorgehoben** geleistet werden(§ 312c BGB, § 1 BGB-InfoV):

- Informationen über vertraglichen Bedingungen
- Einzelheiten zu Ausübung, Rechtsfolgen und Ausschlüssen bzgl. Widerruf & Rückgabe
- Anschrift des Unternehmers (ggf. Niederlassungen), bei der der Verbraucher Beanstandungen vorbringen kann
- Ladungsfähige Anschrift des Unternehmers bzw. der Vertretungsberechtigten
- Infos über Kundendienst, geltende Gewährleistungs- und Garantiebedingungen
- Kündigungsbedingungen bei Dauerschuldverträgen (mit Laufzeiten größer einem Jahr)

Da diese Informationen nur einmal erbracht werden müssen, dürfen Sie diese auch zu einem früheren Zeitpunkt liefern, also auch vor Vertragsabschluß.

Ausnahmen der Erbringung dieser Mitteilungen führen an dieser Stelle zu weit. Konsultieren Sie in jedem Fall juristischen Beistand!

Allerdings sind die §§312 b ff. BGB zwingendes Recht, welches Unternehmen nicht umgehen können. Widersprechende Formulierungen in den AGBs oder Vertragsbestimmungen sind unwirksam und ziehen unter Umständen eine Unwirksamkeit weiterer Klauseln nach sich.

③ Textform?

Entscheidend ist neben der lesbaren Form auch der Urkundencharakter, d.h. der Inhalt darf vom Unternehmer nach Vertragsabschluß nicht mehr geändert werden können. Dies liegt vor bei folgenden Informationsträgern vor:

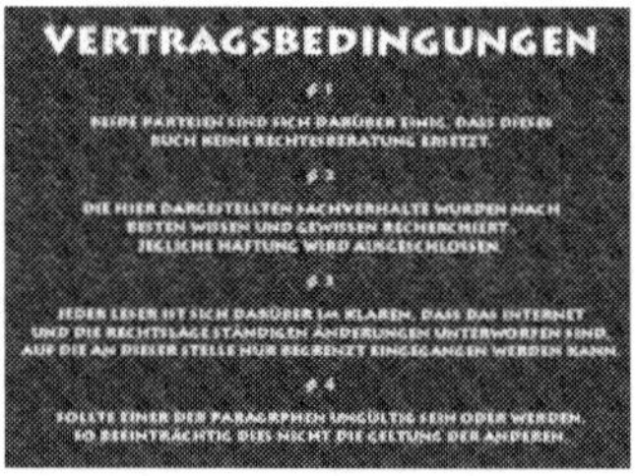

- Papier
- Diskette (Floppy~, CD/DVD)
- eMails
- und natürlich auch Steintafeln

16.2.5 Rechtsfolgen (§ 312c, e BGB)

① eCommerce

Da bei eCommerce-Verträgen mit Verbrauchern das Fernabsatzgesetz zur Anwendung kommt, steht dem Kunden ein **zweiwöchiges Widerrufsrecht** zu. Sofern Sie als Unternehmer Ihre Infopflichten gemäß § 312e BGB versäumen, verlängert sich das Widerrufsrecht auf sechs Monate.

Weitere Rechtsfolgen sind leider nicht klar geregelt. Bei Anwendung des Schuldrechts sind folgende weitere Rechtsfolgen denkbar:

- **Erklärungsmangel**
  Sofern Korrekturhilfen dem Kunden vorenthalten werden, kann dieser im Extremfall sich seiner rechtskräftigen Willenserklärung nicht bewußt werden. Da die rechtsverbindliche Erklärung fehlt, ist auch kein Vertrag zu Stande gekommen.

- **Irrtum**
  Meist wird die Informationspflichtverletzung jedoch nur zu einem Erklärungsirrtum führen, wonach der Vertrag angefochten werden kann (§ 119 BGB).

- **Rückabwicklung**
  Eine Rückabwicklung oder auch nur Vertragsanpassung kann geltend gemacht werden, wenn Sie Ihre Schutz- und Rücksichtnahmepflichten verletzt haben und dies ursächlich war. Führt dies zu einem Schaden auf Kundenseite käme weiterhin eine Haftung in Frage (§§ 311, 241, 280 BGB).

- **Nachträgliche Unterrichtung**
  Sofern sinnvoll kann der Kunde nach Vertragsabschluß auch die Erfüllung Ihrer Infopflichten verlangen, beispielsweise Verhaltenskodex, Vertragsbestimmungen in wiedergabefähiger Form).

- **Schadensersatz und Unterlassung**
  Alle, die sich an Ihrer Anbieterkennzeichnung stören können, haben auch die Möglichkeit sie bei Verstößen gegen § 312e BGB abzumahnen und auf Schadensersatz zu verklagen. Weiterhin können Sie auch bei Verstößen gegen 312c BGB zur Verantwortung gezogen werden.

② Verbraucher haftet bei Belehrung

Gemäß § 357 Abs. 3 Satz 1 BGB ist der Verbraucher nach erfolgtem Widerruf verpflichtet, Ersatz für Wertminderung einer Ware durch Gebrauch zu leisten, wenn er spätestens bei Vertragsabschluß darauf hingewiesen wurde. Zusätzlich muß aber auch ein Hinweis erfolgen, wie er diese Minderung verhindern kann.

Lt. § 357 Abs. 3 Satz 3 BGB haftet ein Verbraucher nach Belehrung über sein Widerrufsrecht für zufälligen Untergang/Verschlechterung einer Sache.

③ Fehlende Informationen

Nach §§ 312d, 355 BGB steht dem Fernabsatz-Verbraucher ein zweiwöchiges Widerrufsrecht und bei entsprechender Vereinbarung auch ein Rückgaberecht zu.

Das Widerrufsrecht besteht aber nicht bei Fernabsatzverträgen von

- Waren nach Kundenspezifikation
- Auf den persönlichen Bedarf zugeschnittenen Waren
- Für eine Rücksendung ungeeignete Waren (aufgrund ihrer Beschaffenheit)
- Schnell verderbliche Waren (z.B. Blumen)
- Waren, deren Verfallsdatum überschritten wurde
- Über die Lieferung von Video- und Audioaufzeichnungen
- Zur Lieferung von Zeitungen, Zeitschriften, Illustrierten
- Zur Erbringung von Lotto- und Wettdienstleistungen
- Versteigerungen nach § 156 BGB

Die zweiwöchige Widerrufsfrist startet erst nach Lieferung der erforderlichen Infos in Textform und bei Warenlieferung frühestens ab Eintreffen beim Verbraucher. Startet aufgrund mangelhafter Informierungen keine Widerrufsfrist, so kann der Verbraucher noch bis zu sechs Monate nach Lieferung widerrufen.

Bei Dienstleistungsverträgen erlischt jedoch das Widerrufsrecht meist eher, z.B. beim Herunterladen von Software, da dies vom Verbraucher selbst veranlaßt wurde.

16.3 Preis & Leistung

16.3.1 Preisangaben, Endpreise

Verstöße gegen die Preisangabenverordnung (PAngV) sind seit jeher ein beliebter Grund für eine Abmahnung. Während früher gegenüber Endverbrauchern der Vermerk „inklusive Mehrwertsteuer" neben Preisangaben als „Werbung mit Selbstverständlichkeiten" wettbewerbswidrig angesehen wurde, hat sich dies zum 01.01.2003 vor dem Hintergrund der europäischen eCommerce-Richtlinie geändert.

Für die Betreiber von Onlineshops ist die in § 1 Abs. 2 PAngV normierte Pflicht, ausdrücklich darauf hinzuweisen, daß die genannten Preise die gesetzliche Umsatzsteuer sowie sämtliche andere Preisbestandteile bereits enthalten (Endpreise). Erforderlich wird aber auch der ausdrückliche und leicht erkennbare Hinweis, inwieweit zusätzliche Liefer- und Versandkosten anfallen.

Sie als Betreiber eines Onlineshops sollten sämtliche Preisangaben mit einem Zusatz im Sinne von

„Der genannte Preis versteht sich ausschließlich bei Versandzustellung und zzgl. Versandkosten. Alle Preise inkl. MwSt. “

versehen. Die Kennzeichnung kann durch einem dem Preis nachgestellten Stern erfolgen, Z.B.:

0,00 €* ··· (* Nur der Versand kostet 9,99 €).

inkl. oder incl.?

Übrigens wird *inklusive* mit K geschrieben und abgekürzt. Das Kürzel „incl." ist nicht dudenkonform.

(D) OLG Köln, 6 U 4/04 vom 07.05.2004 (Preisinformation durch Link)

Shopbetreiber können die gesetzlich vorgeschriebenen Preisangaben auf Unterseiten plazieren. Erforderlich ist demnach nur, daß ähnlich wie beim Sternchenhinweis in der Printwerbung ein deutlicher Hinweis in unmittelbarer Produktnähe vorzufinden ist. Unzulässig ist aber das Verstecken wichtiger Preisinformationen in einem nicht zu überschauenden Fließtext.

16.3.2 Grundpreis

Bei Waren, die in einer Mengeneinheit angegeben werden, muß neben dem Endpreis auch der Grundpreis angegeben werden. Der Grundpreis schließt die Umsatzsteuer und sonstige Preisbestandteile ein, nicht jedoch Pfand.

Mengeneinheiten können sein, jeweils 1 oder 100:

- Kilogramm
- Kilowattstunde
- Liter
- Meter
- Quadratmeter
- Kubikmeter

Einige Ausnahmen sind:

- Identität von Grund- und Endpreis
- Alle Waren mit einem Nenngewicht < 10 g bzw. einem Nennvolumen < 10 ml
- Waren, die verschiedenartige aber gleichwertige Erzeugnisse enthalten, die nicht miteinander vermischt bzw. vermengt sind
- Getränke, wenn üblicherweise nur in einer Nennfüllung
- Kau- und Schnupftabak mit Nenngewichten ≤ 25 g
- Kosmetische Mittel, die ausschließlich auf Färbung oder Verschönerung von Haut, Haar oder Nägeln abzielen
- Parfüms und parfürmierte Duftwasser mit mind. 3 Vol.% Duftöl und mind. 70 Vol.% reinem Äthylalkohol
- Waren ungleichen Nenngewichts/-volumen oder ungleicher Nennlänge bzw. -fläche aber mit gleichem Grundpreis, wenn der geforderte Endpreis um einen einheitlichen Betrag reduziert wird
- Leicht verderbliche Lebensmittel mit reduziertem Endpreis aufgrund Verderbungsgefahr

16.3.3 Leistungen

Das Preisangabenrecht versteht unter Leistungen nicht nur Handwerksleistungen sondern auch Dienstleistungen jeglicher Art, z.B. Vermittlung von Immobilien, Reparatur- oder Wartungsdienstleistungen. Dies schließt auch ein, wenn die Dienstleistungen nicht im Internet erbracht werden, wohl aber dort angeboten werden.

Die Preisauszeichnungsregeln nach § 5 PAngV erlauben folgende Ausnahmen für das Nichtauszeichnen von Preisen:

- Leistungen, die auf Einzelfälle bezogen sind und üblicherweise aufgrund von schriftlichen Angeboten bzw. Voranschlägen erbracht werden
- Künstlerische, wissenschaftliche und pädagogische Leistungen, sofern diese nicht in Schulen, Theatern und ähnlichen Institutionen erbracht werden
- Leistungen, für die in Gesetzen oder Verordnungen die Preisangabe besonders geregelt ist, z.B. Fahrschulen

Werden Leistungen im Internet angeboten, so müssen die wesentlichen Leistungen inkl. Endpreisen in einem **Preisverzeichnis** aufgeführt werden. Die Stunden-, Kilometer- oder anderen Verrechnungssätze müssen die Umsatzsteuer enthalten. Bei anfallenden Materialkosten ist anzugeben, ob diese bereits in den Verrechnungssätzen enthalten sind oder separat berechnet werden. Pauschalbeträge müssen die Mehrwertsteuer enthalten.

Nur in besonderen Fällen wird es als zumutbar angesehen, daß die Preise auf einer weiteren Internetseite aufgeführt werden.

Preisangaben

Es wird empfohlen, die Preise nahe den beschriebenen Leistungen (ähnliche Waren) anzugeben und parallel in einem übersichtlichen Preisverzeichnis aufzuführen, beispielsweise auf einer Webseite.

Alle Preise müssen leicht erkennbar, deutlich lesbar sowie gut wahrnehm- und auffindbar sein.

16.3.4 Rabatte

Eventuelle Rabattgewährungen sind nicht in den End- oder Grundpreis einzubeziehen. Soweit nicht allgemeine Verkehrsauffassungen und Rechtsvorschriften entgegen stehen, kann auf die Bereitschaft zur Verhandlung über den Endpreis hingewiesen werden.

Welche Angaben bei Werbung oder dem Anbieten von Verbraucherkreditverträgen zu machen sind, regelt § 6 PAngV.

Nach Abschaffung des Rabattgesetzes und der Zugabeverordnung in Deutschland können nun alle möglichen Formen von Rabatten gewährt werden:

- Barzahlungsnachlaß
- Preisnachlaß
- Gutscheine
- Zugaben
- Mengen- oder Sondernachlässe
- sonstige Rabatte

%

Die Gewährung von Rabatten ist aber noch nach anderen Gesetzen, beispielsweise dem Gesetz gegen den unlauteren Wettbewerb (UWG) eingeschränkt. Am 08.07.2004 trat das neue UWG in Kraft. Neue Entscheidungen sind somit zu erwarten, was "heute" unlauter ist.

Nicht zulässig und unlauter sind nach wie vor Rabatte auf preisgebundene Waren wie z.B. Tabakwaren und Bücher.

16.4 Kaufvertrag

16.4.1 Beweisbarkeit

Zum Beweisen von elektronischen Geschäftsvorfällen empfiehlt es:

- Manipulationssichere Ausgestaltung der EDV
- Ordnungsgemäßes Dokumentenmanagement
- Dokumentation und Sicherung von Prüf-, Sende und Wartungsprotokollen
- Schriftliche Bestätigung von Vertragsabschlüssen, u.U. über ein anderes Kommunikationsmedium, z.B. per Fax oder SMS

Wichtig ist eine genaue Dokumentation darüber zu führen, welche Fassung Ihrer AGB wann und in welcher Form im Internet auf Ihrer Homepage verwendet bzw. in Verträgen eingeschlossen wurde, um in späteren Streitfällen genaue Angaben machen zu können.

Ferner sollten Sie die bestehenden technischen Möglichkeiten des Bestellvorgangs sowie die Möglichkeit des AGB-Abrufs zuverlässig dokumentieren. Verläßliche elektronische Zeitstempel kämen diesem Erfordernis entgegen und würden auch Ihre Kunden vor der Gefahr einer nachträglichen einseitigen Veränderung des Inhalts der AGBs bewahren.

Bedenken Sie auch, daß an die Dokumentation von Geschäftsvorfällen an Unternehmen größere Anforderungen gestellt werden als an Verbraucher (Abgabenordnung, Speicherdauer von Dokumenten).

Zur Datensicherung, Archivierung und Datenlagerung wird auf ☞ *8.7 Archivierung und Datensicherung* verwiesen.

16.4.2 UN-Kaufrecht

Das UN-Kaufrecht kann angewendet werden, wenn

- der Kaufvertrag gewerblich ist
- die Vertragsparteien in verschiedenen Staaten ansässig sind
- die jeweiligen Länder Vertragsstaaten des Abkommens über das UN-Kaufrecht sind oder die Regeln des internationalen Privatrechts (IPR) zur Anwendung des Rechts eines Vertragsstaates führen.

Strittig ist hingegen, ob per Datenfernübertragung übermittelte Daten bzw. Software als Ware im Sinne des UN-Kaufrechts anzusehen sind. Für Software wird dies allgemein angenommen, für Know-how allerdings abgelehnt.

Welches Recht gelten soll, können Sie in den AGBs auch explizit festlegen (Art. 27 Abs. 4, Art. 31 Abs. 2 EGBGB). Dies kann auch das Recht eines Drittlandes sein. Ansonsten ergibt sich das anwendbare Recht aus Währung, Sprache, Gerichtsstand bzw. zu welchem Staat der Vertrag die engsten Verbindungen hat (Art. 28 EGBGB). Bei gegenseitigen Verträgen (Ware gegen Geld) charakterisiert die Erbringung der Sach- oder Dienstleistung und nicht die Geldzahlung einen Vertrag.

Daher reicht es nicht aus, wenn ein ausländischer Verkäufer sein Internetangebot über deutsche Server und unter einer *.de*-Adresse betreibt. Anders beurteilt wird die Angelegenheit, wenn das Webangebot sich an deutsche Kunden richtet. Indizien sind die Verwendung der deutschen Sprache, Preise in €, deutsche Servicerufnummern...

Für die Anwendbarkeit des UN-Kaufrechts müssen die Unternehmen ihren Sitz jedoch in verschiedenen Ländern haben. Ausschlaggebend für die Wahl des Rechts eines Drittlandes kann beispielsweise sein, daß ein deutsches Unternehmen weltweit liefert und auf der Grundlage gleicher Gesetzesbedingungen sein Geschäft betreiben möchte.

☺ UN-Kaufrecht bei Verbrauchern ☹

Verbraucherverträge sind von der Anwendbarkeit des UN-Kaufrechts ausgeschlossen.

16.4.3 Widerrufsmöglichkeiten nach BGB

Willenserklärungen können nur widerrufen werden, wenn es sich um eine Willenserklärung unter Abwesenden handelt und wenn der Widerruf vor oder gleichzeitig mit der Erklärung in den Machtbereich des Empfängers eingeht (§ 130 Abs. 1 BGB). Allerdings werden hier auch die normalen Arbeitszeiten zu Grunde gelegt, so daß für nach Büroschluß eingehende Willenserklärungen eine Widerrufsmöglichkeit bis zum Beginn der Bürozeiten am nächsten Tag unterstellt werden kann.

Durch das Fernabsatzgesetz wurden die allgemeinen Widerrufsmöglichkeiten der deutschen Verbraucher jedoch gestärkt und allgemein auf zwei Wochen nach Lieferung der Ware verlängert.

16.5 In Österreich

In Österreich ist es notwendig anzugeben, in welchen **Sprachen** ein Vertrag geschlossen werden kann.

Auch muß der Vertrag **druck- und speicherbar** sein, was Sie am besten per PDF-Dokument erreichen.

Vorvertraglich muß in Österreich auch über die **vertragliche Mindestlaufzeit** informiert werden, wenn dieser eine dauernde oder wiederkehrende Leistung zum Inhalt hat.

Jegliche Verstöße gegen Informationspflichten nach dem ECG stellen eine Verwaltungsübertretung dar und können mit einer Geldstrafe von bis zu € 3.000 geahndet werden. Zuvor kann die zuständige Behörde, muß aber nicht, den Diensteanbieter auf die Gesetzesverletzung unter angemessener Fristsetzung hinweisen, bei deren Einhaltung der Diensteanbieter straffrei bleibt.

Unabhängig davon besteht aber die Gefahr, von einem Mitbewerber wegen Verstoßes gegen § 1 UWG gerichtlich belangt zu werden.

Neben den im ECG angeführten Informationspflichten sind noch eine Fülle zusätzlicher Informationspflichten zu beachten, z.B. die Informationspflichten bei Fernabsatz von Waren oder Dienstleistungen, wie sie das KSchG im Verhältnis B2C verlangt, Preisangabeverpflichtungen nach dem Preisauszeichnungsgesetz sowie Informationspflichten im Rahmen des Fernabsatzes von Finanzdienstleistungen an Verbraucher, wie sie seit 1. Oktober 2004 gelten.

Anders als Deutschland gilt für Verbraucher in Österreich nur ein Rücktrittsrecht von sieben Tagen. Bei Verstoß gegen die Informationspflichten (§ 11 ECG) verlängert sich das Rücktrittsrecht auf drei Monate. Verwaltungsstrafen können diesbezüglich nicht verhängt werden.

16.6 Form & Inhalt einer Rechnung

Basierend auf einer Europäischen Richtlinie ist die Deutsche Gesetzgebung mit dem Steueränderungsgesetz 2003 (StÄndG 2003) seiner Verpflichtung zur Umsetzung einer „Rechnungsrichtlinie" nachgekommen. (Die Übergangsfrist lief am 1.07.2004 ab.)

Seit dem 01.01.2004 sind deutsche Unternehmer bei Geschäften mit anderen Unternehmern oder juristischen Personen verpflichtet, eine Rechnung auszustellen und nicht nur dann, wenn der Leistungsempfänger diese verlangt. Rechnungen sind auch dann auszustellen, wenn nur eine umsatzsteuerfreie Leistung abgerechnet wird, z.B. beim grenzüberschreitenden Verkaufsgeschäften.

16.6.1 Zwingende Rechnungsangaben

- Der vollständige Namen und die vollständige Anschrift des leistenden Unternehmers und des Leistungsempfängers,
- Die Steuernummer oder die Umsatzsteuer-Identifikationsnummer (USt-IdNr.) des Leistenden
- Das Ausstellungsdatum der Rechnung
- Eine fortlaufende Nummer, die zur eindeutigen Identifizierung der Rechnung nur einmalig vergeben wird (Rechnungsnummer)
- Die handelsübliche Bezeichnung der Leistung bzw. der handelsüblichen Bezeichnung und der Menge der Lieferung
- Der Zeitpunkt der Leistung oder der Lieferung; bei Anzahlungen der Zeitpunkt der Zahlung sofern dieser nicht mit dem Ausstellungsdatum identisch ist
- Einzelne Aufschlüsselung des Nettobetrages nach den unterschiedlichen Steuersätzen bzw. Steuerbefreiungen, wenn unterschiedliche Steuersätze anzuwenden sind
- Jede im voraus vereinbarte Minderung des Entgelts, sofern sie nicht bereits im Entgelt berücksichtigt ist (z.B. Skonto bei Zahlung innerhalb von 14 Tagen)
- Der anzuwendende Umsatzsteuersatz
- Der berechnete Steuerbetrag bzw. ein Hinweis auf die Steuerbefreiung
- Bei grenzüberschreitenden Leistungen innerhalb der EU muß zusätzlich zur USt-IdNr. des Leistenden auch die des Leistungsempfängers enthalten sein.

Die Vollständigkeit dieser Pflichtangaben auf der Rechnung ist Voraussetzung für den Vorsteuerabzug des Leistungsempfängers. Ferner sollten Sie Lieferungen mit dem Datum benennen, sofern diese vom Rechnungsdatum abweichen.

16.6.2 In Großbritannien

Dort gab es ein Gerichtsurteil, wonach Rechnungen an britische Bürger die englische Notation von Zahlen beachten müssen. Hintergrund war ein Streit über den Tausenderpunkt, der von einem Britten als Dezimalpunkt interpretiert wurde.

Trotzdem ist es in Europa üblich, internationale Rechnungen zwar in englisch zu verfassen, aber dennoch die uns gebräuchliche Notation von Tausenderpunkt und Dezimalkomma zu verwenden. Auf der sicheren Seite sind Sie sicherlich eher, wenn Sie den Zahlbetrag noch zusätzlich in Worten angeben.

16.7 Internetwerbung

15 Banner

18 Newsletter oder Spam

20 Geld verdienen

21 Steuern

16.7.1 Allgemein

Wer im Internet wirbt, für den gelten Gesetze und Vorschriften, nicht nur nationale sondern auch internationale. Die Meisten werden sich zunächst an geltendem Recht des eigenen Landes orientieren. Werden nur inländische Kunden angesprochen, ist dies sicherlich unkritisch.

Die Probleme treten erst auf, wenn auch Bewohner anderer Staaten adressiert werden, ob nun zwangsläufig oder nur nebenbei. Bei deutschen Angeboten wird sich dies sicherlich nur auf die Länder beschränken, in denen Deutsch auch Amtssprache ist, also Deutschland, Österreich, Schweiz, Letzeburg, Lichtenstein, Belgien, Südtirol. Unbedeutender dürften die Staaten mit deutschen Minderheiten sein, z.B. Namibia, Kamerun, Argentinien, Frankreich, Polen, Tschechien, GUS.

Um wenigstens innerhalb der EU den Homepagebetreibern Rechtssicherheit zu verschaffen, sieht die seit Juni 2000 gültige eCommerce-Richtlinie das Herkunftslandprinzip vor. Das bedeutet zwar auf Anbieterseite eine gewisse Erleichterung steht aber der Chanchengleichheit auf nationalen Märkten entgegen.

In Deutschland herrschen die strengsten Wettbewerbgesetze, in Portugal die lockersten. Deutsche Unternehmen werden so mittelfristig auf dem gemeinsamen Binnenmarkt benachteiligt, während Portugiesen bevorteilt werden.

Die folgenden Ausführungen gelten daher zunächst für Deutschland und aufgrund der EU-Harmonisierung auch für Österreich. Aber auch die Schweizer Gesetzgeber können als EU-Enklave nur schwer anderer Meinung sein...

16.7.2 Kommerzielle Kommunikation

Kommerzielle Kommunikation ((D) § 7 TDG, § 10 Abs. 4 MDStV, §§ 1 und 3 UWG; (A) ECG und UWG) umfaßt sämtliche Formen von

- Werbung
- Direktmarketing
- Sponsoring
- Verlaufsförderung
- Öffentlichkeitsarbeit

Ausgenommen sind lediglich der bloße Besitz einer Internetadresse sowie Angaben zu Waren, Dienstleistungen oder zum Erscheinungsbildes eines Unternehmens, die unabhängig und ohne finanzielle Gegenleistung erbracht werden (z.B. Vermittlung von Informationen a la Stiftung Warentest, Homepages von

Privatpersonen mit unabhängigen Infos über Unternehmen und Produkte ohne finanzielle Gegenleistung).

Kommerzielle Kommunikation muß folgende Anforderungen erfüllen:

- **Klare Erkennbarkeit der Werbung als solche**
  Z.B. Kennzeichnung des Werbeplatzes per „Anzeige" oder „Werbung"

- **Klare Erkennbarkeit des Auftraggebers**
  Dabei reicht ein Name, die Firma oder ein sonstiges Unternehmenskennzeichen aus.
  Spätestens nach einem Klick sollte ein Nutzer detaillierter erfahren können, wer hinter der Werbung steckt.

- **Erkennbarkeit von verkaufsfördernden Angeboten**
  Preisnachlässe, Zugaben, Geschenke müssen klar als solche wahrnehmbar, die zugehörigen Bedingungen leicht zugänglich sowie klar und unzweideutig erkennbar sein.

- **Erkennbarkeit von Preisausschreiben**
  Sie müssen klar als solche identifizierbar sein. Das Reglement muß leicht zugänglich sowie klar und unzweideutig verfaßt sein.

Auch hier gilt ähnliches wie beim Impressum, d.h. leichte Wahrnehmbarkeit, ständige und unmittelbare Verfügbarkeit. Sprache und Schriftgröße dürfen kein Hindernis darstellen.

16.7.3 Rabatt- und Zugaberecht

Das deutsche Rabattgesetz und die Zugabeverordnung sind seit 25. Juli 2001 außer Kraft. Sie wurden aufgrund ihrer Einzigartigkeit innerhalb der EU abgeschafft und heben die eCommerce-Diskriminierung deutscher Unternehmen auf.

☞ *16.3.4 Rabatte*

16.8 Das Bestellformular

☞ *23.3 Kontaktformular*

Freiwillige oder Pflichteingabe & Eingabefelder

Die Frage bei Formularen ist immer, wie unterscheiden Sie am besten freiwillige von Pflichtangaben und zwar sofort erkennbar für Ihre Nutzer?

Gekennzeichnet sollten aus ergonomischer Sicht immer Pflichtangaben! Z.B. durch farblich hervorgehobene Eingabefelder, durch Sternchen oder mittels Fettschrift. Es sollte also nicht das Kann sondern das Muß hervorgehoben werden, da die Pflicht wichtiger ist und eines Hinweises bedarf.

Bei Verwendung des Sternchen (*) ist dessen Bedeutung zuvor, im oder nach dem Formular kurz zu erläutern und natürlich auf jeder Seite der Verwendung.

Falsch ist es, zusätzlich noch die freiwilligen Felder zu markieren. Achten Sie bei der Farbwahl auf ausreichend Kontrast (✍ *9.6.6 Farbe*, ✍ *9.6.7 Schrift*).

Grundsätzlich sollten Sie nur unbedingt nötige Pflichteingaben vorsehen und die Nutzer dabei nicht überfordern! Bekannte persönliche Daten sind in die Formularfelder bereits als Vorgabe einzutragen. Eingabefelder sind ausreichend lang mit aussagekräftiger Bezeichnung zu gestalten. Abkürzungen sind zu erläutern.

Ein Freitextfeld für Ergänzungen ist immer vorzusehen.

Anredefelder (z.B. Herr/Frau/Firma) sind entsprechend der Nutzergruppe vorzuselektieren, sofern bereits eine Vorgabe getroffen werden soll bzw. das Feld überhaupt notwendig ist.

Adreßfelder

Mindestens eine abweichende Lieferanschrift ist möglich. Bei von der Straßeneingabe getrenntem Hausnummernfeld sind Eingabeprüfungen zu unterlassen. Hausnummern dürfen auch im Straßenfeld eingeben werden. Adressen mit Postfächern haben differierende Postleitzahlen in Deutschland. Postleitzahlen sind immer Textfelder, da es auch Länder mit Buchstaben im Postcode gibt (z.B. Großbritannien). Werden Angebote nur auf Empfänger in einem Land begrenzt, so sollten dennoch bei Rechnungsadressen auch ausländische Adressen möglich sein. Es ist daher ratsam, immer das Länderkürzel abzufragen.

Historie

Zwischenergebnisse sind jederzeit speicherbar und auch später wieder abrufbar, änder- und löschbar sein. Ältere Bestellungen und Einkäufe sind in einem Journal einsehbar und auch löschbar sein.

Hilfen

Der Warenkorb heißt auch so und nicht etwa Einkaufskorb oder Einkaufsliste. Alle Artikel (Daten, Abbildungen, Lieferkonditionen) können vom Warenkorb aus auch angezeigt werden - personalisierte Produkte möglichst so, wie sie versendet werden. Z.B. Zeilenaufteilung bei Visitenkarten.

Erklärungen des Bestellprozesses, jederzeitige Unterbrechungen sowie grafische Darstellung über den Fertigstellungsgrad sind ebenso selbstverständlich wie eine Bestellbestätigung per eMail/Fax.

Hilfestellungen und Tipps zur Bedienung werden über das Menü und bei Fehleingaben angeboten. Die Homepage ist fehlertolerant und robust gegenüber Fehlbedienung (z.B. Rückwärtsblättern im Bestellprozeß).

An jeder Stelle der Homepage stehen einfache Kontaktmöglichkeiten zur Verfügung. Die Beantwortung von Kundenanfragen erfolgt zeitnah und ohne Medienbruch (also auf dem gleichen Weg).

Automatische Timeouts führen nicht zu Datenverlusten. Bei aufwendigen Datenbankanfragen werden die Nutzer darüber per Zwischenseite informiert.

Eine Checkliste sowie mehr zu ergonomischen Anforderungen finden Sie unter ➪ *25.2 Allgemein,* ➪ *25.6 Webformulare* und ➪ *25.7 Fehler und Warnungen.*

16.9 Signieren

Es gibt verschiedene Möglichkeiten zum Signieren/Authentifizieren bei elektronischen Dokumenten:

- Fax mit Unterschrift
- Eingescannte Unterschrift, z.B. im PDF-Dokument
- Digitale Signatur

In einigen Ländern gibt es bereits entsprechende Daten in Ausweisdokumenten. Sie können hierzu beispielsweise auch die wohl bekannteste Software aus diesem Bereich verwenden: Pretty Good Privacy ⇨ *www.pgpi.com.*

Ansonsten finden Sie weitere Informationen unter ⇨ *www.bmwi-info2000.de* oder im geplanten Buch des Autors 🕮 *Seit man die Verschlüsselung erfunden hat, sucht man nach dem Schlüssel - Das Verschlüsselungsbuch* (➪ *Anhang* bzw. auf ⇨ *www.thor-alexander.de*).

16.10 Erfolgsfaktoren

Um erfolgreich im Internet eCommerce zu betreiben, bedarf es innovativer und erfolgversprechender Ideen, um sich von den Mitbewerbern abzuheben und den potentiellen Kunden Anreize zu geben, gerade bei Ihnen zu kaufen.

Dauerhafter Erfolg im elektronischen Geschäftsverkehr lebt aber nicht nur von Neukunden, sondern viel mehr von Bestandskunden und Wiederholungskäufen. Statistiker behaupten, daß es dreimal so teuer sei, einen neuen Kunden zu gewinnen wie einen bestehenden zu halten.

Für die Kundenakzeptanz sind **Übersichtlichkeit, Klarheit und Transparenz der Bestellvorgänge** ebenso wie das **Preis-Leistungs-Verhältnis** und **Serviceleistungen** von entscheidender Bedeutung.

Ergonomische Vorteile und **Bedienerfreundlichkeit** wirken sich rasch auf Ihren geschäftlichen Erfolg aus. Häufig sind es nur die kleinen Dinge, den Erfolg begründen.

Beispielsweise gründete der Erfolg der Datenbank dBase darauf, daß der Entwickler nach fünf Monaten fertig war, obwohl sechs geplant waren. Er entschloß sich im verbleibenden Monat zur Entwicklung einer Skriptsprache, die später den großen Erfolg von dBase ausmachte. Auch hier zeigt sich, daß man manchmal auch die Entwickler machen lassen und nicht zu arg einschränken soll. So manche im ersten Moment durch die Auftraggeber abgelehnte Funktionen bedeuteten spätere Erfolge (auch aus eigener Erfahrung des Autors).

Häufig ist eine zusätzliche und aus Entwicklersicht nützliche Funktion in einer halben Stunde programmiert, statt langwierig, länger und mit mehreren Personen darüber diskutiert.

16.10.1 Verbrauchertipps

Die Stiftung Warentest hat im Heft 8/99 folgende Verbrauchertipps formuliert, an denen Sie sich orientieren können, um Ihren zukünftigen Kunden das notwendige Vertrauen in die Sicherheit und Seriosität Ihres Geschäftes zu geben.

Verbrauchertipps

- ☐ Gibt der Anbieter seinen Namen und Adresse an?
- ☐ Können Sie die AGBs bzw. sonstigen Bedingungen ausdrucken und sind Sie damit einverstanden?
- ☐ Erhalten Sie eine detaillierte Auftragsbestätigung? Drucken Sie diese aus, um bei Bedarf nachzuweisen, was zu welchem Preis vereinbart wurde.
- ☐ Um Datenmißbrauch zu reduzieren, sollten nur die nötigsten Angaben gemacht werden.
- ☐ Vertrauliche Daten (von Kreditkarte/Bank) sollten nur über eine verschlüsselte Verbindung übermittelt werden. Besser ist jedoch per Rechnung oder Nachnahme.
- ☐ Es sollte nicht im voraus bezahlt werden, da dadurch der Käufer das wirksamste Mittel zur Durchsetzung seiner Rechte verliert.
- ☐ Achten Sie auf die Nebenkosten und deren korrekte bzw. vollständige Angabe! Durch Liefergebühren, Zölle oder andere Steuern kann so manches Schnäppchen unattraktiv werden.
- ☐ Kann die Ware bei Nichtgefallen zurückgesandt werden und wer trägt die Kosten?
- ☐ Wie können Gewährleistungsansprüche (Garantie~) durchgesetzt werden?

Check. 29: Verbrauchertipps

16.10.2 Die 10 häufigsten Fehler

Noch längst nicht allen Onlinehändlern sind die Bestimmungen des Fernabsatzgesetzes und des Gesetzes über die rechtlichen Rahmenbedingungen für den elektronischen Geschäftsverkehr voll bewußt.

Wer die Vorschriften nicht kennt, kann sie nicht beachten und setzt sich erheblichen Risiken aus. Dies zeigt eine Studie des Kölner Shop-Zertifizierer Trusted Shop ganz deutlich. Dieser hat in 2003 über 900 Prüfberichte seit dem Jahr 2000 ausgewertet. Bei Vergehen drohen Ihnen als Onlinehändler nicht nur Abmahnungen von Verbänden und Mitbewerbern, sondern Sie tappen auch schnell in die Falle verlängerter Rücknahmepflichten, auch wenn Ihre Kunden die Ware längst in Gebrauch haben bzw. abnutzen.

Selbst renommierte Unternehmen wie Amazon und Fleurop hätten schon unter den Folgen unwissentlicher Rechtsverstöße zu leiden gehabt.

Die zehn häufigsten Fehler bei Onlineshops

- ☐ Unvollständige Anbieterkennzeichnung
- ☐ Mißverständliche Verweise
- ☐ Nicht ausreichende Hinweise zum Datenschutz
- ☐ Fehlender Hinweis zur Einsicht des Vertragstextes
- ☐ Zweifelhafte Einbeziehung der AGBs
- ☐ Offensichtlich unzulässige Klauseln in den AGBs
- ☐ Fehlender Hinweis zum Widerrufsrechts im Bestellungsvorgang
- ☐ Unzulässige Einzelheiten oder Einschränkungen des Widerrufsrechts
- ☐ Unzulässige Ausschlüsse vom Widerrufsrecht
- ☐ Fehlende Angaben zum Vertragschluß
- ☐ Fehlende oder unvollständige nachvertragliche Informationen

Check. 30: Die zehn häufigsten Fehler bei Onlineshops

Trusted Shop und andere Shopzertifizierer bieten häufig Handbücher und Formulierungshilfen an, die immer auf dem neuesten Stand sind und mit denen Sie Rechtmäßigkeit und Wasserdichtheit der eigenen AGBs prüfen können.

Wie erst Anfang September 2004 bekannt wurde, waren in Yahoo!-Stores durch Manipulation der HTML-Formulare andere und auch negative Preise möglich. Meist wurden bei Onlineshopbetreibern keine weiteren Preisprüfungen vor Versand durchgeführt.

Preisberechnung

Es wird daher dringend empfohlen, Preisberechnungen nur durch serverseitige Programme durchzuführen. In der Regel genügt es, wenn Kunden die Artikel und deren Anzahl eingeben können.

16.11 Checklisten

Onlineshop

- ☐ Übersichtliche Navigation, klare Menüpunkte; Anzeige inaktiver Menüpunkte
- ☐ Leichte Sprache
- ☐ Ausreichender Kontrast, akzeptable Schriftgröße (12 pt)
- ☐ Jederzeit Link zu Startseite, Impressum + Kontaktmöglichkeiten
- ☐ Kennzeichnung von Pflichteingaben; Keine Zwangseingaben ohne Notwendigkeit
- ☐ Bekannte Daten bereits als Vorgabe in Formularfeldern
- ☐ Fortschrittsanzeige im und Robustheit des Bestellprozesses
- ☐ Automatische Zwischenspeicherung in mehrseitigen Formularen, Wiederaufsetzbarkeit im Fehlerfall oder bei Unterbrechung
- ☐ Kein Medienbruch, zeitnahe Beantwortung von Anfragen
- ☐ Einstellbarkeit der Trefferanzeige in Suchlisten; spaltenweise Sortierbarkeit von Tabellen
- ☐ Klare Trennung von Produktinformation und Werbung
- ☐ AGBs & Vertragsbedingungen wirksam einbezogen
- ☐ Endpreise und Rabattmöglichkeiten
- ☐ Klare und leicht auffindbare Lieferbedingungen
- ☐ Hinweise zum Widerruf
- ☐ Angaben zum Vertragsschluß & Auftragsbestätigung
- ☐ Impressum; Regeln der Internetwerbung und Preisauszeichnung
- ☐ Datenschutz & Datenschutzhinweise, Datensicherheit (✐ *8*)
- ☐ Newsletter, Suchmaschinen- und eMailmarketing
- ☐ Bezahlsystem, Shopzertifizierung
- ☐ Einfache Streitschlichtungsmöglichkeiten

Check. 31: Onlineshop

Internetwerbung und Verkaufsförderung

☐ Trennung zwischen Werbung und Inhalten

☐ Klare Erkennbarkeit des Auftraggeber der Werbung

☐ Klare Erkennbar- und leichte Zugänglichkeit der Teilnahmebedingungen bei Verkaufsförderungen, Gewinnspielen und Preisausschreiben

☐ eMailwerbung á la Newsletter oder Spam (➩ *18*)

Check. 32: Internetwerbung und Verkaufsförderung

Sie müssen Ihre Kunden über folgendes informieren:

☐ Name des Anbieters

☐ Anschrift

☐ Wesentliche Merkmale von Ware/Dienstleistung

☐ Gesamtpreis jeder Ware/Dienstleistung

☐ Wie kommt der Vertrag zu Stande

☐ Liefervorbehalte

☐ Lieferkosten

☐ Zahlungs-, Liefer- und andere Bedingungen

☐ Das Bestehen eines Widerrufs- bzw. Rückgaberechts

☐ Gültigkeitsdauer befristeter Angebote und Preise

☐ Geschäftlichen Vertragszweck

Check. 33: Infopflichten nach Fernabsatzvertrag für B2C

Rechnungsinhalt

- ☐ Ausstellungsdatum und fortlaufende Nummer
- ☐ Name + Anschrift des Rechnungsausstellers
- ☐ Name + Anschrift des Rechnungsempfängers
- ☐ Steuernummern von beiden Parteien
- ☐ Menge und üblicher Leistungs- bzw. Artikelname
- ☐ Leistungs- bzw. Lieferzeitpunkte, eventuelle Anzahlungen
- ☐ Nettobeträge pro Steuersatz sowie Bruttobetrag
- ☐ Entgeltminderungen, z.B. Rabatte
- ☐ Steuersätze, Steuerbeträge oder Steuerbefreiungshinweis

Check. 34: EU-Rechnungsinhalt

17 Bezahlsysteme

17.1 Anforderungen an Bezahlsysteme

Mittlerweile gibt es viele Bezahlmöglichkeiten im Internet. Alle sollten folgende Anforderungen erfüllen:

- Einfache Handhabung
- Hohe Sicherheit
- Geringe Kosten
- Transparenter Zahlvorgang
- Wiederaufnahme abgebrochener Zahlvorgänge

Beim Bezahlen gibt es einfach ausgedrückt drei Parteien:

- Käufer
- Verkäufer (Händler)
- Bank (hier Pseudonym der zahlungsabwickelnde Institution)

Jede Partei hat dabei individuelle Anforderungen:

- Ein Käufer will die bezahlte Ware bekommen und gelegentlich auch dem Verkäufer gegenüber anonym bleiben.
- Der Verkäufer will sein Geld für die verkaufte Ware auch wirklich erhalten.
- Bank möchte mitverdienen. Sie kennt den Kunden sowie den Verkäufer, aber nicht unbedingt die Art der Ware.

Kreditkarte und elektronische Lastschrift sind weit verbreitet, jedoch bei Kleinbeträgen unwirtschaftlich. Bei Guthabenkarten (Prepaidkarten) bleibt der Käufer anonym und der Verkäufer verringert das Ausfallrisiko. Nur - nicht jeder besitzt eine solche Karte.

Billing-Verfahren (englische Bezeichnung für Zahlverfahren) summieren die Zahlungen pro Kunde und rechnen am Monatsende ab. Sie sind bequem und effizient. Ein Kunde muß sich dafür jedoch zuvor einmal anmelden.

Weitere wesentliche Faktoren sind Stornomöglichkeiten durch Händler und Kunde sowie der Belastungszeitpunkt.

In der Vergangenheit hatten die Internethändler beim Bezahlen das weitaus größere Risiko als Konsumenten getragen. Die Gründe liegen in Betrugsversuchen und mangelnder Zahlungsmoral. Das Risiko von Zahlungsausfällen durch Betrug läßt sich durch die Wahl der richtigen Zahlungsmethode minimieren.

Jedes der nachfolgenden Bezahlverfahren ist gut und sinnvoll - aber nicht für jeden Händler und nicht für alle Produkte. Vorteilhaft sind Dienstleister, die eine Kombination aus unterschiedlichen Zahlungsvarianten aus einer Hand anbieten - und noch besser Schwarze Schafe bereits kennen.

17.2 Verfahren

17.2.1 Guthaben

Die Verwendung von Guthaben setzen derzeit einige Internetdienstleister ein, z.B. Arcor, directBOX. Voraussetzung ist eine längerfristige Kundenbeziehung, die auf mehrmalige Geschäfte ausgelegt ist.

Dabei wird beim jeweiligen Anbieter ein Guthaben aufgebaut, mit dem Sie bestimmte Leistungen in Anspruch nehmen können, z.B. SMS- und Faxversand über das Internet bei den oben aufgeführten Anbietern.

Das Aufladen des Guthabens erfolgt meist kostengünstig per Überweisung oder Lastschrifteinzug, ansonsten per Kreditkarte, per Anruf einer teueren Rufnummer oder durch ein gängiges Internetzahlverfahren.

17.2.2 Kreditkarte, Lastschrift, Telefonrechnung

Die folgenden Ausführungen für Kreditkarte und Lastschrift gelten natürlich grundsätzlich.

Durch die Angabe des Namens, der Kreditkartennummer und der Gültigkeitsdauer können Bezahlvorgänge meist durch den Käufer autorisiert werden.

Bei der Lastschrift ist es ähnlich. Die Angabe von Name, der Kontonummer, der Bank und deren Kennung (BLZ, IBAN) sowie natürlich die formale Erteilung einer Einzugsermächtigung genügen.

Beide Zahlverfahren haben gemein, daß der Käufer die eingezogenen Beträge zurückrufen kann. Bei Lastschriften sind sechs Wochen eine gängige Widerspruchsfrist, in Ausnahmen auch länger. Bei Kreditkarten ist es ähnlich.

Bei der Telefonrechnung besteht ein Vertragsverhältnis zu einer Telefongesellschaft. Die Rechnung enthält nun weitere Leistungspositionen, kann aber auch ganz oder teilweise beanstandet werden. Und da die Rechnung meist per Lastschrift eingezogen wird, kann zusätzlich die Lastschrift widerrufen werden. Unter Umständen kann dies national unterschiedliche Auswirkungen auf das Vertragsverhältnis haben.

Da hier das Risiko des Widerrufs durch die Käuferseite besteht, berücksichtigen die Provisionen an die zahlungsabwickelnde Stelle die üblich zu erwartenden zusätzlichen Aufwände für die Bearbeitung der Widerrufe.

17.2.3 Pay-by-Call

Beim Pay-by-Call muß der Käufer eine bestimmte Telefonnummer anrufen (0190er, 0900er) und in der nächsten Telefonrechnung wird ihm der dafür fällige Betrag abgebucht. Der Käufer muß sich nicht beim Verkäufer oder der DTAG anmelden, sondern bleibt anonym. Pay-by-Call eignet sich deshalb besonders für digitale Inhalte wie Bilder, Musik, Videos und Dokumente. Die Länge eines Anrufs richtet sich nach der Höhe des Kaufpreises. Pay-by-Call wird meist für geringe Summen, meist für Beträge unter fünf Euro eingesetzt.

Alternativ gibt es auch die Möglichkeit von Premium-SMS, deren Versand an bestimmte Rufnummern zu höheren Entgelten erfolgt. Die Abrechnung erfolgt dann über die Mobilfunkrechnung.

17.3 Anbieter von Zahlsystemen

17.3.1 T-Pay

⇨ *www.t-pay.de*

Ein Dienstleister, der mehrere Zahlverfahren offeriert, ist die Deutsche Telekom (DTAG) mit ihrer Tochter T-Com. Mit T-Pay lassen sich Einkäufe im Internet per

- Kreditkarte
- Lastschrift
- Guthabenkarte (MicroMoney)
- Telefonrechnung
- Pay by Call

Abb. 30: T-Pay-Logo

bezahlen. Für Sie als Verkäufer bietet dies den Vorteil nur einer Schnittstelle und nur eines Ansprechpartner, egal für wie viele der Zahlvarianten Sie sich entscheiden.

Durch die Vielfalt lassen sich sowohl kleinere Beträge als auch höherwertige Angebote wirtschaftlich abrechnen. Mit dem Kreditkartenzahlverfahren können Sie ausländische Kunden abrechnen.

① Pay by Call

Mit Pay by Call lassen sich minutenabhängige und feste Beträge bequem per Telefon abrechnen. Hierfür ist keine Anmeldung erforderlich. Das Zahlverfahren ist daher besonders attraktiv für Kunden, die anonym einkaufen möchten.

② MicroMoney

Die Guthabenkarte von T-Pay (MicroMoney) gibt es zu 15, 30 und 50 €. Sie gewährleistet anonymes und registrierungsloses Bezahlen im Internet. Sie ist über die Homepage online beziehbar. Bezahlt wird die Guthabenkarte online per Kreditkarte oder als Postbankkunde per Onlineüberweisung.

Bei physisch gekauften Karten wird mit der freigerubbelten 16stelligen PIN bezahlt.

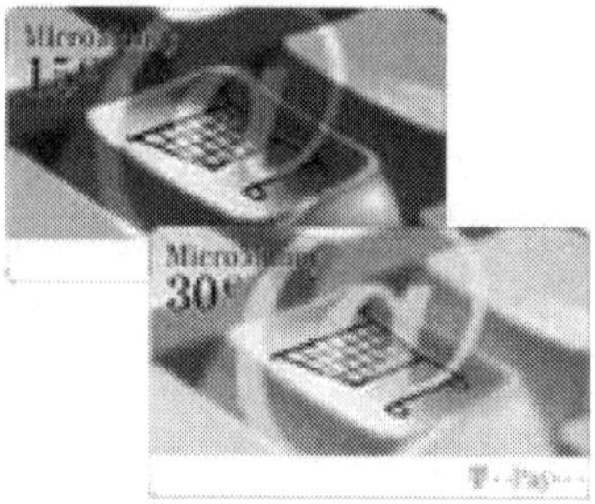

Abb. 31: T-Pay-Guthabenkarten

③ Telefonrechnung, Kreditkarte und Lastschrift

Die Eingabe eines Paßwortes genügt beim Zahlen via Telefonrechnung, Kreditkarte und Lastschrift, um den Einkauf erfolgreich abzuschließen. Alle Bestellungen werden am Monatsende bei der ersten Variante über die Telefonrechnung abgebucht.

④ Sicherheit

Die Kundenfreigabedaten werden beim Transfer SSL-verschlüsselt übertragen.

Um Mißbrauch vorzubeugen, erhält nach der Registration jeder T-Pay-Nutzer einen Freischaltcode per Post. Einkäufe vor Erhalt des Freischaltcodes sind aus Sicherheitsgründen allerdings nur in begrenzter Höhe möglich.

Das Vertrauen in die Telekomtochter und in die Kompetenz dieses Bezahlsystems wird somit automatisch auch zu einem Sicherheits- und Akzeptanzkriterium.

⑤ Minishop

Der T-Pay-Minishop als eine einfache Alternative zur T-Pay-Shopschnittstelle eignet sich vor allem für kleine, einfache Angebote. Sie erhalten so die Möglichkeit, statische Inhalte ohne spezielle Programmierkenntnisse zu vermarkten.

Der Inhalt wird einfach auf einem bei der Telekom betriebenen Webserver gespeichert. Der Server generiert einen T-Pay-Link, der einfach in Ihrer Webseite eingebunden wird.

⑥ T-Pay-Abonnement

Auch für wiederkehrende Zahlungen bietet T-Com Lösungen an, z.B. für Clubmitgliedschaften und Beiträge.

Kosten

Die Bereitstellung kostet 116 € (100 € + USt.). Monatlich wird ein Mindestentgelt angerechnet, welches bei 11,60 € (10 € + USt.) liegt. Die pro Umsatz abzuführenden Bruttokosten liegen zwischen 0,12 und 5,80 € (0,10...5,00 € + USt.). Sie sind abhängig sowohl vom Zahlverfahren als auch von der Betragshöhe.

Für monatliche Transaktionsentgelte für Telekom Rechnung, Lastschrift und Kreditkarte setzt ab 1.250 € eine Rabattstaffel ein, die bei 1,5 % beginnt und bei 32 % für Entgelte oberhalb von 250.000 € aufhört.

Positiv anzumerken ist, daß es für Großbeträge bei Bezahlung über die Telefonrechnung eine Kappungsgrenze von 5,80 € gibt. Lastschriften und Kreditkartenzahlungen schlagen brutto mit 1,2 % des Bruttoumsatzes zu. Bei Micro-Money sind brutto 22 % abzuführen.

Die Preisliste, die AGBs und Produktbeschreibungen finden Sie auch im Internet unter:

⇨ *business.t-com.de/produkte/index.php?p_id=761*

Nutzen

Dafür haben Sie tiefen Einblick in die Transaktionen Ihres zukünftigen Geldes. So sehen Sie, welche Beträge Ihren Kunden bereits fakturiert wurden, welche Entgelte davon abgezogen werden, bis hin zur Rechnung, die Sie zwar in Papierform erhalten, aber online auch einsehen können. Und vieles mehr...

Fazit

T-Pay eignet sowohl für den Versandhandel als auch zur Bezahlung digitaler Inhalte. Durch das Anbieten der klassischen Zahlungsvarianten (Lastschrift, Kreditkarte, Telefonrechnung) bleibt kein potentieller Kunde ausgeschlossen, vorausgesetzt der Käufer registriert sich bei T-Pay oder ruft eine teuere Servicerufnummer an oder hat sich im T-Punkt die Guthabenkarte besorgt – oder kennt jemanden, der eine hat.

Die Käufer müssen nur gegenüber T-Pay ihre Zahldaten bekannt-geben und lösen dann jede Transaktion einfach & bequem per Paßwort aus.

⇨ *www.t-com.de* ⇨ *Tarife & Produkte* ⇨ *Shop* ⇨ *Internet* ⇨ *T-Pay*
oder ⇨ *www.t-pay.de*

oder unter der deutschen Tel.-Nr. 0800 / 33 0 55 66

17.3.2 TeleWord

⇨ *www.teleword.info*

TeleWord bietet auch mehrere Zahlungsmittel aus einer Hand an. Neben den Servicerufnummern können Kunden auch per SMS bezahlen oder eine Überweisung tätigen. Weitere Systeme, z.B. Cash-by-Call oder Kreditkarte sind in Vorbereitung.

Die €-Tarife 1,99; 2,99; 3,98; 5,97; 9,95 und 19,90 sind wahlweise per Servicerufnummer, per SMS oder ab 9,95 auch per Überweisung möglich. Centgenaue Beträge sind geplant.

Für jede Aktion bzw. jeden Tarif kann konfiguriert werden, was bzw. wieviel ein Kunde dafür erhält. So kann z.B. festgelegt werden, ob ein Kunde für € 1,99 einen 3-Tage-Zugang erhält und für € 9,95 einen zweimonatigen Zugang.

Im Verwaltungsmenü können die Ereignisse bei gültigem Paßwort frei konfiguriert werden. Von einer einfachen Seitenumleitung, über versteckte Zugriffe auf Scripte, über Mitgliederbereiche bis hin zum Versand von eMails, SMS, EMS und MMS ist alles möglich und kann kinderleicht zusammengeklickt werden. Für zahlreiche Anwendungen gibt es fertige Vorlagen.

Handgriffe

① Sie melden sich und Ihre Internetseite bei *TeleWord.info* unter ⇨ *Partner werden* an.

② Sie erhalten umgehend eine eMail mit Ihren Zugangsdaten.

③ Dann richten Sie in Ihrem Konfigurationsmenü (⇨ *Aktionen definieren*) diejenigen Funktionen oder Serviceleistungen ein, die Sie vermarkten wollen.

③ Klicken Sie auf ⇨ *HTML-Code*, um den einzubindenden Code für Ihre Webseiten zu erhalten. Meist ist dies nur ein einfacher Link.

④ Sie binden also eine Hotline-Box auf Ihrer Seite ein, mit der Ihre potentiellen Kunden aufgefordert werden, eine Hotline anzurufen.

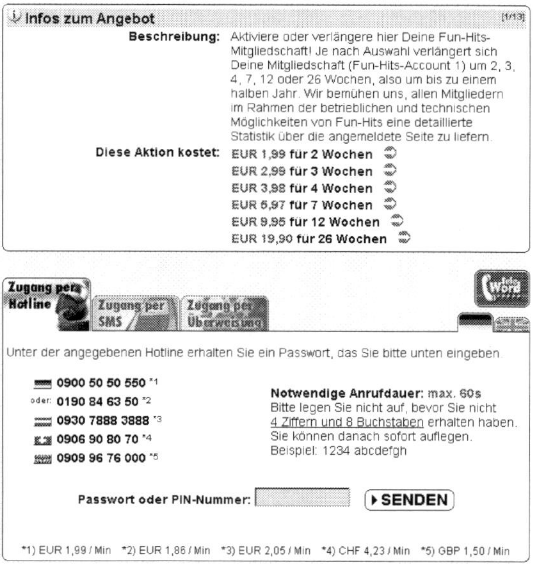

Abb. 32: Bezahlen mit TeleWord (Hotline-Box)

⑤ Ihre Kunden rufen an oder schicken eine SMS– alle Anderen sind nämlich nicht Ihre Kunden. Jeder Kunde erhält eine PIN, welche er auf Ihrer Homepage einträgt. Dieses berechtigt ihn zum Abruf von Informationen oder zur Inanspruchnahme von Diensten.

⑥ Das eingegebene Paßwort wird vollautomatisch von TeleWord verifiziert. Bei Gültigkeit eröffnet sich dem Kunden die versprochene Leistung. Für jedes eingegebene gültige Paßwort wird Ihnen auf Ihrem Kundenkonto ein fester Betrag gutgeschrieben. Dieser Betrag ist abhängig von der Anrufdauer und dem Herkunftsland. (Deutschland, Österreich, Schweiz, Großbritannien).

Einmal monatlich wird Ihnen die erbrachte Summe ausgezahlt. (EU-weit und per Scheck weltweit). Über die Menüpunkte ⇨ *Statistik* und ⇨ *Abrechnungen* können Sie in Echtzeit Ihre Umsätze verfolgen.

Vorteile:

- Keine Einrichtgebühr
- Keine Grundgebühren
- Keine Vertragslaufzeiten ⇨ kein Risiko!
- Einrichtung binnen 10 Minuten möglich
- Internationale Rufnummernabdeckung (D, A, CH, GB)
- Echtzeit-Statistiken und Abrechnungen

- Auszahlung wahlweise per Scheck, Überweisung oder internationaler Überweisung
- Hohe Akzeptanzrate bei Kunden, da anonym & sofort nutzbar
- Großzügige Sonderkonditionen bereits bei kleineren Volumina
- Ausgereifte Technik, 100%ige Verfügbarkeit in 2003 sowie bis Reaktionsschluß in 2004

Die Partnerschaft kann jederzeit und sofort einfach durch Ausbauen aller TeleWord-Boxen beendet werden.

Durch die internationale Rufnummernabdeckung wird ein grösserer Kundenkreis erschlossen. Alle Kunden bleiben anonym, was bei Lastschrift oder Kartenzahlung nicht möglich ist. Dieses Zahlverfahren eignet sich vor allem für Beträge unterhalb von 20 Euro und Vermarktung in deutschsprachigen Raum (außer Südtirol, Letzeburg).

17.3.3 Firstgate click&buy

⇨ *firstgate.de*

Firstgates click&buy® hat sich als ein marktführendes Bezahlsystem für Internetinhalte und -services erwiesen. Etwa 2,5 Mio. Internetnutzer haben bisher mit click&buy bezahlt. Pro Monat kommen allein in Deutschland etwa 100.000 neue Nutzer hinzu.

Derzeit setzen allein deutschlandweit knapp 3.000 Anbieter click&buy ein. Die Anbieter lesen sich wie das Who-is-Who des deutschen Internets, z.B. die Stiftung Warentest, playboy.de, n-tv.de, rtl.de, sat1, pro7.de, Tomorrow Focus AG, bild.t-online.de, Spiegel.net AG, Gruner & Jahr, Deutsche Post, Heise Verlag, AutoScout24, Eurotax-Schwacke, UNICEF und Auto-Motor-Sport.

Über Firstgate kann nicht nur jeder Nutzer in Deutschland sondern auch in den USA, Großbritannien, Frankreich, Spanien, den Niederlanden, Österreich und in der Schweiz im Internet per Mausklick bezahlen. Jeder Nutzer erhält die Abrechnung in seiner Landeswährung.

Eigenen Aussagen zu Folge bietet Firstgate sein Internetabrechnungssystem weltweit als einziger in dieser Weise an. In 2003 erhielt der Dienstleister als zweites deutsches Unternehmen das BSI-IT-Grundschutz-Zertifikat.

Aufgrund seiner einfachen Handhabung und der relativ hohen Sicherheit bei gleichzeitiger relativ geringer Kostenbelastung ist Firstgate click&buy meist der Testsieger in diversen Vergleichen von Computerzeitschriften.

Aus Käufersicht

Beim Bezahlen werden die gezahlten Beträge erst später vom Käuferkonto abgebucht. Die Anmeldung zu click&buy erfolgt online und relativ schnell. Sie als neuer Nutzer können entscheiden, ob das Geld per Lastschrift oder per Kreditkarte abgebucht werden soll.

Der übersichtliche Verwaltungsbereich enthält auch die bisherigen Transaktionen samt Shopangaben. Die Bezahlmethode kann jederzeit geändert werden. Außerdem läßt sich ein nicht überschreitbares Limit festlegen.

Die Bezahltransaktionen erfolgen verschlüsselt in Zusammenarbeit mit der Deutschen Bank. Den Zahlvorgang geben Sie durch Eingabe Ihres Nutzernamens und Paßwortes frei.

Aus Verkäufersicht

Kosten

Für Käufer entstehen nur die Kosten pro Angebot. Die Anmeldung und Mitgliedschaft bei click&buy ist kostenlos.

Für Verkäufer wird eine einmalige Anmeldegebühr von 49,- € und eine monatliche Grundgebühr von 5,- € erhoben. Umsatzabhängig kommt eine anteilige Provision dazu.

Anbieter	Länder	Anmeldegebühr	Grundgebühr	Prov./ Transakt. ≤ 5 €	Prov./ Transakt. > 5 €
Firstgate	A, CH, D, E, F, GB, USA	49 €	5 €/Mon.	≤ 35 % + USt.	≤ 15 % + 0,50 € + USt.

Tab. 28: Firstgate-Kosten

Stornierungen, Nutzerbetreuungen schlagen mit weiteren Kosten zu Buche. Für weitergehende Informationen wird auf die aktuelle Preisliste im Internet verwiesen.

17.3.4 Moneybookers

www.moneybookers.com

Moneybookers verspricht die traditionell kostspieligen und komplizierten Zahlungswege für Privatleute, Mittelständler und Onlineshops zu verändern. Sie können Moneybookers einsetzen, um

- Geld per eMail von Ihrer Kreditkarte/Bankkonto zu überweisen
- Online einzukaufen
- Geld per eMail zu empfangen (und das in Echtzeit)

Kunden aus jedem Land der Welt sind willkommen, da ein globaler Geldtransfer hiermit möglich ist. (Moneybookers Limited ist ein unter englischem Recht operierender Geldtransfer-Service und Tochter von Gatcombe Park Ventures Limited, London.)

Die Daten der Mitglieder wurden verifiziert. Es sind fünf eMailadressen pro Mitglied möglich, aber nur ein Konto pro Person.

Geldtransferkosten

Die Kosten für den Zahlungsverkehr betragen 1 %, jedoch maximal 0,50 € - egal ob In- oder Ausland. Sie benötigen lediglich die eMailadresse des Empfängers. Die Überweisungen werden sofort ausgeführt, im Gegensatz zu normalen Banküberweisungen. Sie können mit Moneybookers auch in diversen Onlineshops zahlen. Datenschutz und Sicherheit sind gewährleistet. Die Zahlungsabwicklung wird über ein lizensiertes Finanzinstitut abgewickelt.

Der Empfang von Überweisungen per eMail ist kostenlos und von jedem möglich. Sie können Ihr Moneybookers-Konto kostenlos per Banküberweisung aufladen. Per Kreditkarte kostet es 3 %.

Auszahlungen kosten dagegen erheblich. Zu einem Bankkonto müssen Sie pauschal mit 1,80 € und für Schecks 3,50 € einkalkulieren. Wenn Sie die weltweiten Überweisungsmöglichkeiten betrachten, ist dies jedoch ein akzeptabler Betrag.

Betreiber von Partnerprogrammen erhalten hiermit eine einfache Möglichkeit, Massenauszahlungen durchzuführen – allerdings zu den gleichen Konditionen wie alle anderen Nutzer auch.

Treuhandservice

Beim Treuhandservice überweist der Käufer eines Geschäftes auf ein Zwischenkonto. Nach Empfang der Ware und einer angemessenen Prüffrist gibt dieser die Weiterleitung an den Händler frei.

Verstreicht die Prüfzeit von 14 Tagen ohne Kundenreaktion, wird die Auszahlung an den Händler automatisch vorgenommen. Da der Käufer eine Sicherheitskaution von 2 % zahlt und diese erst nach Abschluß des Geschäftes zurück erhält, ist er entsprechend motiviert, die Ware schnell zu prüfen und ggf. zurückzusenden.

Zur Ablehnung muß der Käufer lediglich einen Link betätigen. Er erhält aber erst sein Geld zurück, wenn der Händler den Empfang der Ware und dessen ordnungsgemäßen Zustand bestätigt hat.

Moneybookers gibt an, gegen Betrüger auch strafrechtlich vorzugehen. Diese und viele weitere Maßnahmen lassen das System seriös und flexibel einsetzbar erscheinen. Der FAQ-Bereich überzeugt.

➩ *20.3.1 Partnerprogramme*

17.3.5 EOBS

⇨ *www.eobs.de*

European Online Billing Systems, kurz EOBS verlangt keinen Mindestumsatz und bietet stornofreie Auszahlungen bei Pay-by-Call. Folgende Bezahlmöglichkeiten werden offeriert:

- Pay-by-Call
- Dialer mit sekundengenauer Abrechnung per Software
- Lastschrift- bzw. Einzug per Kreditkarte
- Eigene Servicerufnummern

Wenn Sie für EOBS neue Partner werben, erhalten Sie 2% der Umsätze, die durch vermittelte Kunden erwirtschaftet wurden.

17.3.6 INpayDirect

⇨ *www.inpaydirect.de*

Die IN-telegence GmbH & Co. KG bietet Rechnungen mit Ihrem Firmenlogo bei Nutzung der angebotenen Zahlsysteme:

- **INmicropay**
  Dieses Zahlverfahren eignet sich für Beträge zwischen 0,29 und 30 €. Die Abrechung erfolgt entweder über die Telefonrechnung, die Handyrechnung oder per Post (⇨ INpayDirect).
- **INpayDirect**
  ... eignet sich für die Abrechnung von Einmalbeträgen für Sprachdienste und Webinhalte (letzteres in Kombination mit INmicropay). Vorteilhaft sind Rechnungen mit Ihrem Firmenlogo. Kunden erhalten eine detaillierte Rechnung sowie eine Online-Transaktionsübersicht.
- **INwebCall**
  Für bezahlpflichtige Webinhalte: Der Nutzer ruft eine kostenpflichtige Servicerufnummer an und bestätigt sein Zugriffsinteresse durch Eingabe einer PIN. Der Webinhalt ist nur solange freigeschaltet, wie die Telefonverbindung besteht. Legt er auf, wird der Zugriff unmittelbar gesperrt. Der aufgelaufene Betrag wird über die Telefonrechnung abgerechnet. Jeder Nutzer kann also anonym bleiben.
- **Weitere Dienste:**
  INteleChiffre, careTEL, INconferenceCall, INservicePoint

17.3.7 PayPal

⇨ www.paypal.de bzw.
⇨ www.paypal.com

Geld senden

Über die Funktion ⇨ *Geld senden* werden Zahlungen an Empfänger mit eMailadresse übermittelt. Es ist unerheblich, ob es eine Restaurantrechnung oder die Miete ist, ob ein Onlinekauf bezahlt werden soll und ob dem Kind mal eben sein Taschengeld überwiesen wird.

Sie geben einfach die eMailadresse des Empfängers und den Betrag an und zahlen per Kreditkarte oder über ein Bankkonto.

Der Zahlungsempfänger erhält eine eMail, die ihm den Empfang einer Zahlung ankündigt. Er akzeptiert die Zahlung durch Klick auf einen Link in der eMail. Der Link führt ihn direkt auf die PayPal-Homepage.

Mit PayPal können Sie Zahlungen in Euro, Britischen Pfund, US-Dollar, Kanadischen Dollar und Yen senden.

Geld anfordern

Um eine Zahlung anzufordern, schicken Sie dem Käufer eine persönliche eMail-Zahlungsanforderung. Dazu geben Sie einfach die eMailadresse des Empfängers und den geforderten Betrag an. Der Empfänger erhält anschließend eine eMail mit Anweisungen, wie er den Betrag per PayPal an Sie senden kann.

Käuferschutz

Der PayPal-Käuferschutz wird Käufern angeboten. Dadurch werden PayPal-Einkäufe mit bis zu 400,00 € ohne zusätzliche Kosten abgesichert.

Sofern ein Käufer eine Beschwerde über den PayPal-Käuferschutz einreicht, arbeitet PayPal mit Käufer und Verkäufer zusammen, um die Details der Transaktion zu ermitteln und um eine faire Lösung herbeizuführen. Nähere Einzelheiten finden Sie auf obiger Homepage.

Kontentypen

PayPal bietet drei verschiedene Konten an: Basis-, Premium- und Busineßkonten. Durch alle Konten werden folgende Grundfunktionen abgedeckt:

- Geld senden
- Geld anfordern
- Auktions-Tools
- Websitezahlungen
- Geldmarkt

- Virtuelle Debit Card
- Kontoversicherung
- Herunterladbarer Kontoauszug
- E-Mail-basierter Kundenservice

Mit dem Basiskonto können Sie bereits kostenlos Geld senden und ebenso kostenlos einzahlen oder empfangen. Kreditkartenzahlungen können beim Basiskonto nicht empfangen werden.

17.3.8 Weitere Kurzvorstellungen

***** Zitat von der Homepage der Wirtschaftskammer Österreichs
⇨ *wko.at/bshandel/Zahlungsverkehr/MobileSysteme/MobileSysteme-Start.htm*

- **Mastercard Secure Code**
  Sicheres Zahlen im Internet mit Kreditkarte - Zahlungsgarantie für den Händler ist gewährleistet.
- **Verified by Visa**
  Sicheres Zahlen im Internet mit Kreditkarte - Zahlungsgarantie für den Händler ist gewährleistet.
- **@QUICK**
  Bezahlen von kleinen Beträgen mit der Maestro-Karte.
- **EPS**
  EPS ist ein gemeinsamer Standard der führenden österreichischen Bankengruppen für elektronische Zahlungen; sichere Zahlungsmethode für Kunden und Händler
- **Paysafe Card**
  Die Paysafe Card ist eine Wertkarte (Prepaid Card) für den Einkauf im Internet. Sie ermöglicht einfaches und anonymes Einkaufen im Netz.
- **mPAY24**
  Durch die Nutzung der Bezahlplattform mPAY24 können verschiedene Zahlungsmethoden (z.B. Kreditkarte, Paybox, @Quick etc.) in unterschiedlicher Kombination über eine einzige Schnittstelle abgewickelt werden.
- **Paybox**
  Paybox ist eine bargeldlose Bezahlmethode, die es jedem Handybesitzer ermöglicht, mit seinem Mobiltelefon einfach und schnell Transaktionen durchzuführen.
  ⇨ *www.paybox.at*

***** Zitat Ende *****

Weitere Informationen zu den Anbietern erhalten Sie über die obige URL.

Links zu noch mehr Anbietern:

⇨ *www.e-gold.com*
⇨ *intgold.com*
⇨ *stormpay.com*
⇨ *www.westernunion.com*

17.3.9 Fazit

Bei den vielen Zahlungssystemen fällt es auf dem ersten Blick sicherlich schwer, den richtigen Anbieter zu finden. Bedenken Sie, daß letzten Endes die Akzeptanz auf Kundenseite entscheidet.

Interessant für deutsche Onlinehändler ist auf jeden Fall T-Pay mit vielen verschiedenen Zahlverfahren, alles aus einer Hand und der Seriosität der dahinterstehenden Deutschen Telekom, von der ein Großteil der Deutschen auch Ihre Telefonrechnungen erhalten. Für die Abrechnung ausländischer Kunden steht die Kreditkarte als Zahlungsmittel zur Verfügung.

Weiterhin sollten Sie die Berliner TeleWord beachten, die mit ihrem reinen umsatzabhängigen Modell (also ohne jegliche Fixkostenbelastung) und internationaler Abdeckung auch Ihren Kundenkreis auf den deutschsprachigen Raum erweitert und sogar noch weiter ausdehnen kann. Die deutsche Zentrale schafft mehr Vertrauen als ausländische Anbieter mit ähnlichem Angebot und zahlt selbstverständlich EU-weit und auch in die Schweiz aus.

17.4 Prüfzeichen und Gütesiegel

Um auf Verbraucherseite im anonymen Internet Vertrauen in elektronische Geschäftsabwicklungen zu erzeugen, gibt es eine Reihe privater Gütesiegelanbieter mit sehr unterschiedlichen Geschäftsmodellen.

200 dieser Unternehmen haben sich in der Initiative D21 e.V. (⇨ *www.initiatived21.de)* zusammengeschlossen und in Zusammenarbeit mit dem deutschen Bundeswirtschaftsministeriums und der Arbeitsgemeinschaft der Verbraucherverbände einen einheitlichen Richtlinienkatalog erarbeitet (⇨ *internet-guetesiegel.de*).

Die nur für B2C entwickelten D21-Qualitätskriterien beziehen sich auf:

- Anbieterkennzeichnung
- Preisinformationen
- Vertragsbedingungen
- Lieferung und Leistungserbringung
- Anwendbares Recht und Gerichtsstand
- Eindeutigkeit des Bestellvorganges
- Widerruf und Rückgabe
- Datenschutz
- Datensicherheit
- Beschwerde- und alternative Schlichtungsverfahren

Abb. 33: Prüfzeichen

Einige Gütesiegelanbieter erreichen Sie entweder über die Webseiten von ⇨ *internet-guetesiegel.de* oder aber wie folgt:

Gütesiegel	Homepage
Trusted Shops	*www.trustedshops.de*
Geprüfter Onlineshop	*www.shopinfo.net*
Certified E-Shop	*www.tuv.com*
DIN Tested Website (QWeb)	*www.din-certco.de*
Webtrust	*www.idwnet.de*
TÜViT Trusted Site (RWTÜV ⇨ *17.4.1*)	*www.tuvit.de*
Safer-Shopping (TÜV München)	*www.safer-shopping.de*
TÜV Nord-Security – Certified E-Business	*www.tnsec.de bzw. www.tuev-security.de*

Tab. 29: Prüfzeichenanbieter

Abb. 34: Weitere Prüfzeichen

Für Barrierefreiheit gibt es darüber hinaus weitere Gütesiegel, die Sie unter ⇨ *9.13.2 Initiativen* finden. Für Metatags bietet Ihnen ⇨ *Metadoctor.de* auch ein Prüfzeichen an (⇨ *12.4.1 Onlinehilfsmittel*).

17.4.1 TÜViT

⇨ *www.tuvit.de bzw.* ⇨ *www.trusted-site.de*

Die TÜV Informationstechnik GmbH (TÜViT) hat als führender Prüfdienstleister bzgl. IT-Sicherheit das Verfahren der *Sicherheitstechnischen Qualifizierung* **(SQ)®** *von vertrauenswürdigen IT-Installationen* entwickelt.

Dieses Verfahren erlaubt die Untersuchung umfangreicher IT-Installationen in angemessener Weise und unter besonderer Berücksichtigung der anzutreffenden Heterogenität, Komplexität und Dynamik solcher Systeme.

Folgende Bewertungsaspekte werden für die SQ betrachtet:

- Technische Sicherheitsanforderungen und Vorgaben
- Dokumentation der IT-Installation
- Benutzer-, Administrations- und sonstige Betriebsdokumentationen
- Sicherheit der verwendeten Komponenten
- Mittel des Systemmanagement
- Tests und Inspektionen
- Verfahren und technische Mittel des Änderungsmanagement
- Operationelle Anforderungen
- Abschließende Sicherheitsanalysen

Eine erfolgreich durchgeführte **SQ** wird sowohl mit einem Zertifikat als auch mit einem Trusted-Site-Prüfzeichen durch die TÜViT-Zertifizierungsstelle bestätigt.

Abb. 35: TÜViT-Prüfzeichen

Der TÜViT bietet neben vielen anderen Checks auch Prüfungen auf Ergonomie nach DIN EN ISO 9241 an (↷ *25 Ergonomie*).

17.4.2 S@fer-shopping

⇨ *www.safer-shopping.de*
⇨ *www.safer-shopping.de/haendler/leistungen.html*

Die TÜV Management Service GmbH gehört zum TÜV Süddeutschland und zertifiziert Internethändler.

Außerdem gibt es über die Homepage einen Newsletter für Verbraucher und einen für Online-Händler. Sie erscheinen in unregelmäßigen Abständen, aller ein bis zwei Monate.

Einen Muster-Onlineshop finden Sie unter ⇨ *www.mustershop.info*, der Ihnen per Beispiel die Umsetzung der aktuellen rechtlichen Rahmenbedingungen und die Umsetzung der Qualitätsanforderungen aus dem TÜV-Prüfprogramm *s@fer-shopping* für den elektronischen Handel mit Verbrauchern auf Basis einer fundierten eCommerce Software demonstriert.

Um das s@fer-shopping-Prüfzeichen zu erhalten, muß ein Unternehmen technisch und organisatorisch zuverlässig sein sowie hohe Ansprüche an seine Servicequalität und Sicherheit stellen.

Schwerpunkte der Zertifizierung:

- Gebrauchstauglichkeit, Handhabbarkeit
- Sicherheit von personenbezogenen Informationen
- Prozesse beim Online-Händler

Dazu werden folgende Untersuchungen durchgeführt:

- Online-Bewertung
- Dokumentenprüfung
- Auditierung vor Ort

Der Abschlußbericht enthält die Vorzüge Ihrer Homepage, die Schwachstellen und Verbesserungsmöglichkeiten.

Sofern Sie Ihren Kunden eine Geld-zurück-Garantie bieten, so wird zusätzlich noch Ihre unternehmerische und finanzielle Solidität per Bilanzprüfung untersucht.

Abb. 36: s@fer-shopping

17.4.3 Eurolabel

Abb. 37: Österreichisches, deutsches, italienisches Prüfzeichen

Dachorganisation ⇨ *www.euro-label.com*
Österreich ⇨ *www.guetezeichen.at*
Deutschland ⇨ *www.shopinfo.net*
Südtirol/Italien ⇨ *www.euro-label.org*

Das Euro-Label ist ein EU-weites Gütezeichen für den elektronischen Einkauf. Das Gütezeichen steht für folgende Eigenschaften:

- Das anbietende Unternehmen ist vertrauenswürdig.
- Die Verkaufsbedingungen sind klar und auf der Homepage verfügbar.
- Das Unternehmen hält das Datenschutzrecht ein.
- Die Produkte werden wie beschrieben geliefert, wenn der Konsument seine Bestellung abgegeben hat.
- Falls im Zuge des Kaufvorgangs Probleme auftreten, besteht ein Streitschlichtungsverfahren.

Um das Gütezeichen zu erhalten, muß das Unternehmen den Europäischen Verhaltenskodex für den Verkauf an Konsumenten erfüllen. Der Kodex beinhaltet die EU-Richtlinien über eCommerce, Fernabsatz, Datenschutz und Gewährleistung. Dabei werden auch Homepage-Informationen zu folgenden Bereichen verlangt:

- Handelsunternehmen und Rechtsform
- Datenschutz
- Vorvertragliche Information über die angebotenen Produkte, vor allem Produktbeschreibungen oder Preise
- Vorgang des Kaufvertragsabschlusses im Internet
- Vertragserfüllung
- Rücktrittsrecht des Konsumenten
- Geldrückgabegarantie und der nach dem Kauf geleistete Service

Die Euro-Label-Stellen kontrollieren die Kodexeinhaltung laufend. Per Klick auf das Euro-Label wird geprüft, ob der jeweilige Onlineshop aktuell zertifiziert ist. Außerdem wird das Zertifikat des Onlineshops angezeigt.

17.5 Schufa-Auskunft

Lt. SCHUFA -Vorsitzenden Rainer Neumann liege die Ausfallquote im Internethandel bei 5 bis 8 %.

Die SCHUFA verfügt, eigenen Angaben zu Folge, über 317 Millionen Einzeldaten zu 59 Millionen Personen. Ihr Datenbestand ist sowohl wegen seiner Aktualität als auch wegen der Reichweite einzigartig. Die Leistungspalette der SCHUFA beginnt mit der "klassischen Auskunft" und reicht bis hin zum hoch komplexen *Decision Support System*.

Die SCHUFA bietet daher auch für Internethandelsunternehmen entsprechende Lösungen an. Mehr Informationen zu den aktuellen Anbindungsmöglichkeiten erhalten Sie unter ⇨ *www.schufa.de* ⇨ *Unternehmen*.

17.6 Checkliste

Anforderungen an Anbieter von Bezahlsystemen

- ☐ Seriosität des Anbieters & Sicherheit der Verfahren
- ☐ Anmelde- bzw. Einrichtungsgebühren
- ☐ Integrationsaufwand in Ihrer Homepage
- ☐ Monatliche Gebühren oder Mindestumsätze
- ☐ Provisionen pro Transaktion
- ☐ Zahlungswege und Zahlungsziel für Ihre Kunden
- ☐ Zu erwartende Kundenakzeptanz
- ☐ Zahlungsmöglichkeiten ausländischer Kunden
- ☐ Bonitätsprüfung von Kunden
- ☐ Treuhänderservice
- ☐ Rückabwicklungskosten von Kundenzahlungen
- ☐ Mahn- und Eintreibungsbemühungen des Anbieters
- ☐ Schiedsverfahren beim Anbieter
- ☐ Übersichtlichkeit und Umfang der Abrechnungsstatistik
- ☐ Automatische Auszahlungen, Mindestbeträge

Check. 35: Anforderungen an Anbieter von Bezahlsystemen

18 Newsletter oder Spam

25 Ergonomie ⇨ 25.7 Newsletter

Spam

Auf dem 2. Antispamkongreß im September 2004 in Köln wurde u.a. festgestellt, daß Spam nicht klar definiert werden kann, da jeder ein anderes Spamempfinden hat. Allgemein steht das Wort Spam für **unverlangt zugesandte Werbemails außerhalb einer Geschäftsbeziehung**.

Für den Einen ist eine eMail ein Newsletter und für den anderen schon Spam. Ferner kann die gleiche Information per Papier versandt, für Einige eine wichtige Nachricht sein, während sie per eMail als Spam wahrgenommen wird.

Der Marktforscher IDC stellte in einer Studie fest, daß die täglich für Spam aufgewendete Zeit bereits bei fünf bis zehn Minuten liegt. Amerikanische Großkonzerne wurden in 2004 nur durch Spam mit ca. 2.000 US$/Mitarbeiter konfrontiert. Spam kostete demnach 3 % der Arbeitszeit.

Mit Spam wird abhängig von der Mentalität verschieden umgegangen. Über 80 % der deutschen Internetnutzer löschen Spam sofort (Einfache Regeln: Alle englischen Mails sind Spam). Aber fast die Hälfte der japanischen Internetler reagierten mit einer verärgerten Antwort-Mail an den Absender.

Mehr zu Spam und wie Sie sich davor schützen, erfahren Sie in *Feind hört mit* (*Anhang*).

	Top 10 Worst Spam Countries July 2004		Top 10 Worst Spam-Haven ISPs July 2004		Top 10 Worst ROKSO Spammers July 2004
1	United States	1	mci.com	1	Alan Ralsky
2	China	2	savvis.net	2	Yambo Financials
3	South Korea	3	kornet.net	3	Scott Richter - Wholesalebandwidth
4	Taiwan	4	chinanet-cq	4	Michael Lindsay / iMedia Networks
5	Canada	5	chinanet-gd	5	Alexey Panov - ckync.com
6	Brazil	6	above.net	6	Elmar Brunenieks
7	Russia	7	comcast.net	7	Phil Doroff / Five Elements, Inc
8	Hong Kong	8	level3.net	8	Eddy Marin - Oneroute
9	Japan	9	hanaro.com	9	Eric Reinertsen
10	Argentina	10	verizon.net	10	Webfinity/Dynamic Pipe
	Source: SBL database		Source: SBL database		Source: SBL + ROKSO database

Tab. 30: TOP-Spammer

18.1 Anmeldeverfahren

18.1.1 Opt-In-Verfahren

Bei diesem Verfahren muß sich ein Interessierter explizit unter Angabe seiner eMailadresse in Ihren Verteiler eintragen. Das Abfragen weiterer Daten dürfte selten notwendig sein, u.U. laufen Sie Gefahr entsprechende Datenschutzhinweise anbieten zu müssen.

Auch hierbei gibt es zwei Varianten, einerseits das Eintragen in ein Webformular und andererseits der Versand einer eMail an eine bestimmte Adresse.

Empfohlen wird die Variante mit dem Webformular, da in den Mailprogrammen Ihrer Interessenten eMailadressen für Newsletterempfang nicht immer für einen Versand konfiguriert sind (🕮 *eMail mit Freemail*).

18.1.2 Double-Opt-In per Link/eMail

Bei diesem Verfahren (= Confirmed Opt-In) kommt zur einfachen Anmeldung auf einer Webseite noch, daß der Interessierte anschließend diese Anmeldung bestätigen muß. Dazu wird ihm eine eMail zugesandt, die einen Bestätigungslink enthält oder einfach nur zurückgesandt werden muß.

Empfohlen wird hier die Variante mit dem Bestätigungslink.

Beim Zurücksenden werden Sie sicherlich die eMailadresse prüfen, die aber eine andere sein kann, als bei der Registration angegeben. Erfahrene Internetnutzer verwenden nämlich für den Newsletterempfang Aliasadressen, die erst noch für eMailversand im Mailprogramm konfiguriert werden müßten, es aber selten sind.

Sollten Sie statt **Double-Opt-In per Link** für **Double-Opt-In per Mail** entscheiden, so sollten Sie bei Bestätigung nur die ursprünglich bei der Registration angegebene eMailadresse verwenden und nicht die, von der die Bestätigung versandt wird!

18.1.3 Opt-Out-Verfahren

Das Opt-Out-Verfahren unterstellt jedem Empfänger die Zustimmung zum Mailempfang. Innerhalb der eMail gibt es einen Link zum Abmelden, von dem Nichtinteressenten Gebrauch machen müssen/sollen.

Nachteil ist, daß jeder potentielle Interessent mit eMails belästigt wird und dann nur mit Abmelden beschäftigt ist. Spammer benutzen diese Methode zur Verifizierung von eMailadressen, da die explizite Abmeldung eine sichtbare Reaktion (also die Kenntnisnahme) empfangener eMails beweist.

Dieses Verfahren ist beispielsweise für die USA gesetzlich vorgeschrieben, während in der EU die Opt-In-Variante endlich verlangt wird.

18.2 Kündigung

18.2.1 Per eMail

Eine einfache und gängige Kündigungsmöglichkeit besteht darin, daß auf die empfangene Rundmail einfach geantwortet wird und in die Betreffzeile: UNSUBSCRIBE geschrieben wird. Probleme macht dies nur bei den unter ☞ *18.1.1* erwähnten Aliasadressen.

18.2.2 Per Link

Kraft Gesetzes müssen Sie Widerrufsmöglichkeiten in Ihren eMails vorsehen. Dazu sollte jede Ihrer eMails einen personalisierten Abmeldelink beinhalten.

Auf der Webseite kann noch eine Taste gedrückt werden müssen, damit bei versehentlicher Aktivierung des Links nicht gleich eine Kündigung eingeleitet wird. (Zusätzliche Abfragen der Kundendaten sind zu unterlassen!)

Sodann können Sie noch eine Bestätigungsmail versenden, in der auch ein Link zum Widerruf der Kündigung bzw. zur Wiederanmeldung enthalten sein sollte. Allerdings ist dem Autor noch kein Newsletterversender bekannt, der daran auch denkt. In diesem Fall können Sie auch auf die Bestätigungstaste auf Ihrer Homepage verzichten, die aus ergonomischer Sicht strittig ist.

Nützlich ist auch auf der Bestätigungswebseite eine einfache und komfortable Möglichkeit der Adreßänderung bereit zu stellen, alles in einer Transaktion.

18.3 Bedeutung von Newslettern

Um Besucher und somit potentielle Kunden an sich zu binden, sind Newsletter ein probates Mittel in Erinnerung oder im Gespräch zu bleiben. Zusätzlich bauen Sie beim Leser ein Vertrauensverhältnis auf.

① Erfassen der Besucher

Bieten Sie Ihren Besuchern an, sie über Neuigkeiten zu informieren. Dies kann regelmäßig oder auch unregelmäßig sein. Es ist nicht unbedingt erforderlich wöchentliche oder monatliche Mails zu verschicken. Am besten ist es, beide Varianten anzubieten bzw. sporadisch zu informieren.

Allerdings ist dann Ihr Impressum anzupassen, da Sie nun auch Medienangebote offerieren. (☞ *6 Der Weg zum Impressum*)

② Spamgefahr!

Achten Sie darauf, daß Sie sich die eingetragene Adresse vom Nutzer bestätigen lassen müssen. Dazu gibt es eine Reihe gesetzlicher Regelungen, z.B. das Datenschutzgesetz und das UWG zu beachten. Die Verknüpfung von eMailadresse und Name führt bereits zu datenrechtlichen Auflagen (✍ *8 Datenschutz*). Verzichten Sie daher auf entsprechende Abfragen (IP-Adresse und eMailadresse dürften genügen ➩ *18.4.2 Abzufragende Daten bei Opt-In*).

Die Grenze, ab der Ihr Newsletter von der Internetgemeinde als Spam wahrgenommen wird, ist fließend und Ihr gewünschter Effekt kehrt sich schnell ins Gegenteil.

③ Newsletter-Archiv

Um neuen Abonnenten zu zeigen, welchen Aufbau und Inhalt Ihre Newsletter haben, sollten alle Infomails oder zumindest die der letzten 12 oder 24 Monate per Webseite anzeigbar sein. Dies kann auch für alte Abonnenten von Interesse sein, wenn Sie nach alten Themen fahnden.

18.4 Deutsche Rechtsprechung

(D) Zitat, Teledienstgesetz, Stand 14.12.2001:

„TDG § 7 Besondere Informationspflichten bei kommerziellen Kommunikationen

Diensteanbieter haben bei kommerziellen Kommunikationen, die Bestandteil eines Teledienstes sind oder die einen solchen Dienst darstellen, mindestens die nachfolgenden Voraussetzungen zu beachten.

1. Kommerzielle Kommunikationen müssen klar als solche zu erkennen sein.

2. Die natürliche oder juristische Person in deren Auftrag kommerzielle Kommunikationen erfolgen, muss klar identifizierbar sein.

3. Angebote zur Verkaufsförderung wie Preisnachlässe, Zugaben und Geschenke müssen klar als solche erkennbar sein, und die Bedingungen für ihre Inanspruchnahme müssen leicht zugänglich sein sowie klar und unzweideutig angegeben werden.

4. Preisausschreiben oder Gewinnspiele mit Werbecharakter müssen klar als solche erkennbar und die Teilnahmebedingungen leicht zugänglich sein sowie klar und unzweideutig angegeben werden.

Die Vorschriften des Gesetzes gegen den unlauteren Wettbewerb bleiben unberührt."

Im Entwurf des neuen UWGs § 7 wurden unerwünschte Werbemails, Werbefaxe und Werbeanrufe für wettbewerbswidrig erklärt. Demnach ist eine unzumutbare Belästigung zu unterstellen, wenn eine „Werbung unter Verwendung von automatischen Anrufmaschinen, Faxgeräten oder elektronischer Post" erfolgt, „ohne daß eine Einwilligung der Adressaten vorliegt". Diese Werbeformen sind fortan nur zulässig, wenn ein Unternehmen die Kontaktdaten im Zusammenhang mit dem Verkauf einer Ware bzw. Dienstleistung erhalten und der Kunde die Nutzung nicht untersagt hat. Damit entspricht die Neuregelung weitgehend der bisherigen Rechtsprechung bzgl. Spam, welche ebenfalls eine Wettbewerbswidrigkeit bei unerwünschter Direktwerbung unterstellte.

Mit dieser eindeutigen Opt-In-Regelung entspricht die deutsche Bundesregierung der EU-Datenschutzrichtlinie 2002/58/EG für elektronische Kommunikation. Artikel 13 dieser Richtlinie erlaubt die genannten Direktwerbungsformen nur nach vorheriger Einwilligung des Betroffenen.

Ungebetene Werbung per Telefon kann wegen Belästigung und per Telefax wegen Blockierung des Gerätes und Materialverbrauchs als wettbewerbswidrig angesehen werden. Im eMailbereich gibt es hingegen noch genügend Klärungsbedarf. Gerade im internationalen Vergleich gibt es eine Reihe unterschiedlicher Interpretationen.

Es gibt Rechtssprechungen, wonach es genügen soll, wenn der Werbecharakter einer eMail bereits in der Betreffzeile klar ersichtlich wird.

Die Mehrzahl der Richter hält aber eMailwerbung generell für unzulässig. Auch wenn durch eMails weder Material noch Geräte nennenswert beansprucht würden, bestünde die Gefahr, daß eMails massenhaft versandt, zum Zusammenbrechen von Netzen führen würden, was ja bereits auch schon mehrfach in den USA geschah (Viren, Würmer etc.). Eine Entscheidung des deutschen BGHs ist in diesem Sinne noch nicht getroffen worden, so daß etwas Zurückhaltung nicht schadet.

Laut § 10 des UWG-Entwurfs können in Fällen von Gewinnerzielung durch vorsätzlich wettbewerbswidriges Verhalten Verbraucherverbände oder die Industrie- und Handelskammern den Verletzer zur Herausgabe des erlangten Gewinns verpflichten. Dieser Gewinn soll nach Abzug der Kosten der Rechtsverfolgung automatisch an den Bundeshaushalt abgeführt werden. Als Beispiel hierfür nannte das Bundesministerium der Justiz ausdrücklich die Gewinnabschöpfung bei einer unrechtmäßigen Bewerbung einer 0190er-Nummer. Neben vielfältiger juristischer Kritik an dieser Regelung wird zudem eingewandt, daß in der Vergangenheit auch unseriöse Verbrauchervereine tätig waren. Wie solche "Abmahnvereine" zukünftig quasi als stellvertretend-staatliche Geldeintreiber die deutsche Staatskasse bereichern werden, wird sich zeigen. Unklar ist auch die genaue Berechnung des durch den Rechtsverstoß erlangten Gewinns.

18.4.1 Unerwünschte Newsletter & Mails

(D) AG Mannheim, 5 C 260/03 (Mails an Gewerbetreibende)

Die Versendung von Info-Mails an Gewerbetreibende ohne deren vorherige Einwilligung stellt einen Eingriff in den geschützten Gewerbebetrieb dar und ist verboten. Nach Richtermeinung des AG Mannheims gelten Newsletter auch dann als Spam, wenn der Empfänger sich durch Anklicken eines Links aus dem Verteiler austragen kann. Die Abbestelloption erwirkt keine Zulässigkeit, da eine Gefahr der Weitergabe der eMailadresse an Dritte besteht. Das Austragen aus dem Verteiler macht dem Absender deutlich, daß die Adresse aktiv ist und erhöht das Risiko, daß in Zukunft noch mehr unerbetene (und massenhafte) Reklame zu erhalten.

(D) OLG Koblenz, 1 W 342/03

Offen ist allerdings noch die Frage, ob die Zusendung einer einzigen unverlangten eMail in jedem Fall den Erlaß einer Einstweiligen Verfügung rechtfertigt. Das OLG Koblenz sprach einem Antrag den Erfolg ab, wenn der Absender schriftlich und telefonisch versichert, daß er künftig keine Werbemails mehr verschicke. - Sicher ein Einzelfall.

(D) LG Berlin, 16 O 339/03

Ein Versand von Werbe- oder Infomails ist in Deutschland nur zulässig, wenn der Empfänger ausdrücklich zugestimmt hat oder seine Einwilligung vermutet werden kann. Letzteres wird nach gefestigter Rechtsprechung bei **aktiven** Geschäftskontakten prinzipiell unterstellt. Laut obigem Urteil ist es allerdings unerläßlich, daß der Inhalt der Infomail mit dem Geschäftsfeld des Empfängers in Zusammenhang steht.

Das LG Berlin hat beispielsweise für einen einzigen unverlangt zugesandten Newsletter den **Streitwert auf 7.500 €** festgelegt.

(D) OLG Düsseldorf, I-15 U 41/04 vom 22. September 2004

Die Zusendung einer einzigen unerwünschten Werbenachricht an eine Firma stellt bereits einen unterlassungsrelevanten Eingriff in die Empfängerrechte und den ausgeübten Gewerbebetrieb dar. Ein Betroffener müsse sich nicht darauf einlassen, wenn der Absender nur verspricht, keine derartigen eMails zukünftig zu verschicken und den Empfänger aus der Adreßdatenbank zu entfernen. Der Versender müsse vielmehr nachweisen, ob der Empfänger einverstanden sei. Ein nicht näher nachgefragtes und vermutetes Interesse darf nicht unterstellt werden. Der Streitwert wurde auf **6.000 €** festgelegt.

Fazit

Das Verbot der Newsletterzusendung begründen deutsche Richter regelmäßig mit zusätzlichen Kosten für Datenübertragung und Aussortieren. Das Verbot gilt auch für den ungefragten Versand an Privatpersonen, da ein Eingriff in das allgemeine Persönlichkeitsrecht vorliegt. Demnach hat jeder das Recht, von unverlangter Werbung verschont zu bleiben. Auch für politische Parteien werbende elektronische Grußkarten fallen nach einer Entscheidung des OLG Münchens (8 U 4223/03) unter das Verbot.

18.4.2 Abzufragende Daten beim Opt-In

(D) TDDSG ⇨ bundesrecht.juris.de/bundesrecht/tddsg

Bei der Datenabfrage muß der Datenschutz gemäß Teledienstedatenschutzgesetz beachtet werden, z.B. Datensparsamkeit. Danach dürfen nur solche Daten erhoben werden, die **für die Abwicklung des Dienstes erforderlich** sind.

In den Abfragefeldern darf bei den Pflichteingaben nur nach der eMailadresse gefragt werden. Die Angabe von **Vor- und Nachname ist für die eigentliche Versendung nicht erforderlich und deshalb unzulässig.**

18.4.3 Anzugebende Daten im Newsletter

Das TDDSG ist gleichfalls für den Inhalt des Rundbriefs von Bedeutung. Sie als Anbieter müssen beispielsweise in jedem Newsletter darauf hinweisen, daß der Abonnent jederzeit ein **Auskunftsrecht** darüber hat, welche Daten über ihn gespeichert sind.

Weiterhin müssen Sie jedes Mal auf die **Widerrufsmöglichkeit** hinweisen, am besten per Link zur Webseite, auf der er nach Drücken einer Taste das Abonnement kündigen kann (✐ *18.3.2 Kündigung per Link*)

18.4.4 Anspruchsgrundlagen gegen Spam

Nach §§ 823 Abs. 1, 1004 BGB stellen unverlangte Werbemails einen Eingriff in die Privatsphäre bzw. in den (eingerichteten und ausgeübten) Gewerbebetrieb dar. Zusätzlich können §§ 1 und 3 des UWGs bemüht werden.

§ 7 UWG beschreibt unzumutbare Belästigung ...

Es kann auf Unterlassung geklagt werden – außer in Kiel. Dort verneinten dies das Amtsgericht (AG) sowie das Langgericht (LG).

Schadenersatzansprüche müssen vom Empfänger nachgewiesen werden (AG Frankfurt). - Das AG Dachau verneinte dagegen derlei Ansprüche (3 C 167/01 vom 10.07.01).

18.5 Nordamerikanische Gesetze

Markierung von Porno-Spam

(USA) FTC-Anweisung: ⇨ www.ftc.gov/opa/2004/04/adultlabel.htm; siehe auch CAN-SPAM Act

Seit 19. Mai 2004 müssen gemäß der US-Bundeshandelsbehörde FTC Mails (lt. Gesetz: Spam), die pornografisches Material enthalten, in den USA in der Betreffzeile die Warnung "Sexually-Explicit" enthalten.

Ferner soll es unzulässig sein, grafisches Material im Mailtext unterzubringen.

18.6 eMailmarketing

18.6.1 Allgemeines

eMailmarketing als Teil des Internetmarketings fällt unter One-to-One-Kommunikation oder Punkt-zu-Punkt-Kommunikation. Daher gelten dafür meist andere Gesetze als für weitere Internetwerbemethoden, die unter One-to-Many-Kommunikation (ähnlich Rundfunksendungen) eingeordnet werden.

Nach einer weltweiten Befragung von 1.200 Geschäftsleuten durch den Londoner Softwarespezialist Clearswift haben 44 % der Unternehmen schon einmal eMails als Marketinginstrument verwendet, Die Mehrheit der Firmen weiß aber zugleich nicht, wie es um die nationalen Spamgesetze steht.

Nur 16 % der Befragten kennen die Spamgesetze des eigenen Landes, aber über 90 % halten diese auf alle Fälle für unzureichend. Die Unwissenheit, was Spam ist, paart sich mit der Bereitschaft selbst als Spammer aufzutreten und zugleich gegen fremde Spammer vorgehen zu wollen.

Satte 84 % der Unternehmen haben sich bereits auf Schwarzen Listen von Internet Service Providern befunden, wodurch ihre eMails für die Zustellung an bestimmte Adressen gesperrt waren.

18.6.2 Zusammenfassung

Die Datenschutzrichtlinie 2002/58/EG sieht im Gegensatz zur Ihrer Vorgängerrichtlinie 2000/31/EG nun das Opt-In-Verfahren vor.

(D) BGH, I ZR 81/01 vom 11.03.2004 (BGH-Urteil zu Spam)

Die Rechtsprechung geht davon aus, daß Werbemails und Newsletter ohne vorherigen geschäftlichen Kontakt bzw. ohne Zustimmung des Empfängers unzulässig und sittenwidrig sind. Es ist unerheblich, ob die eMails an Privatpersonen oder Gewerbetreibende gingen und wofür geworben wurde. Nachweispflichtig, ob ein Empfänger seine Zustimmung gab, ist der Absender der Werbemails bzw. der Newsletter.

Nach einem Urteil des LG München können „Mitstörer" haftbar gemacht werden, die bestimmte Versandfunktionen zur Verfügung stellen (z.B. Grußkarten, Newsletterdienste).

§ Werbemails und Newsletter §

Werbemails und Newsletter sind also nur dann erlaubt, wenn zwischen den Parteien ein geschäftlicher Kontakt besteht und diese sich mit dem Empfang einverstanden erklärt haben.

18.7 Software für Massenmails

- **www.esu-soft.de/index.php?id=software/newsmail&pic=newsmail**
  Shareware, 20 €
- **www.kroll-software.de/produkte/bulkmailer.asp**
  Kostenlose 30-Tage-Testversion, Lizenz: 229.68 €
- **www.slipstick.com/addins/index.htm ⇨ Bulk Mail**
  Plugins und Zusätze für Outlook und Exchange-Server
- **www.zdnet.de**
  z.B. Suche nach „Bulk mail"
- **www.winload.de**
  Suche nach „mailer"

Kostenloser Newsletterservice:

⇨ *www.service.buyotec.de*

18.8 Spamfilterprobleme

Spamfilterungen können beim ISP/ASP bereits geschehen, beispielsweise indem bestimmte Serveradressen blockiert werden und so Mailserver Ihre Post nicht einliefern können. Die Daten dazu werden Schwarzen Listen bzw. entsprechenden Datenbanken entnommen.

Beim Filtern von eMails gibt es zwei Probleme und Meßgrößen zugleich, denen Spamfilterhersteller gegenüber stehen und die die Zuverlässigkeit von Spamfilterverfahren beurteilen lassen:

- **False Positive**
  ⇨ Anzahl der „richtigen" eMails, die fehlerhaft als Spam eingeordnet werden
- **True negative**
  ⇨ Anzahl der eMails, die Spam sind, aber nicht als solcher erkannt werden

18.9 Anti-Spam-Tipp

Über 30 % aller abbonierten Newsletter landen in den Spamfiltern der deutschen eMaildienste, ob gewollt oder ungewollt. Daher gilt es einige Regeln zu beachten, um das Risiko zu reduzieren:

- Keine Verwendung von Reizwörtern in der Betreffzeile, z.B. kostenlos, Geld-zurück-Garantie, Gewinnspiel oder Sexbegriffe
- Sensibel eingestellte Schutzsoftware kategorisiert eMails mit Preisen und Hyperlinks bereits als Spam
- Große, bunte Überschriften oder „Herzlichen Glückwunsch" werden als werbeähnliche Formulierungen erkannt und als Spam angesehen

Tipp

Damit Ihre Newsletter nicht den Antispamfiltersystemen auf Nutzerseite zum Opfer fallen, wenn Sie beispielsweise regulär oder ausnahmsweise Sex-Begriffe verwerden, sollten Sie diese Begriffe etwas entfremden.

Hintergrund könnte sein, daß Sie über eine Gerichtsentscheidung berichten, in der eine Firma einen spamfilterkritischen Namen besitzt. Dazu bieten sich einige der folgenden Möglichkeiten an:

- Schrägstriche oder Interpunktionszeichen zwischen den kritischen Buchstaben, Z.B. /s/e/x, S.e,x
- Verwendung anderer Zeichen, die ähnlich aussehen, z.B. Séx, Se><
- Bei der Verwendung auf einer Homepage kann es dazu führen, daß die Seite als Sexseite bei Suchmaschinen und Familienfiltern eingestuft wird. Hier bietet sich die Ausführung der kritischen Worte als Grafik an.
- Ihrer Kreativität sind keine Grenzen gesetzt.

Seien Sie sich auch darüber im Klaren, daß Spammer auch schon diese Ideen hatten.

Webmail-Interface für POP3-Konten

Im Gegensatz zu Spam können virenverseuchte eMails einfacher identifiziert und gefiltert werden, auch datenschutzrechtlich unbedenklicher. Ein interessanter Dienst zum Abfragen von POP3-Postfächern per Weboberfläche, der gleich Viren und gefährliche eMails aussondern kann, finden Sie unter:

⇨ *www.spavi.de*

18.10 Das deutsche Positivlistenprojekt CSA

Gemeinsam mit dem *Deutschen Direktmarketing Verband* (⇨ *www.ddv.de*) hat der *Verband der deutschen Internetwirtschaft e.V.* (⇨ *www.eco.de*) ein Positivlistenprojekt ⇨ Certified Senders Alliance aufgesetzt.

Was ist die Certified Senders Alliance?

Massenversender beklagen, daß ein erheblicher Anteil angeforderter eMails (z.B. Newsletter) aufgrund von Mailfilterungen nicht bei den Adressaten ankommen.

Abb. 38: CSA-Logo

Versendet ein Nutzer eines eMaildienstes Massenmails und werden diese als Spam klassifiziert, wird in aller Regel der komplette Dienst auf die Schwarze Liste gesetzt. Die Konsequenz ist, daß eMails anderer Nutzer nicht mehr problemlos zugestellt werden können. Schnell kommt man nur mit Aufwand von einer solchen Sperrliste wieder runter.

Massenversender verhandeln deshalb mit Internet Service Providern (ISPs) über die Aufnahme in deren unternehmensinterne Positivliste. Dies ist in mehrfacher Hinsicht aufwendig, da die Massenmailer mit jedem ISP einzeln verhandeln müssen und die ISP mit jedem Massenversender.

Der ISP prüft daraufhin die Erfüllung der für einen positiven Listeneintrag erforderlichen Kriterien. Jeder ISP hat aber mühevoll seine eigenen Kriterien aufgestellt und meist auch wechselnde Ansprechpartner.

Vorteilhaft für alle Beteiligten wäre eine Zentralisierung der Positivliste mit einheitlichen Kriterien, standardisierten Abläufen und einem effizienten Beschwerdemanagement. Dies ist das Ziel des CSA-Projektes.

Die zentralisierte Positivliste bildet die Schnittstelle zwischen Massenversendern und den Internet Service Providern. Sie soll die Qualität des Mediums eMail verbessern und sicherstellen, daß alle erwünschten eMails seriöser Absender (in beide Richtungen) problemlos ihr Ziel erreichen, ohne daß sich der Absender vor einer negativen Klassifizierung seiner eMails fürchten muß.

Nachfolgend aufgeführte Dokumente sowie die Kontaktdaten erhalten Sie unter:

⇨ *www.eco.de/servlet/PB/menu/1446034_l1/index.html*

- **Aufnahmekriterien für Massenversender**
  Zwingende und empfohlene Kriterien für eine Aufnahme in die zentrale Positivliste.
- **Verfahrensordnung**
  Wie wird mit Beschwerden über Massenversender umgegangen? Die eco's ICTF-Hotline bearbeitet die Meldungen oder legt sie dem Beschwerdeausschuß vor. Mögliche Sanktionen sind Rüge, vorübergehender oder dauerhafter Ausschluß von der Liste.
- **Teilnahmebedingungen für Massenversender**
  Verpflichtung zur Erfüllung der Aufnahmekriterien und Unterwerfung unter die Verfahrensordnung.
- **Lizenzbedingungen für Internet Service Provider**
  Verwendung der Positivliste nach Unterzeichnung einer Lizenzvereinbarung: ISP setzt die Positivliste so ein, daß nur noch durch den Nutzer vorgenommene Filtermaßnahmen eine Zustellung von listengeführten Massenversendern verhindern.
- **Preisliste**
  Für ISPs kostenlos, für Massenversender kostenpflichtig.

18.11 Checkliste

eMailwerbung, Newsletter oder Spam

- ☐ Impressum für Mediendienste auf der Homepage angepaßt (✍ *6 Impressum*)
- ☐ Impressum oder Link zum Impressum in der eMail
- ☐ Datensparsamkeit bei der An- und Ummeldung (✍ *18.4.2*)
- ☐ Opt-In-Verfahren und vorliegende Zustimmung des Empfängers; Abgleich mit Robinson-Liste ⇨ *www.erobinson.de*
- ☐ Klare Unterscheidbarkeit von Inhalt und Werbung (✍ *16.7 Internetwerbung*)
- ☐ Hinweis auf die Einsehbarkeit der gespeicherten Daten und auf das Widerrufsrecht (✍ *18.4.3*)
- ☐ Korrekter Abmeldelink und ohne weitere Identifizierung
- ☐ Keine Reizwörter oder pornografisches Bildmaterial im Text
- ☐ Positivlistenprojekt?

Check. 36: Newsletter

19 Eigenes Webmailsystem

✍ *8.8 eMails und Datenschutz*

⇨ *geplante Publikation des Autors „Der Weg zum perfekten eMaildienst"*

19.1 Voraussetzungen

① Die Software

Möchten Sie einen eigenen eMaildienst aufbauen bzw. anbieten, sind Open-Source-Produkte sicher erste Wahl.

② Rechtliche Lage

Je nach Land sind hier eine Reihe weiterer Gesetze und Vorgaben zu beachten, auf die hier nur ansatzweise hingewiesen werden soll. Es wird daher empfohlen, juristischen Beistand einzuholen.

In Deutschland müssen Sie beispielsweise das Telekommunikationsgesetz (TKG) und das Teledienstdatenschutzgesetz (TDDSG) beachten.

So müssen Sie die Verbindungsdaten 90 Tage vorhalten, in der Schweiz sogar sechs Monate gemäß Büpf/Vüpf. Strafverfolgungsbehörden könnten bei Ihnen anklopfen und einige Daten abfordern. In Deutschland gibt es hierfür noch keine Entschädigung, jedoch aber in der Schweiz.

Sowohl in Deutschland als auch in anderen Teilen der EU hegen die Gesetzeshüter die Hoffnung, die Verbindungsdaten mindestens 12 und teilweise bis zu 36 Monate gespeichert zu wissen. Kritiker halten dem entgegen, daß damit unbescholtene Bürger ausspioniert und den Telekommunikationsdienstleistern ein zusätzlicher Aufwand (Speicherplatz, Datensicherung) in dreistelliger Millionenhöhe und somit ohnehin mehr als nötig aufzubürden. Die Personen, die damit überwacht werden sollen, bedienen sich sowieso Verschlüsselungs- und Anonymisierungsdiensten (🕮 *Feind hört mit*).

Weitere Anforderungen kommen nicht nur in Deutschland durch staatliche verordnete Abhörsysteme und Lauschzugänge hinzu, deren Kosten ist fünfstelligen Bereich bewegen werden (🕮 *Der Weg zum perfekten eMaildienst*).

③ Funktionalität

Um auf Markt erfolgreich aufzutreten und Ihren Aufwand nicht verpuffen zu lassen, sollten Sie eine Marktanalyse erstellen. Im 🕮 *Großen Freemailbuch* wurden beispielsweise 20 wichtige sowie weitere Dienste ausführlich analysiert. Dieses Buch kann Ihnen helfen, Schwachpunkte anderer zu erkennen, um sie als Stärken für sich auszubauen. Aktualisierungen erhalten Sie über die Homepage des Autors ⇨ *www.thor-alexander.de/aktual.htm*.

Möchten Sie keine Analyse Ihrer Mitbewerber durchführen, so ist es zumindest wichtig, sich über die aktuellen Möglichkeiten der eMailkommunikation zu informieren. In 🕮 *eMail mit Freemail* werden alle wichtigen Anforderungen und Leistungsmerkmale erläutert. Nebenbei erhalten Sie auch noch einen kurzen Überblick, welche eMaildienste bei Vergleichen positiv auffielen. Dies sind Ihre Mitbewerber, gegen die Sie am Markt antreten müssen, von denen Sie sich unterscheiden müssen. Sie können nun den Leistungsumfang Ihres Dienstes und die Etappen der Umsetzung festlegen.

④ Technische Infrastruktur

Ein weiterer Punkt ist die geeignete technische Infrastruktur, d.h. Netzanbindung, Hardware (PC, Router, Backupsysteme), Firewall, Spam- und Virenschutz usw. usf.

19.2 Urteile

(D) LG München, 33 0 17030/02 und LG Berlin, 15 0 560/02 (eCards)

Jeder kann jedem und völlig anonym eine elektronische Grußkarte senden. Einfach eine beliebige eMailadresse als Absender und die fremde eMailadresse eingegeben und ⇨ *Versenden* gedrückt. Die Gültigkeit des Absenders wird nicht geprüft.

Beide Gerichte gaben einem bekannten Münchner Rechtsanwalt und seinem Spamvorwurf gegenüber den Grünen und der SPD Recht. Über die Homepages beider Parteien konnten Sie anonym Grußkarten versenden, die genau betrachtet nichts anderes als Werbemails waren. Es war nämlich möglich, als Absender keine bzw. eine falsche eMailadresse anzugeben. Der Anwalt sah damit den Tatbestand unerwünschter Werbung erfüllt.

Nach geltender Rechtssprechung muß mit einem Ordnungsgeld in Höhe von 250.000 € gerechnet werden, wenn eCards direkt von einer Homepage verschickt werden können, ohne daß ein gültiger Auftrag des Absenders vorliegt. Die Prüfung der Absenderidentität und der wirklichen Absicht ist derzeit aber nur sehr schwer möglich, so daß hier schnell eine Grauzone entsteht.

☞ *18 Newsletter oder Spam* ⇨ *18.5 Deutsche Rechtssprechung*

19.3 Software

Webmailsysteme sollten normale und sichere Übertragungen ebenso wie IMAP und POP3/SMTP unterstützen. Sie bieten den Vorteil, daß sie unabhängig vom jeweiligen Rechner eine weltweite mobile Erreichbarkeit ermöglichen. Sie sollten eine Postfachgröße nicht unter 20 MB anbieten, was gegenwärtiger Standard ist. Auch der Versand von Anhängen sollte bis mindestens 10 MB ohne Probleme machbar sein. Hier erhalten Sie unter anderen weitere Informationen: ⇨ *www.ekkaia.org/software/mail/webmail.php*

Die Homepage ist zwar nicht mehr ganz aktuell, aber als grober Marktüberblick und Ausgangspunkt weiterer Recherchen durchaus nützlich. Nachfolgend werden einige am Markt gängige Produkte kurz vorgestellt.

19.3.1 Frontends

IMP

IMP (**I**nternet **M**essaging **P**rogram) stellt ein sehr komplexes und funktionsreiches Webmailsystem dar. Informationen erhalten Sie über

⇨ *www.horde.org/imp*

Fast jede Funktion kann an Ihre Bedürfnisse angepaßt werden. IMP kann erweitert werden mit den anderen Softwarepaketen von Horde (⇨ *www.horde.org/projeects.php*). Da sind der Kalender *Kronolith*, oder die Adreßverwaltung *Turba* zu nennen. Alle Applikationen sind in PHP erstellt und basieren auf dem Application Framework von Horde, einem PHP-Universalwerkzeug. Es bietet u.a. Kompression und MIME-Unterstützung.

SquirrelMail

SquirrelMail ist ein weiteres eigenständiges Webmailsystem auf PHP-Basis. Informationen erhalten Sie über

⇨ *www.squirrelmail.org*

Es stellt einen guten Kompromiß zwischen Funktionalität und Einfachheit in Bezug auf Einrichtung, Konfiguration, Betrieb dar. SquirrelMail unterstützt verschiedene Profile, die unterschiedliche Kombinationen von Farbschemen und Plugins aufweisen können. Außerdem sind verschiedene Einstellungen, Adreßbücher und Ordnerverwaltungen möglich.

SquirrelMail wird beispielsweise durch *iNETmx.de* eingesetzt.

Open WebMail

Open WebMail basiert auf NeoMail (⇨ *neomail.sourceforge.net*) und ist komplett in Perl geschrieben. Informationen erhalten Sie über

⇨ *openwebmail.org* *bzw.*

⇨ *www.romer.de/openwebmail/openwebmail.html*

Es stellt kaum spezifische Anforderungen an den Webserver, nur daß eine kleine Zahl von Perl-Modulen installiert sein sollte. Open Webmail unterstützt konfektionierbare Filterlisten, Adreßbücher, Rechtschreibprüfung, Autoresponder, Aliase und verschiedene Authentifizierungen.

Für kleinere Homepages finden Sie kostenpflichtig über ⇨ *www.mail-butler.de* ⇨ *eSoftware* zwei Perl-Skript-Pakete inkl. Unterstützung.

Eine Alternative bieten auch die vielen Freemaildienste, die eMailpostfächer mit viel Drumherum anbieten. Einen umfassenden Überblick über die wichtigsten deutschen Freemailer erhalten Sie in den Freemailbüchern (📖 *eMail mit Freemail* und 📖 *Das Große Freemailbuch*).

19.3.2 Mailtransferagenten (MTA)

MTA ist nicht in der Bedeutung von Medizinisch-technischer Assistentin zu sehen sondern als Software, die Ihre eMailkommunikation abwickelt. Dabei werden mindestens die Anforderungen des **S**imple **M**ail **T**ransfer **P**rotokolls (SMTP) umgesetzt, meist auch die Erweiterungen wie ESMTP oder ASMTP.

Die MTAs sind somit nicht zuständig für die Mailkommunikation mit den Nutzern. Dies ist Aufgabe anderer Agenten (MDA = **M**ail **D**elivery **A**gent, MUA = **M**ail **U**ser **A**gent).

Sendmail

Sendmail

Zuerst, da gab es **Sendmail**. Diese freie Software wurde daher auf sehr vielen Webservern eingesetzt.

⇨ *www.sendmail.org*

Sendmail unterstützte eine Reihe von interessanten Funktionen bereits zu einem frühen Zeitpunkt seiner Entwicklung. Allerdings zeichnet(e) es sich durch eine kryptische Bedienung aus.

Smail ist ebenfalls Freeware. Es wurde als kompatible Alternative zum komplexen Sendmail entwickelt.

⇨ *www.weird.com/~woods/projects/smail.html*
⇨ *packages.debian.org/stable/mail/smail.html*

Smail läuft unter UNIX und verwendet im Gegensatz zu Sendmail eine einfache Konfigurationsdatei. Allerdings ist der Preis für die Einfachheit auch eine weniger umfangreiche Funktionalität. Aber Smail bietet weitreichende Zugriffssteuerungen, die auch zum Blockieren von Spam eingesetzt werden kann.

Exim ist ein an der University of Cambridge entwickelter MTA für den Gebrauch auf Unix-Webservern. Der MTA ist frei erhältlich (GNU General Public Licence):

⇨ *www.exim.org* oder ⇨ *www.exim.de*

Exim basiert auf Smail3, ist aber leistungsfähiger. Es vereint einfache Konfiguration und aktuell übliche Leistungsmerkmale, inkl. ASMTP (SMTP with Authentification). Eigenen Aussagen zu Folge kann *Exim* anstatt *Sendmail* betrieben werden, allerdings ist die Konfiguration verschieden.

Qmail besitzt einen modularen Aufbau, verwendet vielfältige Prozeßkommunikationen und führte eine neues Format zur Speicherung von Mails ein:

⇨ *www.qmail.org*

ZMailer kennzeichnet sich durch eine hohe Flexibilität sowohl bei der Konfiguration als auch bei den unterstützten Datenbanken und Netzwerkprotokollen:

⇨ *www.zmailer.org*

Postfix wurde auch als Alternative zu Sendmail entwickelt. Es soll schneller, einfacher zu administrieren und sicherer sein. Nach außen ähnelt es Sendmail, während sich der Programmquelltext gänzlich unterscheidet:

⇨ *www.postfix.org/non-english.html*

19.4 Grußkartenversand

Statt eines Webmailsystems bietet sich als einfache und zugleich interessante Alternative ein Grußkartenversand an (auch bekannt als eCards oder E-Cards). Dabei gibt es einige Möglichkeiten, entweder Sie stellen Ihre Urlaubsbilder ins Netz, kaufen Rechte an Bildern oder bieten Besuchern an, ihre Bilder mit in Ihre Galerie aufzunehmen (⇨ *computerhead.de*).

Folgende Anforderungen sollte Ihr Grußkartenversand erfüllen:

- **Gestaltungselemente**
  Ob die Schriftart, -größe oder –farbe verändert werden kann, ist sicherlich auch interessant, aber nicht unbedingt notwendig.
- **Text und Bild auf einer Seite**
  Einige Grußkartenanbieter zeigen als erstes das Bild und analog Papierpostkarten nach einem Klick erst die sogenannte Rückseite mit dem Text. Sicherlich eine schlechte Idee, da die Nachteile von Postkarten ins neue Medium übernommen wurden. Außerdem sind die Umblätter-Skripte nicht auf allen Rechnern problemlos lauffähig.
  Besser ist es da, wenn der Absender vielleicht aus verschiedenen Anordnungen von Text und Motiv wählen kann, z.B. oben Bild, unten Text oder links das Bild rechts der Text.

- **Grußkartenjournal**
  Darunter ist eine Listung bereits versendeter Grußkarten zu verstehen.
- **Zeitversetzter Versand**
  Bis zu 30 Tage in die Zukunft inkl. Uhrzeit sind dabei eigentlich Standard.
- **Abholbenachrichtigung**
  Sinnvoll und nützlich ist eine Abholbestätigung, also wann hat der Empfänger Ihre Karte abgeholt. Eine Versandbenachrichtigung der eMail samt Link ist unnötig.
- **Vorhaltezeit**
  Auch die Vorhaltezeit, also die Zeit, die eine Grußkarte aufbewahrt wird, sollte nach dem Versanddatum nicht unter 30 Tagen liegen. Mehrmaliges Betrachten sollte möglich sein.
  Mehr erfahren Sie im 🕮 *Großen Freemailbuch*.

Doch Vorsicht - auch hier lauern Gesetze und Anwälte.

19.5 Outgesourctes eMailsystem

Am einfachsten und günstigsten kommen Sie zu Ihrem Webmailsystem indem Sie Spezialisten für sich arbeiten lassen. Ein solcher professioneller eMaildienst ist die Schweizer Firma swiss-design.net, die seit 2000 den aufstrebenden Dienst ⇨ *my-mail.ch* betreibt.

⇨ *swiss-design.net* bietet die Möglichkeit, mit der Technologie, welche bei ⇨ *my-mail.ch* zum Einsatz kommt, sich Ihr eigenes eMailsystem unter einer oder verschiedenen Internetdomänen zu erstellen.

Es läßt sich laut Betreiber ein beliebiges Erscheinungsbild (Corporate Design) abbilden, sowie individuelle Leistungen (Postfachgrößen, Mailgröße, Anzahl der eMailpostfächer usw.) für Ihren persönlichen eMaildienst bestimmen. Das System wird auf Lizenzbasis bei der Firma swiss-design.net betrieben.

Ihren Kunden gegenüber treten Sie durch ein solches System immer direkt auf, können sich jedoch klar von der umfassenden Verwaltung, der Administration, der Wartung und Systemaktualisierung von Viren- und Spamschutzsystemen sowie von den gesetzlichen Regeln und Auflagen (✍ *8.8*) freikaufen. Ebenso können Sie die kostenintensiven Anschaffungen von EDV-Komponenten und Servereinrichtungen komplett dem Provider überlassen. Unter dem Strich ist dies billiger als selber machen.

Abb. 39: my-mail-Logo

20 Geld verdienen

Auch mit der privaten oder einer Firmenhomepage können Sie Geld verdienen. Dazu gibt es mehrere Möglichkeiten, die hier aber nur kurz vorgestellt werden sollen.

Beachten Sie in jedem Fall die dann zur Anwendung kommenden gesetzlichen Vorschriften, speziell auch zur Kennzeichnung von Werbung (➶ *16.7 Internetwerbung*) und den Angaben im Impressum.

Bezüglich der steuerlichen Behandlung des Geldverdienens per Homepage finden Sie Ausführungen unter ➷ 21 Steuern ⇨ *21.4 Partnerprogramme*.

20.1 Vergütungsmodelle

Im wesentlichen lassen sich die Vergütungsmodelle in folgende Kategorien gliedern:

- **Pay-by-Click**
  Hier wird für jeden Klick und somit für jeden neuen Besucher einer Homepage eine kleine Provision gezahlt.
- **Pay-by-Lead**
  Dabei wird für eine weitere Aktion des vermittelten Besuchers eine feste Vergütung ausgeschüttet, z.B. für eine Registrierung, für das Ausfüllen eines Formulars oder für das Betrachten weiterführender Seiten.
- **Pay-by-Sale**
  Hierbei werden Sie an Umsätzen Ihres vermittelten Kunden beteiligt. Prozentuale Anteile sind üblich. Es gibt aber auch Festbeträge. Gelegentlich sind Sie auch von zukünftigen Kundenumsätzen ausgeschlossen, da sich die Aktion nur auf den aktuellen Verkauf beziehen kann.
- **Eigener Webshop mit Bezahlsystem (➶ *17*)**
  Hierbei bieten Sie eigene Dienste oder Waren über das Internet in eigener Regie an. Das kann eine Selbstbauanleitung oder Know-how sein.

20.2 Werbeplatzverkauf

20.2.1 Banner und Textlinks

Banner	➶ *15.5 Werbeplatzverkauf*
Textlinks	➶ *14.4 Textlinktausch*

20.2.2 Textlinkverkauf

Die Suchmaschine Google bietet ein Programm namens AdSense an (⇨ *https://www.google.com/adsense*), mit dem Sie auf Ihrer Homepage Textanzeigen (Sponsored Links) einbinden, die von Google geliefert werden.

Die Verdienstauszahlung erfolgt gegenwärtig monatlich und noch per Scheck, wenn Sie 100 US$ erreicht haben. Ansonsten erhalten Sie einmal im Jahr eine Gutschrift, sofern Sie mindestens 1 US$ verdient haben.

Google prüft aber erst Ihren Antrag und stimmt ggf. zu. Nebeneffekt ist, daß so zu Ihrem Eintrag bei Google kommen, sofern Sie es anderweitig nicht geschafft haben (allerdings nicht unter den normalen Treffern). ✍ *14.6.3 Google*

20.3 Partnerprogramme (Affiliate)

20.3.1 Programme

① Amazon

Ein solches Programm bietet beispielsweise Amazon an (⇨ *www.amazon.de*). Nach der Registration als Partner erhalten Sie eine Partnernummer, die Sie in Links zu Amazon-Produkten integrieren (z.B. zu Büchern). Bestellt dann ein Besucher Ihrer Homepage bei Amazon, erhalten Sie einen prozentualen Anteil für die Vermittlung. Dieser Anteil liegt derzeit zwischen 5 %, seltener bis zu 10 oder 10,5 % sowie maximal 10 €/Artikel. Die Teilnahme ist kostenlos. Es gibt kein Auszahlminimum. Die Beträge werden automatisch überwiesen.

Sie erhalten gegenwärtig 5 % für einen vermittelten Kauf. Wenn Sie einen Direktlink zu einem Artikel schalten und der Kunde gleich kauft, gibt es einen Bonus von 2,5 %. Die Teilnahme ist unabhängig vom Wohnsitz. Amazon bietet auch in anderen Ländern Partnerprogramme an (Frankreich, Großbritannien, USA).

Sinnvoll ist eine solche Werbung beispielsweise für Bücher, die zu Ihrem Webangebot passen bzw. selbiges abrunden. Sie kennen die Zielgruppe Ihrer Homepage, dann sollten Sie auch passende Produkte bei Amazon finden, z.B. Das Große Homepagebuch?.

Sofern Sie auch Autor sind, können Sie auch auf Ihr eigenes Buch verlinken. In 🕮 *Manuskript fertig – Was nun?* finden Sie Anleitungen, wie Sie Presserezensionen Ihres Buches oder das Cover bei Amazon einstellen können.

Außerdem bietet Amazon an, eigene Bücher zu verkaufen, ob neu oder gebraucht. Dazu behält sich Amazon eine Vermittlungspauschale ein (nennt sich Transaktionspauschale). Nähere Informationen erhalten Sie auch auf der Amazon-Homepage.

② eBay

Wenn Sie neue Kunden für eBay gewinnen, erhalten Sie von eBay eine Vergütung (gegenwärtig ab 4 €) bei automatisch monatlicher Auszahlung. Dazu bauen Sie ein eBay-Banner auf Ihrer Homepage ein. Die Teilnahme am Programm ist kostenlos und ohne weitere Bedingungen (↘ *Affili.net*).

③ Kelkoo

Die Vergütungen erfolgen pro Lead: 0,15 € im Reisebereich und sonst 0,07 €. Sie erhalten weitere Infos (☞ *14.6.*) auch über

⇨ *www.kelkoo.de/b/a/co_3459_affiliateprogramm.html*

③ Webhosting

Wenn Webhosting-Kunden an ⇨ *www.toptip.de/partner/index.php* vermitteln, erhalten Sie 5 € pro Kunde.

④ Eintragsdienst

Wenn Sie Kunden nach Registrierung unter ⇨ *www.submitter.de* ⇨ *Partner* vermitteln, können Sie 30 % von deren Umsätzen als Werkekostenvergütung erhalten. *Submitter.de* ist ein Eintragsdienst für über 1.700 Suchmaschinen, Linklisten und Verzeichnisse (☞ *20.3.2 Multiprogramme* ⇨ *Affili.net*).

⑤ Moneybookers

Vermitteln Sie neue Kunden für den Geldtransferservice Moneybookers erhalten Sie als Bestandskunde 30 % der Gebühren, die Ihre Geworbenen durch interne Überweisungen erzeugen (☞ *17.3.4*).

⑥ Weitere Programme

⇨ *www.das-partnerprogramm.de/cgi*

⇨ *www.vistaprint.de*

⇨ *mrf.mardox.com/index.html*

20.3.2 Multiprogramme

Es gibt einige Anbieter, die verschiedene Partnerprogramme auf einer Plattform anbieten bzw. vermitteln. Sie übernehmen in der Regel auch die Abrechnung, so daß Sie sich

- nur einmal richtig registrieren müssen
- schneller die Auszahlungsgrenze erreichen
- nur einen Ansprechpartner haben.

Affili.net

Ein großer Affiliate-Anbieter ist ⇨ *Affili.net*. Sie können sich informieren und anmelden über ⇨ *www.affili.net/partnerprogramme.asp*. Die Teilnahme ist kostenlos und unverbindlich. Sie erhalten dann Zugriff auf gegenwärtig 18 Hauptkategorien mit knapp 900 Partnerprogrammen.

Sie erhalten entsprechende Statistiken zur Kontrolle Ihres Verdienstes. Es wird automatisch monatlich ab 25 € ausgezahlt. Bei Kündigung werden Guthaben ab 5 € ausgeschüttet. Unterhalten Sie mehrere Konten mit der gleichen eMailadresse, können diese zusammengefaßt werden, um schneller die Auszahlungsgrenze zu erreichen. Unterschiedliche Konten sind notwendig, wenn Sie mehrere, thematisch verschiedene Homepages unterhalten. Für eine Kontoüberweisung werden 1,80 € berechnet, ein Übertrag des Guthabens zu Moneybookers ist kostenlos (*17.3.4*). Sie werden am Monatsersten per eMail über anstehende Auszahlungen informiert.

Weitere

⇨ *www.zanox.de*
⇨ *www.adbutler.de*
⇨ *www.provision24.de*
⇨ *partner.gewinn24.de*
⇨ *clix.superclix.de/cgi-bin/ppsignup.cgi*
⇨ *www.tradedoubler.com/pan/public*
⇨ *www.affilios.net/index.php?display=user_program*

Geldgeier.de/Geierforum.de

Ein seit 1999 bestehendes Portal zum Thema *Geld verdienen im Internet* ist ⇨ *Geldgeier.de*. Weitere Themen sind *Geld sparen, Kostenloses* und *Webpromotion*. (ca. 500 Besucher/Tag)

Das zugehörige Forum gibt es seit 2000 unter ⇨ *Geierforum.de*. (1.000 registrierte Nutzer und mehr als 60.000 Beiträge)

20.4 Checkliste

Geld verdienen

- ☐ Eigener Aufwand
- ☐ Vergütungsmodell(e) und Seriosität des Anbieters
- ☐ Vielfalt des Angebotes, der Partner und potentieller Kunden
- ☐ Auszahlgrenze
- ☐ Fix- und prozentuale Kosten
- ☐ Automatische Auszahlung

Check. 37: Geld verdienen

Mehr erfahren Sie im geplanten Buch 🕮 *Geld verdienen & sparen im Internet*. Weitere Infos gibt es im Anhang und auf der Homepage ⇨ *www.thor-alexander.de*.

21 Steuern

Damit ist leider nicht das Lenken von Fahrzeugen oder Schiffen gemeint, sondern staatliche Einnahmequellen. Da Deutschland ziemlich groß ist, braucht es auch viel Geld, was sich in vielen steuerrechtlichen Vorschriften und Durchführungsanweisungen widerspiegelt. Weder Finanzamt noch Fachleute blicken hier immer richtig durch, so daß zur Klärung Gerichte angerufen werden müssen.

Böse Zungen behaupten, daß jede (neue) Regierung sich an der Großen Steuerreform versucht, aber nur Flickschusterei und viele weitere Regalmeter an Fachliteratur, die die Welt nicht braucht, herauskommen.

21.1 Domäntransfer

Mit dem Domäntransfer sind hier nicht nur Kauf/Verkauf, Vererbung, Schenkung, sondern auch Verpachtung und Webhosterwechsel gemeint ⇨ also alles rund um die Übertragung von Domänadressen.

Für die steuerliche Betrachtung von Verkauf oder Verpachtung fallen u.U. an:

- Einkommensteuer
- Körperschaftsteuer
- Umsatzsteuer

Das Anfallen von Erbschafts- oder Schenkungsteuer kann in den meisten Fällen aufgrund der Freibeträge vernachlässigt werden.

21.1.1 Umsatzsteuer bei Registration

Die Registration einer Domäne unterliegt der Umsatzbesteuerung, wenn sie ein Unternehmen gegen Entgelt durchführt. Für die Umsatzsteuer ist es wichtig, wo sich der Leistungserbringungsort befindet. Die aktuelle Rechtsmeinung ordnet Domänregistration in den Leistungskatalog des § 3a Abs. 4 Nr. 5 UStG ein. Daher muß unterschieden werden, ob der Empfänger eine Privatperson oder ein Unternehmen ist.

Ist der Empfänger eine Privatperson und wohnt diese innerhalb der EU, so liegt der Leistungsort im Inland und es fällt Umsatzsteuer an.

Ist der Leistungsempfänger ein Unternehmer, so fällt nur Umsatzsteuer an, wenn das Unternehmen im Inland betrieben wird, z.B. ein ausländisches Unternehmen mit Niederlassung in Deutschland.

Dtl.	Deutschland
EU	Europäische Union
USt.	Umsatzsteuer
-	Keine Umsatzsteuer

Leistungsempfänger	... ist Privatperson	... ist Unternehmen
... hat Sitz in Dtl.	USt.	USt.
... hat Sitz in EU	USt.	-
... hat Sitz außerhalb	-	-

Tab. 31: Deutsche Umsatzsteuer bei Domänregistration

Eine Schweizer Privatperson braucht also keine Umsatzsteuer für eine *.de*-Domäne zu entrichten. Das Gleiche gilt für ein Österreichisches Unternehmen, wenn es keine deutsche Niederlassung hat. Aufgrund der Europäischen Umsatzsteuerrichtlinie gilt dies für alle EU-Länder gleich.

21.1.2 Ertragssteuern bei Verkauf/Verpachtung

Versteuerung

① Verkauft (oder verpachtet) eine Kapitalgesellschaft (GmbH, AG) ihr Nutzungsrecht an einer Domäne, so beeinflußt der Erlös nur dann den Gewinn, wenn dieser nicht dem in der Bilanz angesetzten Wert entspricht. Die Besteuerung erfolgt über die Körperschaftssteuer.

② Ist der Verkäufer/Verpächter eine Personengesellschaft (KG, OHG) oder ein Einzelunternehmen, so wird das Nutzungsrecht dem Betriebsvermögen zugeordnet. Der Verkaufspreis entspricht Einnahmen aus Gewerbebetrieb (§ 15 EStG) und wird über die Einkommensteuer erhoben.

③ Verpachtet eine Privatperson eine Domäne liegen *Einkünfte aus Vermietung und Verpachtung* vor (§ 21 Abs. 1 Nr. 3 EStG ⇨ Einkünfte aus einer zeitlich begrenzten Überlassung von Rechten).

④ Veräußert eine Privatperson eine Domäne, so ist der Gewinn normalerweise nicht steuerpflichtig. Aber es gibt Ausnahmen:

Spekulationsfrist

Private Veräußerungsgeschäfte von Wirtschaftsgütern, die keine Grundstücke sind, unterliegen in Deutschland einer einjährigen Spekulationsfrist (§ 23 EStG).

Fraglich ist, ob die verschiedenen Finanzverwaltungen diese Regelungen für Domänen anwenden. Unzweifelhaft ist aber, daß dies möglich ist. Im Zweifelsfall empfiehlt sich eine **schriftliche** Anfrage bei Ihrem zuständigen Finanzamt oder die Angabe in Ihrer Steuererklärung als Einkünfte aus privaten Veräußerungsgeschäften.

Gewerbsmäßigkeit

Dann ist noch die Frage zu klären, ab wann ein erwerbsmäßiger Handel mit Domänen vorliegt. Dies würde zu Einkünften aus Gewerbebetrieb nach § 15 EStG führen.

Für Immobilien hat die deutsche Finanzverwaltung die **Drei-Objekt-Grenze** definiert. Dabei schlägt die Gewerbsmäßigkeit bei mehr als drei Grundstücksverkäufen binnen fünf Jahren zu. Allerdings gilt für Immobilien auch die zehnfache Spekulationsfrist, nämlich 10 Jahre.

Mathematisch Begabte könnten jetzt schlußfolgern, mehr als drei Domänen binnen eines halben Jahres könnten k.o.-Kriterium sein. Allgemein wird jedoch das Auftreten des Verkäufers näher betrachtet werden müssen. Verhält er sich wie ein Händler und bietet er sein Produkt einem breiten Publikum an?

Aber in Zeiten von Internetauktionen kann nicht jeder ein Händler sein! Also auch hier besteht noch viel Klärungsbedarf und auch entsprechende Begründungen, warum mehrere Domänen verkauft wurden.

Fazit

Die Verpachtung unterliegt also immer der Besteuerung, während der Verkauf von Domänrechten durch Privatpersonen u.U. einkommensteuerfrei sein kann.

21.1.3 Umsatzsteuer bei Verkauf & Verpachtung

Zur Ansetzung der nationalen Umsatzsteuer gilt zu berücksichtigen, ob Verkäufer und Käufer Unternehmen sind und wo sie ihren Sitz haben. Für Verpachtung gilt das Gleiche.

V	Verkäufer, Verpächter
K	Käufer, Pächter
Privat	Privatperson
Firma	Unternehmer
Dtl.	Deutschland (ersetzbar durch jedes andere EU-Land)
Dt. USt.	Deutsche Umsatzsteuer (bzw. nationale USt.)
-	Keine Umsatzsteuer

Verkäufer sitzt in Dtl.	V = Privat	V = Firma K = Privat	V = Firma K = Firma
K hat Sitz in Dtl.	-	16 % USt.	16 % USt.
K hat Sitz in EU	-	16 % USt.	-
K hat Sitz außerhalb	-	-	-

Tab. 32: Dt. Umsatzsteuer bei Domänverkauf/-verpachtung

Verkäufer sitzt in Österreich	V = Privat	V = Firma K = Privat	V = Firma K = Firma
K hat Sitz in Österreich	-	20 % USt.	20 % USt.
K hat Sitz in EU	-	20 % USt.	-
K hat Sitz außerhalb	-	-	-

Tab. 33: Österreichische USt. bei Verkauf/Verpachtung

Werden Domänen bei US-amerikanischen Providern registriert, so fällt keine Umsatzsteuer an. Unter Umständen ist die EU-Richtlinie RL 2002/38/EG, die in das jeweilig nationale Recht umgesetzt wurde, zu beachten.

Bei Verpachtung muß ebenso wie beim Verkauf einer Domäne (§ 3a Abs. 4 UStG) der Leistungsort betrachtet werden. Auch muß entschieden werden, ob der Pächter eine Privatperson oder ein Unternehmen nach § 2 UStG ist und wo sich der Unternehmenssitz befindet. Die Verpachtung von Domänen fällt nicht unter die Steuerbefreiung nach § 4 Nr. 12 UStG.

Verkäufer sitzt in Drittland	V = Privat	V = Firma K = Privat	V = Firma K = Firma
K hat Sitz in EU	?	Drittland-USt.	Keine EU-USt.
K hat Sitz außerhalb	?	Drittland-USt.	Drittland-USt.

Tab. 34: USt. bei Verkäufer/Verpächter aus Drittland

21.2 Besteuerung in Österreich

Gewerblich genutzte Domänen sind bei Buchführungspflicht unter gewissen Voraussetzungen auch bei Jahresabschlüssen als immaterielles Wirtschaftsgut bei den Aktivposten der Anlagevormögen aufzuführen (Kaufpreis nach § 4 Abs. 1 EStG). Wurde die Domäne hingegen selbst registriert, so können nur die damit verbundenen Kosten angesetzt werden.

Die erwirtschafteten Erlöse aus Veräußerung bzw. Vermietung und Verpachtung unterliegen grundsätzlich der Einkommensteuer.

Veräußert eine Kapitalgesellschaft eine solches Nutzungsrecht, so erhöht der Veräußerungsgewinn den Gewinn der Kapitalgesellschaft, sofern der in der Bilanz angesetzte Wert überschritten wird. Bei Personengesellschaften sind Domänen meist dem Betriebsvermögen zugeordnet und erzeugen Einnahmen aus Gewerbebetrieb, die der Einkommensteuer unterliegen (§ 23 EStG).

Die Veräußerung rein privat genutzter Domänen ist grundsätzlich nicht steuerpflichtig. Wurde eine verkaufte Domäne kürzer als ein Jahr gehalten, so fallen u.U. Spekulationsgewinne an (§ 2 Abs. 3 Z 7 EStG iVm §§ 29 Z2, 30 Abs. 1 Z 1).

Bei der Vermietung/Verpachtung kommt es weder auf die Haltedauer noch ob privat oder nicht an. Es liegen vielmehr Einkünfte aus Vermietung und Verpachtung (§ 2 Abs. 3 Z 6 EStG) vor, wenn eine zeitlich begrenzte Überlassung von Rechten vorliegt. Unterstellt wird dabei, daß Domänen Rechte nach § 1 Abs. 1 EStG sind.

Steuerliche Behandlung von Internetdomänen

Wenn Sie mehr und detailiertere Informationen von RA Dr. Clemens Thiele zur steuerlichen Behandlung erhalten möchten:

⇨ *www.eurolawyer.at/pdf/steuerdomains.pdf*

Ob Umsatzsteuer im Verkaufs- oder Pachtpreis enthalten ist, hängt davon ab, ob der Verkäufer ein Unternehmen im Sinne des § 2 UStG 1994 ist. Beim privaten Verkauf einer Domäne wird aufgrund des Nichterreichens der jährlichen Kleinunternehmergrenze von derzeit 22.000 € (§ 6 Abs. 1 Z 24 UStG 1994) keine Umsatzsteuer fällig. Bei Unternehmern gelten die Ausführungen von *21.1.3 Umsatzsteuer bei Verkauf & Verpachtung*.

In Österreich sind bei Domänpacht- oder –mietverträgen die gebührenrechtlichen Implikationen nach § 33 TP 5 Abs. 1 Z 1 GebG zu beachten.

21.3 EU-weite USt.-ID-Prüfung

⇨ *europa.eu.int/comm/taxation_customs/vies/cgi-bin/viesquer*

21.4 Partnerprogramme

Die Teilnahme an Partnerprogrammen sowie das Einblenden von bezahlten Bannern oder Werbung jeglicher Art macht private Webseiten zu einer gewerblichen Homepage.

Daraus folgt unter Umständen die Verpflichtung eine Steuererklärung unter Angabe der gewerblichen Einkünfte abzugeben und zusätzlich ist eine Gewerbeanmeldung notwendig. Sollten Sie die Aufnahme der Tätigkeit nicht bei der Gewerbeaufsicht anzeigen, kann es Sie u.U. teuer zu stehen kommen.

Ob und inwieweit die konkrete Tätigkeit eines Einzelnen als gewerbliche Einkunft zu qualifizieren ist, hängt stark vom Einzelfall ab. Nach § 15 II EStG (Einkommenssteuergesetz) ist grundsätzlich jede Tätigkeit, die mit der Absicht, Gewinn zu erzielen, unternommen wird und sich als Beteiligung am allgemeinen wirtschaftlichen Verkehr darstellt, ein Gewerbebetrieb. Nach § 15 II S. 3 EStG reicht es aus, wenn die Gewinnerzielungsabsicht nur ein Nebenzweck ist. Nach § 14 I S.1 GewO (Gewerbeordnung) muß die Aufnahme der Tätigkeit darüber hinaus zwingend der zuständigen Behörde angezeigt werden. Das Integrieren und Pflegen von Werbebotschaften jeglicher Art in eine Homepage stellt eine Dienstleistung dar, welche nicht den freien Berufen i.S.d. § 18 EStG zuzuordnen ist.

Durch das Einblenden der Werbung möchte der Betreiber einer Internetseite Einnahmen erzielen, auch wenn meist nicht mehr dabei herausspringt als die Domängebühren. Die Einnahmen sind somit bei der Steuererklärung anzugeben. In diesem Fall können aber selbstverständlich auch die mit der Domäne verbundenen Kosten zum Abzug gebracht werden.

Mir egal, sagen Sie sich? Falsch! Jeder Werbungshändler verbucht die Zahlung an Sie als Betriebsausgabe. Durch Kontrollmitteilungen wird vielleicht auch Ihr Finanzamt aufmerksam und kontrolliert, ob Sie die Einnahmen angegeben haben. Haben Sie dies nicht, kann es Sie teuer zu stehen kommen. Einige Internetportale haben als einzige Einnahmequelle die Werbeeinnahmen und das Finanzamt ist nicht nur an „großen Fischen" interessiert, denn Kleinvieh macht auch Mist!

Sollten Sie Ihr zuständiges Finanzamt diesbezüglich um Stellungsnahme bitten, ob Sie ein solches Gewerbe anmelden und deklarieren müssen, so tun Sie dies bitte immer schriftlich. Falls die rechte Hand später nicht weiß, was die linke Hand meinte, so haben Sie entsprechende Belege, die Ihre Steuerehrlichkeit beweisen.

21.5 Eigener Onlineshop

Ein Onlineshop ist steuerlich gesehen ein ganz normaler „Laden", nur daß er im Internet und nicht in der Strasse/um die Ecke zu finden ist. Wie der Internetshop konkret aussieht, ist eigentlich egal. Es kann eine einzige Seite sein, auf welcher Waren angeboten werden, ein ganzes Sortiment mit tausenden von Artikeln oder auch ein „Shop" bei eBay.

Neben der Versteuerung der Umsätze bzw. des Gewinns (Einnahmen aus Gewerbebetrieb) sind natürlich Gewerbeanmeldungen und Umsatzsteuerdeklarationen notwendig. Der Pflicht, Rechnungen auszustellen und die Mehrwertsteuer an den Fiskus abzuführen, unterliegt jeder gewerbliche Webauftritt.

Lediglich private Veräußerungsgeschäfte sind nicht zu versteuern.

21.6 Verkauf über eBay & Co.

Die Zeiten, in denen Finanzbeamte mit Internetauktionen nichts anfangen zu wußten, sind vorbei. In Nordrhein-Westfalen etwa gibt es bei der Steuerfahndung beispielsweise eine Internetabteilung, welche gezielt nach gewerblichen Verkäufern fahndet. Zusätzlich werden Schwarzverkäufer an die zuständigen Finanzbehörden gemeldet. Vor allem ordentlich angemeldete Verkäufer denunzieren gerne, da sie durch die Schwarzhändler Wettbewerbsnachteile sehen.

Je nach Höhe von Umsatz und Gewinn werden Einkommens- und Umsatzsteuer fällig - egal, ob Sie noch einen anderen Job ausüben oder ausschließlich mit eBay oder den 120 ähnlichen Verkaufsbörsen Ihr Geld verdienen. Kaufmännisch geschickte Nutzer besorgen sich systematisch Waren, um sie in Internetbörsen zu verkaufen. Dabei werden sie gewerblich tätig und müssen sich beim Gewerbeamt anmelden.

Davon sind nicht nur Powerseller betroffen. Ausschlaggebend ist die **Beschaffung von Waren mit der Absicht, sie weiter zu verkaufen**. Wenn Sie einmal im Jahr Ihren Kleiderschrank aufräumen und als Ex-Sammler einiges weiterverkaufen, sind Sie ausgenommen.

Steuersünder können sich vor ihrer Entdeckung meist mit einer Selbstanzeige behelfen, da die allgemeinen Regelungen des Steuerstrafrechts greifen. Auf Steuergefährdung und -verkürzung stehen hohe Bußgelder, auf Steuerhinterziehung sogar Gefängnis.

Die Pflichten von Vielverkäufern bestehen nicht nur gegenüber Behörden sondern auch Kunden gegenüber. Diesen gegenüber müssen Händler ganz anders auftreten als ein privater Verkäufer. Dazu gehören die gesetzlichen Vorschriften des Fernabsatzes und des elektronischen Geschäftsverkehrs, welche eine ganze Reihe von Informations- und Belehrungspflichten vorsehen und deren Auflagen teilweise über die des stationären Handels hinausgehen.

Der Glaube, man müsse seine Identität als eBay-Mitglied nicht preisgeben, ist ein Irrglaube. Es müssen die vollständige Anschrift sowie die anfallenden Liefer- und Versandkosten mitgeteilt sowie über Widerrufs- und Rückgaberechte belehrt werden. Ein Teil der notwendigen Informationen läßt sich über das Formular beim Artikeleinstellen hinterlegen. Der Rest muß mittels standardisierter Vorlagen in die Artikelbeschreibung und auf der *Über-Mich*-Seite plaziert werden.

Bei Mängeln an der verschickten Ware haftet der Verkäufer, denn die gesetzliche Gewährleistungsfrist liegt bei zwei Jahren. Entspricht die Ware nicht der Beschreibung, müssen Sie als Verkäufer neu versenden. Für gewerbliche Verkäufer gibt es viele Möglichkeiten, die Gewährleistung zu ihren Gunsten zu regeln und eigene Geschäftsbedingungen einzubeziehen - doch auch sie müssen so untergebracht sein, daß jeder Käufer sie zur Kenntnis nimmt.

Derzeit prüft der deutsche BGH, ob Internetauktion aufgrund der Mißbrauchsmöglichkeiten einen wirksameren Verbraucherschutz erfordern, wodurch auch hier den Käufern ein zweiwöchiges Umtauschrecht eingeräumt werden müßte.

eBay-Ratgeber ⇨ *www.heise.de/ct/special/04/03* oder ⇨ *www.focus.de*

21.7 Privatnutzung betrieblicher PCs

(D) BVerfG vom 14.11.1995; Lohnsteuerrichtlinie R 21 e LStR 2002

Die private Nutzung betrieblicher PCs und Telekommunikationsgeräte ist unabhängig von Ort, Umfang und Höhe steuer- und sozialversicherungsfrei.

21.8 Checkliste

Verschiedene Steuern können anfallen bei

- ☐ Kauf oder Veräußerung (wenn kein privates Veräußerungsgeschäft vorliegt)
- ☐ Schenkung & Erbschaften (Freibeträge ⇨ Einkommensteuer)
- ☐ Vermietung oder Verpachtung (fast immer zu versteuern ⇨ Geringfügigkeitsgrenzen)
- ☐ Werbeeinnahmen (eventuell Einnahmen aus Gewerbebetrieb)
- ☐ Teilnahme an Internetauktionen (eventuell Einnahmen aus Gewerbebetrieb, wenn nicht ein privates Veräußerungsgeschäft vorliegt)

Check. 38: Steuern können anfallen bei

Meist ist auch eine Gewerbeanmeldung erforderlich!

22 Statistik & Auswertung

22.1 Begriffe

Seitenabrufe, Hits, Besucher (Unique Visitors)

Seitenabrufe, englisch **Page Impressions**, geben an, wie oft eine Webseite abgerufen wurde.

Die Anzahl der **Hits** gibt an, wie viele Elemente einschließlich der Webseiten heruntergeladen wurden. Da eine Webseite meist weitere Elemente wie Grafiken, Stylesheets (CSS) und andere Skripte aufweist, kommen so pro Seitenabruf viele Hits zustande.

Eine aus Marketingsicht interessante Meßgröße stellen die tatsächlichen **Besucher** dar. Dabei wird ein Besucher in einem bestimmten Zeitraum nur einmal gezählt, so daß es wichtig zu wissen ist, welche Frist verwendet wurde.

Aber auch die Besucherzählung hat ihren Pferdefuß, denn die Zählung basiert häufig auf IP-Adressen. Da aber große Firmen und zunehmend auch andere Internetnutzer Router und Firewalls einsetzen, kann es in Einzelfällen vorkommen, daß mehrere Besucher unter der gleichen IP-Adresse nicht als solche erkannt und gezählt werden. Dies wird durch wiederkehrende Besucher, die dann erneut gezählt werden, jedoch theoretisch ausgeglichen.

Visits und Verweildauer

Als **Visits**, zu deutsch Besuche, werden zusammenhängende Seitenabrufe angegeben. Diese Meßgröße entspricht in etwa den Besuchern. Zusätzlich gibt es noch die Verweildauer, also wie lange eine Webseite oder Homepage durch den selben Besucher angeschaut wurde.

Reloadsperre

Mit **Reloadsperre**, zu deutsch Wiederladesperre, wird die Zeit angegeben, in der ein erneutes Laden einer Webseite nicht gezählt wird.

Bei einigen Zähleranbietern wird jedoch nur die letzte IP-Adresse gemerkt und dann die Zeit gemessen. Kommt eine Ladeanforderung von einer anderen IP-

Adresse dazwischen, so gilt die ursprüngliche Sperre nicht mehr. Solche Besucherzähler sind daher für stark frequentierte Homepages nicht brauchbar.

22.2 Logdateien

Logdateien, Logifles

Logdateien bzw. **Logfiles** sind automatisch erstellte Dateien, die jede Aktion eines Webservers protokollieren. Festgehalten werden beispielsweise Art und Zeitpunkt abgerufener Dateien, die IP-Adresse von Besuchern sowie die vor dem Seitenaufruf zuletzt besuchte Seite etc.

Logfiles sind damit die Basis für eine Bewertung und Optimierung einer Homepage in Bezug auf Effizienz und Nutzerverhalten. Da einige Webhoster diese Protokolldateien Ihren Kunden nicht zu Verfügung stellen ist die Einbindung entsprechender fremder Besucherzähler notwendig, um mehr über das Nutzerverhalten zu erfahren. (*8.8 eMails und Datenschutz*)

22.3 Besucherzähler

Über die Suchmaschine Witch (⇨ *www.witch.de* ⇨ *Counter*) erhalten Sie einen Besucherzähler inkl. Suchfeld. Dieser Zähler sei lt. Witch auch unter Netscape, Opera lauffähig. Weitere Zähleranbieter sind:

- **www.kostenlose-counter.com**
  rund 40 verschiedene Counter, 3 Zählerlisten mit wahlweiser Teilnahme, Verlinkung mehrerer Accounts, Zählersetzung.
- **alraundesign.de/counter**
  nur kleinere Auswahl sehr einfacher Zähler, Zählerliste, keine Reloadsperre (Hitcounter).
- **www.fair-counter.de ⇨ Anmeldung**
  viele Zähler, einstellbare Relaodsperre, zwangsweise Abfrage der Wohnadresse.
- **www.counter.la**
  (Alternativ: ⇨ *www.fair-counter.de* ⇨ *Hier ein weiterer Gratis Counter*)
  Eingebundener Zähler zeigt nur Symbol an, dafür aber umfangreiche Statistiken abrufbar (nur sinnvoll in Kombination mit Fair Counter, da Besucherzahl nicht angezeigt wird).
- **www.germantop100.de**
  Zähler, der auch die Plazierung in der Hitliste anzeigen kann. Der Zähler beginnt aber immer bei 0 und kann nicht gesetzt werden.
- **www.house27.ch**
  Sehr große Zählerauswahl, Zusammenfassung mehrerer Accounts, umfangreiche Statistiken (eines der besten Angebote), wöchentliche Info über Zählerstand per eMail.
- **www.nedstatbasic.net**

- **www.fair-counter.net**
  Einfache Zähler mit Statistik (Top 50 Woher, Letzte 10 Woher, Top 50 Schlüsselwörter, Letzte 10 Schlüsselwörter), zählt Besucher und auch Hits, zeigt aber nur die Besucher an, eigene IP-Adresse ist vom Zählen ausschließbar; Statistik auch nach Betriebsysteme, Internet-Browser, Bildschirmauflösung und letzte 25 Minuten.
- **www.de-linkliste.de/counterhost**
  (wurde zwischenzeitlich wieder eingestellt)
- **www.counterlog.de**
  Anzeige und Speicherung der Besucherzahl, die sich zur Zeit auf Ihren Seiten befinden. sichtbare oder unsichtbare Zähler. (Aktualisierung alle 120 Sekunden; einstellbar). Proxy-Server werden nicht gezählt (an-/abstellbar). Anpassung der Farbe an Ihr Layout. Die Anzahl der Aufrufe von einzelnen Seiten wird ebenfalls gespeichert inkl. der dazugehörigen URL. (zur keine Anmeldung möglich).
- **www.zaehl-mich.de**
  Recht neuer, zweifelhafter Zähleranbieter (einige eMailadressen aus dem Impressum existieren nicht), ca. 20 verschiedene Designs und eigene Hitliste der meist besuchten Angebote, Plazierungsanzeige und Anzeige der Gesamthits, diverse Statistiken inkl. letzte 10 IP-Adressen, kein Setzen des Anfangswertes, Reloadsperre, Subcounter.

Einige Webhoster sowie bestimmte Internet-/Marketingfirmen bieten ebenfalls an, Ihre Besuchergruppen zu analysieren. Bekanntester professioneller Vertreter ist Nielsen Netratings (⇨ *www.nielsen-netratings.com*).

U.a. bieten folgende der oben genannten Besucherzähler auch die Möglichkeit an, Werbung zu schalten:

⇨ *www.germantop100.de*
⇨ *www.zaehl-mich.de*

22.4 Checkliste

Besucherzähler

- ☐ Verfügbarkeit des Zählers
- ☐ Umfangreiche Zählerdesigns
- ☐ Reloadsperre bei Besucherzählern, nicht bei Hitzählern,
- ☐ Eventuell auch Tages- oder Onlinezähler
- ☐ Protokollierung mind. der letzten 10 Besucher, besser 20 oder 50
- ☐ Zusammenfassung der von Suchdiensten kommenden Verweise
- ☐ Zusammenfassung mehrerer Zählerkonten (Unterzähler)
- ☐ Umfangreiche Zugriffstatistiken (nach Betriebssystem, Browser, Domäne, Wochentag und Zeit)
- ☐ Eventuelle Rangliste aller Zähler
- ☐ Rücksetzmöglichkeit bzw. freie Definition des Zählerstandes
- ☐ Einzubindender Code
- ☐ Öffentliche Statistik oder nicht (wie Sie wollen)
- ☐ Weitere Auflagen

Check. 39: Besucherzähler

23 Zusätze

23.1 Gästebuch, Forum, Kleinanzeige

23.1.1 Vorbetrachtungen

Steter Quell für juristischen Ärger bieten Gästebücher und Foren. Es empfiehlt sich zunächst, den Nutzern vor Eintragung ins Gästebuch oder bei der Anmeldung zum Forum eigene Nutzungsregelungen vorzulegen und sich deren Kenntnisnahme & Einhaltung bestätigen zu lassen.

Für fremde Inhalte in Gästebüchern und Foren haftet gemäß Teledienstegesetz nur bei positiver Kenntnis von Inhalt und Rechtswidrigkeit der Betreiber. Also ist auch nur derjenige Betreiber zum Handeln verpflichtet, der ein Posting von rechtswidrigen Inhalten entdeckt bzw. mittels Hinweises davon Kenntnis erlangt. In diesem Fall ist unverzügliches Handeln angesagt, etwa durch Entfernung des fragwürdigen Beitrags.

Sofort ⇨ Unverzüglich ⇨ Gleich

Sofort bedeutet, alles Stehen und Liegen zu lassen und die Angelegenheit zu erledigen.

Unverzüglich bedeutet ohne Verzug, d.h. Sie schließen die aktuelle Angelegenheit(en) ab und machen sich anschließend, also zeitnah an die geforderte/gewünschte Erledigung.

Und **gleich** und ist irgendwann später. „Ich komme gleich!" kann in zwei Minuten oder in zwei Stunden sein.

Sitzen Sie in einem Lokal und teilen dem Kellner mit: „Zahlen!" und antwortet dieser: „Ich komme sofort", sollten Sie wissen, daß dies nie stimmen wird. Um sofort zu kommen, sollte er bereits auf dem Weg sein und nicht am Nachbartisch sein Geld eintreiben...

23.1.2 Urteile

Portal-Betreiber muß für Schein-Anzeige Schadenersatz leisten
(D) LG Köln, 28 O 706/02

Ist der Inserent einer Onlinekleinanzeige nicht ermittelbar und enthält die Offerte eine unwahre Tatsachenbehauptung, hat dafür auch der Portalbetreiber einzustehen. Das Landgericht Köln sprach einem Betroffenen 2.000 € Schadensersatz zu.

"Verkaufe wegen privater Insolvenz meinen Porsche 933" wurde in einem bekannten Onlineportal für gebrauchte PKWs inseriert. Neben technischen Angaben waren dort auch der Name des Eigentümers sowie Büro- und Handynummer vermerkt. Der angegebene Porschefahrer betreibt eine Personalagentur für Führungskräfte und war weder in Konkurs noch wußte er von der Anzeige. Obwohl das falsche Angebot nur eine Stunde online war und gleich nach Anruf des Betroffenen gelöscht wurde, erhob dieser Schadensersatzansprüche.

Nach Richtermeinung verursachte die Falschmeldung einen Eingriff in das allgemeine Persönlichkeitsrecht und das Recht auf informelle Selbstbestimmung, wonach jeder selbst entscheiden darf, welche persönlichen Angaben er veröffentlicht sehen will. Eine Freistellung für die fremde Behauptung nach Teledienstegesetz lehnte das LG ab. Der § 11 TDG räumt Webanbietern ein Haftungsprivileg ein, wenn sie lediglich fremde Inhalte speichern. Sie sind dann nicht verantwortlich, wenn sie keine Kenntnis von den Inhalten haben und ihnen auch keine Tatsachen bekannt sind, aus denen die Unzulässigkeit offensichtlich hervor geht. Da das Gebrauchtwagenportal die Anzeigen vor ihrer Veröffentlichung jedoch manuell durchsah und bei Onlinekleinanzeigen ohnehin mit Mißbrauch zu rechnen sei, habe er entsprechende Kenntnis gehabt und hätte die Anzeige nicht ohne weitere Rückfragen online schalten dürfen.

(D) BGH, I ZR 304/01 vom 11. März 2004

Gegen obiges Urteil des LG Köln wurde Berufung eingelegt. Die Chancen des Portalbetreibers zum Kippen der Entscheidung sehen angesichts eines aktuellen BGH-Urteils positiv aus.

Diese Entscheidung besagt nämlich, daß neben den Anbietern gefälschter Markenartikel auch die Betreiber von Internetplattformen für Fremdversteigerungen auf Unterlassung in Anspruch genommen werden können. Zum Schadenersatz sind die Auktionshäuser allerdings nicht verpflichtet. Auch besteht vorher keine aktive Überprüfungspflicht, ob es sich bei den Angeboten um Fälschungen und Nachahmungen handelt.

Die Urteilsbegründung drückt aus, daß die Internetversteigerer lediglich eine Plattform für fremde Inhalte bereitstellen. Rechtlich gesehen ließe sich dies auf weitere Plattformanbieter im Internet ausdehnen.

Gepostete Falschmeldung bei Kontrolle des Forums übersehen
(D) OLG München, 21 U 5569/01 vom 17.05.2002

Ähnlich urteilte das OLG München in einem Fall eines Betreibers eines Internetforums für eine gepostete Falschmeldung. Verhängnisvoll war, daß er alle zwei bis drei Tage die Einträge kontrollierte, ihm aber die Falschmeldung verborgen blieb. Das OLG setzte dies einer Kenntnis von der unzulässigen Äußerung gleich und gab der Klage statt.

Beide Gerichtsentscheidungen zeigen, daß Foreninhaber und Portalbetreiber in einer Zwickmühle stecken. Werden Stichproben durchgeführt und Rechtsverstöße übersehen, gilt trotzdem eine Haftung für fremde Inhalte. Wird auf Kontrolle gänzlich verzichtet, kann diese Sorglosigkeit bei massiven Verstößen gleichfalls zum Vorwurf gemacht werden.

Verpflichtung zur regelmäßigen Prüfung des Gästebuchs
(D) LG Trier, 4 O 106/00 vom 16.05.2001

§ Gästebuch §

Das Gästebuch muß mindestens wöchentlich geprüft werden. Rechtswidrige Einträge sind sofort zu löschen.

Das LG Trier legte fest, daß ein Gästebuch-Betreiber in regelmäßigen Abständen auf rechtswidrige Einträge zu prüfen habe. Unterlasse er eine regelmäßige Kontrolle der Einträge, mache er sich deren Inhalte zu eigen. Ein allgemeiner Hinweis darauf, daß der Betreiber sich distanziere, sei unzureichend.

Bei einer rein privat betriebenen Homepage mit einem beschränkten Aufkommen von Gästebucheinträgen genüge eine Überprüfung in wöchentlichen Abständen. Das Oberlandesgericht Koblenz hat die gegen dieses Urteil gerichtete Berufung der Beklagten mit Versäumnisurteil 6 U 985/01 vom 16.05.2002 zurückgewiesen.

23.1.3 Kostenlose Gästebücher

Kostenlose Gästebücher bieten Ihnen folgende Homepages:

- *www.gaestebuch-portal.de*
- *www.toplinks24.de/gbservice*
- *www.0800gaestebuch.de*
- *www.act4you.de/produkte/guestbook*
- *www.ihr-gaestebuch.de*
- *www.guestbook24.com*
- *www.0814.net*
- *112gb.com*
- *www.gaestebuchportal.de*
- *www.123free.de*
- *www.daslinkeforum.de/index10090.htm*
- *globalguest.com*
- *www.service.buyotec.de*

23.1.4 Kostenlose Foren

Kostenlose Foren zum Einbinden gibt es beispielsweise unter:

- *www.bboard.de*
- *www.forum-prinz.de*
- *www.virtualuniversity.ch/software/oss/2.html*

- ⇨ *amazingforums.com*
- ⇨ *www.daslinkeforum.de/index11198.htm*
- ⇨ *www.forum.rks1.de*
- ⇨ *www.forum-gratis.com/index.php*
- ⇨ *www.forum-prinz.com*
- ⇨ *forum.stroblnet.com/home*
- ⇨ *www.forum123.de*
- ⇨ *www.forumfactory.com*
- ⇨ *www.forumgratis.net*

23.1.5 Kostenlose Veranstaltungskalender

Freeware zur Einbindung eines Veranstaltungskalenders in Ihre Homepage erhalten Sie:

- ⇨ *www.act4you.de/produkte/eventcalendar*
- ⇨ *www.daslinkeforum.de/index11236.htm*
- ⇨ *www.service.buyotec.de*
- ⇨ *www.datefix.de*
- ⇨ *www.simons-it.de/eventlight.php*

23.1.6 Kostenloser Anzeigenserver

Die meisten kostenlosen Angebote zum Thema Kleinanzeigen beschäftigen sich mit bereits etablierten Anzeigenmärkten. In diesem Zusammenhang ist das Angebot von ⇨ *www.anzeigenschleuder.de* hervorzuheben, welches Anzeigen bei ca. 300 Kleinanzeigenmärkten in einem Rutsch plaziert. Die kostenlose Ausrüstung für einen eigenen Anzeigenmarkt finden Sie unter:

- ⇨ *www.info-serve.de/anzeigen/index.phtml*

23.2 Forum zum Thema Homepage

Ein Forum zum Thema Homepageerstellung usw. finden Sie u.a. unter folgender Adresse:

- ⇨ *www.selfhtml.de*

23.3 Kontaktformular

Im Rahmen und zur Vorbereitung von Kundenbindungsprogrammen ist die Kenntnis der Wünsche und Vorstellungen Ihrer Besucher ein entscheidender Punkt für dauerhaften Erfolg. Schließlich möchten Sie doch, daß Kunden bzw. Besucher zu Ihnen wiederkommen?

Einen Kunden, der seinen Ärger bei Ihnen los werden möchte, haben Sie noch nicht verloren.

Sinnvoll sind daher Links in der Fußzeile jeder Seite zur Webseite mit den Kontaktmöglichkeiten. Vom Autor wird empfohlen, beide Varianten anzubieten: **per eMail** und **via Webformular** (für Nutzer öffentlicher PCs).

23.3.1 Anforderungen

Möchten Sie auf Ihrer Seite statt eMailkontakt ein Kontaktformular einsetzen, um bestimmte Vorausselektionen der Anfragen treffen zu können, so sollte folgendes zum guten Ton gehören:

- **Wahlweise oder automatisch eine Kopie der Kontaktanfrage als eMail an den Absender**
  Viele Nutzer möchten gern wissen, wann sie was geschrieben haben. Nebenbei prüfen Sie die Gültigkeit der eMailadresse. Der Anfragende wird sich u.U. noch einmal an Sie wenden, wenn er keine Kopie erhält und dabei auf die richtige Schreibweise achten. Ob die doppelte Eingabe einer eMailadresse Eingabefehler ausschließt, ist zweifelhaft. Sie sollten einfache Prüfungen bereits vor Ausgabe einer Empfangsbestätigungsseite vornehmen und Möglichkeiten zur Korrektur anbieten. Sinnvoll ist sicher, hier noch einmal die eingegebene Adresse darzustellen.

- **Nur max. drei Daten zwangsweise abfragen**
  Manche Internetnutzer sind bei einigen Fragen überfordert (Browser- und Betriebssystemdaten werden bereits bei Anfragen automatisch mitgesendet und müssen nicht zwangsweise beim Nutzer abgefragt werden)

- **Zu viele zwangsweise Abfragen erwecken den Eindruck, Support verweigern zu wollen**
  Von vielen Internetnutzern wird beklagt, daß häufig Dinge abgefragt werden, die mit dem eigentlichen Problem nichts zu tun haben! Nicht nur das Datenschutzgesetz gebietet Datensparsamkeit (§ 3a BDSG).

- **Immer ein ausreichend großes Freitextfeld**
  Dies bietet die nötige Flexibilität, damit Ihre Kommunikationspartner Ihr Anliegen umfassend darlegen kann, um unnötige Rückfragen zu vermeiden.

23.3.2 Feedbackformulare

Grundsätzlich sollten auch Kontaktmöglichkeiten per eMail bestehen. In diesem Fall sollten Kontaktformulare nur als Ergänzung oder Kanalisierung von Anliegen angesehen und verwendet werden.

Bei Kontakt- oder Feedbackformularen sind folgende Punkte wichtig:

- Nur wenige zwangsweise Eingaben, am besten keine
- Wahlweise Kopie des abgesendeten Formulars an den Absender
- Freitext- bzw. Kommentarfelder (mindestens eins pro Formular, speziell bei Umfragen)

- Erklärung komplizierter Fragen und Antwortmöglichkeiten, die bei Nutzern, für die das Internet nur Mittel zum Zweck ist, nicht vorausgesetzt werden können, z.B. sind einige Nutzer bereits überfordert, wenn nach der Browserversion gefragt wird. Bieten Sie daher Hilfestellungen an, wie bestimmte Informationen gefunden werden können.

Der Autor erkennt die Ernsthaftigkeit von Supportformularen immer daran, wieviel und welche Fragen zwangsweise beantwortet werden müssen, um ein Anliegen zu formulieren bzw. abzufragen. Bestimmte Antworten können dem http-Header einfacher und vor allem zuverlässiger entnommen werden.

Das Institut der deutschen Wirtschaft (IW) untersuchte Anfang 2003 die Verbreitung von PC-Kenntnissen in 15 europäischen Ländern. Dabei wurde festgestellt, daß zwei von fünf Deutschen keine Ahnung von Computern haben. Wieviel Ahnung die anderen Drei haben, wurde nicht mitgeteilt.

Bei einer Umfrage zu Thema „Gebärdensprach-Filme im Internet" nutzten 35 % der Teilnehmer das angebotene Kommentarfeld (Freitextfeld).

23.3.3 Umfragen

① Bei Umfragen ist es wichtig, daß Sie nicht nur in schwarz/weiß also nicht nur ja/nein denken. Für eine hohe Qualität von Antworten sind auch die Grauzonen interessant, z.B. ‚Beides trifft zu' ‚Stimmenthaltung'; ‚weiß nicht'; ‚später noch mal fragen' oder ‚eher ja' bzw. ‚eher nein'.

Der Autor stieß kürzlich auf einen Fragebogen einer deutschen Bundesbehörde zur Barrierefreiheit. Dort wurde gefragt: „Ist eine vertonte Webseite für Sie wichtig?" Als Antwort standen JA und NEIN zur Verfügung. Wie die meisten Internetnutzer bevorzugt der Autor normale Textseiten ohne Lärm oder Geräusche. Also mußte die Frage mit NEIN beantwortet werden.

Hintergrund des Fragebogens war aber, daß eine weitere Form der Barrierefreiheit bekanntgemacht werden sollte. Unter diesem Hintergrund ist die Vertonung des Geschriebenen eine Alternative zu barrierefreien Anpassungen im HTML-Quellcode und müßte eigentlich bejaht werden. Aber persönlich ist das für den Autor unwichtig, für die Gleichstellung aller Internetnutzer ist es aber von Bedeutung. Die Frage hätte besser lauten müssen: „Halten Sie vertonte Webseiten für wichtig?"

② Bei mehrseitigen Fragebögen sollten Sie ein Wiederaufsetzen abgebrochener Formulare vorsehen. Zwischenergebnisse sollten gespeichert werden.

③ Liegt Ihnen wirklich an der Meinung Ihrer Besucher, so sollten Sie unbedingt Freitextfelder vorsehen, mindestens eins pro Formularseite.

④ Bei mehrseitigen Umfragen ist es ratsam, den **Fertigstellungsgrad** anzuzeigen, z.B. Seite 4 von 12 oder 30 %...

⑤ Browsen per Rückwärts-Taste sollte nicht zum Absturz der Umfrage führen. Die Feldinhalte sollten immer aktuell sein. Alte und nachfolgende Eingaben sollten beim Blättern wieder als Vorgabe zur Verfügung stehen.

Kostenlose Angebote:

- ⇨ *www.act4you.de/produkte/umfrage*
- ⇨ *www.0814.net*
- ⇨ *globalguestpoll.com*

23.4 CMS - Ändern ohne HTML-Kenntnisse

23.4.1 Anforderungen

Gerade für kleinere bis mittelständische Unternehmen ist es oft notwendig, daß schnell bestimmte Mitteilungen auf der eigenen Homepage untergebracht werden sollen oder müssen und das ohne Programmier- oder HTML-Kenntnisse. Für mobile Homepagebetreiber sind solche Lösung gleichfalls interessant, da lediglich über einen Browser Homepageinhalte verändert werden – quasi von überall. Ein weiterer Aspekt ist die Integrierbarkeit und Zukunftsicherheit von **W**eb**c**ontent-**M**anagement-**S**ystemen (WCMS), wie solche Software im Fachjargon genannt wird. Insgesamt können Sie also folgende Kriterien zur Beurteilung heranziehen:

- Kaufen, Open Source oder selbst entwickeln
- Benutzeroberfläche
- Zugriffsmöglichkeiten und -rechte, Benutzerverwaltung
- Systemvoraussetzungen, Schnittstellen
- Zukunftsicherheit, Erweiterbarkeit, Updates und Support

23.4.2 Webedition

Webedition überzeugt durch sein modulares Konzept, welches noch durch kostenlose Updatemöglichkeiten und Gratis-Support für Kunden und Endkunden ergänzt wird. Bei den meisten Vergleichen von CMS-Systemen fällt dies jedoch unter den Tisch.

webEdition Software GmbH

⇨ *www.webedition.de*

Abb. 40: Webedition-Logo

Der modulare Aufbau gestattet durch Zukauf weiterer Module, daß das System mit Ihrem Unternehmen und Ihrer Homepage mitwächst. Für die Bedienung steht eine grafische Oberfläche bereit. Das Editor-Plugin verwendet ActiveX-

Elemente und erwartet einen Browser, der damit umgehen kann. Im Backend unterscheidet die Software zwischen Vorlagen und Inhalten. Dynamische Seiten lassen sich auch statisch ablegen, was einerseits die Performance des Webservers verbessert und andererseits es Suchmaschinen erleichtert, die jeweilige Homepage zu indizieren.

Webedition-Vorlagen können sowohl eigenen HTML-Code als auch sog. We:tags enthalten. Die We:tags sind XML-ähnliche Webedition-Elemente, die einen sehr flexiblen Seitenaufbau ermöglich. Sie können händisch oder mittels eines Assistenten eingefügt werden. Folgende Module gibt es für Webedition:

- Benutzerverwaltung bzw. Benutzerverwaltung PRO
- Scheduler bzw. Scheduler PRO
- Editor-PlugIn
- Shop-Modul
- Kundenverwaltung bzw. Kundenverwaltung PRO
- Newsletter
- DB-/Objektmodul
- Banner-/Statistik-Modul
- Workflow Modul
- ToDo-/Messaging-Modul

Die webEdition Basisversion plus Scheduler, Editor Plug-in und Benutzerverwaltung ist als Webedition Starter für rund 500 € erhältlich. Auf der Homepage ⇨ *www.webedition.de* finden auch eine geführte Tour durch das Produkt. Insgesamt sind derzeit knapp 8.000 Lizenzen verkauft worden.

Für MACianer bietet der gleiche Anbieter MAMPS - ein kostenloses Tool zur einfachen Installation von Apache, MySQL und PHP unter Mac OS X.

23.4.3 Easy Edit

⇨ *GroebeNewMedia.de* bietet mit *EasyEdit* einen kleinen Service oder wahlweise auch als Produkt zum Selbsteinbau, womit Texte und Bilder auf einzelnen Webseiten ohne HTML-Kenntnisse mittels eines WYSIWYG-Editors eingefügt, geändert oder gelöscht werden können. Paradebeispiele sind die Informationen über geänderte Öffnungszeiten oder Sonderangebote.

EasyEdit kann selbstverständlich mehrfach in eine Webseite integriert werden. Für Entwickler und Leser des Großen Homepagebuchs gibt es das Produkt für 35 € und für alle anderen die komplette Integration in Ihre Homepage für 75 €. Als technische Voraussetzung muß Ihr Webhoster PHP 4 und MySQL unterstützen, was eigentlich Standard ist.

Abb. 41: Easy Edit-Logo

23.4.4 CMS-Anbieter auf einem Blick

Produkt/Homepage	Preis ab	Bemerkung
EasyEdit *GroebeNewMedia.de*	35 €	Einmalige Lizenzgebühr, einfache Integration in bestehende Seiten
Weblication CMS Light ⇨ *www.scholl.de*	ca. 150 €	Enterprise-Version möglich
Webedition ⇨ *www.webedition.de*	231 €	PHP, modular, geringe Hostanforderungen, günstige Entwicklerlizenz
Web4Biz ⇨ *www.ic4b.de*	290 €	Mietbasis, 10 Veröffentlichungen pro Monat
ContentPapst ⇨ *www.sandoba.de*	300 €	PDF-Export, modular, viel bereits im Grundpreis, Nuke-ähnlich
ConPresso ⇨ *www.conpresso.de*	319 €	Gratis bei nichtkommerziellem Einsatz, Versions- & Nutzerverwaltung
Tool 1 ⇨ *www.tool1.de*	56,84 €/Mon.	Mietbasis pro Redakteur, Generierung von statischen Seiten
Red Dot Express ⇨ *www.reddot.de*	5.800 €	Umfangreiches System, Anbindung an ECMS-Umgebung möglich
Contens Compact ⇨ *www.contens.de*	8.000 €	Cold-Fusion-Basis, komfortable Funktionen
Typo 3 ⇨ *www.typo3.com*	Open Source	Komplex, aufwendige Einarbeitung, unergonomische Oberfläche
Contenido ⇨ *www.contenido.de*	Open Source	Umfangreiches Template-System, viele Module, einfache Bedienung

Tab. 35: CMS-Anbieter

23.5 Kleine Browserbildchen – FAVICON

⇨ *www.favicon.de*

In der Adreßzeile und in der Favoriten-/Lesezeichenliste vieler Browser sehen Sie manchmal ein individuelles Bildchen vor einer URL dargestellt. Homepages mit solchen Merkmalen erhöhen die Aufmerksamkeit und fallen gerade in der Lesezeichenliste auf.

Handgriffe zur Erstellung

① Erstellen Sie ein Bild mit 16x16 Pixel und speichern Sie diese Grafik unter dem Namen *favicon.bmp* auf Ihrer Festplatte ab.

② Sofern Ihr Grafikprogramm Windows-Icons (*.ico*) nicht unterstützt, installieren Sie IrfanView (⇨ *www.irfanview.com*).

③ Öffnen Sie die Datei *favicon.bmp.* Anschließend drücken Sie die Taste [S] auf Ihrer Tastatur und speichern Sie die Datei mit dem Dateityp "ICO - Windows Icon" ab ⇨ *favicon.ico*.

③ Diese ICO-Datei legen Sie im Wurzelverzeichnis Ihrer Domäne ab.

④ Binden Sie in jede Ihrer Webseiten folgende Anweisung im Seitenkopf (<HEAD...) ein:

```
<link rel="shortcut icon" href="favicon.ico" type="image/ico">
```

Allerdings zeigt der MS IE das Icon nur an, wenn Sie die Homepage in Ihren Favoriten gespeichert haben. Auch sollten Sie das Link-Element in der Rahmendefinitionsseite und nicht erst in einer Unterseite unterbringen.

23.6 Mehrsprachigkeit

① Allgemeine Tipps

Um die Seiten unterschiedlicher Sprachen voneinander zu unterscheiden, können Sie verschiedene Unterverzeichnisse oder Subdomänen verwenden. Möchten Sie aber nicht mehrfach gleiche Verzeichnisbäume bzw. befinden sich pro Verzeichnis nur ein überschaubare Zahl von Dateien, so ist es sinnvoll die Dokumente sprachlich zu strukturieren. Dazu hat sich beim Autor das Voranstellen des Sprachkürzel (ein oder zwei Buchstaben), gefolgt vom Unterstrich bewährt. Z.B.:

```
d_index.htm          r_index.htm
e_index.htm          s_index.htm
```

In der Literatur finden Sie auch andere Vorschläge, wie beispielsweise *index.htm.de*. Auf Browserseite bereitet dies meist keine Probleme, da die Anzeigeprogramme in den Quelltext, ungeachtet der Endung schauen, und dann entsprechend handeln.

② META

Genau genommen sollten Sie im Kopf einer HTML-Seite anfangen und dort die verwendeten Sprachen in TLD-Notation eintragen. Z.B.:

```
<meta name="Content-language" content="DE,EN,ES,RU,JP,CN,KR,RO,FR">
```

③ LINK

Zur Kennzeichnung von alternativen Linkzielen bzw. sprachlichen Einstriegsseiten auf mehrsprachigen Homepages gibt es das LINK-Element. Beispiel:

```
<LINK lang="de" title="Das Homepagebuch auf deutsch"
      rel="alternate"
      HREF="http://das-homepagebuch.de/d__index.htm">
<LINK lang="ru" title="Homepagebuch po russkij"
      rel="alternate"
      HREF="http://das-homepagebuch.de/r__index.htm">
<LINK lang="en" title="The Homepagebuch in english"
      rel="alternate"
      HREF="http://das-homepagebuch.de/e__index.htm">
<LINK lang="es" title="El Homepagebuch en espanol"
      rel="alternate"
      HREF="http://das-homepagebuch.de/s__index.htm">
<LINK lang="fr" title="El Homepagebuch en francais"
      rel="alternate"
      HREF="http://das-homepagebuch.de/f__index.htm">
```

Diese Anweisungen sollten Sie auch auf Ihrer Startseite einfügen.

④ A

Auch das Verknüpfungselement sollte die Sprache angeben, die beim Verknüpfungsziel verwendet wird. Dies erleichtert auch Suchdiensten, die verschiedene Sprachen unterscheiden, die Einsortierung Ihrer Homepage entscheidend. Dazu sollten Sie das A-Element um den Parameter lang= ".. " erweitern:

```
<A lang="en" href="http://zahnstocher.ch/en_index.htm">
```

⑤ Nur eine Sprache pro Webseite

Da die Suchdienste auch national, d.h. sprachbezogen indizieren, sollten Sie pro Sprache eigene Homepages anfertigen, die von zentraler Stelle aus erreichbar sein sollten, d.h. mindestens von der Startseite und aus dem Seitenverzeichnis. Aufwendiger, aber besucherfreundlicher ist es, wenn Links von jeder Infoseite zu anderssprachigen Seiten vorhanden sind. Hierzu haben sich kleine Abbildungen mit Landesfahnen etabliert (ALT-Option mit Sprachname).

Verwenden Sie mehrere Sprachen auf einer Seite, so sollten die Bereiche einer Sprache mittels der LANG-Option in den entsprechenden Tags (z.B. TABLE) gekennzeichnet werden. Eventuell können Sie pro Sprache eine eigene Subdomäne verwenden, die noch dazu das Angebot in der jeweiligen Sprache kennzeichnet, z.B.

Buch.das-homepagebuch.de	Kniga.das-homepagebuch.de
Libro.das-homepagebuch.de	Book.das-homepagebuch.de

23.7 Flash-Intros

13.1 Ladezeiten und Dateigrößen

Generatoren für Flash-Elemente finden Sie unter

www.guistuff.com

Vorspanne für Ihre Homepage finden Sie unter

www.url-anmelden-2000.de/homepagevorlagen_flash.html

Imagefilmchen

Der Autor empfiehlt aber auf die meist informationslosen Werbefilmchen zu verzichten, es sei denn, Sie möchten Ihren Besuchern Zeit rauben. Wichtig ist in jedem Fall, eine Funktion zum Abbrechen und Überspringen der Introduktion!

Falls Sie auf Ihrer Homepage eigene Flash-Animationen verwenden, die für Demonstrationen beispielsweise sinnvoll sein können, dann sollte dies vor einem Aufruf kenntlich gemacht werden. Auf notwendige Zusatzkomponenten/Plugins sollte hingewiesen werden.

Automatisch sollten diese Filmchen nicht gestartet werden. Suchmaschinentechnisch sind Flash-Introduktionen keine gute Idee, da die wertvolle Startseite verschenkt wird.

23.8 Identitäts- und Altersverifikation

23.8.1 Identitätsprüfung

Zu Identitätsüberprüfung bietet die Deutsche Post AG das PostIdent-Verfahren, bei dem sich die jeweilige Person am Postschalter ausweisen muß. Dieses Verfahren wird in drei Varianten angeboten: *Basic*, *Comfort* und *Special*.

Bei der *Basic*-Variante erfolgt die Überprüfung in der Postfiliale, bei den anderen beiden durch den Zusteller. Mehr Informationen erhalten Sie auf der Homepage der Deutschen Post:

www.deutschepost.de

23.8.2 Jugendschutz

Bei der Bayerischen Landesmedienanstalt wurde dazu eine Stabsstelle eingerichtet. Sie finden weitere Informationen unter

⇨ *www.blm.de ⇨ Jugendschutz*

Über das anzuwendende Jugendschutzgesetz informieren Sie sich hier:

⇨ *www.blm.de/publik/recht/pdfs/JuSchG.pdf*

23.8.3 Altersprüfung

Für bestimmte Internetangebote ist nur eine Prüfung der Volljährigkeit notwendig, die genaue Identität ist dabei nicht relevant. Gelegentlich wurde in diesem Zusammenhand die Personalausweis- bzw. Reisepaßnummer abgefragt und überprüft.

Obwohl dieses Verfahren im Vergleich zur bloßen Geburtsdatumsabfrage schon eine gewisse Sicherheit bot, wurde es als unzureichend angesehen.

Im Rahmen der sechsten KJM-Sitzung (Kommission für Jugendmedienschutz der Landesmedienanstalten) wurden folgende zwei Verfahren vorgestellt:

① Das Konzept der Coolspot AG („X-Check") führt zunächst die Identifizierung des Kunden über das PostIdent-Verfahren durch (☞ *23.7.1 Identitätsprüfung*). Um sich zukünftig zu authentifizieren, benötigt der Kunde neben einer eigenen Software auch eine Hardware-Komponente (ID-Chip) sowie eine PIN. Die Authentifizierung wird nun mittels eines Zentralrechners sichergestellt.

② Die Volljährigkeitsprüfung von Vodafone D2 basiert auf dem persönlichen Kundenkontakt bei Vertragsschluß in einem Vodafone-D2-Shop bzw. einem angeschlossenen Partnergeschäft. Bei jedem Nutzungsvorgang wird eine individualisierte Adult-PIN unter Einbeziehung einer Hardware-Komponente (SIM-Karte) generiert.

23.8.4 Urteile

(D) OLG München, 29 U 2745/04 (PostIdent-Verfahren)

Ein durch Versandhändler von pornografischen Medien zuvor durchgeführtes PostIdent-Verfahren genügt nicht, um sicherzustellen, daß der Bestellempfänger volljährig ist. Vielmehr müßten die Sendungen per **eigenhändig übergebenem Einschreiben** versandt werden. Dieselben Grundsätze können auch für den Versand anderer jugendgefährdender Inhalte angelegt werden (z.B. indizierte Computerspiele).

Laut Gesetz muß bei der Verbreitung pornografischer Inhalte über Telemedien durch technische/sonstige Vorkehrungen sichergestellt sein, daß pornografische Darbietungen Personen unter 18 Jahren unzugänglich sind (§ 184 c StGB). Ähnliches gilt nach dem Jugendschutzgesetz. Es untersagt den Versandhandel jugendgefährdender Medien (§ 15 Abs. 1 Nr. 3 JuSchG).

Wenn durch technische oder sonstige Vorkehrungen sichergestellt ist, daß kein Versand an Kinder oder Jugendliche erfolgt (§ 1 Abs. 4 JuSchG), können die

Medien auch normal verschickt werden und das Geschäft wird nicht unter Versandhandel eingestuft.

Diese Entscheidung verwundert, da bisher die Altersprüfung eines Empfängers über das PostIdent-Verfahren meist als zulässig angesehen wurde. Auf der 2004er Jahrestagung der Bundesprüfstelle für jugendgefährdende Medien hatte der Frankfurter Oberstaatsanwalt Peter Koehler das PostIdent-Verfahren empfohlen. Andere Verfahren (gefaxter Personalausweis und eine Abbuchung von der zugehörigen Kreditkarte) stufte er nach bisheriger Rechtsmeinung als möglicherweise nicht ausreichend ein.

(D) LG Krefeld, 11 O 85/04 vom 15. September 2004 (ueber18.de)

Nach LG-Meinung erfüllt das Altersverifikationssystem ⇨ *ueber18.de* nicht die gesetzlichen Vorgaben zum Schutz von Jugendlichen vor pornografischen Inhalten. Das Gericht bestätigte damit die einstweilige Verfügung eines Pornoseitenbetreibers gegen seinen Konkurrenten.

ueber18.de nutzt zur Verifikation lediglich die Personalausweisnummer und einige weitere Angaben (z.B. Postleitzahl und Bankverbindung). Eine weitgehend zweifelsfreie Authentifizierung ist aufgrund der Nutzung fremder Ausweisdaten nicht möglich.

Im Urteil wurde bemerkt, daß kein hundertprozentiger Schutz vor dem Zugriff Jugendlicher auf solche Inhalte gewährleistet werden kann, der Zugang jedoch durch die Errichtung eines **regelmäßig wirksamen Hindernisses** deutlich zu erschweren ist.

23.9 Suchen auf den eigenen Seiten

☺ Google ☺

Google erlaubt durch Angabe eines zusätzlichen Parameters (site: Ihre.Domäne.de) die Einschränkung der Suche auf die jeweilige Domäne und positiv - die nicht im Google-Index zum Suchzeitpunkt enthalten sein muß (⇨ *11.9.6. Googles Befehle*).

Altavista bietet dies auch an, versagt aber, wenn die Domäne nicht offiziell gelistet ist.

Unter ⇨ *www.download-web.de/dc_detail.php?fi_id=2925* finden Sie ein Shareware-Programm namens *AeroTags Search Expert 1.20*, welches Ihre Homepage scannt und eine Suchseite erzeugt, in deren Quelltext wichtige Schlüsselwörter enthalten sind. Nach der Eingabe eines Schlüsselwortes erhält der Besucher eine Trefferliste. Zum Aufbau der Suchwortliste werden die versteckten Seiteninformationen herangezogen (`TITLE`, `KEYWORDS`, `DESCRIPTION`).

23.10 Zu wem gehört eine IP-Adresse

Who is the IP

Auf diese Frage erhalten Sie über folgendes Formular eine Antwort:

⇨ *www.ripe.net/perl/whois*

Einfach die IP-Adresse eingeben und fertig.

23.11 Kostenlose Infodienste

23.11.1 Nachrichten

Shownew

Über ⇨ *www.shownew.de/ddp_easy/welcome.html* erhalten Sie nähere Informationen, wie Sie einen Nachrichtenkanal in Ihre Homepage integrieren können. Es werden folgende Kanäle angeboten:

- **Wirtschaft**
  Unternehmensmeldungen, Branchenneuigkeiten, Märkte, Konjunktur und verbraucherrelevante Themen
- **Entertainment**
  Stars, Sternchen, Kinofilme und neue CD-Titel
- **Reise**
  Reiseberichte, Meldungen über Urlaubsländer, wichtige Impfungen und Visabestimmungen
- **Auto und Kfz.**
  Meldungen und Nachrichten aus der Automobilbranche, Fahrberichte neuer Modelle
- **Tiere**
  Aktuelle Meldungen für Tierfreunde

Finanziert wird das kostenlose Angebot, indem Sie der Nachrichtenagentur ddp eine in die Meldungsbox eingebetete Werbefläche auf Ihrer Homepage zur Verfügung stellen. Sie müssen lediglich ein wenig einfachen Code integrieren.

Shortnews

Auch unter ⇨ *shortnews.stern.de* können Sie sich einen kostenlosen Nachrichtenticker konfigurieren. Es stehen drei verschiedene Typen zur Wahl.

Heise

Über ⇨ *www.heise.de/news-extern/news.shtml* erhalten Sie nähere Informationen, wie Sie mit Skript Nachrichten in Ihre eigene Homepage integrieren können. Wichtig dabei ist, daß Sie nur die Überschriften übernehmen dürfen und Ihre Besucher, sofern Sie mehr erfahren wollen, auf die Heise-Homepage verzweigen müssen.

23.11.2 Zeitloses

Sprüche

Über ⇨ *www.philosophenlexikon.de/zitate* erhalten Sie kostenlos die Möglichkeit wechselnde philosophische Sprüche in einer Box auf Ihrer Homepage anzuzeigen. Leider arbeitet die Text-Grafik-Konvertierung nicht ganz sauber, so daß praktisch nur weiße Hintergründe gut aussehen.

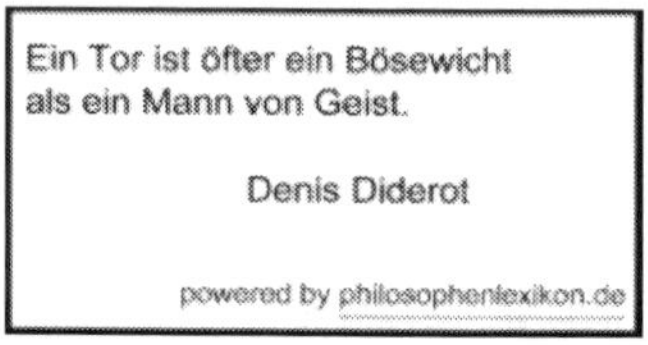

Rezepte

Über ⇨ *www.schlemmerkoch.de* können Sie kostenlos das Rezept des Tages auf Ihrer Homepage anzeigen.

23.12 Private Sicherheit

Hierzu wird auf 🕮 *Feind hört mit* verwiesen. Im Anhang finden Sie zum Buch nähere Erläuterungen. Im Sicherheitsbuch erhalten Sie neben Erläuterung, was alles passieren kann, auch Hinweise, wie Sie sich richtig verhalten können, damit Sie weder ausspioniert noch schadenersatzpflichtig gemacht werden können.

Ebenfalls unter privater Sicherheit ist auch zu verstehen, daß Sie sich vor Spam schützen, indem Sie die eMailadressen auf Ihrer Homepage verfremden ⇗ *6.3.9 Schutz Ihrer eMailadresse vor Spam*.

Wurmradar

Unter ⇨ *wormradar.com/index.html* finden Sie ein Projekt von Roger Thompson, bei dem Wurm und Internetattacken überwacht und identifiziert werden sollen. Durch Download und Installation eines Programms können Sie sich aktiv am Projekt beteiligen. Jede halbe Stunde steht ein aktueller Report des Wormradars zur Verfügung.

23.13 Geschützter Bereich

Paßwortgeschützte Bereiche (Verzeichnisse) werden von Suchdiensten nicht indiziert und können nur eingesehen werden, wenn Nutzername und Paßwort bekannt sind.

Unter ⇨ *www.topsubmit.de/dienste/tools/htaccess-generator* finden Sie einen Generator, der Ihnen die Arbeit der Erstellung der beiden Dateien *.htaccess* und *.htpasswd* abnimmt.

Den Inhalt erzeugt der Generator online und Sie brauchen nur die beiden Dateien in das zu schützende Verzeichnis zu kopieren – fertig. Der Rest gehört zur Funktionalität eines Webservers.

23.14 Suche nach Programmen

23.14.1 Share- & Freeware

Auf folgenden Homepages können Sie nach Free- und Shareware suchen:

- ⇨ *www.winload.de*
- ⇨ *www.zdnet.de/downloads*
- ⇨ *www.topsubmit.de/downloads/search.php*
- ⇨ *www.download-web.de*

Weitere Homepages sind alle Websammlungen kostenloser Services und Gratis-Produkte (☞ *11.6 Linklisten*).

23.14.2 Kostenlose JavaSkripte

Nützliche Skripte finden Sie auf folgenden Homepages:

- ⇨ *www.java24.net*
- ⇨ *www.url-anmelden-2000.de/java-scripte.html*

Speicherung dieser Webseite als Lesezeichen

```
<a href="javascript:window.external.AddFavorite('http://www.domäne.de',
'Lesezeichentext')">
```

23.15 Checklisten

Pflichten bei Foren, Kleinanzeigen, Gästebüchern

- ☐ Leicht auffindbare Nutzungsregeln
- ☐ Regelmäßige Kontrolle der Einträge
- ☐ Link, Formular bzw. eMailadresse zur Meldung von Verstößen

Check. 40: Pflichten bei Foren, Kleinanzeigen, Gästebüchern

Mehrsprachigkeit

- ☐ Für jede Sprache separate Webseiten
- ☐ Startseite verzweigt zu verschiedenen Sprachen und enthält lateinischen Zeichensatz
- ☐ Verwendete Sprachcodes in den META-Informationen
- ☐ A-Element mit Sprachinfo
- ☐ Anmeldung bei internationalen Suchmaschinen und speziell bei den jeweilig nationalen Buscardores

Check. 41: Mehrsprachigkeit

24 Abmahnungen

24.1 Was ist eine Abmahnung?

Abmahnung

Eine **Abmahnung** ist ein Schreiben, mit dem der Abmahnende einem Domäninhaber seine Kenntnis über einem Verstoß des Abgemahnten gegen das Marken-, Namens oder Wettbewerbsrecht (UWG) mitteilt.

Mit der Abmahnung wird dem Abgemahnten Gelegenheit gegeben, durch Abgabe einer (strafbewehrten) Unterlassungserklärung die Angelegenheit außergerichtlich beizulegen.

Die Abmahnung sollte neben der Darstellung des gerügten Verstoßes auch die Rechte des Abgemahnten enthalten. In aller Regel enthält sie auch eine Aufforderung, innerhalb einer kleinen Frist eine strafbewehrte Unterlassungserklärung abzugeben:

transpatent.com/leif/abmahn-faq.htm

Auch die Frage einer Befugnis zum Abmahnen ist von Bedeutung. Neben Anwälten, die einen Mandanten benennen sollten, können dies auch Verbraucherschutzverbände, Abmahnvereine oder Rechtsabteilungen von Unternehmen sein.

Neben dem gerichtlichen Weg, der meist mit einer Abmahnung beginnt, gibt es außer bei *.de*-Domänen bei anderen TLDs Schiedsgerichte, nationale und internationale, z.B: WIPO in Genf (*24.8 Prozeßalternativen*).

Einstweilige Verfügung

Eine **einstweilige Verfügung** wird im Rahmen eines einstweiligen Verfügungsverfahren vor einem Zivilgericht erwirkt. Dabei erfolgt eine vorübergehende Regelung der Angelegenheit, meist zu Gunsten des Anspruchstellers und zeitlich nicht begrenzt.

Die Streitigkeit wird also kurzfristig geregelt und erst in einem parallel laufenden Hauptverfahren später endgültig entschieden. Dabei kann sich auch die einstweilige Verfügung als ‚falsch' erweisen. Der Unterschied beider Verfahren liegt im zeitlichen Ablauf und den Beweisführungen.

Beim einstweiligen Verfügungsverfahren muß die Angelegenheit lediglich glaubhaft dargelegt und nicht bewiesen werden. Eine Entscheidung wird so meist binnen weniger Stunden und wahlweise ohne mündliche Verhandlung erzielt. Haben Sie als Antragsgegner eine Schutzschrift beim betreffenden Gericht hinterlegt, so findet meist eine mündliche Verhandlung statt, die mit einer oder keiner einstweiligen Verfügung abgeschlossen wird.

Da aber ein fliegender Gerichtsstand aufgrund der Tatsache gilt, daß man von überall die Webseite mit der gerügten Verletzung abrufen kann, ist es schwierig das involvierte Landgericht im Vorfeld genau zu bestimmen.

24.2 Gründe für Abmahnungen

Gängige Praxis ist, daß Abmahnvereine aber auch Anwälte reihenweise Abmahnungen versenden. Nur den Empfänger ausgetauscht und weiter mit dem nächsten Opfer.

Im gewissen Sinne dienen Abmahnungen zur Einhaltung gesetzlicher Regelungen. Die Abgabe einer strafbewehrten Unterlassungserklärung und Übernahme der Abmahnkosten regelt Angelegenheiten außergerichtlich. Meist tolerieren Gerichte diese Praktiken auch.

Die durch Abmahnvereine aufgebürdeten Kosten liegen meist im dreistelligen Bereich, während sich Anwaltshonorare im vierstelligen Eurobereich bewegen können.

Gründe für Abmahnungen sind aber häufig:

- Unzulänglichkeiten im Impressum, z.B. fehlende Anschriften oder unvollständige Kontaktdaten
- Verstöße gegen die Preisangabenverordnung, z.B. Nettopreise
- Angebliche Verstöße gegen das Rechtsberatungsgesetz, z.B. wenn Werkstätten die Unfallschadensabwicklung mit dem Versicherer oder Berater Hilfe bei der Beantragung öffentlicher Fördermittel anbieten

Viele Abgemahnte füllen sich betroffen und zahlen, obwohl meist die Voraussetzungen für eine ordnungsgemäße Abmahnung nicht gegeben sind.

Dr. Daniel Kötz bezeichnete in einem Interview mit ⇨ *Abmahnwelle.de* derlei Briefe, in denen kein geschädigter Mandant genannt wird, als Bettelbriefe oder Spendenaufrufe notleidender Anwälte.

24.3 Infos zum Homepagerecht

Jura-Suchmaschine	⇨ *www.metalaw.de*
Sammlung diverser Urteile	⇨ *www.nullahnung.de*
Domän-Forum	⇨ *www.domain-people.de*
Infos zu Domänen & Marken	⇨ *www.domain-recht.de*
Infos + Foren	⇨ *www.recht.de*
Urteile	⇨ *www.jurpc.de*
Homepagerecht u.a.	⇨ *www.erecht24.de*
	⇨ *www.internetrecht-info.de/start.htm*
Entscheidungen	⇨ *www.uni-sb.de*
Infos für Juristen	⇨ *www.juracafe.de*
Homepagerecht	⇨ *www.kanzlei.de/namenssc.htm*
Infos zum Homepagerecht	⇨ *www.online-recht.de*
Infos & Entscheidungen	⇨ *www.freedomforlinks.de*
Gesetze/Entscheidungen	⇨ *www.publex.de/cgi-bin/recht.cgi*
Abmahnungen	⇨ *transpatent.com/leif/abmahn-faq.htm*

§

Markenrecht

Markenrecht	⇨ *www.markenplatz.de*
Basisinfos zum Markenrecht	⇨ *www.marken-recht.de*

Anwaltskanzleien mit Gesetzes+Entscheidungssammlungen

- ⇨ *www.domain-info.de*
- ⇨ *www.netlaw.de*
- ⇨ *www.rechtsinfos.de/sitemap.html*
- ⇨ *www.digi-info.de*

Österreichisches Recht

- ⇨ *www.rechtsprobleme.at*
- ⇨ *www.schutzverband.at*
- ⇨ *www.internet3jurists.at/domain/intern21.htm*

Schweizer Recht

- *www.weblaw.ch*
- *www.weblaw.ch/lawsearch* (Suchmaschine, auch international)
- *www.symlink.ch/articles/01/04/24/0753200.shtml*

Handbuch Domain-Namen

Viel mehr Informationen erhalten Sie in diesem Handbuch ➘ *Literaturtipps [5].*

24.4 Gegenmaßnahmen

Ruhe bewahren

... und vielleicht erst einmal einen auf den Schock trinken?

Unseriöse Abmahner versenden ihre Mahnschreiben so, daß diese meist zum Wochenende bei Ihnen eintreffen und geben Ihnen Zeit bis Montag Morgen zur Abgabe einer (strafbewehrten) Unterlassungserklärung.

Sicher muß zum Erwirken einer einstweiligen Verfügung auch ein entsprechendes Eilbedürfnis nachgewiesen werden, das häufig durch eine kleine Fristsetzung zum Ausdruck kommt. Sie müssen diese Frist aber nicht unbedingt einhalten, sondern nur unverzüglich reagieren. (✍ *23.1.1* wegen unverzüglich)

24.4.1 Ihre Möglichkeiten

① Wenn Sie die Abmahnung **akzeptieren**, die Forderungen des Abmahnenden erfüllen und eine Unterlassungserklärung abgeben, hat sich in aller Regel die Angelegenheit für Sie erledigt.

② Sofern Sie **nicht reagieren**, kann der Abmahnende eine einstweilige Verfügung erwirken. Dies ist mit weiteren Kosten verbunden.

Um diesem vorzubeugen, können Sie eine Schutzschrift erstellen und an das vermutete Gericht senden, von dem Sie denken, daß dort die einstweilige Verfügung erwirkt wird. Die **Schutzschrift** veranlaßt das Gericht den Sachverhalt zu prüfen und es wird einen Verhandlungstermin anordnen.

Mit dem vermuteten Gericht ist gemeint, daß es dem Abmahnenden freigestellt ist, jedes Gericht mit der einstweiligen Verfügung zu beauftragen, da jeder

Computer mit Internetzugang Ort des gerügten Verstoßes ist und faktisch jedes Gericht zuständig ist.

Die Ansicht hinsichtlich des *vermuteten Gerichtes* wird aber nicht von allen Juristen vertreten und nicht von allen Gerichten akzeptiert. Normalerweise muß die Abmahnung bei dem für den Firmensitz des Gegners zuständigen Gericht eingereicht werden. Bei einer großen Firma ist beispielsweise die Einreichung an jedem Niederlassungssitz möglich, also in ganz Deutschland. Die freie Wahl des Gerichtes ist in der anwendbaren ZPO nicht vorgesehen. Eine Abweichung von der Abhängigkeit des Sitzes ist nur möglich, wenn eine strafbare Handlung begangen wurde. Eine wettbewerbswidrige Handlung ist jedoch nicht notwendigerweise eine strafbare Handlung.

In dem Fall, daß eine Firma mehrere Niederlassungen hat, sollten Sie mehrere Schutzschriften bei den in Frage kommenden Gerichten einreichen bzw. nur bei den Landgerichten.

③ **Angriff ist die beste Verteidigung**! Ist Ihrer Meinung die Abmahnung ungerechtfertigt, dürfen Sie eine negative Feststellungsklage einreichen. Sie können damit auch den Gegenstandswert selbst bestimmen und so die Kosten drücken. Außerdem dürfen Sie sich ein Ihrer Rechtsposition genehmes Gericht aussuchen.

➩ *24.7 Sie haben die besseren Rechte*

24.4.2 Anwalt

Viele Anwälte sind über das Wochenende verständlicherweise nicht erreichbar. Aber Sie sollten trotzdem nicht in Hektik verfallen. Bitten Sie schriftlich und kurz vor Ablauf des Ultimatums um eine Verlängerung, beispielsweise um 14 Tage. So gewinnen Sie erst einmal Zeit, die Sie für das Aufsuchen eines Rechtsbeistandes nutzen können.

Selbst wenn Sie erwartungsgemäß die 14 Tage Fristverlängerung nicht gewährt bekommen, wird die gegnerische Partei Ihnen eine erneute Frist setzen. Bewahren Sie einen kühlen Kopf! Es wird nicht so heiß gegessen, wie es gekocht wird!

Vermeintliche Verletzungen der Gegenseite sollten sich auch vor Gericht nachweisen lassen, was nicht immer so einfach ist, wie es zunächst in den Schreiben dargestellt wird. Auch kann die Rechtslage etwas überspitzt geschildert worden sein. Übertreibung veranschaulicht, was Ihnen von der Werbung her bekannt sein dürfte.

Nehmen Sie eine **anwaltliche Erstberatung** in Anspruch, die in aller Regel knapp 210 € kostet (Rechtsanwaltvergütungsgesetz) und nur eine Fallfrage abhandeln darf. Domänanwälte finden Sie unter

- *www.domain-recht.de*
- *averz.marktplatz-recht.de*

Gebührenrechner und –ordnung finden Sie unter

- ⇨ *www.justiz.bayern.de/olgn/kosten_download.htm*
- ⇨ *jurcom5.juris.de/bundesrecht/bragebo*

Günstiger und qualitativ schwer einschätzbar sind Onlinerechtsberatungen:

- ⇨ *www.oreba.de*
- ⇨ *www.rechtsrat.de*
- ⇨ *www.kressin-law.de*
- ⇨ *www.online-rechtsberatung.org*
- ⇨ *www.rechtpraktisch.de*
- ⇨ *www.rechtsfinder.de*
- ⇨ *www.jurist-im-internet.de*

Da es Richter gibt, die sich mit der Materie Internet kaum auskennen, aber trotzdem ein Urteil fällen müssen, ist von entscheidender Bedeutung einen Anwalt zu beauftragen, der den Sachverhalt klar und schlüssig vorträgt. Hinzu kommt, daß es auch eine Reihe von Fehlentscheidungen gibt, die wiederum von anderen Gerichten übernommen wurden. Auch der BGH war davor nicht gefeit. Nur mühsam bildet sich hier eine klare Rechtauffassung aus, die sicherlich auch noch einige Jahre zur Festigung benötigt. Erschwerend kommen sicherlich noch neue Möglichkeiten und Anforderungen des Internets hinzu.

24.4.3 Weitere Hilfsmöglichkeiten

IHK

Die deutsche Industrie- und Handelskammer, kurz IHK empfiehlt Ihren Mitgliedern, als erstes sie zu informieren, um einzuschätzen zu können, ob eine Abmahnung seriös oder nicht ist. Sie sammelt Informationen über unseriöse Abmahner und kann wertvolle Tipps geben.

Abmahnungsmißbrauch

Jede Abmahnung ist mißbräuchlich, wenn Sie auf die Erzielung von Einnahmen ausgerichtet ist, ungeachtet eines berechtigten Vorwurfs.

Forschungsstelle Abmahnwelle e.V.

Unter ⇨ *www.abmahnwelle.de* können Sie auch bereits vorher Vereinsmitglied werden oder sich informieren, was im Bereich Abmahnungen derzeit aktuell ist. Sind Sie Betroffener, so finden Sie dort auch einen Selbsthilfebereich, in dem sich Betroffene austauschen können. Ihre Eintrittskarte zum Forum ist Ihre Abmahnung. Auf der Homepage steht genau erklärt, was Sie dazu tun müssen.

www.digi-info.de

Eine profunde Sammlung von Urteilen finden Sie auf obiger Homepage. Nach dem Klick auf ⇨ *Urteile* erhalten Sie eine Vielzahl von Rubriken, so daß Sie sehr schnell fündig werden. Bei jedem Urteil ist auch nachzulesen, ob es rechtskräftig ist.

24.5 Serienabmahnungen

Serienabmahnung

Bei **Serienabmahnungen** wird das Markenrecht nicht zum Markenschutz verwendet, sondern um Geld zu verdienen. Rechtsmißbräuchlich werden Unterlassungs- und Schadenersatzansprüche bei Privatpersonen und kleineren Unternehmen eingefordert.

Häufig liegt bei Serienabmahnungen **Geschäftsführung ohne Auftrag vor**. Sie wehren sich am besten gegen diesen Rechtsmißbrauch durch Abgabe einer **Unterlassungserklärung ohne Anerkennung einer Rechtspflicht**. Die Abmahnkosten sollten zunächst nicht beglichen werden. Suchen Sie ggf. einen Anwalt auf.

Zuvor sollten Sie sich jedoch entweder bei der lokalen IHK, der WKÖ oder im Internet informieren, ob wirklich ein Serienfall vorliegt:

Chat, Forum und umfangreiche Infos ⇨ *www.abmahnwelle.de*

⇨ *www.freedomforlinks.de*
⇨ *www.domain-people.de*
⇨ *www.domtreff.de*

Mißbräuchliche Abmahnung

Mißbräuchliche Abmahnungen liegen vor, wenn die Begleitumstände auf die Erzielung von Einnahmen ausgerichtet sind. Sie können diese zurückweisen, auch wenn der Vorwurf selbst berechtigt ist. Die IHK sammelt Informationen über derlei Abmahnungen.

24.6 Abmahnkosten

Meist sind Abmahnkosten Verhandlungssache! Durch Herabsetzung des Streitwertes können Sie versuchen den Preis zu drücken. Ein erster Schritt dazu besteht darin, die Gegenseite die Ansetzung des Streitwertes durch geeignetes Zahlenmaterial begründen zu lassen.

In einer Entscheidung des AG Ludwigsburg (*9 C 612/00 vom 24.05.2000: muenchingen.de*) gingen die Parteien von einem Streitwert von rund 2.045 € aus. Der Streitwert muß also nicht unbedingt die pauschal-üblichen 50.000 € für Markenstreitigkeiten betragen.

Auch legt das Gericht den Streitwert eigenständig fest, meist aber unter Berücksichtigung der Klageschrift. Hier kann eine vorliegende Schutzschrift dämpfend einwirken.

Wurden Sie von einem Unternehmen mit eigener Rechtsabteilung abgemahnt, besteht nicht zwingend eine Erstattungspflicht der Anwaltskosten, da die Abmahnung von der Rechtsabteilung hätte bearbeitet werden können. Auch Abmahnvereine verursachen nicht zwingend Abmahnkosten.

Kommt es zu einem Prozeß, muß der Verlierer alles zahlen – wenn er dazu in der Lage ist. Zunächst zahlt aber jeder seinen Anwalt und der Kläger die Gerichtskosten. Außergerichtliche Gebühren werden mit eingerechnet. Bei teilweisem Gewinnen/Verlieren werden die Gebühren entsprechend geteilt.

(D) BGH, ZR 2/03 vom 06.05.2004 („Bettelanwälte")

Mahnt ein Rechtsanwalt einen Kollegen ab, weil dieser vier statt lediglich drei Tätigkeitsschwerpunkte auf seinem Briefkopf vermerkt hat (§7 Abs. 1 Satz 1 BORA) und bedient sich dabei eines weiteren Kollegen, so fallen keine Abmahngebühren an. Die Richter begründeten dies damit, daß ein Rechtsanwalt im Falle der eigenen Betroffenheit seine Sachkunde bei der Abmahnung eines Wettbewerbsverstoßes einsetzen solle. Die Hinzuziehung eines weiteren Rechtsanwalts ist bei typischen, unschwer zu verfolgenden Wettbewerbsverstößen nicht notwendig.

Logisch weitergedacht könnte man schlußfolgern, daß Unternehmen mit eigener Rechtsabteilung ohne Beauftragung einer fremden Kanzlei abmahnen können sollten…

Mehr erfahren Sie im 🕮 *Handbuch Domain-Namen*.

24.7 Sie haben die besseren Rechte?

Sind Sie hingegen der Meinung sind, daß Sie die besseren Rechte an einer Domäne als der jetzige Inhaber haben, empfiehlt sich folgende Vorgehensweise:

Die Holzhammermethode, also per Rechtsstreit führt erfahrungsgemäß zu

- hochkochenden Emotionen
- Laufereien und Ärger
- hohen Kosten
- Zeitverlusten, in der Sie Ihrem eigentlichen Geschäft nicht nachgehen oder Ihre Freizeit sinnvoller (erholsamer) nutzen hätten können
- Negativem Image
- Verhärten der Fronten

Und dazu jahrelange Rechtsstreitigkeiten und vielleicht noch durch mehrere Instanzen. Wollen Sie das?

① Nehmen Sie also mit dem aktuellen Domäninhaber Kontakt per eMail auf. Schildern Sie Ihre Einschätzung der Rechtslage. Bieten Sie eine gütliche Einigung an (beispielsweise Übertragung der Domäne gegen Kostenerstattung von € 250 oder mehr). Parallel können Sie ihm auch vorschlagen, daß Sie für ein Jahr einen Link auf der Startseite anbringen, der Interessenten zur Homepage der Vorinhabers führt.

② Erst wenn keine gütliche Einigung möglich ist, können Sie kostenpflichtig abmahnen oder sich an ein Schiedsgericht wenden, sofern für die betreffende Domäne derartige Möglichkeiten eingerichtet wurden.

Sowohl bei der gütlichen Kontaktaufnahme als auch bei der Abmahnung sollten Sie aber kurze zeitliche Limits setzen, denn um später ein einstweiliges Verfügungsverfahren erfolgreich zu eröffnen, muß die Angelegenheit dringend sein. Das ist sie aber nur, wenn Sie selbst vermitteln, daß es Ihnen eilt und Sie kurzfristig das Gericht einschalten werden. Wieviel Zeit zwischen Kenntnisnahme über die Rechtsverletzung bis zur Einrichtung einer Antragsschrift bei Gericht verstreichen darf, wird von Gericht zu Gericht unterschiedlich beurteilt. Ein Monat ist jedenfalls zu lang.

Tipp

Sollten Sie in verschiedenen Ländern Domännamen eintragen wollen, abmahnen, abgemahnt worden sein oder eine Marke anmelden wollen, empfiehlt sich die Kontaktaufnahme mit speziellen Domänanwälten. Über folgende Homepage können Sie Spezialisten in Ihrer Nähe suchen:

⇨ *www.domain-anwalt.de*

Hilfreiche Hinweise und allerlei Wissenswerte finden Sie auch auf obiger Homepage. Außerdem können Sie einen informativen Newsletter bestellen oder mit anderen diskutieren:

⇨ *www.anwältin.cc*

24.8 Prozeßalternativen

Neben dem gerichtlichen Weg, der meist mit einer Abmahnung beginnt, gibt es außer bei *.de*-Domänen bei vielen nationalen und allen generischen TLDs Schiedsgerichte, z.B. die WIPO in Genf.

⇨ *www.domain-recht.de/magazin/wipo-hilft.php3*

	⇨ *www.tenos.de/domain.php4*
AT-Domänen	⇨ *www.nic.at/streitschlichtung*
NL-Domänen	⇨ *www.nic.nl/sidn/flat/Home*
WIPO	⇨ *arbiter.wipo.int/domains*

Die internationalen Schiedsgerichte können nur bei den generischen TLDs *.com*, *.net*, *.org* und bei Länderdomänen wie *.ag, .as, .au, .bz, .cc, .cy, .ie, .la, .md, .mx, .nu, .ph, .ro, .tv, .ve, .ws* angerufen werden. Ein nachfolgender Prozeß ist dabei nicht ausgeschlossen. Die Rechtsgrundlage der Schiedsrichter finden Sie hier:

⇨ *www.icann.org/udrp/udrp-policy-24oct99.htm*

Die Schiedsgerichte können nicht über Schadenersatz entscheiden, wohl aber, daß die Domäne übertragen oder gelöscht werden muß. Auch kann der Antrag abgewiesen werden. Die Urteile werden veröffentlicht und sind binnen 15 Tagen umzusetzen:

⇨ *www.arbiter.wipo.int/domains/decisions/index-gtld.html*
⇨ *www.arbiter.wipo.int/domains/decisions/index-cctld.html*

Alternativen bringen häufig folgende Vorteile:

- Schnellere Abwicklung
- Finanziell günstiger
- Kompromißbereitere Parteien als bei Prozessen, wo die Fronten verhärteter sind
- Weniger Nerveneinsatz

① Einigung durch Kauf

Sie können sich mit dem Domäninhaber einigen und die Domäne kaufen. Ein scheinbar hoher Preis wiegt den zeitlichen Vorteil, das Kostenrisiko eines Prozesses und Ihr Prozeßengagement (Anwaltsbesuche, investierte Zeit, Fahrt- und Telefonkosten usw.). meist auf.

Denn nur weil Sie sehr gute Erfolgsaussichten haben, heißt es nicht, daß die Gegenseite Ihre verauslagten Kosten auch begleichen kann. Es kommt nicht selten vor: Prozeß gewonnen und auf den Kosten sitzen geblieben. Auch eventuelle Schadenersatzansprüche sind nie hundertprozentig quantifizierbar. Wie wollen Sie bei einem aufstrebenden Geschäft nachweisen, welchen Umsatz Sie erzielt hätten, wenn keine Zahlen vorliegen? Von den Folgegeschäften ganz zu schweigen.

② Einigung durch Sharing

Eine weitere Möglichkeit bietet Domänsharing, sich also die betreffende Adresse zu teilen. Sicherlich kostet dies auch Geld, aber im Vergleich zu einem langwierigen Prozeß mit ungewissem Ausgang kann diese Alternative durchaus sinnvoll sein. Meist ergeben sich auch noch Synergieeffekte durch die Zusammenarbeit mit dem neuen Partner. Bedenken Sie den Spruch:

Vor Gericht und auf hoher See sind Sie in Gottes Hand!

③ Ausweichen

Sie können natürlich auch auf eine andere Domäne ausweichen, z.B. eine Punkt-, Schmuckdomäne oder unter einer anderen TLD (*☞ 4.4.3 Finden weiterer Domännamen*). Hierbei ist es jedoch notwendig, die Rechtslage zu prüfen (*☞ 5.2.2 Urteile mit Gattungsdomänen ⇨ buecher.de ./. buecher.com*).

④ Verzicht

Nicht nur theoretisch besteht die Möglichkeit, gänzlich auf den Streß sowie das Prozeßrisiko zu verzichten.

24.9 Domänsperre

24.9.1 DeNIC-Dispute-Antrag

Für *.de*-Domänen können Sie einen Domänsperrantrag stellen, der verhindert, daß der Domäninhaber seine Domäne einem Dritten überträgt. Dadurch kann sich der Domäninhaber einer Auseinandersetzung über die Domäne nicht entziehen. Lediglich die Übertragung der Domäne auf den Antragsteller ist möglich.

Nach einem erfolgreich geführten Rechtsstreit wird so gewährleistet, daß die Domäne nach Ihrer Freigabe automatisch an den Antragsteller übertragen wird. Hintergrund ist, daß einige Gerichte die Auffassung vertreten, daß kein Herausgabe- sondern nur eine Freigabeanspruch besteht.

Für den kostenlosen Dispute-Antrag gibt es ein Formular auf der Homepage des DeNIC. Dem Antrag müssen entsprechende Unterlagen beigefügt werden und er erlischt automatisch und ohne Ankündigung nach einem Jahr.

24.9.2 Wartestatus bei nic.at

Beim österreichischen Verwalter nennt sich die Sperre des Inhaberwechsels Wartestatus. Dieser kennt zwei Stufen: Wartestatus 1 gilt für einen Monat und kann nur um einen weiteren verlängert werden. Wartestatus 2 gilt für die gesamte Dauer eines Rechtsstreites vor Gericht oder einer Schlichtungsstelle.

Jeder, der seine Ansprüche glaubhaft darlegen kann, darf eine solche Sperre beantragen. Ihrem schriftlichen Antrag sollten Sie entsprechende Bescheinigungen beilegen (z.B. Firmenbuch- oder Markenregisterauszüge) und per Post oder Fax an die ⇨ *nic.at* senden. bei. Bei juristischer Rechtfertigung wird Wartestatus 1 gesetzt. Antragsteller und Domäninhaber werden schriftlich informiert.

Einen Wermutstropfen gibt es allerdings: Sie als Beantragender einer solchen Sperre werden bei der Neuvergabe der Domäne nicht bevorzugt behandelt.

24.9.3 Internationale Wartelisten

Bei den meisten anderen Topleveldomänen sind solche Anträge nicht möglich. Sie können sich lediglich kostenpflichtig auf Warteliste setzen lassen:

⇨ *www.snapnames.com*

Streitschlichtungen nimmt bei generischen und einigen anderen Domänen auch die WIPO in Genf entgegen:

⇨ *ecommerce.wipo.int/domains*

24.10 Close-Antrag

⇨ *www.denic.de/doc/recht/formulare*

Bei der DeNIC können Sie als Inhaber einen Löschungsantrag stellen. Die umgehende Löschung kann nötig sein, wenn Ihr Provider nicht zügig auf Ihr Löschungsbegehren reagiert oder Gefahr im Verzug ist (drohende Abmahnung oder ein Verfahren).

24.11 Vorsorge ist besser als Nachsorge

Um sich Abmahnungen wegen angeblicher Namens- oder Markenrechtsverletzungen zu ersparen, ist neben einer gründlichen Recherche auch die Möglichkeit in Betracht zu ziehen, daß Sie Ihren Namen markenrechtlich schützen lassen. In diesem Fall ist ein Patentanwalt zu beauftragen.

Für die Domänrecherche und –streitigkeiten können Sie auch einen Rechtsanwalt per ⇨ *www.domain-anwalt.de* suchen. Tipps für die erste Kontaktaufnahme finden Sie gleich unter dem Suchfeld.

24.12 Checklisten

Erhalt einer Abmahnung

- ☐ Zunächst nichts unterschreiben
- ☐ Fristverlängerung kurz vor Ablauf des Ultimatums, wenn kürzer als 10 Tage
- ☐ Ist ein Mandant angegeben
- ☐ Sind die Rechtsgrundlagen schlüssig
- ☐ Anwaltstermin und -besuch
- ☐ IHK oder andere Kammer anfragen, bei der Sie Mitglied sind
- ☐ Forschungsstelle Abmahnwelle e.V.
- ☐ ggf. Recherchieren im Internet und Ausfindigmachen weiterer Betroffener
- ☐ Close-Antrag

Check. 42: Verhalten bei Abmahnungen

Anspruchsgrundlagen gegen den bisherigen Domäninhaber

- ☐ Markenrechte ⇨ Unterlassungsanspruch & Schadensersatz (§§ 14, 15 MarkenG)
- ☐ Namensrechte ⇨ Unterlassungsanspruch (§ 12 BGB)
- ☐ Wettbewerbsverletzungen ⇨ Unterlassungsanspruch & Schadensersatz (§§ 1, 3 UWG)
- ☐ Unterlegung mit vergleichbaren Urteilen
- ☐ Domänsperrantrag oder Warteliste
- ☐ Direkte Kontaktaufnahme ⇨ Schiedsgericht ⇨ Gericht

Check. 43: Anspruchsgrundlagen gegen Domäninhaber

Bitte immer zuerst persönlich mit dem Domäninhaber Kontakt aufnehmen!

25 Ergonomie

25.1 Was ist Ergonomie?

***** Zitat von ⇨ *de.wikipedia.org/wiki/Ergonomie* *****

> Der Begriff **Ergonomie** setzt sich aus den griechischen Wörtern ergon (= Arbeit, Werk) und nomos (= Gesetz, Regel) zusammen. Die Ergonomie ist die Wissenschaft von der Verbesserung der Schnittstelle zwischen Benutzer (= Mensch) und Objekt (= Maschine).
> ...
> Das Ziel der Ergonomie ist die Anpassung der Arbeitsbedingungen und Werkzeuge an den Menschen.

***** Zitat Ende *****

Siehe auch ⇨ *de.wikipedia.org/wiki/Software-Ergonomie*

Ergonomie werden Sie erst bemerken, wenn sie nicht da ist!

Alles, was das Arbeiten angenehmer und intuitiver macht, wird unter Ergonomie zusammengefaßt. Sie beginnt aber bereits beim Arbeitsplatz, dessen Beleuchtung, den Arbeitsgeräten inkl. PC und Büromöbeln und eigentlich schon beim Türgriff zu Ihrem Büro.

Nachfolgende Abschnitte und Aufzählungen wurden im wesentlichen im Verlaufe dieses Buchs bereits erörtert (Abschnitts- und andere Hinweise in Klammern).

Weitere Punkte werden hier erstmalig aufgeführt. Die folgenden Checklisten lehnen sich neben der *BITV* auch an die *DIN EN ISO 9241* an. Sie dienen als Gedächtnisstütze und Schnellreferenz und sollen Ihnen vor allem dabei helfen, Ihre Homepage bedienerfreundlicher zu gestalten – allerdings ohne Anspruch auf Vollständigkeit.

Für die Ergonomen unter den Lesern soll dieses Kapitel als Diskussionsgrundlage und als Anreiz dienen, allgemein verbindliche Normen nicht nur für Softwareergonomie sondern auch für Homepageergonomie zu entwickeln. Denn nicht alle Anforderungen der Softwareergonomie lassen sich auf Webseiten übertragen.

Ergonomie hilft Nutzungskosten sparen.

25.2 Allgemeines

Allgemeines zu Homepages

- ☐ Einfach, übersichtlich, klar & verständlich, schnell
- ☐ Kleine Ladezeit (☞ 13.1 und ☞ *9.6.13 Eingebettete Elemente*)
- ☐ Vermeidung von Langeweile (z.B. Quicklinks)
- ☐ Jederzeit Link zur Startseite und Kontaktmöglichkeiten
- ☐ Kundenanfragen zeitnah und ohne Medienbruch (☞ *16.8*)
- ☐ Klare Trennung und Kennzeichnung von Werbung und Produktbeschreibung (☞ *16.7.2 Kommerzielle Kommunikation*)
- ☐ Räumliche Nähe ähnlicher/verwandter Links
- ☐ Seitenverzeichnis (☞ *11.2.9* und ☞ *9.6.1*)
- ☐ Aktualisierungsdatum auf jeder Seite oder zumindest auf der Startseite (☞ *6.5.1 HONcode*)
- ☐ Keine Scripte mit heimlichen oder Installationsfunktionen
- ☐ Barrierefreiheit (☞ *9.4 BITV* sowie ☞ *9.6 Barrierefreies HTML*)
- ☐ Grundsätzlich gibt es auch ein HTML-Angebot der Internetpräsenz

Check. 44: Allgemeines zu Homepages

Insgesamt finden Sie sehr viel über Kriterien für das Design ergonomischer Benutzerschnittstellen in der **DIN EN ISO 9241**, die leider nur kostenpflichtig erhältlich ist. - Und sicher für einige Leser auch zu trocken.

Interessant für Homepages sind folgende Teile:

10. Grundsätze der Dialoggestaltung,
11. Anforderungen an die Gebrauchstauglichkeit – Leitsätze,
12. Informationsdarstellung
13. Benutzerführung

Viele Anmerkungen zum 10. der 17 Teile der Norm (Grundsätze der Dialoggestaltung) finden Sie unter ⇨ *www.kommdesign.de/texte/din.htm*. Diese Webseite ist zur ersten Vertiefung heranzuziehen, da hier nur kurz auf die Dialoggestaltung eingegangen wird.

Auch die Schreibweisen von Wörtern sollten einheitlich auf Ihrer Homepage sein, das bedeutet auch einheitlich falsch und nicht mal richtig und mal falsch.

Gebrauchstauglichkeit von Software

Dieses Buch handelt auf über 200 Seiten die Teile 10 und 11 der DIN EN ISO 9241 ab. Es ist als Schriftenreihe der Bundesanstalt für Arbeitsschutz und Arbeitsmedizin erschienen ➩ *Literaturtipp [10]*.

25.2.1 Löschen & Entfernen

Ein weiterer Gesichtspunkt sind Sicherheitsabfragen vor Löschungen und Entfernungen.

Beim Löschen wird das Objekt in den Papierkorb verschoben und kann ggf. wieder aktiviert werden. Im Papierkorb kann es automatisch bzw. manuell entfernt werden. Entfernen bedeutet also die unwiderbringliche Beseitigung.

Mit Rückfragen sollte grundsätzlich sparsam umgegangen werden. Meist ist es besser, statt einer Rückfrage auf der Folgeseite eine Möglichkeit der Rückgängigmachung anzubieten. Bei personalisierten Angeboten sind einstellbare Rückfragen sicherlich wünschenswert.

Ergonomie beim Löschen und Entfernen

- ☐ Sicherheitsabfragen erfolgen nur bei wichtigen Punkten, welche nur aufwendig wieder herstellbar sind oder weitreichende Folgen haben.
- ☐ Löschungen und vor allem Entfernungen können unmittelbar danach noch rückgängig gemacht werden.
- ☐ Die Sicherheitsabfrage benennt das zu löschende/entfernende Objekt und klärt ggf. über weitreichende Konsequenzen auf, sofern diese nicht sofort vermutet werden können.
- ☐ Es gibt auch eine Funktion zum Ordner-/Liste-Leeren, d.h. zum Löschen oder Entfernen aller Einträge.

Check. 45: Ergonomie beim Löschen und Entfernen

25.2.2 Personalisierte Angebote

Ergonomie bei personalisierten Angeboten

- ☐ Grundlegende Anforderungen an Paßwörter sind neben dem Login klar zu definieren, d.h. Paßwortlänge, Zeichenzusammensetzung
- ☐ Bei personalisierten Angeboten kann die Position von Fenstern frei festgelegt werden, eventuell auch deren Struktur & Inhalte
- ☐ Nutzerprofile erlauben die Eingrenzung von personalisierten Angeboten (Webseiten und Mailinglisten)
- ☐ Möglichst keine Cookies, ansonsten nur temporäre sowie Aufklärung über den Inhalt und Anzeige des Inhalts per Link; keine Drittanbietercookies (✍ *8.6.2*)
- ☐ Auf Hilfeseiten werden Nutzern Tricks und Eingabehilfen erläutert
- ☐ Warenkorb, Papierkorb und Bestätigungslink heißen auch so
- ☐ Es gibt Probe- und Gastzugänge, z.B. bei Buchungssystemen oder eMaildiensten
- ☐ Wiederkehrende Kunden von Onlineshops erhalten Ihre persönlichen Angaben in den entsprechenden Feldern als Vorgabe, aber änderbar
- ☐ Timeouts sind einstellbar (z.B. ½, 1, 2, 4 Stunden)
- ☐ Eine Zwangsabmeldung wegen Timeout wird angekündigt

Check. 46: Ergonomie bei personalisierten Angeboten

Sicherlich wären bei Paßwörtern noch weitere Restriktionen möglich, z.B. keine Ähnlichkeit mit Nutzername oder Geburtsdatum etc. Dies sollte aber erst im Rahmen von Fehlermeldungen mitgeteilt werden.

25.3 Navigation & Links, Downloads

Ergonomie bei Navigation & Links

- ☐ Maus- und Tastaturbedienung gleichermaßen (➭ *9.6.3*)
- ☐ Klare Menüstruktur mit immer den gleichen Begriffen (➭ *13.5*)
- ☐ Navigationsbaum (➭ *9.6.1* und ➭ *13.5*)
- ☐ Links sind als Links erkennbar (d.h. andersfarbig + unterstrichen)
- ☐ Unterstrichene Wörter sind immer Hypertextlinks
- ☐ Breite Links (z.B.: ➭ *9.3.1*)
- ☐ Quicklinks zu wichtigen Seiten für wiederkehrende Besucher
- ☐ Logo enthält Link zur Startseite (z.B. oben oder links)
- ☐ Kennzeichnung des **Linkziels**: (➭ *3.7.3*)
- ☐ Ausreichende Trennung mehrer Links (z.B. „ | " ➭ *9.6.3*)
- ☐ Keine bzw. wenige Links in Fließtexten, besser danach
- ☐ Anzeige der Dateigröße von großen Dateien, Links zu Drittanbietersoftware (z.B. Plugins von Adobe, Macromedia)
- ☐ Link zum Impressum, zur Startseite und zur Kontaktaufnahme (➭ *23.3*) auf jeder Seite
- ☐ Nach der Änderung von URLs sollten alte Seiten noch längere Zeit verfügbar sein und zusätzlich auf die Änderungen hinweisen

Check. 47: Ergonomie bei Navigation & Links

Weitere Anmerkungen zu Links finden Sie auch in den Checklisten ➭ *25.1 Allgemeines* und ➭ *25.5 Tabellen & Listen*.

Auf Grundlage der DIN EN ISO 9241 wird gefordert, Downloads unterbrechen und fortsetzen zu können, was nach Meinung des Autors Aufgabe von Browsern und Downloadmanagern ist und bei der Gestaltung von Webseiten daher unerheblich ist.

Jedes Seitenelement, welches größer als 30 KB ist, sollte erst nach Zustimmung des Nutzers geladen werden. Eine solche Zustimmung liegt beispielsweise vor, wenn ein aussagekräftiger Klick angeklickt wurde.

Ergonomie bei Downloads

- ☐ **Größe** und **Format**
  neben Links zu Dokumenten und Grafiken,
  z.B.: Ratgeber zur Homepageoptimierung (PDF, 95 KB)
- ☐ Grafiksammlungen zeigen zuvor **Verkleinerungen** (Thumbnails)
- ☐ **Einzeln und alles**
  Downloadmöglichkeiten sowohl einzelner Dokumente als auch des gezippten Gesamtpakets (z.B. nach Tagungen)
- ☐ Textdokumente enthalten gleich zu Beginn das Datum der letzten Änderung (z.B. bei AGBs) oder eine Versionsnummer
- ☐ Keine Lärmseiten (☞ *3.6.5*)
- ☐ Downloads starten nicht ohne Vorwarnung, z.B. bei Audiodateien, Videoanimationen oder Streams
- ☐ Wird zuerst ein Installationsprogramm geladen und danach mehr, so ist auch diese Datenmenge anzugeben, z.B. 380 KB + 12,4 MB

Check. 48: Ergonomie bei Downloads

Eine Zustimmung ist auch erforderlich, wenn Tonausgaben in HTML-Seiten erfolgen sollen. Standardmäßig ist dies unbedingt zu unterlassen! Musik, Geräusche und Klänge sollten erst nach Zustimmung des Nutzers nachgeladen werden. Es gibt nämlich Leute, die mit mehreren Fenstern arbeiten oder in Mehrpersonenbüros sitzen.

Ergonomie bei Programmaktualisierungen und Updates

- ☐ Keine Erforderlichkeit von Installations-CD/Registrierungscode
- ☐ Fortschrittsanzeige und Aufklärung über die Neuerungen
- ☐ Bisherige Verzeichnisse und Einstellungen werden übernommen
- ☐ Dokumente werden automatisch in das neue Format konvertiert, alte Dateien bleiben bestehen und werden nicht überschrieben
- ☐ Das letzte Update kann rückgängig gemacht werden
- ☐ Wahlweise manuelle/automatische Updatesuche über das Web
- ☐ Installationsroutinen fragen am Anfang alles Notwendige ab
- ☐ Programmen mit sicherheitskritischen Funktionen haben diese zunächst nicht freigeschaltet, erst im Rahmen eines Assistenten

Check. 49: Ergonomie bei Programmaktualisierungen/Updates

Bei Programmaktualisierung kommen viele der Anforderungen an Softwareergonomie zu tragen. Diese sind ausführlich in der DIN EN ISO 9241 beschrieben. In obiger Liste finden Sie aber auch einige darüber hinausgehende Forderungen.

25.4 Texte

Textergonomie

- ☐ Farbkontraste (✐ *9.6.6*)
- ☐ Schriftgröße (✐ *9.6.7*)
- ☐ Leichte Sprache (✐ *9.5*) ⇨ klare verständliche Begriffe
- ☐ Erklärung von Ankürzungen und Akronymen (per Sprechblase oder Link zur Erklärung im Glossar ✐ *9.5.2* und ✐ *9.3.3* ⇨ *Mr. Check*)
- ☐ Im Glossar:
  Übersicht aller Einträge,
  Blättern zwischen Einträgen,
  Lesbarkeit auch mehrerer Einträge auf einer Webseite
- ☐ Lange Texte, die auf mehrere Webseiten verteilt sind, auch auf einer Seite (z.B. als Druckversion oder für Gegner des Blättern)

Check. 50: Textergonomie

Im Kapitel ✐ 9 Barrierefreiheit finden Sie sehr viele Anmerkungen, was Sie alles bei und in Texten falsch und wie Sie es richtig machen können.

25.5 Tabellen & Listen

Ergonomie in Tabellen und Listen

- ☐ Klare Erkennbarkeit von Tabellenthema & Tabellenkopfeinträgen
- ☐ Spaltenweise Sortierbarkeit von Tabellen
- ☐ Gleiche Textausrichtung in einer Tabellenspalte (Zahlen immer kommaformatiert, ansonsten rechtsbündig)
- ☐ Klare Erkennbarkeit, was sich in der gleichen Tabellenzeile und in der gleichen Tabellenspalte befindet (z.B. durch verschiedene Hintergrundfarben)
- ☐ Erläuterung der in einer Tabelle verwendeten Abkürzungen und Symbole unmittelbar vor oder nach der Tabelle
- ☐ Der Umfang einer Trefferliste ist bereits am Anfang sichtbar
- ☐ Listen mit Aufzählungszeichen immer linksbündig bzw. Blocksatz
- ☐ Einstellbarkeit der Eintragsanzahl in (Such-)Listen
- ☐ Über das Öffnen weiterer Fenster durch Links wird zuvor aufgeklärt (✍ *25.2 Navigation und Links*)
- ☐ Mailto-Link nach Linkaufzählungen zur Meldung defekter Links

Check. 51: Ergonomie in Tabellen und Listen

25.6 Webformulare

Ergonomie in Webformularen

- ☐ Kennzeichnung von Pflichtangaben in Formularen (*, Fettschrift, farbiger Hintergrund ✍ *16.8*)
- ☐ Keine mühsamen Pflichteingaben (z.B. Browserversion ✍ *23.3*)
- ☐ Keine Zwangseingaben ohne direkten Zusammenhang (✍ *23.3*)
- ☐ Kopie von Webanfragen per eMail an Absender (✍ *23.3.1*)
- ☐ Fortschrittsanzeige bei mehrstufigen Prozessen (✍ *23.3.3*)
- ☐ Speicherung von Zwischenergebnissen (✍ *23.3.3*)
- ☐ Tabulator springt zum nächsten Eingabefeld (Tabindex ✍ *9.6.14*)
- ☐ Persönliche Angaben wiederkehrender Besucher (✍ *25.2*)
- ☐ Beim Zurückbrowsen per Rückwärts-Taste werden die Informationen immer aktualisiert, so daß nicht der Eindruck erweckt wird, daß Bearbeitungsschritte rückgängig gemacht seien
- ☐ Daten, die in Formulare übernommen werden, sollten in der gleichen Reihenfolge wie im Zielformular aufgeführt werden (z.B. ① Kontonummer, ② Bankleitzahl, ③ dann erst Bankname)
- ☐ Multiple-Choice-Fragen mit Grauzonenantworten (✍ *23.3.3*)
- ☐ Ausreichend lange Felder (z.B. für eMailadressen und Namen)
- ☐ Mindestens ein Freitextfeld pro Formular (✍ *16.8*, ✍ *23.3.1*)
- ☐ Unterschiedliche Liefer- und Rechnungsadresse
- ☐ Anzeigbarkeit von Artikeldaten samt Abbildung im Warenkorb
- ☐ Journal alter Einkäufe und nicht abgeschlossener Bestellungen
- ☐ Datenbankanfragen mit größeren Antwortzeiten informieren die Nutzer über den aktuellen Bearbeitungsstand („Anfrage wird bearbeitet" reicht aus, mehr Infos sind jedoch besser)

Check. 52: Ergonomie in Webformularen

Bemerkungen zu den besonderen Anforderungen an Formulare in Onlineshops finden Sie unter ✍ *16.8 Das Bestellformular*.

25.7 Fehler & Warnungen

Fehler ⇔ Warnung ⇔ Hinweis

Fehler sind Mißstände, falsche oder unzureichende Eingaben/Parameter. Sie führen zu einer Unterbrechung und im schlimmsten Fall zum Abbruch eines geplanten Prozesses. Solange der Fehler nicht manuell oder automatisch korrigiert wurde, kann nicht im geplanten Prozeß fortgefahren werden. Fehler erzeugen Fehlermeldungen, die auf eine notwendige Korrektur hinweisen.

Warnungen sind kleinere Mißstände, die die Abarbeitung eines Geschäftsprozesses nicht wesentlich verzögern. Sie erfordern nicht zwangsläufig ein Unterbrechen der geplanten Abarbeitung.

Hinweise sind sonstige Meldungen eines Systems, um den Nutzer z.B. über automatisch korrigierte Parameter hinzuweisen.

Von Einigen wird gefordert, Eingabewerte bzgl. des Wertebereichs bereits auf dem Clientrechner zu prüfen. Dies erfordert jedoch Javascript oder weitere Programmodule, da HTML diese Funktionalität derzeit nicht leistet. Dabei ist jedoch zu bedenken, daß einerseits das BSI fordert, Scriptsprachen aus Sicherheitsgründen möglichst nicht zu verwenden, und andererseits erfahrene Nutzer die Abarbeitung von Scripten verbieten. Z.B. Firewall können auch Scripte ausfiltern.

Außerdem stehen diese Prüfungen im Gegensatz zur Forderung, Zwischenergebnisse speichern zu können. Das Prüfen halbfertiger Eingaben kann nur mit Aufwand auf Clientseite erfolgen und wird sich i.d.R. von der Abschlußprüfung eines vollständig gefüllten Formulars unterscheiden.

Aus ergonomischer Sicht sollten Prüfungen auf Clientseite nicht zu Fehlermeldungen sondern nur zu Warnhinweisen oder Hinweisen dienen.

Der Autor vertritt daher die Meinung,

① alle Prüfungen an einer Stelle und zwar erst auf Serverseite vorzunehmen
② entsprechende Korrekturen automatisch durchzuführen und
③ aussagekräftige Fehlermeldungen und Warnhinweise auszugeben.

Automatische Korrekturen müssen den Nutzern mitgeteilt werden, ebenso Möglichkeiten zur manuellen Korrektur aller Werte eines Formulars.

Fehlertoleranz von Webformularen

- ☐ Kleine Fehler automatisch korrigieren und über die Korrektur informieren
- ☐ alle Fehlermeldungen zu einem Transaktionsschrift bzw. Webformular auf einmal (und nicht einzeln nach jeweiliger Korrektur)
- ☐ Cursor ins zu korrigierende Feld
- ☐ Fehlermeldungen werden sofort verständlich ausgegeben
- ☐ Angabe der Datumsformate und eingeschränkter Wertebereiche neben dem Feldnamen, z.B. TT.MM.JJJJ; ⇨ Wird das Jahr nur zweistellig eingegeben, wird es automatisch korrigiert!
- ☐ Automatische Timeouts führen nicht zu Datenverlusten
- ☐ Zwangsabmeldungen erfolgen frühestens nach ½ Stunde (besser 1 h) und speichern den Zwischenstand; im Vorfeld wird darüber informiert
- ☐ Rückwärtsblättern führt nicht zum Abbruch des Gesamtvorganges

Check. 53: Fehlertoleranz von Webformularen

Alle Fehlermeldungen erscheinen auf **einer** Fehlerseite, in einem separaten Fehlerfenster bzw. oberhalb des fehlerbehafteten Formulars. Warn- und andere Hinweise werden zu Beginn der folgenden Formularseite aufgeführt. Grundsätzlich sollte Wert darauf gelegt werden, daß sie leicht wahrgenommen werden können sowie verständlich, aussagekräftig sind und weiterhelfen.

Eventuelle Hinweise, Tipps und Korrekturvorschläge sind sicherlich hilfreich, da der Nutzer das Formular offenbar nicht richtig verstand. Links zu Hilfeseiten, spätestens bei Fehlerausgabe kommen immer gut an.

Alternative Datumsformate sollten auch möglich sein: z.B. MM/TT/JJ, JJ-MM-TT oder TTMMJJ bzw. TTMMJJJJ. Die Unterscheidung erfolgt über die Trennzeichen bzw. Zeichenlänge.

Bei Anschriften sollten nicht Straße und Hausnummer getrennt abgefragt werden, sondern zumindest auch in einem Feld möglich sein. Abfragen auf Eingaben im Hausnummernfeld sind Fehl am Platze.

25.8 Newsletter

Ergonomie in Newslettern

- ☐ Bei Anmeldung wird bereits der letzte Newsletter gesendet (und nicht gewartet bis der nächste Termin erreicht ist)
- ☐ Inhaltsübersicht am Anfang
- ☐ Aussagekräftige Betreffzeile (Art der eMail, das Wichtigste)
- ☐ Klare Erkennbarkeit des Absenders (oder Link zu dessen Impressum im Web, am Newsletterende)
- ☐ Erkennbarkeit an welche Adresse die Infomail dem Empfänger zugestellt wurde
- ☐ Abmeldelink ohne nervige Identifizierung auf der Homepage (eventuell auch Ummeldemöglichkeit)
- ☐ Bestätigung der Abmeldung mit Wiederanmeldelink per eMail
- ☐ Newsletterabmeldungen von nicht angemeldeten eMailadressen führen nicht zu einer Anmeldung
- ☐ Keine doppelte Zustellung an die gleiche Adresse
- ☐ Direkte Links zu Angeboten der Homepage und zum Login
- ☐ Bestätigungslinks sind klar & sofort erkennbar und heißen auch so (z.B. bei An-/Abmeldung sowie Vergütungslinks in PaidMails)
- ☐ Newsletter ohne Scripte und ohne eMailanhänge
- ☐ Keine Webkäfer zur Leseprüfung (🕮 *Feind hört mit*)
- ☐ Haben Links in eMails ein Ablaufdatum, so ist dies neben dem Link anzugeben
- ☐ Archiv alter Newsletter
- ☐ Wahlweise im HTML- und Textformat

Check. 54: Ergonomie in Newslettern

Die Paidmails sollte darüber hinaus, auch bereits in der Betreffzeile erkennbar sein, ob sich um eine vergütete Paidmail oder eine Reklamemail ohne Vergütung handelt. Newsletter könnten auch als solche in der Betreffzeile benannt werden, z.B.: „Newsletter: Thema1 (& Thema 2)"

25.9 Broschüren und weitere Infos im Netz

Auf der Homepage der Verwaltungs-Berufsgenossenschaft finden Sie zum Thema „Bildschirm- und Büroarbeitsplätze" eine Reihe von Broschüren (Papier und PDF)

⇨ *www.vbg.de/publikation/index.jsp?step=10*

Folgende Broschüren sind u.a. interessant:

- **Bildschirm - und Büroarbeitsplätze - Leitfaden für die Gestaltung (SP 2.1) (BGI 650)**
  Ausführliche und verständliche Zusammenfassung aller Anforderungen an Bildschirmarbeitsplätze.
- **Nutzungsqualität von Software (2.11/1) (852-1)**
  Grundlegende Informationen zum Einsatz von Software in Arbeitssystemen
- **Software-Kauf und Pflichtenheft (2.11/4) (852-4)**
  Leitfaden und Arbeitshilfen für Kauf, Entwicklung und Beurteilung von Software
- **Management und Software (2.11/2) (852-2)**
  Arbeitshilfen zur Erhöhung der Nutzungsqualität von Software im Arbeitssystem
- **Einrichten von Software (2.11/3) (852-3)**
  Leitfaden und Check für Benutzer Details

Viele Infos zur Gestaltung von Bildschirmarbeitsplätzen (auch für Private):

⇨ *www.tu-clausthal.de/fb/Bildschirm/index.php?menu=aboutba*

Bildschirmarbeitsplatzverordnung:

⇨ *www-ibt.etec.uni-karlsruhe.de/people/um/personalrat/arbeit/bildsch3.htm*

26 Fazit

26.1 Sie sollten sich fragen,

... ob Sie immer noch ins Internet wollen!?

Falls ja, sollte Ihnen dieses Buch helfen, einigen Fallstricken aus dem Weg zu gehen und das Abmahnrisiko zu reduzieren, Ihre Homepage leichter auffindbar zu machen und besucherfreundlicher zu gestalten.

Allerdings um rein rechtlich auf Nummer Sicher zu gehen, können Sie über entweder ein Jurastudium nachdenken oder in dringenden Fällen Ihre Homepage von einem oder mehreren darauf spezialisierten Anwälten prüfen lassen!

Impressum

Was kommt ins Impressum und was sollte besser draußen bleiben, dürfte nun hoffentlich etwas klarer sein. Aber um einen Striptease im Internet kommen Sie nicht umhin, wenn Sie auch geschäftliche Beziehungen über dieses Medium pflegen wollen.

Domänrecht

Speziell in Deutschland werden bei Domänstreitigkeiten (z.B. im Zusammenhang mit Städtenamen) meist noch Hintergründe und das Verbraucherinteresse berücksichtigt, so daß nicht immer klare Regeln definiert werden können. Die Regel, wer zuerst kommt, mahlt zuerst, ist nicht immer ausschlaggebend vor Gericht und für den zukünftigen Besitz.

Grundsätzlich gilt jedoch, daß wenn andere Rechte in Bezug auf Namen, Marken und Patenten berührt werden, es zu Streit kommen kann. Strittige Fälle liegen bereits vor, wenn Städte-, Gemeindenamen oder Firmennamen in Ihrem Domännamen auftauchen. Geschützte Namen liegen vor, wenn Begriffe in entsprechenden Registern eingetragen sind, wie beispielsweise Firmennamen im Handelsregister oder Städtenamen im jeweiligen Register. In den meisten Ländern unterliegen die Gemeindenamen automatisch einem schützwürdigen Interesse, z.B. Italien, Schweiz.

Das heißt aber nicht, daß Sie immer im Unrecht sein müssen, sondern nur zusätzlichen Ärger, Aufwand und Kosten.

eCommerce-Recht

Bei Handel über das Internet wird das Verbraucherrecht vom Gesetzgeber als vorrangig eingestuft. Daher kommen eine Reihe von Aufklärungspflichten und Verbraucherrechten auf Sie als Verkäufer zu. Gewerbsmäßiger Handel liegt bereits vor, wenn eine Ware mit der Absicht, sie wieder zu verkaufen, erworben wird. Zunächst private Verkäufer werden schnell zu gewerblichen Anbietern, auch wenn nur bezahlte Werbung auf der jeweiligen Homepage zu finden ist.

Die Anforderungen an Form, Inhalt und Aufbau einer Rechnung sollten Ihnen als Händler auch bekannt sein. Jedem Käufer steht eine Rechnung zu - ohne spezielle Aufforderung.

Marketing

Um Homepages bekannt zu machen, gibt es im und außerhalb des Internets sehr viele Möglichkeiten, auch viele preisgünstige.

Aber gerade das Web offeriert angefangen von eMailmarketing inkl. Paidmails über Banner und Suchmaschinenmarketing bis hin zu Weblogmarketing zahlreiche Chancen, bei denen Sie den Aufwand selbst bestimmen können. Das fängt schon bei einfachem Linktausch, ja eigentlich schon bei der Wahl geeigneter Domännamen an und endet an der Größe Ihres Geldbeutels, in Fachkreisen auch Budget genannt.

Als weiteres Problem hat sich die Spamfalle erwiesen, also ab wann Ihre wohlgemeinte Infomail als Werbebotschaft/Belästigung wahrgenommen wird.

Für die Auswertung der Ergebnisse von Marketingmaßnahmen bieten sich Besucherzähler oder Zugriffstatistiken an, damit weiterhin nicht Geld in Werbemaßnahmen investiert wird, die wenig bringen.

Optimierungen bei der Realisierung

Für Entwickler wurden zahlreiche Hinweise und Möglichkeiten gezeigt, die nun an jedem selbst liegen, umgesetzt zu werden. Sie beginnen bei der Code- und Ladezeitoptimierung und setzen sich über Barrierefreiheit, Übersichtlichkeit und Ergonomie fort.

Geld verdienen

Und für alle, die mit ihrer Homepage etwas dazu verdienen möchten, gibt es Partnerprogramme, Banner, Anzeigen in Newslettern und weitere Möglichkeiten, seine Bekanntheit zu Geld zu machen. Allerdings ist auch hier der Weg zur Gewerblichkeit sehr kurz. - Das Finanzamt lauert hinter der nächsten Ecke.

Webhosting

Wie und wo Sie Ihre Homepage der Welt verfügbar machen, liegt nun an Ihnen. Kleine und mittlere Firmen sowie „Einzelkämpfer" werden einen professionellen Dienstleister beauftragen. Was dabei zu beachten ist und daß nicht alle Webhoster gleich sind, dürfte von Ihnen erkannt worden sein. Schwierig ist nur einen Hoster zu finden, der zu Ihnen paßt und Ihre Anforderungen erfüllt und von Ihrem Geldbeutel akzeptiert wird.

Die iX-Website-Checkliste

Über ⇨ *www.heise.de/ix/artikel/2003/08/088/ix0308090.pdf* finden Sie auch eine Kurzversion (alles auf einer Seite) einer Homepagecheckliste.

26.2 Generatorenverzeichnis

Generator	Adresse
.htaccess	*www.topsubmit.de/dienste/tools/htaccess-generator*
Banner	*www.banner.de*
CSS	*www.xmldir.de/quickcss*
CSS-Maker/ CSS-Editor	Software über ⇨ *www.css-maker.de*
Domain Typo	*www.webmasterbrain.com/online-webmaster-tools.php*
Impressum	*www.digi-info.de/de/netlaw/webimpressum/assistent.php*
Impressum	*abmahnwelle.de/certiorina*
JS-Navigator/ -MenuMaker	Software über ⇨ *www.css-maker.de*
Metatags	*www.metadoctor.de*
Metatags	*www.1amarketing.com/de/marketingtools/metatag_gen.html*
Metatags	*www.submitcorner.com* ⇨ *META Tag Generator*
Scrollbalken-Maker	Software über⇨ *www.css-maker.de*
Sehr viele Generatoren	*www.guistuff.com*
Tasten	*www.pc-more.net/download_buttongenerator.html*
Flash-Intros	*www.guistuff.com*

Tab. 36: Erwähnte Generatoren

Im Prinzip können Sie immer als erstes ⇨ *www.guistuff.com* besuchen. Dort finden Sie eine große Auswahl von Generatoren, z.B. für Tasten, Logos, Templates und Flash-Grafiken.

Programm	Ziel	Adresse
Re-Namer	Umbenennung von Dateien	*www.css-maker.de*
Replace-Manager	Ersetzung von Strings in mehreren Dateien	*www.css-maker.de*
Get more Visitors	Erzeugung von Brückenseiten	*www.get-more-visitors.net*

Tab. 37: Weitere Hilfsprogramme

26.3 Newsletterverzeichnis

Thema	Adresse	Erscheinung
Marken	*www.markenplatz.de*	Zweiwöchentlich (2wö.)
Domänen & Recht	*www.domain-recht.de*	Wöchentlich (wö.)
Suchphrasen	*www.wordtracker.com*	Wahlweise (wö., 2wö., mtl.)
Online-Shopping	*www.safer-shopping.de*	Ein- bis zweimonatlich
Mailhilfe	*www.mailhilfe.de*	2wö.
Webmaster	*www.webmasterplan.de*	

Tab. 38: Empfehlenswerte Newsletter

26.4 Kaltakquise per Telefon, Fax, eMail

***** Zitat des Merkblatts zum Telemarketing von der Niederrheinischen Industrie- und Handelskammer Duisburg *****

Neues Wettbewerbsrecht: Telefonmarketing

Kaltakquise per Telefon, Fax oder E-Mail: Fast immer verboten!

Das neue Gesetz gegen den unlauteren Wettbewerb (UWG) hat jetzt ausdrücklich geregelt, was die Rechtsprechung schon seit Jahren als wettbewerbswidrig beanstandet hat: Die unaufgeforderte Werbung per Telefon, Telefax, E-Mail oder SMS, in der Fachsprache auch als Kaltansprache, Kaltakquise oder auf deutsch Cold Calling bekannt.

Alle diese Maßnahmen faßt das neue UWG unter dem Oberbegriff zusammen, der am besten dazu paßt: Belästigende Werbung. Und es stellt ganz klare Regeln dafür auf:

Telefonwerbung

Gegenüber Verbrauchern ist Telefonwerbung nur dann zulässig, wenn diese vorher ausdrücklich zugestimmt haben, zu Werbezwecken angerufen zu werden. Eine solche Zustimmung kann beispielsweise durch das Ankreuzen eines entsprechenden Feldes auf einem Bestellschein, einer Homepage oder einem Teilnahmeschein für ein Gewinnspiel erfolgen. Es reicht nicht aus, eine Klausel in Allgemeinen Geschäftsbedingungen zu verstecken, mit der eine solche Zustimmung fingiert wird. Ebenso wenig reicht es aus, einen Anruf vorher schriftlich anzukündigen.

Gegenüber Unternehmern ist Telefonwerbung auch dann zulässig, wenn eine mutmaßliche Einwilligung angenommen werden kann. Dies ist der Fall, wenn eine laufende Geschäftsbeziehung zwischen dem werbenden und dem angerufenen Unternehmen besteht und das werbende Unternehmen für gleiche oder ähnliche Produkte oder Dienstleistungen wirbt, wie sie von dem angerufenen Unternehmen bereits abgenommen wurden. Erklärt das angerufene Unternehmen allerdings in so einem Fall ausdrücklich, daß es keine Telefonwerbung wünscht, kann natürlich keine mutmaßliche Einwilligung unterstellt werden.

Werbung mit Telefax, E-Mail und SMS:

Fax-, eMail- und SMS-Werbung ist unzulässig, wenn der Empfänger der Werbung nicht vorher ausdrücklich zugestimmt hat, derartige Werbung zu empfangen. Dies ist unabhängig davon, ob der Empfänger ein Verbraucher oder ein Unternehmen ist.

Ausnahmsweise ist diese Werbung zulässig, wenn das werbende Unternehmen die Faxnummer, eMailadresse oder (nur für SMS-Werbung, nicht Telefonanrufe!) Handynummer im Zusammenhang mit einer Geschäftsbeziehung erhalten hat, beispielsweise durch Angabe in einem Bestellformular.

In diesem Fall darf das Unternehmen die Adresse für die Werbung für eigene ähnliche Angebote nutzen. Nicht erlaubt ist dagegen die Werbung für andere Waren oder Dienstleistungen oder die Weitergabe an andere Unternehmen, auch wenn diese ähnliche Produkte vertreiben. Darüber hinaus ist es für die Zulässigkeit erforderlich, daß der Kunde bei der Erhebung und bei jeder Nutzung der Adresse/Nummer deutlich darauf hingewiesen wird, daß er diese Nutzung jederzeit untersagen kann. Hierfür dürfen nur normale Telefon- oder andere Kommunikationstarife anfallen, also keine Servicenummern wie 0180, 0190 oder 0900.

Nicht ausreichend, um eine mutmaßliche Einwilligung zu unterstellen, ist es, wenn die Telefonnummer, Faxnummer oder eMailadresse eines Unternehmens oder Verbrauchers in einem Telefonbuch, Branchenbuch, elektronischen Verzeichnis oder im Internet oder auf Brief- oder Geschäftspapier genannt ist. Auch die Teilnahme an einer Messe o.ä. stellt noch keine mutmaßliche Einwilligung zum Empfang von Werbung dar.

Für jede Form der Werbung gilt, daß sie nur dann zulässig ist, wenn die Identität des Absenders oder Auftraggebers klar und eindeutig angegeben ist. In jedem Fall muß eine gültige Adresse angegeben werden, an die der Empfänger eine Aufforderung zur künftigen Unterlassung richten kann. Auch hierfür dürfen dem Empfänger nur die üblichen Verbindungskosten entstehen.

***** Ende des Zitates (Rechtschreibung angepaßt) ****

Mehr erfahren Sie unter ⇨ *www.duisburg.ihk.de*

26.5 Empfehlenswerte Rechtsquellen

26.5.1 Deutschland

- *www.domain-recht.de*
- *www.heise.de*
- *www.jurpc.de*
- *www.bettinger.de*
- *bundesrecht.juris.de/bundesrecht*
- *www.justiz.bayern.de/olgm*
- *www.netlaw.de/gesetze*
- *www.digi-info.de*
- *www.berufsordnung.de*

26.5.2 Österreich

Webtipp

Eine Homepage, die auch über den Tellerrand schaut und nicht nur nationales Recht abhandelt, finden Sie unter

- *www.i4j.at*

- *rechtsprobleme.at*
- *www.eurolawyer.at*
- *www.it-law.at*
- *www.bmj.gv.at/buergerservice/links.html*

26.5.3 Schweiz

Abb. 42: Logo der Schweizer Bundesbehörden (admin.ch)

Bundesbehörden ⇨ *www.admin.ch*

Gesetzessammlung ⇨ *www.admin.ch/ch/d/sr/sr.html*

Urteile ⇨ *www.bger.ch/index/juridiction/jurisdiction-inherit-template/jurisdiction-recht/jurisdiction-recht-suchstrategie2000.htm*

Suchmaschine ⇨ *www.weblaw.ch/lawsearch/*

Linksammlung & mehr ⇨ *www.kommunikationsrecht.ch*

26.5.4 EU und International

⇨ *www.wipo.int* ⇨ *www.bitlaw.com*

EU-Verbraucherrechte: ⇨ europa.eu.int/citizensrights/index_de.cfm

Linksammlung des Schweizer Bundesgerichts, auch zu vielen ausländischen Gerichten ⇨ *www.bger.ch/index/juridiction/jurisdiction-inherit-template/jurisdiction-links.htm*

26.5.5 IHKs

⇨ *www.ihk.de* ⇨ *www.ihk.ch*

⇨ *www.wko.at*

Das Pendant zu deutschen Industrie- und Handelskammer in Österreich heißt Wirtschaftskammer. In der Schweiz gibt es keine zentrale Homepage. Die IHK St. Gallen und Appenzell hat die kurze Domänadresse ⇨ *ihk.ch* inne.

26.6 Die zehn goldenen Webdesign-Regeln der TU Chemnitz

① Vermeide lange Seiten mit Scrollbalken!

⇨ Nicht nur der Autor ist Vertreter des anderen Lagers:

> Vermeide zu viele kurze Seiten.
> Informationen zu einem Thema auf eine oder wenige Seiten!
> Zu lange Seiten sollten jedoch getrennt werden.

② Verwende kurze Textsegmente mit aussagekräftiger Überschrift!

③ Verlinke nur Internetseiten mit engen inhaltlichen Bezügen zueinander!

④ Verwende im Text so wenig Links wie möglich!

⑤ Vermeide lange Ladezeiten!

⑥ Präsentiere auf der ersten Seite eine Übersicht über die Struktur des Hypertextsystems!

⑦ Verwende ein Navigations-System, das dem Nutzer Auskunft gibt, wo er sich gerade im Text befindet!

⑧ Gib zu den bewältigten Aufgaben ein spezifisches Feedback!

⑨ Verwende hierarchische und keine netzwerkartigen Verlinkungsstrukturen!

⑩ Gib dem Nutzer die Möglichkeit, sich an den Webadministrator zu wenden!

26.7 Und noch zwei dazu, damit das Dutzend voll wird

❶ Gib auf jeder Seite das Datum der letzten Aktualisierung an! Ebenso wie Links zur Startseite und die eMailadresse des Webmasters (⑩)!

❷ Denk auch an Barrierefreiheit und Ergonomie!

Abbildungsverzeichnis

Tabellenverzeichnis

Checklistenverzeichnis

Literaturtipps

Folgende Bücher wurden als Quellen bereits eingearbeitet und werden als vertiefende Lektüre empfohlen:

[1] eMail mit Freemail, Das kleine Freemailbuch, Thor Alexander, Rhombos-Verlag, Berlin 2004, 140 Seiten, 20,90 €; ISBN: 3-937231-27-7 (➱ *Anhang*).

[2] Das ABC der eigenen Webseite, Peter Kent, Verlag Markt&Technik, München 1999; ISBN: 3-8272-5502-3.

[3] HTML & Web-Publishing Handbuch, inkl. CD-ROM, Franzis Verlag, Poing bei München 2002, ca. 1900 Seiten, für 99,95 €; ISBN 3-7723-7517-0 (beide Bücher), oder einzeln:

[3a] HTML & Web-Publishing Handbuch (Band 1). HTML - JavaScript - CSS – DHTML, Ca. 1350 Seiten, Hardcover, 69,95 €; ISBN 3-7723-7515-4.

[3b] HTML & Web-Publishing Handbuch (Band 2). XML - DTDs - Perl/CGI, ca. 550 Seiten, Hardcover, 39,95 €; ISBN 3-7723-7516-2

[4] Feind hört mit, das Sicherheitsbuch, Thor Alexander, Rhombos-Verlag, Berlin 2004, 172 Seiten, 24,50 €; ISBN: 3-937231-29-9 (➱ *Anhang*).

[5] Handbuch Domain-Namen, Alles über Internet-Domains, Florian Huber/Daniel Dingeldey; 2. Auflage, 364 Seiten; 29,95 €; ISBN 3-8311-46-72-1 (⇨ *www.domainbuch.de*)

[6] Das neue BGB (Bürgerliches Gesetzbuch) in der unternehmerischen Praxis, Wolfgang Gass LegArtis, Ulm 2002, ISBN 3936494002.

[7] Das Große Freemailbuch, Alles was Sie über kostenlose eMaildienste wissen sollten, POP3/SMTP, Sicherheit und Support, Thor Alexander, Rhombos-Verlag, Berlin 2004, 552 Seiten, 35,00 €; ISBN: 3-937231-28-5 (➱ *Anhang*).

[8] Barrierefreies E-Government, Leitfaden für Entscheidungsträger, Grafiker und Programmierer; Projektgruppe E-Government im Bundesamt für Sicherheit in der Informationstechnik (BSI), 2004, PDF-Dokument, 134 Seiten.

[9] Urheberwissen leicht gemacht, Wie schütze und nutze ich geistiges Eigentum?, Meinhard Ciresa, Redline Wirtschaft bei ueberreuter, Wien/Frankfurt 2003, 280 Seiten, Paperback, 22,20 €; ISBN 3-8323-0976-4.

[10] Gebrauchstauglichkeit von Software, ErgoNorm: Ein Verfahren zur Konformitätsprüfung von Software auf der Grundlage von DIN EN ISO 9241 Teile 10 und 11; elf Autoren der Bundesanstalt für Arbeitsschutz und Arbeitsmedizin; Wirtschaftsverlag NW, Verlag für neue Wissenschaft GmbH, ISBN 3-89701-678-8, ISSN 1433-2086

Verzeichnis weiterer Quellen

Literatur, Newsletter, Programme:

Das Grosse Freemail-Buch, Alles was Sie über kostenlose eMaildienste wissen sollten, Thor Alexander; Rhombos-Verlag, 2004 (➘ letzte Seiten).

Impressum & Co., Die neuen Informationspflichten im Internet, Ein Leitfaden für Unternehmer; DIHK, Berlin 2002, 92 Seiten, *www.dihk.de*; keine ISB-Nummer.

Internetrecht in der Praxis, Dr. Ina Pernice, Dr. Axel Koblitz, Doris Möller, Annika Böhm; DIHK, Berlin 2001, 48 Seiten, *www.dihk.de*; keine ISB-Nummer.

Electronic Commerce, Chancen für den Mittelstand, Maike Bielfeldt, Dr. Torsten Slink; DIHK, 2. Auflage Berlin 2000, 51 Seiten, *www.dihk.de*; keine ISB-Nummer.

Sonderausgabe 1/2002, metadoctor, Searchengine Optimization Service, Sascha Kimmel; *www.tricos.de*, Gelsenkirchen 2002.

Google Dirty Tricks - Die 40 besten Google-Tricks, Ulrich Wimmeroth, Thomas Brochhagen; com! Computer & Internet 12/2003.

Informationspflichten nach dem E-Commerce-Gesetz (ECG) - Detailinformation, Wirtschaftskammerorganisation, 2004; *wko.at*.

AGB im Internet - Die Details; Wirtschaftskammerorganisation, 2004; *wko.at*.

Datenschutzrechtliche Auskunftspflicht des Auftraggebers; Wirtschaftskammerorganisation, 2004; *wko.at*.

Datenschutzgesetz 2000 - Wichtige Begriffsbestimmungen; Wirtschaftskammerorganisation, 2004; *wko.at*.

Powerpointpräsentation der Tagung Barrierefreies Internet - BMGS Berlin 28.04.2004; Fraunhofer Institut Angewandte Informationstechnik

Barrierefreie Kommunikation für gehörlose Menschen, Powerpointpräsentation des Gebärdenwerkes auf der Infoveranstaltung des BMGS zum Internet am 28.04.2004.

Internet-, Intranet- und E-Mail-Einsatz am Arbeitsplatz, Rechtsanwalt Martin Beckschulze, Bochum; DER BETRIEB, Heft 51/52 vom 19.12.2003, Seite 2777-2786.

Rechtsicher oder nur recht sicher, Möglichkeiten und Grenzen der Spam-Bekämpfung, Vortrag von RA Thomas Rickert auf dem 2. Deutschen Antispam-kongreß, Köln 2004.

Das passende CMS für Ihren Web-Auftritt; Jörg Dennis Krüger, Matthias Guth; Internet Professionell, Mai 2004, Seite 56-58.

Web-Manager; Stefan Kuhn; Internet World 10.2004, Seite78-81.

Internet-Quellen (inkl. Subdomänen, sofern nicht im Text bezeichnet):

123barrierefrei.de

1amarketing.com

1suchmaschine.de

abi-projekt.de

abmahnwelle.de

akbi.de

alm.de

altavista.de

barrierefinder.de

barrierefreiesinternet.de

behindertenbeauftragter.de

berlecon.de

berufsordnung.de

bifos.org

bitlaw.com

blogbar.de

blogger.de

bmsg.gv.at

bsi.bund.de

bundesrecht.juris.de

context-gmbh.de

de.wikipedia.org

de-linkliste.de

destatis.de

digi-info.de

digimarc.de

din.de

domainguard24.com

doorway-generator.net

download-web.de

eco.de

econcon.de

einfach-fuer-alle.de

ekiba.d

ekkaia.org

engelschall.com

eobs.de

erobinson.de

eurolawer.at

fireball.de

firstgate.de

fittkaumaass.de

focus.de

fraunhofer.de

futurezone.orf.at

gdd.de

gebaerdenwerk.de

get-more-visitors.net

guetezeichen.at

haerting.de

harald.krassnigg.at

heise.de

hon.ch

hosteurope.de

i4j.at

initiatived21.de

inpaydirect.de

internet4jurists.at

internetlaw.ch

ip4all.ch

isc.org

kelkoo.de

klauseck.typepad.com

kommdesign.de

kommunikationsrecht.ch

kruner.com

lernen.bildung.hessen.de

markenplatz.de

markenservice.net

moneybookers.com

my-mail.ch

netlaw.de

netzwerk-artikel-3.de

noedler.de

overture.de

rechtsprobleme.at

safer-shopping.de

searchenginestrategies.biz

spamdoc.de

stero.de

styleassistant.de

t-com.de

teachsam.de

teleword.de

tfb-team.de

t-pay.de

trilab.de

trusted-site.de

tu-clausthal.de

tuvit.de

uni-karlsruhe.de

uni-stuttgart.de

uni-tuebingen.de

useit.com

vbg.de

w3.org, w3c.org

webforall-heidelberg.de

weblaw.ch

webmonkey.com

wettbewerbszentrale.de

winload.de

witch.de

wko.at

wob11.de

wt-rate.com

www-db.stanford.edu

zdnet.de

zooknic.com

www-kurs.de

Stichwortverzeichnis

(ohne Teile von Überschriften)

0

A

B

C

D

E

F

G

H

I

J

K

N

O

P

Q

R

S

T

U

V

W

X

Y

Z